제2판

Childcare Teacher Education

인성에 기초한
보육교사론

이명순 염지숙 조형숙 김현주 공저

JUNGMINSA
정민사

머리말

요즘 어린이집에서 발생한 아동학대 사건으로 보육의 질을 좌우하는 핵심요인인 보육교사의 바른 인성에 대한 사회적 관심이 높다. 자아실현에 대한 욕구가 높은 여성의 사회 진출이 잦아지면서 점점 더 어린 연령의 영유아가 어린이집에 들어오는 비율이 증가하고, 이와 함께 보육교사의 중요성 또한 사회적으로 확대되고 있다. 최근 보육교사 자질에 대한 일련의 논란으로 인해 안심보육환경이라는 정부의 정책이 나오는 계기가 되었고, 국가는 보육교사의 바른 인성과 아동의 권리를 존중하는 보육실행능력 함양을 위한 구체적인 방안을 모색하고 있다. 이러한 추세를 반영하여 2017년부터 보육교사 자격 취득에 있어 '보육교사론'과 '아동권리와 복지' 교과목이 보육교사 인성 필수영역으로 편성되면서 대면수업이 강화되었다.

보육교사론은 보육교사가 되기 위해서 입문하는 학생들이나 현장의 교사들이 교사로서 알아야 할 기본적인 법적·행정적 권리와 의무에 대한 내용을 포함하여 교사로서의 업무를 충실히 수행하고 성장하는 데 도움을 주는 내용으로 구성된다. 본 교재는 이러한 기본적인 내용과 함께 사회적 상황과 변화를 충실히 반영하여 최근의 보육교사 자격제도의 변화, 인성과 전문성을 함양하기 위한 방안을 구체적으로 제시하면서 기존 보육교사론의 교재를 보완하고자 하였다. 대학교에서 교사를 길러내는 사람은 '현장에서 영유아의 인권을 존중하고 영유아와 함께 만들어가는 교육과정을 운영하는 행복한 교사가 되도록 하기 위해 무엇을 준비해야 할까?'에 대한 고민이 깊다. 바람직한 교사의 자질과 태도 그리고 바른 가치관의 형성을 위해서 무엇을 갖춘 교사가 되어야 할까? 이를 위해 책의 제목을 '인성에 기초한 보육교사론'이라 하였고, 표준교과목 개요의 보육교사론 내용을 참조하면서 이러한 질문에 답하고자 하였다. 본 교재는 총 5부로,

제1부는 보육교사의 출발로서 1장 보육교사의 기초와 2장 보육교사직의 특성에 대한 내용을 소개하고 있다. 1부에서는 시대에 따라 변화된 보육의 개념과 역할에 대해서 알아보고, 보육교사의 중요성과 보육교사직의 성격 그리고 자격 취득조건과 임용절차에 대해 안내함으로써 보육교사의 직업적 준비를 돕고자 하였다.

제2부는 보육교사의 인성과 윤리로서 최근 사회적으로 문제가 된 보육교사의 인성을 강화하기 위한 방안을 이론과 실제 내용에서 구체적으로 다루고 있다. 3장 보육교사의 인성에서는 좋은 인성을 갖춘 보육교사란 어떤 교사이며 보육교사의 인성 함양방안을 구체적으로 살펴보았다. 4장 보육교사의 윤리와 윤리강령에서는 교사윤리의 중요성과 함께 교사로서 직면하는 윤리적인 딜레마 상황에서 무엇을 기초로 판단해야 하는지에 대한 사례와 토의의 장을 마련함으로써 좀 더 실제적인 측면에서 보육교사의 윤리에 접근하였다.

제3부는 보육교사의 역량으로서 보육교사 일의 성격과 핵심 역량을 조명하기 위해서 보육교사의 역할과 자질, 직무에 관한 내용을 다루고 있으며 연령에 따라 영아교사와 유아교사로 나누어 구체적으로 탐색하였다. 5장 보육교사의 역할과 자질에서는 보육교사의 역할과 자질에 대한 일반적인 내용을 다루면서 일과에 따른 직무와 업무의 특성에 따른 직무로 구분하여 살펴보았다. 6장 영아와 보육교사, 7장 유아와 보육교사에서는 영아교사의 역할과 자질을 규명하고 영아반의 하루 일과의 실례를 소개하면서 영아교사의 어려움과 보람에 교사의 목소리를 인용하여 영아교사의 직업적 특성에 대한 이해를 높이고자 하였다. 또한, 유아교사의 특성과 하루 일과 그리고 교사의 어려움과 보람에 대한 내용을 담고 있어 영아교사와 유아교사의 차이점을 자연스럽게 느낄 수 있도록 구성하였다.

제4부는 보육교사의 성장으로서 보육교사의 전문성을 높이고 교사로서 성장하기 위해서 필요한 장학과 스트레스 관리, 전문성 개발을 다루고 있다. 8장 보육교사의 자기개발에서는 법적인 보육교사의 보수교육 운영과 절차에 대해서 다루면

서 다양한 기관 내 장학의 유형과 특성을 살펴보았다. 9장 보육교사의 스트레스 관리에서는 보육교사의 직무 만족도를 높이고 스트레스를 유발하는 요인에 대한 탐색을 통해 적절한 스트레스 관리기법을 제안하고 있다. 10장 보육교사의 전문성 개발에서는 보육교사의 전문성에 대한 개념을 토대로 보육교사의 발달적 관점에 대한 인식을 소개하면서 반성적 사고를 통해 실천적 지식을 증진시키는 방법을 소개하고 있다.

제5부는 보육교사의 네트워크로서 다양한 주변의 인적 자원환경과 함께 협력하고 공유하는 방법과 초임교사의 준비와 자세에 대한 내용을 다루고 있다. 11장 보육교직원 간의 협력에서는 연계의 중요성과 함께 협력의 의미와 방법에 대해서 알아보고 있다. 12장 가정 및 지역사회와의 연계에서는 가정과 지역사회 연계의 중요성과 의미에 대해서 살펴보고 이를 실천하기 위한 구체적인 사례를 소개하고 있다. 13장 초임교사의 자세에서는 초임교사의 특성과 어려움을 살펴보고 유능한 교사로 성장하기 위한 구체적인 방법을 안내함으로써 학생에서 교사로의 전이를 돕고자 하였다.

'보육의 질은 보육교사의 질을 넘지 못한다'는 말의 의미를 새삼 강조하면서 보육교사의 개인적인 노력 못지않게 보육교사여서 행복하다는 고백이 나올 수 있도록 근무환경, 사회적 지위와 시스템이 꾸준히 개선되기를 기대한다. 이번 개정서에서는 최근 자료를 바탕으로 일부 내용을 수정·보완하였으며, 개정 누리과정에 맞추어 놀이지원자로서의 교사역할을 추가하였다. 본 교재가 보육교사로 입문하는 사람들과 교사로서 성장·발전하는 사람들에게 유용한 자료가 되기를 기대해 본다. 끝으로 본 교재가 나오기까지 정성으로 함께해 주신 정민사 대표님과 관계자 여러분에게 진심으로 감사드린다.

2022년 2월

저자 일동

차례

PART 01 보육교사의 출발

Chapter 01 보육교사의 기초

Chapter 02 보육교사직의 특성

PART 02 보육교사의 인성과 윤리

Chapter 03 보육교사의 인성

Chapter 04 보육교사의 윤리와 윤리강령

PART 03 보육교사의 역량

Chapter 05 보육교사의 역할과 자질

PART 05 보육교사의 네트워크

보육이라는 용어는 시대와 상황에 따라 그 성격과 의미가 다르게 변화되어 왔다. 보육의 의미와 성격에 대한 이해는 보육제도의 이해 없이는 불가능하며, 보육제도의 이해 없이 보육교사에 대한 이해도 어렵다. 따라서 보육에 대한 이해를 토대로 보육에 대한 개념, 보육의 성격과 기능을 살펴봄으로써 보육의 본질을 파악하는 것이 중요하다.

제1부 보육교사의 출발에서는 보육이란 무엇이며, 보육이 사회적으로 어떤 역할을 하는지, 보육교사가 하고 있는 일의 특성과 보육교사의 중요성에 대해 살펴보고자 한다.

Part 01

보육교사의 출발

Chapter 01

보육교사의 기초

01 보육의 이해

02 보육교사의 이해

Chapter 01 보육교사의 기초

1. 보육의 이해

1) 보육의 개념

유아보육학사전(한국유아교육학회, 2008 : 214)에서 보육의 사전적 의미를 찾아보면 '보육(early childhood care and education)이란 어린 생명을 보호·육성하는 의미와 유아를 보호·교육하는 두 가지 의미를 갖고 있다'라고 명시되어 있다. 이는 보육이 영아기 및 유아기 아동을 위한 보호와 양육, 교육을 포괄하는 개념임을 의미한다. 보육의 근간이 되는 「영유아보육법」을 살펴보면 제2조(2018)에서 '영유아'란 6세 미만의 취학 전 아동이며, '보육'이란 영유아를 건강하고 안전하게 보호·양육하고 영유아의 발달특성에 맞는 교육을 제공하는 어린이집 및 가정양육 지원에 관한 사회복지 서비스이다. 여기에서 '어린이집'은 보호자의 위탁을 받아 영유아를 보육하는 기관이다(곽승주, 이명순, 오경숙, 2016).

보육이라는 용어가 보편적으로 사용하게 된 계기는 1991년에 제정된 「영유아보육법」이다. 그 전에는 탁아라는 용어를 사용했는데 용어의 뜻 그대로 아이를 맡긴다는 의미이다. 아이의 입장이 아니라 아이를 돌볼 수 없는 부모의 입장이 강조된 용어이며 단순하게 보호 차원의 성격이 강하다. 즉, 보육이란 기존의 탁아라는 용어에서 영유아의 보호와 교육을 동시에 중시하는 의미를 담고 있는 용어로 대체한 것이다.

「영유아보육법」 제1조(목적)
보육은 영유아의 심신을 보호하고 건전하게 교육하여 건강한 사회구성원으로 육성함과 아울러 보호자의 경제적·사회적 활동이 원활하게 이루어지도록 함으로써 영유아 및 가정의 복지 증진에 이바지함을 목적으로 한다.

「영유아보육법」 제2조(정의)
보육이란 영유아를 건강하고 안전하게 보호·양육하고 영유아의 발달특성에 맞는 교육을 제공하는 어린이집 및 가정양육 지원에 관한 사회복지 서비스를 말한다.

보육의 개념은 시대상황에 따라 변화되었다. 구빈적 성격과 단순 돌봄 위주의 탁아(day care)라는 개념에서 1982년 「유아교육진흥법」 제정·공포로 교육의 개념이 들어왔으며, 1991년 「영유아보육법」을 통해 보호와 교육에 모두 중점을 두는 보육(educare)의 개념으로 변화되었다.

보육개념의 변화에 따라 보육업무를 수행하는 보육교사의 역할이 달라지므로 보육개념의 변화를 살펴보는 것은 의미 있다.

(1) 전통적 보육의 개념 – 탁아

보육개념의 변천을 살펴보면, 먼저 보육의 근원은 탁아의 개념에서 찾을 수 있다. 자녀양육이 가정에서 어머니에 의해서 이루어지던 과거에는 가정양육이 불가능한 경우에 탁아기관이 아동의 양육을 위탁받아 보호·양육하였다. 탁아란 '아동이 그의 가정에서 정상적인 양육을 받기 어려운 경우, 하루에 일정 시간 동안만 타인에 의해 제공되는 보호'를 뜻하는 것으로 돌봄·보살핌과 같이 신체적·정신적 보호에 중점을 두는 개념이다. 이러한 관점에서 보육은 정상적인 양육이 어렵거나 빈곤가정의 자녀가 탁아의 대상이 되었고 보육의 성격도 돌봐 줄 사람이 없는 불쌍한 아동을 거두어 보살핀다는 구빈적 성격이 강했다.

(2) 현대적 보육의 개념 – 보육

보육의 현대적 개념은 'educare'이다. 가족구조의 변화와 여성의 사회 참여 증가, 자녀 수 감소 등과 같은 사회 변화는 더 이상 개별 가정에 의해 양육이 이루어질 수 없으며, 국가와 사회가 함께 책임의식을 갖고 길러야 한다는 인식이 확산됨에 따라 교육과 함께 보편적 복지 서비스로서 자리 잡고 있다. 현대의 보육은 구빈적 성격은 아니다. 그러나 보육 그 자체의 성격은 출발부터 복지적 성격을 가지고 있다. 따라서 보육은 교육을 내포하는 활동임에도 불구하고 지역사회, 가족과의 연계, 아동의 삶에 있어 총체적으로 접근하고 지원하는 복지적 시각이 필요하다. 아이 한 명만 따로 생각하는 것이 아니라 생태적 접근 차원에서 가정 속에서의 아이, 지역사회 속에서의 아이라는 좀 더 확장된 개념으로 아동을 바라보는 것이 필요하며 가정의 협조와 지원체제에 대한 인식 역시 교육활동을 가정에 연계한다는 차원을 넘어서 바라보는 시각이 필요하다.

이처럼 보육이 시대에 따라 변화하는 이유는 영유아를 바라보는 시각이 사회복지적・교육적 시각으로 변화되고 있으며, 이를 반영하는 정부의 보육정책이 변화되고 있기 때문이다. 보육개념에 교육의 의미가 강조된 것은 신체적 보호와 영양관리를 주로 하는 양육만으로는 영유아의 전인적 발달과 복지를 충분히 이룰 수 없기 때문이다. 보육은 보호와 양육뿐만 아니라 좀 더 질 높은 교육활동 제공을 통해 영유아의 발달을 조력하고자 하는 사회복지 서비스의 성격을 갖고 있기 때문에 보호와 양육 및 교육은 서로 분리되어 이루어질 수 없다. 특히, 영유아의 경우 일상생활 속에서 보호・양육과 교육활동이 통합되어 이루어진다는 차원에서 보육, 즉 보호와 교육의 합성어 'educare'라는 의미의 현대적 개념이 유래되었다.

2) 보육의 성격

보육은 보호・양육과 교육 그리고 복지라는 성격을 갖고 있다. 영유아보육의 의의는 영유아의 보호 및 교육과 가정복지 증진이라는 측면으로 크게 구분한다. 「영유아보육법」 제1조에 '영유아의 심신을 보호하고 건전하게 교육하여 건강한 사회구성원으로 육성함과 아울러 보호자의 경제적・사회적 활동이 원활하게 이루어지도록 함으로써 영유아 및 가정의 복지 증진에 이바지함을 목적으로 한다'라고 명시되어 있다. 따라서 보육은 본래의 시작이 복지적인 관점에서 출발했으며 보육 서비스로서 자리하고 있다. 보육은 영유아에 대한 보육 서비스 및 교육 서비스를 제공하는 아동복지적 기능을 수행하고, 여성의 양육 부담을 덜어 주고 사회 참여를 촉진시키는 여성복지적 기능을 갖고 있으며, 맞벌이가정과 서민가정의 보육 부담을 해소해 주는 가정복지적 기능을 담당하고 있다. 보육은 핵심적인 사회복지사업의 하나이며 이러한 복지적 성격으로 말미암아 보육은 공공 서비스로, 사회적 서비스로 인식된다. 따라서 영유아 자체만으로는 보육의 복지적 성격을 수행하기 어렵기 때문에 보육교사는 가정과 지역사회 등 영유아를 둘러싼 환경 전체를 거시적인 시각으로 바라보는 관점이 필요하다.

보육의 의미는 크게 두 가지로 나눌 수 있다(도미향, 변미희, 이미숙, 윤지영, 서지영, 2016).

첫째, 부족한 부분을 보충한다는 의미이다. 전통적인 탁아 서비스나 오늘날의 보육 서비스 모두 하루 중 일정 시간 동안 발생되는 부모에 의한 양육상의 부적절함에 대한 사회의 보충적 지원체계라는 점이다. 즉, 부모 이외의 사람에 의한 양육을 의미하고, 하루 중 일정 시간 동안 가정의 아동양육기능을 보완하기 위해 부모 및 타인에 의한 다양한 형태의 서비스라는 것이다. 적절한 양육을 기본 전제로 한 부모의 양육상의 능력을 지원한다는 차원과 함께 부적절함에 대한 보충의 의미가 크다.

둘째, 보육을 통해서 아동의 성장을 최대한 지원한다는 의미이다. 가족 이외에 국가와 사회가 아동의 전인적 성장·발달을 돕고 복지를 향상시킨다는 체계적인 복지 서비스 체계로 기능해야 한다는 것이다. 따라서 우리나라 「영유아보육법」 제1장 제2조에서는 보육의 개념을 '영유아를 건강하고 안전하게 보호·양육하고 영유아의 발달특성에 맞는 교육을 제공하는 어린이집 및 가정양육 지원에 관한 사회복지 서비스를 말한다'라고 정의하고 있다.

보육에 대한 관점은 국가마다 조금씩 차이가 있는데, 이는 보육 서비스를 제공하기 위한 정부정책과 밀접한 관련이 있다. 보육에 대한 정부의 관점에 따라 보육 서비스가 제공되는 보육 대상의 범위와 지원기준이 달라지고 이에 따른 예산의 지출방법 등 정부의 정책이 상이하기 때문이다. 예를 들어, 미국의 헤드스타트 프로그램은 저소득층 아동에게 보호와 교육 서비스를 제공함으로써 빈곤의 악순환을 벗어나도록 도와주는 것이었으며, 일본의 엔젤플랜은 차세대에 대한 국가적 투자가 필요하다는 인식하에 취업과 양육을 동시에 정립하도록 양육비 부담을 덜어 주는 가정 지원정책의 일환으로 추진하고 있다.

일반적으로 보육을 보는 관점은 크게 세 가지로 구분한다.

첫째, 저소득층 지원 관점으로 보육 서비스를 소득계층 간 불평등을 해소하는 방안으로 보고 있다. 보육 서비스는 저소득층 아동이 방치됨을 예방하기 위해서 필요하다. 재정적인 부담은 정부와 지방자치단체가 맡게 되며 이러한 관점에서 보육 수요를 파악하는 경우, 보육 서비스가 보조 차원의 선별적 특성을 갖게 되며 중산층 이상의 보육 수요는 전적으로 사적인 지원망에 의존하게 되는 문제가 발생할 수 있다.

둘째, 여성복지모델에서는 여성의 경제활동으로 인해 가정보육이 사실상 불가능해진 것으로 보고 있다. 취업 여성이나 취업을 희망하는 여성들의 욕구가 충족되어야 하고 이를 위해서는 보육 서비스의 제공이 선결과제이다. 따라서 보육 서비스는 여성들의 복지 증진을 위한 도구적인 성격을 갖는다.

셋째, 아동복지모델에서는 보육의 목적이 아동복지 실현에 있다는 관점에 따라 모든 아동은 보호자의 취업 유무와는 상관없이 자아의 개성을 발달시키고 자아실현을 위해 보호와 교육을 받을 수 있는 기회를 누려야 한다는 것이다. 아동들은 누구나 보육의 기회를 공평하게 가져야 하고 각자의 개성에 따라 다양한 유형의 보육을 받아야 한다. 이를 위해서는 가정양육보다 사회양육을 하는 것이 바람직하다는 주장을 담고 있다.

보육을 바라보는 세 가지 관점의 강조점은 서로 다르나 보완적인 관계를 갖는다. 보육 서비스는 빈곤계층만의 욕구와 여성의 자아실현을 위한 도구가 아니라 아동의 기본권 보장이라는 측면이 강조되어야 한다.

3) 보육의 기능

보육의 기능을 단순히 가정의 양육기능에 대한 보조에 국한된 것이라고 생각하면 보육 서비스의 또 다른 기능을 간과하게 된다. 보육 서비스는 가정양육의 기능에 대한 보조뿐 아니라 가정 바깥에서의 아동의 보호 및 가정 내에서는 부족할 수 있는 아동의 교육까지 담당하는 중요한 사회적 기능이기 때문이다. 보육의 기능을 세부적으로 살펴보면 다음과 같다.

첫째, 건강 유지의 기능이다. 건강이란 신체적·정신적 안녕뿐만 아니라 고통·결함·질병으로부터의 해방으로 정의할 수 있다. 육체적으로나 정신적으로 아직 성숙하지 못한 영유아의 건강은 성인들보다도 더욱 중요한 믄제가 된다. 따라서 영유아의 건강 유지는 어린이집의 중요한 기능에 속한다. 낮 동안 보호자가 가정에서 영유아의 건강 상태를 보호할 수 없거나 영유아가 장애를 가지고 있을 때, 가정환경에 결함이 있을 때 어린이집은 가정을 대신해 영유아의 건강을 보호·유지하는 기능을 수행함으로써 영유아의 복지 증진을 촉진할 수 있다.

둘째, 안전 및 보호의 기능이다. 어린이집에서는 영유아가 생활하면서 발생할 수 있는 여러 가지 위험요소로부터 영유아를 안전하게 보호하는 기능을 담당한다. 어린이집은 영유아들을 안전하게 보호할 수 있도록 안전관리의 중요성을 인식하고, 그와 관련된 교육과 훈련을 실시해야 한다.

셋째, 교육의 기능이다. 어린이집은 학령 전 영유아와 학령 아동에게 필요한 보육계획을 수립하여 보호·양육뿐만 아니라 교육을 제공해 주는 역할도 수행한다. 교육내용에는 언어와 의사소통 및 감성과 정서의 조정능력, 협동심, 자아 안정감의 유지와 독립심 고취 등과 관련된 사회적·정신적 측면에 대한 발달 등이 포함된다. 특히, 표준보육과정의 내용을 토대로 영유아의 연령과 발달에 적합한 내용으로 구성해야 한다.

넷째, 가정을 지원하는 기능이다. 어린이집은 영유아의 요구보다는 부모의 필요에 의해 대리인 역할을 한다. 따라서 어린이집에서는 부모의 상담을 통해서나 지역사회를 동원하여 가정에서 영유아를 최선으로 보호할 수 있도록 지원하는 기능을 수행한다.

다섯째, 보호자의 사회교육적 기능이다. 어린이집은 부모회의나 개별상담을 통해 자녀교육, 육아상담, 일반교양 등에 관한 정보를 얻게 하여 보호자에 대한 사회교육적 기능을 수행해야 한다. 보육프로그램은 영유아 교육내용의 조직과 목표, 철학 등을 이해시키기 위해 실시되어야 하고 보호자들은 그들이 편리한 시간에 프로그램에 참여하고 시간이 가능할 때 언제든지 영유아에 대한 관찰이 가능하도록 기회를 제공받아야 한다. 또한, 어린이집의 전반적인 운영과 그 성격에 관한 결정을 내릴 때는 운영위원회에 참여하는 기회를 가져야 한다.

2. 보육교사의 이해

1) 보육교사의 개념

보육교사는 보육활동에 종사하는 자이다. 보육 용어의 한자 보(保)는 '지킨다, 편안하게 하다, 돕다'라는 뜻이며, 육(育)은 '기르다'의 의미이다. 따라서 보육이라는 용어의 사전적 의미는 '어린 아이를 돌보아 기름'이라는 뜻으로, 보육활동은 어린 아이를 돌보고 기르는 활동이고 보육교사는 영유아를 보살피고 돌보며 기르고 교육하는 사람을 의미한다. 1991년 「영유아보육법」이 제정되면서 '보육사'라는 명칭이 '보육교사'로 변경되면서 보육에 교사의 지위를 부여하였다. 법으로써 보육시설 종사자를 '보육교사'라고 지칭했을 때는 기존의 학교교사에 가깝다는 인식을 가지고, 어린 영유아들을 기르고(보육) 가르치는 자(교사)라는 전문적이고 중요한 역할을 정한 것이다. '교사'는 교사라는 직업에 어울리는 직업적 책임과 사회적 대우와 인정이 필요하며, 이 직업을 갖기 위해 일정 수준의 교육과 엄중한 자격기준이 요구됨을 명료화한 것이다. 교사는 누구나 되고 싶다고 해서 될 수 있는 직업이 아니며 사회적으로 승인된 높은 수준의 교육을 받고 그 자질과 능력을 자격증으로 보여 줄 수 있는 전문적인 직업이다(김은설, 2010). 돌봄이 필요한 단계에서 점차 주체적으로 판단하고 생각하는 미래의 인재로 양성해야 한다는 측면에서 보육교사의 위상을 바라보는 것이 필요하다. 보육사에서 보육교사로 개명한 이유는 보육을 담당하는 교사라는 측면에서 교사로서의 위상을 부여했기 때문이다. 현행 「영유아보육법」에서는 6세 미만의 영유아를 건강하고 안전하게 보호·양육하고 영유아의 발달특성에 맞는 교육을 제공하는 어린이집 및 가정 양육시설에 종사하는 교사로 정의하였다. 따라서 영유아를 교육하는 사람의 관점에서 보육교사의 존재를 살펴보는 것이 필요하다.

여기에서는 교사의 개념을 법적·사회적인 측면, 발달적인 존재로서의 측면, 영유아와의 관계 측면 그리고 교육적 가치관과 철학을 가진 존재로서의 측면으로 나누어 살펴보고자 한다(염지숙, 이명순, 조형숙, 김현주, 2022).

첫째, 법적이고 사회적인 측면에서 교사란 유치원, 초·중등학교 등에서 일정한 자격증을 가지고 학생들을 가르치는 사람으로(이희승 편, 1983) 교사가 되기 위해서는 소정의 양성과정을 거쳐야 하며 그 결과, 제도적으로 교사로서 자격을 인정받게 된다. 따라서 유아교사는 유아를 대상으로 가르치는 자로서 소정의 양성과정을 이수하고 자격을 취득한 자이다. 그러나 우리나라 유아교육은 초·중등교육과 다르게 유아교사가 이원화되어 있다. 보건복지부에서 자격증을 발급하고 있는 보육교사와 교육부에서 자격증을 발급하고 있는 유치원 교사로 나뉘어 있다. 유아교육에서 보호와 교육을 이분화하는 것은 우리나라 유아교육제도의 문제점으로 지적되며(이은화 외, 1995), 유아교육은 보호이자 곧 교육이며 이를 분리할 수 없는 통합된 개념으로 인식하는 것이 진정한 유아교육을 수행하는 것이다. 따라서 본 장에서 보육교사란 출생부터 취학 전 아동을 대상으로 보호와 교육의 역할을 담당하고 있는 자로서 어린이집의 교사를 의미한다.

둘째, 교사는 성장·발달하는 존재이다. 교사는 태어나는 게 아니라 만들어지는 것이다. 최근에 교사 교육자들은 교사에게 발달적 관점을 적용해야 한다는 주장을 펴고 있다. 이는 아동들과 마찬가지로 교사 또한 교직생활을 등해 끊임없이 성장과 변화의 과정을 거친다는 것으로서 전통적인 능력중심과 자질중심의 교사개념을 반대하고, 각 교사의 개인차를 인정하여 개인적 성장을 도와야 한다는 관점을 제시하고 있다. 대학을 졸업하고 교사로 입문하는 초임교사와 5년, 10년의 경력을 갖춘 교사는 영유아를 바라보는 아동관과 가르침을 보는 교육관에 많은 변화를 경험하고 성장하게 된다. 따라서 이상적이고 훌륭한 교사보다는 계속 성장하고 발전하는 개인으로서의 교사에 초점을 맞추고 교사 양성과정에 관심을 기울여야 한다.

셋째, 교사는 영유아에게 영향을 줄 뿐만 아니라 영유아로부터 영향을 받는 상호적인 존재이다. 만 3세 유아를 맡는 교사와 만 5세 유아를 맡는 교사는 요구되는 교사의 역할이 다르며 교사의 행동에 대한 유아들의 반응도 다르다. 따라서 교사는 영유아들의 수준과 요구에 맞추어 적응해 가며 교사로서 성장한다. 교사가 일방적으로 영유아들에게 영향을 미치고 이끌어 가는 존재에서 영유아들의 영향을 받고 그에 따라 교직을 수행하는 과정에서 많은 변화를 경험하는 존재이다.

넷째, 교사는 교육적 가치관과 철학을 가진 존재이다. 교사는 교실상황에서 하루에도 수백 번의 의사결정을 내리며 무엇이 영유아들에게 올바른 선택이며 교육적인 행동인가에 대해 고민하고 융통성 있게 반을 이끌어간다. 예를 들어, 식생활지도에 있어서 음식을 남기지 않고 다 먹게 하는 것의 덕목과 영유아의 개별적인 음식 기호로 인한 거부 반응 사이에서 교사는 무엇이 옳으며 지금 이 상황에서 무엇을 고려해야 하는가를 판단할 때 교사의 철학과 가치가 작용한다. 집단생활 속에 적응하고 초등학교에 대한 대비를 중요하게 여기는 철학을 갖고 있는 교사와 영유아들의 자율성과 선택을 존중하는 것을 중요시하는 교사는 분명히 반의 운영과 영유아와의 상호작용이 다르다. 따라서 유아교사는 자신이 갖고 있는 철학과 가치관을 확립하는 것 못지않게 그에 대한 반성과 함께 여러 가지 측면을 계속 고려하는 존재이어야 한다.

2) 보육교사의 선택

'왜 보육교사가 되고자 하는가?'에 대해 물어보면, 대부분의 예비교사는 교사에 대해서 긍정적인 이미지를 갖고 있으며 어렸을 때 영유아를 돌본 경험이 많거나 부모나 주변 친척의 권유 등으로 보육교사직을 선택한다. Lortie(1973)에 의하면 교사가 되는 데 있어서 가장 결정적인 경험은 교사가 되기 이전에 가졌던 학생으로서 교사를 바라본 경험이라고 한다. 학생으로서 엿보았던 선생님들을 통해 교직의 매력을 느껴 교사가 되는 것이다. 교직 선택의 동기유형을 살펴보면 다음과 같다(Lortie,1973).

① **사회 공헌형**: 국가와 사회에 이바지하고 싶어서 선택한다.
② **성격 적성형**: 교직이 성격과 적성에 맞아 지망한다.
③ **전직형**: 생활의 필요를 고려할 때 이 직업이 유리하기 때문에 다른 직업에서 전직한다.
④ **공리형**: 장래성을 보고 선택한다.
⑤ **막연형**: 특별한 이유 없이 어쩌다가 선택한다.
⑥ **권유형**: 권유를 받아서 선택한다.
⑦ **강제형**: 강제를 받아서 선택한다.

보육교사 지망생들의 교직관에 대한 조사연구(원동숙, 1995)에서는 보육교사의 지원 동기의 우선순위는 ① 보람 있는 직업이기 때문에 ② 아이들이 좋아서 ③ 적성이 맞아서 ④ 여성에게 맞아서 ⑤ 보수가 괜찮아서 ⑥ 사회적 인식이 괜찮다고 생각하기 때문에 ⑦ 근무여건 때문에 ⑧ 부모나 이웃의 권유 순으로 나타났다. 특히, 근무조건, 경제적 보수 수준은 낮았음에도 불구하고 '보람이 있는 직업'이라고 대답한 경우가 가장 많아서 보육교사직에 대한 직업으로서의 본질적 가치에 대한 인식이 크다.

보육교사들이 보육교사직을 선택한 공통점을 찾아 볼 수 있는데, 영유아들과 지내며 영유아들을 가르치는 즐거움, 즉 적성이 보육교사직을 선택하는 가장 큰 동기라고 할 수 있다(이수정, 2008: 32). 따라서 최근에는 보육교사의 적성을 검사하는 도구를 개발하고 있다. 이와 같은 적성에는 주로 대인관계 능력, 영유아에 대한 수용성과 민감성, 창의성과 자기개발, 영유아에 대한 친화력, 영유아에 대한 안전관리 능력, 업무에 대한 소명감, 긍정적 정서의 7개 요인을 제시하고 있다(김혜경, 2012: 93).

표 1-1 보육적성 검사 도구 문항 내용

번호	문항	절대 그렇지 않다	그렇지 않다	보통이다	그렇다	매우 그렇다
1	평소에 긍정적으로 생각하는 편입니까?					
2	힘든 일이 있어도, 내일이 되면 잊어버리는 편입니까?					
3	다른 사람들의 교육, 건강, 또는 복지를 개선하는 직업이 가치 있다고 생각합니까?					
4	감정 기복이 심하지 않고 마음의 안정을 잘 유지하는 편입니까?					
5	다방면의 지식이 있어 영유아의 교육에 도움을 줄 수 있다고 생각합니까?					
6	새로운 것을 탐색하고자 하는 호기심이 있는 편입니까?					
7	영유아를 좋아합니까?					
8	기분 상하는 일이 있어도, 영유아 앞에서는 항상 웃으며 생활할 수 있다고 생각합니까?					
9	영유아가 하는 말은 모두 의미가 있으므로, 잘 들어줘야 한다고 생각합니까?					
10	아동을 둘러싼 가족에 대해서도 이해해줄 수 있다고 생각합니까?					
11	영유아가 모두 개별적 능력이 있음을 인정하여, 존중해주는 태도를 갖출 수 있다고 생각합니까?					
12	맡아서 해야 할 임무나 의무를 중히 여기는 편입니까?					
13	규칙을 준수하고, 규칙 안에서의 이해와 타협을 중요시하는 편입니까?					
14	자신이 가진 재능, 흥미, 성격을 고려해서, 하고 싶은 일을 선택하는 편입니까?					
15	자신이 어떤 것을 잘하는지를 알고, 그러한 능력을 향상시키고자 노력하는 편입니까?					
16	식사하던 중에 기저귀를 갈 수 있다고 생각합니까?					
17	영유아가 당신을 잘 따릅니까?					
18	교실 내의 문제 행동을 통제할 수 있다고 생각합니까?					

번호	문항	절대 그렇지 않다	그렇지 않다	보통 이다	그렇다	매우 그렇다
19	영유아가 위험하거나 해서는 안 되는 행동을 할 때, 단호하게 대처할 수 있다고 생각합니까?					
20	여러 가지 상황을 판단할 수 있는 상황 판단력이 있는 편입니까?					
21	궁금한 것이 있으면 해결될 때까지 다양한 자료를 찾아봅니까?					
22	보육교사에게는 영유아발달과 보육에 관한 전문지식이 필요하다고 생각합니까?					
23	영유아와 놀이하는 것을 좋아합니까?					
24	항상 웃는 얼굴로 영유아를 반길 수 있다고 생각합니까?					
25	영유아 사이의 차이를 받아들일 수 있을 정도로 열린 마음을 가진 편입니까?					
26	영유아를 있는 그대로 받아들일 수 있다고 생각합니까?					
27	부모와 떨어져 있어 부모를 그리워하는 영유아를 보면 애처롭다는 생각이 듭니까?					
28	서로 다른 영유아를 차별하지 않고 공평하게 대할 수 있다고 생각합니까?					
29	보육교사 일을 억지로 하지 않고 편안한 마음으로 할 수 있다고 생각합니까?					
30	영유아의 삶에 영향을 줄 수 있는 교사는 책임감을 가져야 한다고 생각합니까?					
31	'자기발전'에 관심이 많습니까?(예 새로운 기술을 배우기 위해 학원을 다니거나 성공한 사람의 책이나 잡지를 읽은 적이 있습니까?)					
32	어떤 일에 대해 뜻한 대로 이루어낼 수 있다고, 스스로의 능력을 믿는 마음이 강한 편입니까?					
33	영유아의 말과 행동에 민감하고 적절하게 반응할 수 있다고 생각합니까?					
34	영유아의 지나치게 느리거나 빠른 행동을 보고, 영유아 각자의 다른 특성으로 이해해 줄 수 있다고 생각합니까?					

번호	문항	절대 그렇지 않다	그렇지 않다	보통이다	그렇다	매우 그렇다
35	영유아의 말과 행동에 민감하고 적절하게 반응할 수 있다고 생각합니까?					
36	영유아의 지나치게 느리거나 빠른 행동을 보고, 영유아 각자의 다른 특성으로 이해해 줄 수 있다고 생각합니까?					
37	영유아와 계속 같은 대화를 반복하게 되는 경우, 그것을 영유아의 특성으로 인정해 수 있다고 생각합니까?					
38	영유아의 환경과 생활을 보지 않고 그 영유아 자체를 인격적으로 볼 수 있다고 생각합니까?					
39	학교나 집에서 개인적인 목표를 세우고 그것을 달성하기 위해 열심히 일합니까?					
40	맡은 업무를 적극적이고 즐겁게 찾아서 할 수 있는 편입니까?					
41	모든 면에서 편견을 버리고, 영유아의 잠재력을 끌어낼 수 있다고 생각합니까?					
42	어린이집 활동에 학부모들을 참여하게 할 수 있다고 생각합니까?					
43	어린이집의 효과적인 운영을 위하여 교사와 운영진 간의 협력을 촉진시킬 수 있다고 생각합니까?					
44	학부모와 원만하게 잘 지낼 수 있다고 생각합니까?					
45	영유아에게 발생하는 갑작스러운 사고를 예방할 수 있을 정도로 주의력 깊고 조심스러운 편입니까?					
46	영유아를 꼼꼼하게 챙길 수 있을 정도로 세심한 편입니까?					
47	다정하고 자상한 성격인 편입니까?					
48	'보호'만을 중시하거나, '교육'만을 중시하기보다, '보호'와 '교육' 모두를 중요하게 여겨야 한다고 생각합니까?					
49	성격이 모난 쪽으로 갈 가능성이 있는 영유아를 빨리 알아보고 원인과 해결방법을 찾을 수 있다고 생각합니까?					

번호	문항	절대 그렇지 않다	그렇지 않다	보통 이다	그렇다	매우 그렇다
50	동료교사들이 성공적으로 영유아들을 지도할 수 있도록 도와줄 수 있다고 생각합니까?					
51	동료교사, 원장님과 원만하게 잘 지낼 수 있다고 생각합니까?					
52	영유아의 정신적, 육체적 건강과 신호를 민감하게 알아차릴 수 있다고 생각합니까?					
53	영유아의 눈높이에 맞게 상상력이 풍부한 편입니까?					
54	어떤 생각이나 느낌을 언어나 몸짓으로 나타낼 수 있는 능력이 좋은 편입니까?					
55	가르치거나 지도하거나 상담하는 일에 흥미를 가지고 있습니까?					
56	영유아를 돌보는 일을 좋아합니까?					

출처: 김혜경(2012). 보육적성검사도구 개발. 경희대학교 대학원 박사학위논문

교직을 원하는 사람들은 교직을 선택하는 과정부터 능동적이며 교직현장에서 경험하게 될 좋은 점에 대해 예상하고 있다. 이연주(2003)에 의하면 유아교사들의 지원 동기를 보면, 교직에 매우 긍정적인 인식을 갖고 있으며 개인적 자질을 매우 중요한 것으로 인식하고 있다고 한다. 교사가 되고자 하는 동기 중에 가장 많이 언급되는 것은 아이들과의 계속되는 접촉의 결과로 생긴 개인적인 상호작용이다. 특히, 교사들은 아이들과 일하는 것을 좋아하고 그들의 삶에 영향을 주고 싶고 학생들이 성취를 통해 기쁨을 느끼는 것을 보는 것이라고 언급한다. 이와 같이 언급한 교사들은 교직을 사회에 대한 소명의식과 가치 있는 사회봉사로 여기며 사회에 지속적으로 기여하는 방법으로 인식하고 있다. 즉, 교사가 되고자 하는 동기 중에 '누군가의 인생에 영향을 주고 변화를 주고 싶다'라는 것이 가장 많다.

동기는 직무와 관련된 개인행동의 방향, 강도, 지속기간을 결정하는 역동적인 힘으로 인간이 자신의 일을 선택함에 있어서 결정적인 역할을 한다. 어떤 일을 지속하게 하거나 그만두게 하도록 하고 선택된 활동에 대한 참여 수준과 몰입 정도를 결정하기도 한다. 대부분의 보육교사들은 보육교사직을 선택할 당시 자신의 적

성, 사회적 존경, 자아실현 등의 긍정적인 이유로 선택하고 있다. 긍정적인 이유로 보육교사직을 선택했을 경우, 보육교사직의 전문성에 대한 인식이 확고하며 역할 수행에 있어서 긍정적인 영향을 미친다고 한다(이수정, 2008).

표 1-2 보육교사의 교직 선택 동기

하위영역	문항구성 내용	문항수
적성	• 교직에 대한 적성이 맞아서 • 교직에 맞는 자신의 성격 • 가르치는 일에서의 즐거움	3
사회적 존경	• 사회적 권위와 나의 교육관 • 교육자에 대한 사회적 존경 • 사회 발전에 기여	3
우발적 동기	• 진로전환 • 취직의 용이성 • 타인의 권유	3
안정성	• 안정된 신분 보장과 정년보장 • 경제적으로 안정된 직업 • 자기발전에의 시간적 여유	3
자아실현	• 자아실현의 계기 • 교육에 헌신하고자 하는 사명감 • 정신세계	3
전체 문항수	15	

출처: 이수정(2008). 보육교사의 직업선택 동기, 전문성인식 및 역할수행에 대한 연구. 남서울대학교 대학원 석사학위논문.

안나래 외(2015)는 교직 선택 동기를 Huberman(1993)의 구분에 근거하여 본인의 적성과 흥미를 고려한 영유아에 대한 애정에서 기인한 능동적 동기와 잠정적 직업으로 택하는 수동적 동기 그리고 경제적 측면, 근무조건, 안정성 등을 고려한 물질적 동기로 분류하여 보육교사를 대상으로 연구를 수행하였다. 연구결과, 능동적 동기와 물질적 동기로 보육교사직을 선택한 교사들은 이직하는 의도를 덜 느끼고 교직에 헌신하고자 하는 것으로 나타났다. 특히, 능동적 동기를 갖고 교직을 선택한 교사들은 직무 스트레스를 받아도 가르치는 일에 대한 즐거움과 자신의 적성 그리고 자아실현을 고려하여 직업을 선택했기 때문에 직무수행 의욕이 높고 이직 의도를 덜 느낀다고 하면서 보육교사의 교직 선택 동기의 중요성을 강조하였다(안나래, 김희수, 안선희, 2015: 98).

3) 보육교사의 철학

교사로서 보육철학의 중요성은 무엇일까? 철학은 교사의 행동과 생각의 중심을 잡아 주는 가치관으로 교사로서 영유아의 존재를 어떻게 볼 것인지, 어떻게 교육할 것인지, 어떻게 보살펴 주어야 할 것인지에 대한 중요한 사고의 틀이다. 따라서 교사는 지속적으로 어떤 생각과 철학을 갖고 있는지 자문해야 하며 이러한 철학은 교사로서의 출발과 성장을 담보하는 중요한 지표가 된다. '우리는 어떤 인간이 되고 싶은가? 바람직한 인간상에 대한 탐색부터 그러한 인간을 길러내기 위해 어떻게 안내해야 할까?'를 생각해 보아야 한다.

모더니즘적 시각을 가진 교사는 보육내용을 결정하고 그것을 충족시키기 위해 보육을 한다. 만들어진 교육과정을 실행하는 전달자의 역할에 초점을 둔다. 반면 포스트모더니즘적 시각을 가진 교사는 보육내용은 이미 결정된 것이 아니라고 생각하고, 영유아가 사회・문화적 맥락에 따라 계속 변화하는 지식을 능동적으로 구성한다고 본다, 영유아중심・놀이중심의 2019 개정 누리과정은 교사의 자율성이 강조되고 있으며 기존 누리과정과 달리 교육적 접근과 시각에서 많은 차이가 있다. 개정 누리과정에서 전제하고 있는 아동관은 유능함이다. 유능한 아동은 놀이를 통해서 스스로 가장 잘 배울 수 있다고 본다, 따라서 배움에 있어서 정해진 방법은 없으며 교사는 영유아의 배움 방식을 보는 관점을 바꾸어서 영유아들이 우연한 사물과 사건들 속에서 조우하면서 마주침을 통해 생각하고 개념을 익히고 배우면서 다양하게 실험해 볼 수 있도록 열린 마인드로 바라보는 것이 필요하다.

교사는 교육과정의 개발자, 교육과정의 해석자로서 영유아와 함께 만들어가는 교육과정을 하기 위해서는 기존의 틀에 안주하지 않고 가보지 않은 길을 찾아 나서야 한다. 따라서 유아교사는 영유아의 놀이를 관찰하고 지원하는 역할로서 배움의 주체가 영유아가 되도록 지원해야 한다. 현대 사회는 '지식의 축적'보다는 '새로운 가치의 창출'이 더 중요시된다. 포스트모더니즘 사회에서는 더 이상 단일한 가치를 적용하여 판단할 수 없다. 기존의 개념적 사유에 길들여지는 것이 아니라 새로운 개념을 창조하거나 기존의 개념이 상투적이거나 규범적일 때 이를 벗어나서 탈주하는 사유의 창조적인 존재가 되는 것이 필요하다는 것이다. 사회는 복잡하며 여러 가지 맥락과 상황 속에서 최선의 판단을 해야 하는데, 이때 필요한 것이 철학적 사유이다. 유아교육에 대한 새로운 개념이나 의미가 출현한다고 해서 그러한 것들이 기존의 것을 대체한다기보다는 '공존'하기 때문에 열린 시각으로 바라보는 것이 필요하다. 열린 시각은 사유에서 나오며 사유는 기존의 가치가 아니라 새로운 가치를 생성하는 것이다. 끊임없이 변화하고 확장하는 사회에서 유아교육의 양상 및 관계를 해석할 수 있는 철학적 기반이 필요하다. 이원론적인 대립의 세계에서 자유로워지고 영역의 경계를 넘나들며 삶 속에서 또 다른 나를 찾아가는 과정으로서의 존재 지향적인 교육이 되어야 한다.

이처럼 교사의 관점에 따라 보육내용과 방법이 달라질 뿐 아니라 근본적으로 영유아에 대한 이해가 달라지는 것을 알 수 있다. 따라서 보육의 질을 결정하는 단편적인 교사변인의 범위를 넘어서 교사의 가치관, 경험, 교육, 아동관 같은 교사의 철학은 교사의 판단과 결정에 중요한 영향을 미치는 변수로서 그 중요성이 높다(표미숙, 2014).

만약, 가르치는 사람이 교육철학이 없다면 어떤 현상이 일어날까? 교사 스스로 자신의 철학을 확립하고 점검해 가는 지속적인 사고과정이 없다면 부모의 요구에 따라, 환경에 따라 교사는 방향을 잃어버리고 순간마다 상황논리에 의해서 정당화하면서 가르치는 일을 수행할 수 있다. 교사들이 자신의 독자적인 교육철학을 가지고 있을 때 교육 이외의 다른 외적 힘들에 대해 교육의 본질을 어느 정도 지킬 수 있다(신득렬, 2008). 다음은 현장에서 접할 수 있는 흔한 사례이다.

간식시간이 끝나갈 무렵 동수의 어머니가 교실 문을 두드렸다. 집안일로 일찍 가야 하기 때문에 동수를 데리러 왔다. 동수는 또래에 비해 스스로 간식을 먹을 수 있는 아이지만, 아직까지 소스를 찍어 먹을 때 입 주변에 소스의 흔적을 남긴다. 그렇게 동수는 엄마와 귀가를 한다. 다음 날, 동수의 어머니와 김교사의 전화면담에서 어머니는 '선생님, 동수가 간식을 먹은 다음에는 얼굴 좀 닦아주세요.'라는 부탁을 하였고, 이에 김교사는 '동수에게 휴지를 주고 직접 닦으라고 하면 동수 스스로 닦을 수 있어요!'라고 대답한다. 동수 어머니는 '힘드시겠지만, 선생님이 좀 닦아 주면 안 되나요?'라고 묻는다.
출처: 이효정, 김정주(2007). 돌봄에 대한 보육교사의 인식 및 실천의 의미. p.292.

위의 사례에서처럼 보육교사로서 교육적 측면에 중점을 두고 역할을 수행해야 하는지, 동수 어머니의 요구처럼 돌보고 보살피는 역할에 중점을 두어야 하는지 딜레마 상황에서 적절한 판단을 내리기가 어렵다. 교육철학은 이와 같이 여러 가지 딜레마와 갈등상황에서 무엇이 최우선이 되어야 하는가, 어디에 기준을 두고 의사결정을 해야 하는가를 고민할 때 나침반 역할을 한다. 지식이 많다고 적절한 판단을 내리는 것도 아니기 때문에 교사로서 끊임없이 무엇이 본질이며 교사의 행동이 영유아의 발달과 성장에 어떤 영향을 미치는지를 장기적으로 생각하고 판단할 수 있는 가치관의 정립이 중요하다. 철학이 없다면 교사는 현장에서 일어나는 다양한 현실문제에 대해 일관된 태도로 대처할 수 없으며, 보육현장의 바람직한 변화를 위해 더 나은 방향에 대한 고민도 하지 않는다. 보육교사로서 중점을 두어야 하는 내용은 다음과 같다.

첫째, 영유아의 권리를 존중하는 보육을 해야 한다.
보육교사는 하루 대부분의 시간을 영유아와 함께 보내며 영유아에게 중요한 의미 있는 타인이다. 영유아 주변에서 영유아가 어떤 존재인지 몸으로 보여 주고 이야기해 주는 사람이 교사이다. 따라서 보육교사가 영유아를 존중하고 영유아의 권리를 보호하고 인정해 주는 보육은 교사의 가치관으로 중요하게 자리 잡아야 한다. 보육교사가 영유아의 욕구를 제대로 파악하지 않고, 의사를 존중하는 과정에서 영유아의 의견을 제한적으로 반영하거나 전혀 반영하지 않는 경우가 있다. 또한, 영유아가 자신의 의사를 형성할 수 있도록 도와주기보다는 원장 및 보육교사의 의사결정에 따라 이루어지는 경우도 적지 않다. 영유아의 권리 존중은 영유아를 있는 그대로 인정하고 영유아의 잠재력을 높게 평가하는 태도이다. 보육교사는 부모, 가족과 협력하여 영유아의 권리가 가정에서도 실현될 수 있도록 안내하고 교육해야 한다. 보육과정 운영에 있어서도 교사가 주도적으로 이끄는 것이 아니라 영유아의 참여와 의견을 존중해 만들어 가는 보육과정이 이루어져야 한다. 영유아는 어른의 종속물이나 교육의 대상이 아니라 존재 그 자체로 인정하며 성인과 함께 의사결정을 하는 동등한 인격체로 존중받아야 한다. 영유아의 권리를 존중하는 보육은 영유아의 흥미와 관심을 최대한 존중하고, 영유아의 의지에 따라 활동하게 하는 것이 중요하다. 다음은 교사들이 가장 많이 응답한 영유아의 권리를 존중한 보육내용이다(김진숙, 2010).

- 교사는 아이들의 이야기를 귀담아들어야 해요.
- 교사는 일상생활의 규칙을 아이들과 함께 이야기해야 해요.
- 교사는 교실환경을 꾸밀 때도 아이들이 할 수 있도록 해야 해요.
- 교사는 아이들이 원하는 자리에 앉고, 놀고 싶은 영역에서 놀이할 수 있도록 해야 해요.
- 교사는 아이들이 싫어하는 음식을 억지로 먹이지 말아야 해요.
- 교사는 아이들이 싫어하는 활동은 하지 않도록 해야 해요.
- 교사는 시간에 맞추어 아이들을 재촉하지 말아야 해요.

표 1-3 보육교사의 영유아 권리 존중 보육의 실행 수준 체크리스트

하위영역	항목 번호	문항
등원	1	나는 영유아의 등원 시 눈을 맞추고 반갑게 맞이한다.
	2	나는 영유아와 즐겁게 대화하며 지도한다.
정리	3	나는 영유아가 놀이나 활동을 중단하기 전에 예고시간을 여러 번 꼭 알려 준다.
화장실 다녀오기 (기본 욕구)	4	나는 언제든 영유아가 자유롭게 화장실을 갈 수 있도록 한다.
	5	나는 영유아가 물을 마시고 싶을 때 언제든지 마시도록 한다.
소집단 활동	6	나는 영유아 자신의 의견을 언제든지 말할 수 있도록 한다.
	7	나는 영유아의 어떠한 이야기(엉뚱한 말)도 진지하게 듣는다.
	8	나는 다수 및 소수 영유아의 이야기를 들어준다.
자유선택활동	9	나는 자유선택활동시간에 영유아가 자유롭게 이동할 수 있도록 한다.
	10	나는 대부분의 경우 개별 영유아에게 주의를 기울이고, 눈을 맞추면서 이야기한다.
	11	나는 또래 간 상호작용을 자주 격려한다.
	12	나는 영유아의 놀이 상대로 참여한다.
점심	13	나는 영유아가 원하는 식사량만큼 배식한다.
	14	나는 영유아가 먹고 싶지 않은 음식은 강요하지 않는다.
	15	나는 영유아에게 점심을 빨리, 다 먹으라고 재촉하지 않는다.
낮잠	16	나는 정해진 낮잠시간에 맞추어 과도하게 재우고 깨우지 않는다.
	17	나는 영유아가 쉬고 싶다고 할 때 언제든지 쉴 수 있도록 지도한다.
특별활동	18	나는 특별한 활동(현장학습, 운동회, 재롱잔치, 발표회 등)에서 영유아의 의견에 귀 기울인다.
	19	나는 역할 및 순서를 정할 때 영유아들과 이야기한다.
자율성 존중	20	나는 교실의 규칙을 정할 때 영유아들과 이야기한다.
	21	나는 영유아의 자리를 정해 주지 않고 이야기 나누기 시간, 간식 및 점심시간, 활동시간에 자유롭게 앉고 싶은 자리에 앉도록 한다.
	22	나는 영유아의 개별적인 의견을 들어준다.
	23	나는 영유아가 하고 싶지 않은 활동은 하지 않도록 한다(예 놀이, 그림 그리기, 만들기).

하위영역	항목번호	문항
의사 존중	24	나는 영유아에게 질문할 때 영유아가 충분히 생각할 수 있는 시간을 준다.
	25	나는 영유아의 발달 상태에 맞게 상호작용을 한다.
	26	나는 영유아가 원하는 재료를 사용해 작품활동을 할 수 있도록 한다.
	27	나는 만들거나 그리기 활동 등을 영유아의 생각대로 자유롭게 하도록 한다.
	28	나는 영유아의 몸짓이나 표현을 주의 깊게 살핀다.
	29	나는 영유아의 요구와 질문에 적절하게 반응한다.
개별성 존중	30	나는 영유아의 개별적인 실수와 평가를 다른 사람에게 이야기하지 않는다.
	31	나는 영유아에 관한 개인정보를 어떠한 이유로도 다른 사람에게 이야기하지 않는다.
	32	나는 영유아의 잘못된 행동에 꾸지람을 주기 전에 영유아의 설명이나 이유를 물어본다.
	33	나는 발표, 줄 서기, 자리에 앉을 때 나름대로 기준이나 순서를 정해 영유아들을 호명하지 않는다(예 예쁘게 앉는 친구부터).
	34	나는 영유아의 성별 및 발달특성에 따라 대하는 것이 다르지 않다.
	35	나는 학부모의 사회적 지위나 배경에 따라 영유아를 대하는 것이 다르지 않다.
	36	나는 영유아의 외모, 옷차림, 스타일에 따라 대하는 것이 다르지 않다.
정보 제공	37	나는 매일 하루 일과에 대해 영유아에게 알려 준다.
	38	나는 자유선택활동영역의 교재·교구를 자주 교체하며 공급한다.
	39	나는 영유아의 발달능력에 따라 정보를 제공한다.
	40	나는 영유아에게 정보를 제공하기 위해 다양한 매체(컴퓨터, TV, VTR, OHP 등)를 사용한다.

출처: 김진숙(2010). 보육교사가 인식하는 영유아 권리 존중 보육의 의미와 실행수준. 숙명여자대학교 대학원 박사학위논문.

둘째, 보육은 사랑에서 시작되어야 한다.

교육이 사람과 사람이 만나는 관계에서 출발한다고 생각했을 때, 사랑은 무엇보다도 중요하고 어떤 것보다도 앞서야 한다. 특히, 영유아기의 아이들에게 교사와의 개별적인 관계, 즉 래포 형성이 중요하고 교사와 영유아의 바람직한 관계 형성이 교육의 성패를 좌우한다. 이러한 관계 형성의 기본이 사랑이므로 영유아를 가르치는 교사에게 아주 소중하고 꼭 있어야 할 요소이다. 그러나 사랑이라는 개념은 공적이기보다는 사적인 성격을 가진 것으로 여겨져 전문직업을 가진 사람에게는 적합하지 않은 것으로 여긴다. 유아교사에게 필요한 사랑을 사적인 것으로 간주하여 부모의 사랑과 같은 것으로 오인하기도 한다. 교사의 사랑은 모성적인 사랑과 구별되는 것으로 모성적인 사랑처럼 처음부터 있었던 사랑이 아니라 영유아와의 개별적인 관계에서 노력에 의해 생겨난다. 그리고 모성적인 사랑은 영원하지만 교사와 영유아의 사랑은 1년을 단위로 새롭게 형성되며 교사의 사랑은 모성적인 사랑과 감정을 포함하지만 여기에 교육실행자로의 요소를 포함한다(Goldstein, 1997).

셋째, 보육은 가르치는 일과 돌보는 일 사이의 조화를 유지해야 한다.

영아나 걸음마기의 유아들을 보면서 교육은 있을 수 없다고 생각한다. 말도 못 알아듣고 자기의사를 표현하지 못하는 영아들을 보면서 단순히 돌봐 주는 일이 전부라고 생각할 수 있다. 그러나 영아들에게도 교육과 보육은 동시에 존재해야 한다. 단, 교사는 보육과 교육의 중점을 연령에 따라 탄력적으로 은영해야 하며 영유아들을 관찰하여 적절하게 교육과 보육의 비중을 구성해야 한다. 교육과 보육은 경계를 정확하게 구분하기 어려운 특성이 있다. 잘 보살피는 것이 잘 교육하는 것이 되기도 한다. 그러나 교사가 의도를 가지고 무언가 교육적 기대를 갖고 접근한다면 그 순간은 교육이 있는 것이다. 따라서 보육교사는 돌보는 일과 가르치는 일의 경계를 잘 넘나들면서 영유아들에게 필요한 것이 무엇인지 결정해야 한다.

영아가 뒤집으려고 할 때, 교사가 옆에서 도움을 주어 뒤집어 주는 것이 옳은 것일까? 교사는 영아를 지원했다고 생각할 수 있지만 엄밀히 말하면 영아가 스스로 뒤집고 보람을 느낄 수 있는 기회를 갖지 못하게 한 것일 수도 있다. 아동중심이란 아동의 요구나 뜻을 다 받아 주거나 아동이 하고 싶은 대로 내버려 두는 것이 아니다. 인간은 발달에 맞추어 적절한 지원과 도움이 필요하다. 그러나 가능한 한 영유아 스스로 문제를 해결하고 성장할 수 있는 교육의 기회를 먼저 주고 영유아의 뜻이 무엇인지 묻고 존중하는 것이 중요하다. 교사는 교사의 도움이 필요한 순간인지, 아니면 영유아 스스로 할 수 있는 것인지 판단해 가르침과 돌봄의 균형을 유지해야 한다.

이와 같이 균형을 유지하기 위해서 교사는 관찰을 통해 민감성을 발달시키고 영유아가 무엇을 이야기하는지 잘 파악해야 한다. 영아나 유아들은 자신의 의견이나 감정을 언어로 표현하는 것이 서툴다. 따라서 초·중등학교 학생들처럼 언어를 통한 의사소통에 의존한다면 교사와 영유아 사이에 교감이 이루어지지 못하고 서로 부적절함을 느끼게 된다. 가르치는 일은 배우는 사람과의 교감이 중요하다. 교사는 이를 위해서 영유아의 얼굴 표정, 행동 특징, 눈빛 등의 비언어적인 신호에 민감해야 한다. 따라서 언어를 통한 의사소통보다는 보이지 않는 비언적인 여러 가지 신호들에 민감해야 한다. 이러한 민감성은 가르침과 돌봄의 순간을 파악함에 있어 중요한 자원이 된다.

4) 보육교사의 중요성

보육교사의 중요성은 유아기와 보육의 중요성에 찾을 수 있다. 보육은 본질적으로 미래지향적인 작업이다. 현재를 보는 것이 아니라 미래를 위한 투자이고 미래사회를 이끌어 가는 인재를 길러 내는 과정이다. 이 과정에서 핵심적인 역할을 하는 사람이 보육교사이며 보육교사에 의해 미래가 결정된다. 보육교사의 중요성을 크게 세 가지로 나누어 살펴보고자 한다.

첫째, 보육교사는 영유아의 삶에 중요한 영향을 미치면서 영유아의 발달을 돕고 영유아들이 용기 있게 세상으로 나갈 수 있도록 해 주는 가정 밖의 첫 번째 인물이다. 특히, 점점 더 어린 연령의 영유아가 어린이집에 들어오면서 영유아와 애착을 맺고 영유아에게 세상을 안내하고 경험하게 해 주면서 영유아가 소중하다고 느끼게 해 주는 사람이 된다는 것은 쉽지 않다. 첫 번째 사회적 존재의 모델링으로서 영유아들에게 용기를 주고 사람과의 만남을 즐길 수 있는 영유아가 되게 한다는 측면에서 중요성을 찾을 수 있다.

둘째, 교사는 보육의 질을 결정하는 사람이다. 교육의 질은 교사의 질을 넘어서지 못한다고 한다. 즉, 교육의 가장 핵심은 교사이다. 보육의 질을 높이는 핵심은 보육교사이며, 이것을 보육교사의 전문성으로 표현하고 있다. 보육의 질을 결정하는 중요한 요인으로 교사의 자질, 교사의 전문성, 교사교육 등 교사요인을 언급한다. 어린이집은 타 기관과 달리 일정한 교과서가 없기 때문에 교육내용, 학습범위, 교수방법, 교재・교구 선정 등의 모든 보육활동이 교사 주관에 의해 운영・조절되므로 보육교사는 보육의 질을 결정하는 중요한 요인이 된다. 초・중등학교는 가르칠 내용이 명시적으로 정해져 있고 교사가 달성해야 할 목표가 가시화되어 있어 교재인 교과서가 개정되고 시간표가 조정되면 교사는 그에 따라 가르치면 된다. 그러나 어린이집은 교과서가 없으며 가르칠 내용에 대한 합의조차 이루어지기 어려운 특성을 안고 있다. 따라서 어린이집의 보육내용과 방법적 특성으로 인해 수업의 계획・진행・평가 등이 어떤 의미에서는 교사에 의해 좌우된다. 그러므로 보육교사는 보육과정 운영에서 자율적으로 선택한 수업의 질을 결정하는 핵심적인 요인이 되며 동시에 가장 전문적인 의사결정을 내려야 하는 자율과 책임을 갖고 있는 것이다.

셋째, 교사가 미치는 영향력이 크고 더 오랫동안 지속된다. 나이가 어린 영유아를 대상으로 하는 보육에서는 교사가 영유아의 발달과 학습에 미치는 영향이 연령이 높은 아이들을 대상으로 하는 교육보다 크다. 특히, 이는 보육내용이 지식 전달이 주가 아니라 전인적 성장을 목적으로 하는 기초교육이며 삶의 교육이기 때문이다. 실제로 보육교사에게 기대하는 역할은 다른 학교기관의 교사보다 더 복잡하고 다양하다. 교사의 역할과 함께 양육자로서의 역할과 가정복지, 사회복지 조성자의 역할을 하므로 보육교사가 해야 하는 일의 범위도 넓고, 가정과의 연계도 원활하게 이루어져야 하기 때문에 교사가 가정과 영유아에게 미치는 영향력이 더 크다. 교사가 제공하는 보육경험은 영유아의 신체적・정신적 발달에 영향을 미치는 주요요인이 되며, 경험한 보육의 질이 어떠했느냐에 따라 발달에 차이가 나타날 수 있다. 보육의 질적 수준에 따른 유아들의 발달을 비교한 연구결과(이기숙, 김영옥, 박경자, 2005)에 의하면, 질적으로 우수한 어린이집에 다니는 유아는 자아개념이 더 높았고, 놀이실에서 또래와 긍정적인 상호작용을 더 많이 하는 반면, 교사와 부정적인 상호작용은 더 적게 하는 것으로 나타났다. 또한, 질적으로 우수한 어린이집 유아의 주당 보육시간은 유아의 어휘력, 이해력 및 지능지수와 긍정적인 상관이 있었다.

이상과 같이 영유아기를 담당하는 보육교사는 다른 어떤 기관의 교사보다도 영유아들의 생활 속에 깊이 연관되어 있다. 왜냐하면 보육은 특성상 교과 위주가 아니라 생활 속의 경험을 중심으로 이루어지기 때문이다. 그리고 영유아는 교사의 행동 및 특성을 모방하며 교사가 영유아에게 기대하는 정도에 따라 발달에 영향을 받는다. 즉, 보육교사와 영유아는 일상의 삶 속에서 서로에게 영향력을 주고받는다.

Chapter 02

보육교사직의 특성

01 보육교사직의 성격

02 보육교사의 자격과 임용

Chapter 02 보육교사직의 특성

보육교사는 교육적 역할 못지않게 돌봄·양육의 역할도 중요하다. 이는 보육교사가 돌보는 영유아의 연령이 0세부터 만 5세까지 다양하고, 비교적 장시간 어린이집에서 보내기 때문에 나타나는 직무의 특성 때문이다. 부모들 역시 어린이집 교사의 전문적인 보육과정은 노출되기 어렵기 때문에 교육보다는 돌봄의 역할에 초점을 둔 인성적 자질 측면에서 좋은 교사, 바람직한 교사를 기대한다. 어린이집을 대리 가정으로, 어린이집 교사를 대리 양육자로 생각하는 경향이 있기(표미숙, 2008) 때문에 유치원 교사에 비해 보육교사는 돌봄과 양육의 역할이 높아지며 제2의 부모역할을 수행해야 한다.

본 장에서는 '보육교사의 직업적 성격은 무엇인가?'라는 질문에서 출발하여 보육교사의 자격과 임용에 대해서 살펴보고자 한다.

1. 보육교사직의 성격

보육교사가 하는 일을 생각해 보면, 직업적 정체성에 있어 여러 의문이 제기된다. '보육교사는 엄마의 모성적 역할을 대신하는 양육자인가?, 보육교사는 가르치는 일을 하는 교사인가?, 보육교사는 영유아와 가정의 복지를 지원하는 사회복지사인가? 아니면 이 세 가지 일을 모두 해야 하는 직업인가? 한편 우리나라 전체 직업구조 안에서 보육교사가 차지하는 직업적 위치는 어디인가?, 보육교사가 하는 일의 특성은 무엇인가?, 여성이 절대 다수를 차지하는 성별화된 직업(gendered job)으로서 보육교사에 대한 사회적 평가는 어떠한가?' 등 이러한 질문은 보육교사의 직업적 정체성을 탐색하는 데 중요하다.

1) 보육교사의 직업적 위치

7차 개정의 한국표준직업분류(통계청, 2017)에서는 우리나라에 존재하는 직업들을 대분류 10개군으로 구분했는데 보육교사는 '대분류 2. 전문가 및 관련 종사자'에 속한다. 동일한 직업이 시기에 따라 직업적 위치에 이동이 있는데 5차 개정과 6차 개정에서 보육교사의 위상이 높아졌음을 알 수 있다. 〈표 2-1〉에서 보듯이 5차 개정 한국표준직업분류에 의하면, 보육 종사자는 대분류 4. 서비스 종사자에 위치하였으나 6차 개정에 따라 2. 전문가 및 관련 종사자로 위치가 이동하였고 7차 개정에서도 같은 범주를 유지하고 있다. 보육교사의 직업적 위치가 대분류에 있어 사회복지사와 유치원 교사와 동일한 범주인 전문가 및 관련 종사자로 이동한 것은 보육교사의 직업적 위상이 크게 격상되었음을 의미한다. 이는 직능 수준과 아동 돌봄 관련 직종 분류에 있어서 '유치원 교사'나 '보육교사'는 영유아를 대상으로 일련의 놀이나 교육계획을 수립하고, 정해진 계획에 따라 교육과정 전반을 운영한다. 반면, 아동 복지 시설, 어린이 카페, 탁아기관 등 보육 관련 시설에서 일하는 대분류 4에 속하는 '보육 관련 시설 서비스 종사원'은 놀이나 교육적 활동 전반을 계획하거나 조직하는 업무를 수행하지 않으며, 주로 돌봄 대상 영유아를 보호하거나 몸을 씻고 옷을 입고 먹는 등 기초 생활을 원활하게 영위할 수 있도록 돕는 것에 직무의 초점이 맞추어져 있다(한국표준직업분류, 2017: 20)라고 명시한 점에 비추어 볼 때, 보육교사의 전문성을 인정하고 있음을 알 수 있다.

표 2-1 한국표준직업분류에서 보육교사의 직업 위치 변화

한국표준직업분류 (5차 개정, 2000)	한국표준직업분류 (6차 개정, 2007/7차 개정, 2017)
1. 전문가 15. 교육전문가 154. 유치원 교사 1540. 유치원 교사 17. 법률·사회 서비스 및 종교전문가 172. 사회 서비스 전문가 1721. 사회복지 전문가 4. 서비스 종사자 41. 대인 서비스 관련 종사자 411. 개인보호 및 관련 종사자 4111. 보육 종사자	2. 전문가 및 관련 종사자 24. 보건·사회복지 및 종교 관련 직 247. 사회복지 관련 종사자 2471. 사회복지사 2472. 보육교사 25. 교육전문가 및 관련 직 253. 유치원 교사 2530. 유치원 교사

출처: 통계청(2017). 한국표준직업분류.

보육교사의 직업적 위치를 파악하기 위해 사회복지사, 유치원 교사의 위치를 비교해 살펴보는 것은 의미 있다. 보육교사는 대분류 '2. 전문가 및 관련 종사자'에 속하며, 중분류 '24. 보건·사회복지 및 종교 관련 직, 소분류 247. 사회복지 관련 종사자, 세분류 2472. 보육교사'에 속한다. 사회복지사는 대분류·중분류·소분류에 있어 보육교사와 동일한 위치에 속하며 세분류에 있어서 사회복지사와 보육교사로 구별된다. 그러나 유치원 교사는 대분류에 있어 '2. 전문가 및 관련 종사자'에 속하지만 중분류 '25. 교육전문가 및 관련 종사자'에 속한다. 통상적으로 보육교사와 유치원 교사를 유아교사라는 명칭을 사용하여 동일한 범주의 직업으로 인식하고 있지만 한국표준직업분류에 의하면 직업적 위치에 있어 보육교사는 유치원 교사보다 사회복지사와 더 가깝다(곽윤숙, 2013). 이는 보육에서 교육 못지않게 복지의 시각에서 바라보는 교사의 태도가 필요함을 뜻한다.

2) 보육교사의 직업적 특성

(1) 보육교사 일의 범위 : 포괄성

보육교사가 해야 하는 일은 「영유아보육법」에 근거하여 규정할 수 있다. 「영유아보육법」에 명시된 보육의 목적 및 정의를 통해 보육교사가 하는 일을 규정하면 크게 세 영역이다. 영유아를 대상으로 한 돌봄, 영유아를 대상으로 한 교육 그리고 영유아와 이들이 속한 가정에 대한 사회복지 서비스이다. 이 정의에 근거하여 보육교사가 해야 하는 일을 정의하면 다음과 같다(곽윤숙, 2013).

첫째, 부모를 대신해 영유아를 돌보는 대리 양육자이다.
둘째, 영유아를 가르치는 교사이다.
셋째, 부모와의 면담과 교류를 통한 상담자이며 부모교육자이다.
넷째, 영유아 및 그들의 가정이 속한 지역사회와 소통하고 상호협력하는 교류자이다.
다섯째, 영유아의 전인발달을 지원할 뿐만 아니라 영유아의 가정복지를 지원하는 사회복지 실천가이다.

이에 따르면 보육교사는 영유아를 대상으로 한 보호와 교육뿐만 아니라 영유아가 속한 가정 및 지역사회에 대한 사회복지 서비스까지 아우르는 매우 넓은 범위의 일을 감당해야 한다. 보육교사가 해야 하는 일에는 영유아를 대상으로 한 영양·건강·안전·교육 그리고 부모에 대한 서비스, 지역사회의 교류라는 광범위한 영역이 포함되어 있어 보육교사라는 직업은 그 어느 직업보다 해야 하는 일의 범위가 넓고 포괄적이다.

(2) 보육교사의 직무 : 다양성

연령이 어리면 어릴수록 교사가 해 주어야 하는 일은 점점 많아진다. 특히, 0~2세 영아를 돌보는 업무는 교육에 초점을 두는 초·중등교사에 비해 보육교사의 직무를 다양하게 해 주는 원동력이다. 보육교사의 직무를 분석한 연구(서문희 외, 2006)에 의하면, 보육교사의 직무는 고유업무, 지원업무, 운영 관련 업무로 구분된다. 고유업무란 영유아를 대상으로 한 보육활동과 직접 관련된 일을 의미한다. 지원업무와 운영 관련 업무는 보육활동과 직접 관련되지는 않지만 원활한 보육활동과 전체 어린이집의 운영을 위해 간접적으로 필요한 업무들로서 행사관리, 사무관리, 청소, 차량지도, 시설관리 등과 같은 업무이다. 어린이집에서 보육교사는 고유업무뿐만 아니라 다양한 지원업무와 운영 관련 업무를 수행하고 있다.

표 2-2 보육교사의 직무

직무 구분	보육 관련 직무	보육 지원 직무	운영 관련 직무
직무영역	보육계획안 작성	식단 작성	교사회의
	보육활동 실시	음식 재료 주문, 장보기	각종 문서 및 공문 처리
	영유아와 상호작용	간식 및 점심 준비	업무일지/연수 보고서
	교재·교구 제작	우유병 소독 및 세척	출석부 정리
	일상 양육활동	세탁하기	실습생 지도
	영유아 관찰일지	교구장 청소	자원봉사활동관리
	건강 특별활동일지	교실, 화장실, 복도 청소	차량지도
	행사 준비	기기류 세척	시설물 보수·점검
	부모상담		전화받기
	기타		

출처: 신혜원, 민성혜, 김의향, 신윤승(2016). 보육교사론. 양서원.

(3) 성별화된 직업으로서의 보육교사 : 여성성

우리나라 보육교사의 98.7%는 여성이다. 여성 지배적인 영역의 대표적인 직업은 교사·간호사·사회복지사 등인데 이러한 직업의 특성은 사람과의 관계 속에서 다른 사람들을 보살피는 돌봄 노동의 성격을 띤다. 그리고 여성이 가지고 있는 배려, 부드러움, 친절함, 인내심과 같은 성향에 부합되기 때문에 여성에게 적합한 일로 간주된다. 보육교사는 노동시장의 성별 분리화 현상에 의한 전형적인 여성중심적 직업이다(곽윤숙, 2013).

3) 보육교사직의 재개념화

보육교사가 하는 일은 보육, 즉 돌봄과 교육이다. 돌봄과 교육은 개념상 구분될 수 있어도 실제 보육현장에서는 구분될 수 없다. 좋은 교육은 돌봄을 전제로 하고 있으며 돌봄 속에는 이미 교육적인 요소들이 있다. 영유아의 연령과 개별적인 요구에 따라 교육과 돌봄의 혼합 비율은 달라져도 교육과 돌봄은 같이 존재한다. 위생과 건강, 안전, 애정적인 관계와 같은 돌봄의 요소들이 충족되지 않는 상황에서 교육이 있을 수 없듯이, 교육과 돌봄은 분리의 문제가 아니라 정도의 문제이다.

본 장에서는 보육교사가 하고 있는 돌봄의 가치와 의미를 재조명함으로써 보육교사직의 전문성과 중요성을 알아보고자 한다.

(1) 돌봄의 재개념화

'돌봄(care 또는 caring)'이란 '보살핌', '배려', '정' 등과 동의어로 일상적 의미는 '가족을 돌보다' 또는 '이웃을 돌보다'로 자신의 입장보다 상대의 입장을 우선시하여 타인의 어려움이나 필요에 응답해 주는 것이다(남명자, 2005). 돌봄은 학자에 따라 그 개념이 다양하게 정의되며, 이를 범주화했을 때 관점이 크게 두 가지로 나뉜다.

첫째, 일상생활에서 쓰이는 용어의 의미로 돌봄을 '보호'로 개념화한 것이다. 이는 과거에는 보육의 개념을 탁아로 보고 하루 중 일정 시간 동안 타인에 의해 이루어지는 보호의 의미로 사용한 것이다(이효정, 김정주, 2007).

둘째, 돌봄을 돌보는 행위 이상의 도덕적·인지적·감정적 요인을 포함하는 복잡한 현상 또는 과정으로 규정하는 재개념화된 돌봄의 의미이다. 이 관점을 취하는 Fisher와 Tronto(1990)는 '돌봄은 우리의 세계를 유지하고, 지속하고 개선하는 그리하여 우리가 살아갈 수 있도록 하는 모든 것을 포함하는 활동이다'라고 정의한다. 여기에서 세계는 우리의 몸, 자아, 환경을 포함하며, 복잡한 삶의 그물 속에서 서로 상호작용하는 모든 것을 의미한다.

지금까지 전통적인 의미의 돌봄은 여성이라면 누구나 특별한 지식이나 훈련 없이도 할 수 있는 비전문성과 여성적인 일로 평가절하되었다. 재개념화된 돌봄의 관점은 돌봄에 내재한 속성과 그 가치를 밝힘으로써 돌봄이 단지 영유아의 건강과 안전을 위한 보호 차원을 넘어 지적인 성장 이상의 중요성, 즉 교육 그 자체를 의미하고 있음을 제시한다(양옥승, 2004). Noddings(1992)에 따르면, 돌봄은 기본적으로 현실 속에서 도덕적 근원을 '관계성'에 두고 있는 윤리이며, 돌보는 자와 돌봄을 받는 자의 관계에서 나타나는 상대를 향한 전념・염려・책임이다. 여기에서 책임, 상호의존성, 유대, 관심, 배려, 사랑과 같은 윤리적 속성을 지닌 돌봄은 유아교육 그 자체이자, 교육의 목적이다(양옥승, 2006). Gilligan(1994)은 돌봄을 '기존의 도덕성과 대비해 돌봄의 윤리'라는 개념으로 설명하면서 인간관계, 책임, 상호의존성, 유대감, 애착, 동정심, 사랑 등의 요소가 포함되어 있는 여성적 도덕성으로 보고 있다. Ruddick(1995)은 '돌봄은 모성적 사유에 근거하여 불완전한 생명체를 보호하고 성장을 촉진하고 양육되고 있는 사회에서 적절하게 받아들여질 수 있도록 훈육하는 것'이라고 하였으며, Goldstein(2001)은 '돌보는 사람과 돌봄을 받는 사람의 만남과 관계에서 나타나는 사랑의 실천과 상호작용'이라고 하였다. 돌봄의 실천은 대상인 영유아들을 주의 깊게 살피고 마음속에서 우러나는 애정을 지녀야 한다. 이때 관심과 애정은 돌봄을 위한 바탕이며 출발점이다. 대부분의 교사들은 돌봄의 개념을 영유아를 향한 교사의 사랑, 관심, 인내, 정서적 안정감 등 미묘하고 다양한 정서적 가치가 하나하나 모두 포함되는 것으로 보고 있으며 관계성에 기초하여 영유아에게 의미 있는 타인이 되어가는 과정이며, 다양한 채널을 조정하여 의사소통을 이루어 가는 과정이고, 돌봄을 통해 교사로서의 정체성을 형성하는 과정으로 보고 있다(이효정, 김정주, 2007). 이렇듯 보육은 돌봄의 관계로 나타나는 교사와 영유아의 삶 그 자체이며 영유아의 성장과 발달에 있어 본질적인 행위로서 그 의미가 재조명되어야 한다.

(2) 돌봄과 보육교사

그 어느 시기보다 돌봄이 가장 필요한 시기는 영유아기이다. 사회와 가정구조의 변화로 어린 영유아들이 가정에서 양육받는 대신 어린이집에서 사회적 양육을 받고 있다. 어린이집에서 보육교사가 부모를 대신해 영유아를 돌보는 일은 사회적으로 필요하고 중요하며 기존의 전문직과 구별되는 또 다른 차원의 능력이 요구된다. 돌봄이란 관계적 속성을 지니는 것으로 돌봄을 담당하는 사람은 돌봄을 받는 사람이 무엇을 원하는지 파악하고 그 요구에 민감하게 반응해야 가능하고, 많은 수고와 노력이 필요한 행위이다. 보육교사는 영유아를 보호하고 양육하는 일, 즉 영유아를 보살피고 돌보는 일을 하는 사람으로 여성 특유의 가치인 '배려', '보살핌', '돌봄'과 관련된 일이다. Noddings(1992)에 의하면 돌봄이란 다른 사람의 성장과 가능성의 실현을 도와주는 행위로 보육교사가 하는 일의 핵심이다. 그러나 이러한 가치는 남성중심적 사회에서는 사회적으로 제대로 평가받지 못하며 전문직의 요건에도 포함되지 않는다.

보육교사의 전문직 여부를 논함에 있어 기존의 전통적인 전문직에 관한 기준을 벗어나 다른 관점에서 접근하는 것이 필요하다(곽윤숙, 2013). 이는 보육이라는 행위 자체가 가지는 특성과 관련된다. 영유아를 대상으로 제대로 된 보육을 하는 데에는 예사롭지 않은 뛰어난 능력이 요구되지만, 그 능력이 구체적으로 무엇을 의미하는지 명확하게 제시하기 어렵고 그 능력을 가시화된 형태르 제시하는 것도 쉽지 않다. 또한, 보육교사에게 영유아의 보호와 교육을 위한 전문적인 지식과 기술도 중요하지만 그것보다 영유아에 대한 사랑, 헌신, 열정, 책임감, 윤리의식 등의 요소가 더 중요하다. 그러나 이러한 요소들도 객관적이고 측정할 수 있는 직무의 표준으로 가시화하기 어렵기 때문에 기존의 전문적 기준을 보육교사에게 적용해 전문직 여부를 판단하는 것은 적절하지 않다. 보육교사의 돌봄과 교육업무는 윤리적 헌신이 요구되는 전문직이다.

윤리적 헌신이란 교직이 어떤 경우든 엄격한 윤리성으로부터 자유로울 수 없고, 교직에 임하는 동기와 거기에서 얻는 만족이 기본적으로 교사 자신의 헌신에 기초할 수밖에 없음을 의미한다. 그리고 전문직으로서 보육의 정체성을 논의한 연구에서도 보육의 전문성은 전문적인 지식이나 기술의 확립에 초점을 맞추기보다는 교육의 결과가 학생에게 어떤 영향을 미치는가에 대한 도덕적 책임감을 지향해야 한다. 따라서 돌봄의 업무는 영유아의 미래의 기초를 형성하고 성장 가능성과 잠재력을 넓혀 준다는 차원에서 교사로서 긍지와 자부심을 가져야 하는 중요한 일이다.

2. 보육교사의 자격과 임용

인생의 첫출발을 함께하며 영유아가 바르게 성장하도록 돕는 역할을 담당하는 보육교사라는 직업은 2004년 1월 29일 「영유아보육법」 개정으로 국가자격증을 취득해야 직업세계에 입문할 수 있다. 어린이집 원장 및 보육교사 자격증은 자격기준에 해당하는 자가 제출한 서류를 근거로 보건복지부장관이 자격을 검정하여 국가자격증을 교부할 수 있으나 「영유아보육법」 제51조(권한의 위임 및 위탁)에 의해 보건복지부장관으로부터 위임받은 (재)한국보육진흥원의 보육교직원국가자격증에서 발급한다.

다음으로 보육교사와 어린이집 원장의 자격, 임용절차, 복무 및 처우, 자격정지 및 취소에 대해 알아보고자 한다.

1) 보육교사의 자격

(1) 보육교사의 자격 취득기준

보육교사는 「영유아보육법」 제21조 및 동법 시행령 제21조 [별표 1]에 해당하는 자로서 보건복지부장관이 검정·수여하는 자격증을 발급받은 자이다. 즉, 보육교사로 근무하기 위해서는 보건복지부장관이 수여하는 보육교사 국가자격증을 발급받아야 한다. 「영유아보육법」 개정에 따라 보육교사의 자격 및 경력기준은 계속 강화되고 있으며, 2021년 현재 보육교사의 등급별 자격기준은 〈표 2-3〉과 같다.

표 2-3 보육교사 자격기준

등급	자격기준
보육교사 1급	1. 보육교사 2급 자격을 취득한 후 3년 이상의 보육업무 경력이 있는 사람으로서 보건복지부장관이 정하는 승급교육을 받은 사람
	2. 보육교사 2급 자격을 취득한 후 보육 관련 대학원에서 석사학위 이상을 취득하고 1년 이상의 보육업무 경력이 있는 사람으로서 보건복지부장관이 정하는 승급교육을 받은 사람
보육교사 2급	1. 전문대학 또는 이와 같은 수준 이상의 학교에서 보건복지부령으로 정하는 보육 관련 교과목 및 학점을 이수하고 졸업한 사람
	2. 보육교사 3급 자격을 취득한 후 2년 이상의 보육업무 경력이 있는 사람으로서 보건복지부장관이 정하는 승급교육을 받은 사람
보육교사 3급	고등학교 또는 이와 같은 수준 이상의 학교를 졸업한 사람으로서 보건복지부령으로 정하는 교육훈련시설에서 정해진 교육과정을 수료한 사람

출처: 보건복지부(2021). 2021 보육사업 안내.

보육교사와 관련된 국가자격증의 종류는 매우 다양한데 보육교사와 원장으로 대별된다. 보육교사는 다시 3급 보육교사와 2급 보육교사, 1급 보육교사로 나뉘고 원장은 일반, 가정, 영아전담, 장애아전문 어린이집 원장으로 세분화된다. 보육교사와 어린이집의 자격검정은 무시험을 원칙으로 하며, 자격검정 및 자격증 발급·재발급에 관한 업무는 (재)한국보육진흥원에서 맡고 있다. 보육교사의 자격검정은 「영유아보육법 시행령」 제21조 [별표 1]에 의한 자격기준을 갖추었는지의 여부를 신청자가 제출한 서류를 심사하여 검정한다. 자격검정은 자격 신청 시의 자격기준(「영유아보육법 시행령」 제21조 [별표 1])에 따라 검정하는 것이 원칙이지만 「영유아보육법」 부칙 〈법률 제7152호〉에 따라 2005년 1월 29일 이전까지의 종전 규정(종전 시행규칙 제8조 제1항 [별표 3])에 의한 보육교사 자격기준을 갖춘 자에 대해서는 종전 규정에 따라 자격을 검정한다. 어린이집 원장의 자격 취득기준은 〈표 2-4〉와 같다.

표 2-4 어린이집 원장 자격기준

등급	자격기준
일반 어린이집 원장 (일반기준)	• 보육교사 1급 자격을 취득한 후 3년 이상의 보육 등 아동복지업무 경력이 있는 사람 • 「유아교육법」에 따른 유치원 정교사 1급 자격을 취득한 후 3년 이상의 보육 등 아동복지업무 경력이 있는 사람 • 유치원 원장의 자격을 가진 사람 • 「초・중등교육법」에 따른 초등학교 정교사 자격을 취득한 후 5년 이상의 보육 등 아동복지업무 경력이 있는 사람 • 「사회복지사업법」에 따른 사회복지사 1급 자격을 취득한 후 5년 이상의 보육 등 아동복지업무 경력이 있는 사람 • 「의료법」에 따른 간호사 면허를 취득한 후 7년 이상의 보육 등 아동복지업무 경력이 있는 사람 • 국가 또는 지방자치단체에서 7급 이상의 공무원으로 보육 등 아동복지업무에 5년 이상 근무한 경력이 있는 사람
가정 어린이집 원장	• 일반기준에서 정한 자격을 갖춘 사람 • 보육교사 1급 이상 자격을 취득한 후 1년 이상의 보육업무 경력이 있는 사람
영아전담 어린이집 원장	• 일반기준에서 정한 자격을 갖춘 사람 • 간호사 면허를 취득한 후 5년 이상의 아동간호업무 경력이 있는 사람
장애아전문 어린이집 원장	• 일반기준에서 정한 자격을 갖춘 사람으로서 다음의 어느 하나에 해당하는 사람 －대학(전문대학을 포함.)에서 장애인복지 및 재활 관련 학과를 전공한 사람 －장애 영유아 어린이집에서 2년 이상의 보육업무 경력이 있는 사람

출처: 보건복지부(2021). 2021 보육사업 안내.

종전 「영유아보육법」에서는 일반, 40인 미만의 자격 종류로만 분류되었으나 전문성을 높이는 차원에서 현행법에서는 일반, 가정, 영아전담, 장애아전문 어린이집 원장으로 세분화하였다. 일반 어린이집 원장은 보육 정원이 300인 이하의 어린이집 원장이며 가정 어린이집 원장은 개인이 가정 또는 그에 준하는 곳에 설치・운영하는 시설로 상시 5인 이상 20인 이하를 보육하는 어린이집의 원장이다. 이외에 영아전담 어린이집 원장은 만 3세 미만의 영아만을 20인 이상 보육하는 어린이집의 원장이며 장애아전문 어린이집 원장은 「장애아동 복지지원법」 제32조 규정에 의해 장애인으로 등록된 영유아 12명 이상의 장애유아를 보육할 수 있는 어린이집의 원장을 의미한다.

보육교사와 원장 외에 장애아동 복지 지원 법령에 준하여 특수 교사 및 장애 영유아를 위한 보육교사에 대한 자격 및 배치 기준을 명시하고 있다(2019 보육사업 안내). 2018년부터 만 3세 이상 장애 영유아를 대상으로 순차적으로 배치하여 하여야 한다. 장애 영유아 보육교사는 보육교사 2급 이상의 자격을 소지한 사람이 보건복지부령으로 정하는 특수교육 또는 재활 관련 교과목 및 학점을 고등교육법 제2조에 따른 학교에서 8과목(24학점)을 이수한 경우에 취득할 수 있다(부록 9 참조).

(2) 보육교사의 자격검정

보육교사는 전공과 상관없이 관련 학점을 취득하면 자격을 부여하는 학점제로 양성되고 있다. 최근 보육교사의 인성과 자질을 높이는 차원에서 보육 관련 교과목 및 학점의 수는 점차 증가하고 있다. 2014년부터 12과목 35학점에서 17과목 51학점으로 강화되었으며 2016년부터 대면수업과 보육실습도 강화되었다(2016. 1.12. 공표). 2017년 1월 1일부터 보육교사 자격을 취득하기 위한 검정 기준은 다음과 같다.

① 보육교사 자격 취득을 위한 교과목 및 학점기준

보육교사 2급 자격을 취득하기 위해서는 「고등교육법」에 의한 전문대학, 대학 등에서 보육 관련 교과목 및 학점을 이수하고 전문학사학위 이상을 취득한 사람이나 「학점인정 등에 관한 법률」에 따라 학점은행제로 보육 관련 교과목 및 학점을 이수하고 전문학사학위 이상을 취득한 사람을 대상으로 한다. 보육교사 2급 자격 취득을 위한 교과목은 〈표 2－5〉에 제시되어 있다. 보육교사 2급 자격 취득을 위한 교과목은 교사인성영역, 보육지식과 기술영역, 보육실무영역으로 구분되며 각 영역의 필수과목과 학점 수의 조건을 충족해야 한다. 즉, 보육지식과 기술영역의 필수교과목 9과목은 보육학개론, 보육과정, 영유아발달, 영유아교수방법론, 놀이지도, 언어지도 6과목을 이수하고 아동음악이나 아동동작, 아동미술에서 한 과목 3학점을 이수하고 아동수학지도나 아동과학지도에서 한 과목, 아동안전관리나 아동생활지도에서 한 과목을 각각 이수해야 한다. 아동수학지도와 아동과학지도를 모두 이수했어도 한 과목의 조건을 충족하는 것으로 보기 때문에 자격 취득을 위한 교과목 및 학점기준을 고려해 자격 취득을 점검하는 과정이 필요하다. 교과목명이 동일하지 않을 경우, 유사교과목 심의 요청서를 보육교직원 자격 검정위원회로 제출하여 심의를 받으면 인정된다.

표 2-5 보육교사 2급 자격 취득을 위한 교과목 및 학점기준

구분		교과목	이수과목(학점)
교사 인성 영역	필수 교과목	보육교사(인성)론, 아동권리와 복지	2과목 (6학점)
보육 지식과 기술영역	필수 교과목	보육학개론, 보육과정, 영유아발달, 영유아교수방법론, 놀이지도, 언어지도, 아동음악(또는 아동동작, 아동미술), 아동수학지도(또는 아동과학지도), 아동안전관리(또는 아동생활지도)	9과목 (27학점)
	선택 교과목	아동건강교육, 영유아 사회정서지도, 아동문학교육, 아동상담론, 장애아 지도, 특수아동 이해, 어린이집 운영관리, 영유아보육프로그램 개발과 평가, 보육정책론, 정신건강론, 인간행동과 사회환경, 아동간호학, 아동영양학, 부모교육론, 가족복지론, 가족관계론, 지역사회복지론	4과목 (12학점) 이상
보육 실무영역	필수 교과목	아동관찰 및 행동연구, 보육실습	2과목 (6학점)
전체		17과목 51학점 이상	

출처: 보건복지부(2021). 2021 보육사업 안내.

② 대면수업과 보육 실습기준

보육교사의 인성 강화와 교사의 질을 높이기 위한 차원에서 보육교사 자격 취득을 위한 교과목 운영에서 대면수업이 강화되었다. 보육교사 2급 자격 취득을 위한 17과목 51학점 중에서 교사인성영역과 보육실무영역의 4과목과 보육지식과 기술영역의 놀이지도, 언어지도, 아동음악(또는 아동동작, 아동미술), 아동수학지도(또는 아동과학지도), 아동안전관리(또는 아동생활지도)의 5과목(총 9과목)은 8시간 이상의 출석수업과 1회 이상의 출석시험을 실시해야 한다.

자격 취득을 위한 대면수업뿐 아니라 보육실습의 시수와 기준도 강화되었다. 보육실습 교과목은 반드시 3학점 이상 이수해야 하고, 평가점수가 80점 이상(B학점)인 경우에만 실습을 이수한 것으로 인정하므로 80점(B학점) 이상의 성적을 취득해야 한다. 또한, 실습기간도 종전의 4주 160시간에서 6주 240시간으로 확대되었으며 반드시 이론수업과 보육현장실습으로 교과목 운영이 이루어지도록 하였다. 실습지도교사는 보육교사 1급 또는 유치원 정교사 1급이어야 하며 3명 이내의 실습생을 지도할 수 있다. 보육실습기관은 평가인증을 유지하는 어린이집이어야 하며 방과후 과정을 운영하는 유치원도 해당된다. 2013년 3월 1일 이후 어린이집에서 보육실습을 이수하는 경우, 어린이집지원시스템에 보육실습내용을 등록·제출해야 하며 자격증 신청 시 보육실습 확인서(부록 참조)를 제출해야 한다. 〈표 2-6〉은 보육실습 운영기준이다.

표 2-6 보육교사 자격 취득을 위한 보육실습의 운영기준

구분	기준
실습 운영	• 이론수업과 보육현장실습으로 운영
실습기간	• 6주 240시간(2회에 나누어 실시 가능)
실습기관	• 정원 15명 이상으로 평가인증을 유지하는 어린이집 • 교육과정과 방과후 과정을 운영하는 유치원
실습 지도교사	• 보육교사 1급 또는 유치원 정교사 1급 • 실습 지도교사 1명당 보육실습 3명 이내 지도
실습 인정시간	• 평일(월요일~금요일) 오전 9시 ~ 오후 7시 • 보육실습 시간은 1일 8시간으로 함
실습의 평가	• 보육실습일지와 실습평가서 작성 • 평가점수 80점 이상

출처: 보건복지부(2021). 2021 보육사업 안내.

(3) 보육교사 자격증 발급

보육교사의 자격증 발급 신청 및 절차는 [그림 2 - 1]과 같다.

보육교직원 국가자격증 홈페이지 접속
(https://chrd.childcare.go.kr)

↓

홈페이지 회원 가입

↓

자격증 신청
(인터넷 신청)

수수료 결제 (신용카드 결제/ 가상계좌 입금/실시간 계좌이체)

↓

〈구비서류 제출(등기우편)〉

▶ 구비서류 : '홈페이지 자격기준' 참고
▶ 보내실 곳 : 서울특별시 용산구 청파로 345 주연빌딩 5층 (재)한국보육진흥원 교직원지원국 (☎ 1661−5666)

↓

어린이집 원장, 보육교사 자격검정
보육교직원 자격검정위원회

↓

자격증 발급
(등기 발송 또는 방문 수령)

그림 2 - 1 자격증 발급 신청 및 교부절차

2) 보육교사의 임용과 자격관리

(1) 보육교사의 임용

보육교직원은 법인, 단체 또는 어린이집 설치자가 임면한다. 다만, 국공립어린이집을 위탁 운영하는 경우에는 보육교직원 임면권을 수탁자에게 위임할 수 있다. 원장은 보육교직원 임면 시 시장・군수・구청장에게 인사기록카드 사본을 첨부하여 보육교직원 임면사항을 지체 없이 보고해야 한다. 「영유아보육법」 제19조 보육교직원의 임면에 관한 사항에는 특별자치도지사・시장・군수・구청장이 보육교직원의 임면과 경력에 관한 사항을 관리하도록 규정하고 있다.

보육교직원 채용은 공개채용을 원칙으로 한다. 다만, 공개채용이 어려울 경우 특별채용을 할 수 있다. 보육교직원의 임용에 필요한 구비서류는 다음과 같다.

1. 인사기록카드
2. 최종 학교 졸업증명서
3. 성적증명서(보육교사에 한한다.)
4. 보육교사 국가자격증 사본
5. 경력증명서(경력자에 한한다.)
6. 주민등록등본
7. 채용 신체검사서
8. 기타 임용에 필요한 서류
   1) 이력서 1통
   2) 주민등록등본 1통

보육교직원 채용 및 임면보고절차는 [그림 2－3]과 같다. 어린이집에서는 보육교사로 채용하고자 하는 자(「아동・청소년 성보호에 관한 법률」 제56조)의 성범죄 경력 조회를 관할 경찰서에 요청하며, 성범죄 경력 조회결과 어린이집에 취업이 제한되는 자는 채용에서 배제한다. 또한, 보육통합정보시스템을 통해 시・군・구청장은 대상자 자격의 적격성을 확인하고 결격사유가 있는지 신원을 조회한다. 이때 임면권자는 「아동복지법」 제29조의3에 따라 교직원으로 채용하기 전에 아동학대 관련 범죄전력 조회를 경찰청 온라인시스템을 통하여 신청하고 확인한다.

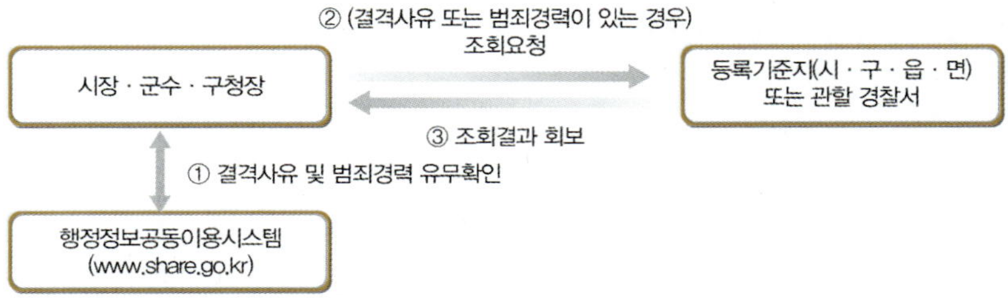

그림 2-2 신원 조회절차

보육교직원 채용 (원장, 보육교사, 특수교사, 조리원 등)	▶ 채용주체 : 어린이집 설치자 ▶ 채용조건 : 자격기준을 갖춘 자 ▶ 채용 시 구비서류 –(공통) 인사기록카드, 주민등록등본, 채용신체검사서, 성범죄 경력 및 아동학대 범죄전력 조회 회신서, 개인정보제공 및 고유식별정보 처리동의서, 보수교육 수료증 –(자격이 필요한 자) 자격증 또는 면허증 사본
⇩	
교직원 임면보고	▶ 임면보고절차 : 어린이집 → 시·군·구청장(채용 후 14일 이내) ▶ 임면보고 시 구비서류 • 인사기록카드, 채용 신체검사서, 자격증 사본, 성범죄 경력 및 아동학대 범죄전력 조회 회신서, 개인정보제공 및 고유식별정보 처리 동의서, 보수교육 수료증 ※ 자격증 사본 및 보수교육 수료증은 보육통합정보시스템으로 확인 가능한 경우 제출 제외 ※ 인사기록카드는 "임신육아종합포털(아이사랑)", "보육통합정보시스템"을 통해 임면보고 가능('15. 2. 2~) ※ <u>어린이집 및 시·군·구에서는 교직원 임면보고를 시스템을 통해 실시하고 적극 지도</u>
⇩	
교직원 자격의 적격성 확인	▶ 확인주체 : 시·군·구청장 ▶ 확인대상 : 어린이집 원장, 보육교사, 특수교사, 장애영유아를 위한 보육교사, 치료사, 간호사, 영양사, 조리원 중 조리사 ▶ 확인방법 : 각 자격별 자격증명 서류, 보수교육 수료증 및 보육통합정보시스템
⇩	
교직원 결격사유 조회 및 범죄 경력 조회	▶ 결격사유 조회 및 범죄 경력 조회 주체 : 시·군·구청장 ▶ 내용 : 교직원 결격사유(법 제20조)
⇩	
경력관리시스템 입력관리	▶ 교직원 임면사항을 경력관리시스템에 입력관리

그림 2-3 채용 및 임면보고절차

(2) 보육교사의 자격관리

① 자격정지

보육교사에 대한 자격정지 처분은 해당 지역 시·군·구청장이 할 수 있으며, 자격정지 처분의 세부기준은 〈표 2-7〉과 같고, 자격정지절차는 [그림 2-4]와 같다.

표 2-7 보육교사의 자격정지 개별기준

위반행위	근거 법조문	처분기준		
		1차 위반	2차 위반	3차 위반
가. 보육교사가 업무수행 중 그 자격과 관련하여 고의나 중대한 과실로 다음의 어느 하나의 손해를 입힌 경우	법 제47조 제1호			
1) 영유아에게 중대한 생명·신체 또는 정신적 손해를 입힌 경우		자격정지 1년(「아동복지법」 제3조 제7호에 따른 아동학대 행위인 경우에는 2년)	자격정지 1년(「아동복지법」 제3조 제7호에 따른 아동학대 행위인 경우에는 2년)	자격정지 1년(「아동복지법」 제3조 제7호에 따른 아동학대 행위인 경우에는 2년)
2) 비위생적인 급식을 제공하거나 영유아 안전 보호를 태만히 하여 영유아에게 생명·신체 또는 정신적 손해를 입힌 경우		자격정지 6개월	자격정지 1년	자격정지 1년
3) 그 밖의 경우		자격정지 2개월	자격정지 4개월	자격정지 6개월
나. 법 제23조의2에 따른 보수교육을 연속하여 3회 이상 받지 아니한 경우	법 제47조 제2호	자격정지 1개월	자격정지 3개월	자격정지 6개월

출처: 보건복지부(2021). 2021 보육사업 안내.

자격정지 사유 발생	• 「영유아보육법」 제46조 내지 제47조 규정에 의한 어린이집 원장·보육교사의 자격정지 사유 발생
행정 처분 여부의 결정	• 사유의 경중을 판단하여 행정 처분을 부과할 것인지에 대한 여부 결정
청문의 통지	• 청문 개시 10일 전까지 통지 • 청문의 내용에는 처분을 하고자 하는 내용 및 법적 근거, 청문 주재자의 소속·직위·성명, 청문의 일시 및 장소, 청문에 응하지 아니하는 경우의 처리 등의 내용이 포함되어야 함.
청문 실시	• 「행정절차법」의 규정을 준수하여 청문 실시
자격정지기간의 결정	• 시장·군수·구청장은 위반행위의 동기·내용 및 횟수 등을 참작하여 1/2범위 내에서 경감·가중 가능
자격정지 처분	• 처분을 하고자 하는 원인이 되는 사실과 처분의 내용 및 법적 근거 등 처분의 이유를 명확히 제시하고, 문서로 시행
사후조치	• 어린이집 대표자: 원장의 자격정지 시 그 직을 대리할 어린이집 원장을 두어야 함. • 어린이집 원장: 보육교사의 자격정지기간 동안 그 업무를 대행할 보육교사를 채용해야 함. • 보육통합정보시스템에 자격정지 처분사항 입력 • 전국 시·도지사 및 시장·군수·구청장에게 자격정지 결정사항 통보·자격정지자가 채용되는 사례가 없도록 관리 • 한국보육진흥원에 자격정지 결정사항 공문 통보, 사후관리 철저 지시(성명, 생년월일, 자격정지의 시작·종료일, 처분 근거 법조문(예, 제47조 제1호 등 해당 호까지 기재) 반드시 포함.)

그림 2-4 자격정지절차

② 자격취소

보육교사의 자격은 〈표 2-8〉에 해당하는 자에 한해 시장·군수·구청장이 자격을 취소할 수 있으며 자격취소의 절차는 자격정지의 절차와 같다. 타인에게 자격증을 대여한 경우는 특정 어린이집에서 원장이나 보육교사의 명의를 사용하도록 허용하는 행위, 즉 관할 시·군·구청에 교직원으로 임면보고 되어 있으나, 실제 어린이집에 근무하지 않은 경우와 다른 사람이 자신의 이름을 사용하여 원장이나 보육교사로 근무할 수 있도록 허용하는 행위가 모두 자격취소에 해당된다.

표 2-8 보육교사 자격취소 기준

1. 거짓이나 그 밖의 부정한 방법으로 자격증을 취득한 경우
2. 자격 취득자가 업무수행 중 그 자격과 관련하여 고의나 중대한 과실로 손해를 입히고 금고 이상의 형을 선고받은 경우
3. 「아동복지법」 제3조 제7호의2에 따른 아동학대 관련 범죄로 처벌을 받은 경우
4. 제22조의2에 따른 명의대여 금지 등의 의무를 위반*한 경우
   * 다른 사람에게 자기의 성명이나 어린이집의 명칭을 사용하여 어린이집의 원장 또는 보육교사의 업무를 수행하게 하거나 자격증을 대여한 경우
5. 자격정지 처분기간 종료 후 3년 이내에 자격정지 처분에 해당하는 행위를 한 경우
6. 자격정지 처분을 받고도 자격정지 처분기간 이내에 자격증을 사용하여 자격 관련 업무를 수행한 경우
7. 자격정지 처분을 3회 이상 받은 경우
8. 제46조 제4호*에 해당하여 금고 이상의 형을 선고받은 경우
   * 거짓이나 그 밖의 부정한 방법으로 보조금을 교부받거나 보조금을 유용한 경우

출처: 보건복지부(2021). 2021 보육사업 안내.

▲▲▲▲ 제2부에서는 보육교사의 역량 가운데 가장 중요한 것으로 부각되고 있는 인성과 윤리의식 및 실천능력에 대해 알아본다. 보육교사 인성의 개념, 보육교사의 인성이 중요한 이유, 보육교사의 인성평가 및 함양을 위한 방법에 대한 사례를 알아본다. 또한, 최근 개발된 보육교사 및 원장의 윤리강령에 대해 알아보고 윤리적 갈등 사례를 통해 실재적으로 윤리적 문제를 해결하는 방안에 대해 모색해 본다.

Part 02

보육교사의 인성과 윤리

Chapter 03

보육교사의 인성

01 보육교사 인성의 개념 및 중요성

02 좋은 인성을 갖춘 보육교사의 직무 및 인식의 실제

03 보육교사의 인성 함양방안

Chapter 03 보육교사의 인성

1. 보육교사 인성의 개념 및 중요성

1) 보육교사 인성의 개념

학부모가 영유아교육기관을 선택할 때 가장 중요하게 생각하는 요소가 무엇인지에 대해 알아본 연구들을 보면, 물리적 환경이나 프로그램보다 좋은 교사라고 생각하고 있음을 알 수 있다(변경애, 2008). 이때 좋은 교사란 따뜻하고 영유아를 차별하지 않으며 사랑으로 돌보고 바르게 교육하는 자질이 있는 교사를 의미한다. 즉, 교사로서의 바른 인성을 갖춘 교사를 선호하는 것이다. 좋은 인성을 갖추는 것은 교사에게만 필요한 것은 아니다. 행복한 개인, 평화로운 사회를 구축하기 위해서는 바른 인성을 갖춘 사람을 길러 내는 일이 중요하다. 이에 따라 누리과정에서도 교육의 중점사항으로 창의와 인성교육을 강조한다. 영유아의 창의・인성교육을 담당해야 할 교사가 바른 인성을 갖추어야 하는 것은 당연하다.

인성의 사전적 개념은 '사람의 품성'이다. 품성이란 타고난 성품으로 각 개인이 가지는 태도 및 행동특성이다. 이에 사람의 품성을 정의하고 있는 사전적 의미에는 특정 가치가 내포된 인격의 의미와 가치중립적인 성격의 의미를 모두 포함하고 있다. 즉, 도덕적 가치가 개입된 인격과 개인이 지닌 독특한 특성의 총체를 가리키는 성격이 결합되어 일상적으로 인성으로 쓰이고 있는 것이다. 따라서 인성은 개인의 독특한 특성을 바탕으로 길러지는 사람됨이다(김영옥, 2014).

그러나 최근 인성교육을 강조하는 흐름 속에서 인성은 중립적인 의미보다는 '현대사회에서 요구되는 바람직한 성향'이라는 개념에 초점을 두고 있다. 이에 따라 강선보 등(2008)은 인간이 사회적 존재로서 자아의 정체성을 형성하고 삶을 건강하게 이끌고 발전시켜 나가기 위해 타인과 조화를 이루고 공존할 수 있는 능력을 인성이라고 설명하고 있다. 최지윤(2013)은 인성을 자기 자신에 대한 올바른 이해를 기반으로 타인과 함께 공존하는 삶을 위한 사회적인 가치들을 올바른 사고로 선택할 수 있는 능력으로 보았다.

인성에는 특정한 직무에 상관없이 모든 사람에게 기본적으로 요구되는 보편적 인성과 직무에 관련된 인성이 있다. 즉, 보육교사의 인성은 다른 직업군과 동일하면서도 다른 직무특성에 따라 요구되는 인성 덕목이 있다. 이에 대해 학자들이 제시한 내용을 살펴보면 〈표 3－1〉과 같다.

표 3－1 보육교사의 인성 덕목

학자	이경민, 엄은나(2005)	김지현(2007)	최종욱(2010)	전재선(2011)
보육교사의 인성 덕목	유아에 대한 사랑과 이해, 인간에 대한 사랑, 성실성, 봉사정신, 사려성, 주도성, 도덕적 품성, 원만한 인간관계, 인내심, 공평성	영유아에 대한 사랑, 성실성, 정서적 안정, 친밀감, 대인관계, 공정성, 협동성, 인내심, 수용성, 봉사정신	공동체 의식, 인간애, 대인관계, 리더십, 창의성, 자아실현, 시민의식, 개방성, 도덕성, 자기조절, 책임감, 배려, 의지, 열정, 신뢰감	이타심과 용서가 포함되는 인간애, 자기개발과 주도적인 성취동기가 포함되는 긍정적 자아개념, 자기조절, 의사소통, 공감적 이해를 포함하는 사회관계, 성실성, 책무성, 신뢰성을 포함하는 직무수행, 유머, 위트, 사회문제 인식, 창의적 성향이 포함되는 창의·인성

2015년 육아정책연구소는 영유아교사 인성평가도구 개발을 위한 연구과정에서 이론적 고찰과 전문가 의견을 수렴하여 영유아교사의 인성요소를 정리하였다. 〈표 3－2〉와 같이 일반인과 같은 누구에게나 요구되는 보편적 인성을 기본으로 갖추면서 영유아교사 직무에 요구되는 인성을 함께 갖추어야 한다는 입장에서 두 가지 범주로 영유아교사 인성요소를 나누어 제시하였다.

표 3-2 육아정책연구소가 제시한 영유아교사의 인성요소

구분	구성요인	정의
보편적 인성	자기조절력	자신의 감정 상태를 인식해 정서를 조절하고 통제할 수 있는 능력 행동 억제, 충동 억제, 만족 지연, 유혹에의 저항능력
	자존감	자신이 소중한 존재이고 유능한 사람이라고 믿는 마음
	책임감 · 성실성	맡은 일을 완수하고자 하는 의욕과 자발성이 강한 정도 자신이 맡은 일을 열심히 하고 끝까지 마무리 짓는 성향
	도덕성	준법정신, 공정 · 공평성, 약자에 대한 우선권, 직업윤리 의식 정직성, 공사 구분, 법질서 준수, 옳음에 대한 판단
	사회성	사회적 상황에 적응하는 능력 적극적 참여, 협동, 원만한 관계 유지, 사교적, 친절
	타인 존중, 배려심	다른 사람의 생각이나 감정을 인정 상대방 입장을 먼저 생각하고 다른 사람을 돕는 행동
	심리적 건강	정신적인 균형 유지와 정신건강과 적응의 조화 불안감, 우울, 편집증 등 정신건강 구성요소의 정상성
교사로서의 인성	교직관 (소명의식)	직업활동에 삶의 의미와 목적 부여 직업을 천직으로 여기고 헌신
	수용성	이해하고 수용할 수 있는 열린 마음 선입견을 갖지 않는 것
	민감성	다양한 신호와 접근에 대해 이해하고, 신호와 요구에 신속하게 대처하는 것
	인내심	괴로움이나 어려움을 참고 견딤
	공감적 이해	타인이 느끼고 생각하는 바를 이해하는 인지적 공감 타인의 정서를 대리 경험하는 정서적 공감
	영유아에 대한 열정	영유아의 발달과 성장에 도움되는 일을 적극적으로 수행 필요한 사항을 탐색하고, 개개인 상황에 적합한 지원을 제공하는 것
	주도성	자신의 삶을 적극적으로 이끌어 나가는 능력 리더십, 지도력

출처: 김은설, 김길숙, 이민경(2015). 영유아교사 인성평가도구 개발 및 교육 강화방안. 육아정책연구소.

〈표 3-2〉와 같이 영유아교사의 인성요소 중 교사로서의 인성으로 설정한 각 요소가 무엇을 의미하는지에 대해 구체적으로 기술하면 다음과 같다(김은설, 김길숙, 이민경, 2015).

첫째, 교직관(소명의식)으로 교직은 부를 축적하기 위해 종사하는 일과는 거리가 멀고 개인이 업적을 쌓아 명성 높이기를 목표로 하는 성취지향형 직업과도 차이가 있다. 직업특성상 소득이 높지 않아도 영유아들을 교육하여 그들이 성장・발전하는 데에서 보람을 찾는 마음가짐을 의미한다. 봉사에 가까운 의식이 없으면 교사로서 직업 만족감을 얻기 어렵다. 이러한 점에서 교직관 또는 소명감은 교사로서의 인성요소로 특별히 요구되는 부분이다.

둘째, 수용성으로 타인의 현재 수준을 이해하고 수용할 수 있는 열린 마음, 포용력, 융통적인 태도를 지니고, 선입견을 갖지 않는 것을 의미한다(감혜경, 2012). 여러 명의 영유아를 한꺼번에 대해야 하는 교사라는 직업은 영유아들의 다양한 기질과 태도에 대해 열린 마음으로 수용하는 자세가 필요하다. 그러나 수용성의 특성상 다른 인성요인, 즉 인내나 타인 배려, 공감적 이해 등과 의미가 겹치는 부분이 있다.

셋째, 민감성은 영유아가 교사에게 전달하는 다양한 신호와 접근에 대해 잘 이해하고 이에 신속하게 대처하는 것으로(민광미, 2014), 영유아의 감정뿐 아니라 원하는 것을 알아차리는 것과 그에 맞추어 적절하게 반응하는 행동까지 포함한다. 영유아교사의 인성으로 민감성이 요구되는 것은 영유아들이 발달단계상 자기를 표현하고 언어로써 의사소통하는 것이 아직 서툰 수준이므로 이들의 요구와 표현을 잘 이해하고 적절하게 반응해 주는 것이 다른 어느 시기보다 필요하기 때문이다.

넷째, 인내심이다. 인내란 괴로움이나 어려움을 참고 견딤을 의미한다. 영유아를 장시간 교육・보육하는 일과를 지내다 보면 아이들의 느린 행동을 기다려 주는 것이 쉽지 않고 또는 교사가 먼저 나서서 도와주어야 하는 상황이 발생한다. 그러나 영유아에게 성취감을 주고 진정한 성장을 추구한다면 그들이 하는 행동을 마칠 때까지 끈기를 갖고 기다리는 것이 좋다. 또한, 영유아가 끊임없이 하는 동일한 질문에 인내심을 갖고 지속적으로 일관된 답을 해 주는 것은 어렵지만 이는 영유아의 특성이므로 영유아교사가 이해하고, 수행해야 하는 과업이다. 이러한 측면에서 영유아교사에게 인내심은 반드시 필요한 요소이다.

다섯째, 영유아교사에게는 공감적 이해도 요구된다. 공감적 이해란 타인의 정서 상태나 상황에 대해 그 사람이 어떻게 느끼고 있을지를 느끼거나 타인의 위치에 들어가 봄으로써 느끼는 것이 이해될 때 유발되는 정서적 상태를 의미한다(Hoffman, 2008). 즉, 공감적 이해는 타인이 느끼고 생각하는 바를 이해하는 인지적 공감과 타인의 정서를 대리경험하는 정서적 공감을 포함한다(서성덕, 2008). 영유아교사는 영유아의 눈높이에서 그들의 언어를 이해하고 의사소통해야 할 뿐만 아니라 영유아가 느끼는 것을 그들의 입장에서 그대로 느낄 수 있어야 영유아가 필요로 하는 바에 따라 적절하게 대응할 수 있다. 그러므로 공감적 이해는 다른 사람이 아닌 영유아교사가 잘 갖추어야 하는 인성요소이다.

여섯째, 영유아에 대한 열정은 영유아의 발달과 성장에 도움이 되는 일을 적극적으로 성실하게 수행하고, 영유아의 입장에서 필요한 사항을 탐색하고, 개개인의 상황에 적합한 지원을 제공하려는 마음의 상태와 에너지를 의미한다. 일반인이 갖는 일이나 성취에 대한 열정은 자기 자신을 향한 열정인 반면, 영유아교사의 열정은 영유아를 위한 열정이므로 이는 교사에게 필요한 인성요소이며, 봉사심·배려심·공감력 등 상대에 대한 이해와 이타심을 기본 바탕으로 하고 있다.

일곱째, 주도성은 자신의 삶을 적극적으로 이끌어 나가는 능력과 스스로의 삶에 대해 책임을 지고, 자기행동은 자신의 의사결정에 의한 것임을 인식하는 것을 의미한다.

2) 보육교사 인성의 중요성

영유아교사에게 바람직한 인성이 요구되는 이유는 영유아교사 인성이 직무와 관련된 주변인들(영유아, 동료, 자신) 및 사회에 미치는 영향력이 크기 때문이다. 영유아교사 인성의 영향력에 대해 여러 학자가 제시한 의견을 정리하면 다음과 같다.

첫째, 영유아교사는 오랜 시간을 영유아와 함께 생활하며 교사가 갖고 있는 신념·태도·지식을 통해 영유아의 삶에 많은 영향을 준다. Palmer(1998)는 '교사는 자신의 자아를 아이들에게 가르치는 사람'이라고 하였다. 이 말은 교사가 가진 인성이 영유아에게 비추어진다는 뜻이다. 따라서 교사가 어떤 인성을 갖추었느냐에 따라 영유아가 받는 영향의 내용과 질이 달라진다. 오천석(1972)은 교육이란 혼과 혼의 대화이며 인격과 인격의 부딪침이고 정성과 정성의 호응이며 열정과 열정의 만남이기 때문에 교사가 교육을 통해 학생을 변화시키고 감동시키고 움직이려면 교사 자신이 먼저 변화하고 감동하고 움직여야 한다고 역설하였다(정윤경, 2015에서 재인용).

둘째, 영유아교사의 인성은 교사효능감과 밀접한 관련이 있다. 고연경, 장석경, 이정아(2013)의 연구에서 예비유아교사의 인성과 교사효능감과의 관계를 분석하였는데 유의미한 관계가 있는 것으로 나타났다.

셋째, 영유아교사의 인성은 교사 자신의 행복감과도 관계가 있다(이정아, 2013). 영유아교사로서의 인성을 잘 갖춘 교사는 개인적 행복감이 높다. 교사 스스로 행복해야 좀 더 긍정적인 분위기와 도전적인 태도로 영유아보육에 집중할 수 있음을 알 수 있다.

넷째, 보육은 동료와 밀착된 시공간에서 직무를 수행하는 특성이 있어 어느 조직보다 동료 간의 협력이 중요하다. 따라서 교사 개인이 배려, 협력, 공감적 이해와 원활하게 의사소통할 수 있는 인성을 갖추면 좀 더 협력적인 조직문화를 조성할 수 있다. 이러한 점에서 영유아교사의 인성이 중요하다.

다섯째, 영유아교사의 인성은 사회적 측면에서도 중요하다. 사회적 상황에 의해 어린이집에 처음 입소하는 연령이 낮아지고, 하루 중 어린이집에서 보내는 시간이 증가하고 있다. 따라서 영유아는 부모보다 때로는 영유아교사와 더 많은 시간을 함께하며 영유아교사를 통해 세상을 배우고 살아가는 태도를 익힌다. 좋은 인성을 갖춘 교사에 의해 바람직한 인성을 갖춘 영유아로 성장한다면 미래사회는 좀 더 평화롭고 살기 좋은 곳이 될 수 있다. 이렇게 거국적인 차원에서도 영유아교사의 인성은 매우 중요하다.

3) 보육교사 인성평가

교사 자질에 있어 지식 및 기술과 함께 특히 인성이 중요하다는 연구결과와 어린이집에서 벌어진 일부 불미스러운 사건 이후 교사 자질에 대한 국가적인 관심이 증가하면서 예비교사 교육과정과 현직교육을 통해 교사 인성 함양을 위한 교육의 중요성이 강조되고 있다.

이에 따라 '좋은 영유아교사가 갖추어야 할 인성이 무엇이고 인성이 좋고 부족함을 어떻게 평가할 것인가?'에 대한 연구의 필요성이 대두되면서 2015년 육아정책연구소에서 '영유아교사 인성평가도구 개발 및 교육 강화방안' 연구가 수행되어 예비교사 및 현직교사 대상 인성평가도구를 개발하였다. 다음 평가문항은 이론적 고찰과 전문가 의견 수렴, 예비 조사 등의 과정을 거쳐 최종적으로 영유아교사 인성을 구성하는 '보편적 인성요소'로 사회성, 책임감, 성실성, 타인 존중, 배려, 자기조절, 심리적 건강으로 설정하였으며, 영유아교사로서의 인성요소는 공감, 정의감, 교직관, 민감성, 수용성을 제시하였다. 최종 개발된 예비 및 현직 영유아교사용 인성평가도구의 내용은 〈표 3-3〉, 〈표 3-4〉와 같다.

현재, 유치원 교사 양성과정에는 교직 인성평가를 졸업 전까지 2회 실행해야 하는 규정이 있으나 보육교사 양성과정에는 현재까지 인성평가에 대한 의무 규정이 없다. 그러나 향후 교사 인성 강화를 위한 방안을 지속적으로 모색하고 있으므로 정책적으로 활용할 가능성이 있다. 평가방법은 동의하는 정도에 따라 각 문항별 점수를 표기하고 각 문항별 점수의 총합을 5로 나누어 평균을 구한다. 예비교사용과 현직교사용으로 구분되어 있으므로 해당하는 도구를 이용해 자기평가를 할 수 있다. 자기평가 후, 특히 총점이 3점 이하이거나 문항별 점수를 검토하여 3점 이하인 문항의 내용에 관해서는 개선할 수 있는 방안을 모색해 봄으로써 교사로서의 인성 함양을 위한 노력의 기회를 갖는 것이 필요하다.

표 3-3 KICCE 예비 영유아교사용 인성평가도구

문항	전혀 그렇지 않다	별로 그렇지 않다	보통 이다	대체로 그렇다	매우 그렇다
1. 내가 아무런 가치도 없다고 느낄 때가 있다.	①	②	③	④	⑤
2. 무슨 일을 하든 정신을 집중하기가 힘들다.	①	②	③	④	⑤
3. 종종 낯선 사람들이 나른 흠잡듯이 쳐다보는 것 같다.	①	②	③	④	⑤
4. 매사에 매우 침울하고 희망이 없어 보일 때가 있다.	①	②	③	④	⑤
5. 다른 사람들보다 더 많이 실패한 것 같다.	①	②	③	④	⑤
6. 아무도 믿지 않는 것이 안전하다고 생각하는 편이다.	①	②	③	④	⑤
7. 다른 사람을 대할 때 실수를 저지를까 봐 두려움을 느낀다.	①	②	③	④	⑤
8. 편안하게 쉴 수 없다.	①	②	③	④	⑤
9. 걱정을 하거나 막연한 불안감을 느낀다.	①	②	③	④	⑤
10. 도무지 무엇을 시작할 기운이 나지 않을 때가 있다.	①	②	③	④	⑤
11. 잘못된 일이라는 것을 알아도 그 일을 중단할 수 없을 때가 있다.	①	②	③	④	⑤
12. 때로는 공허하고 허전한 감이 든다.	①	②	③	④	⑤
13. 사람들은 남의 일에 진정한 관심을 갖지 않는다고 생각한다.	①	②	③	④	⑤
14. 일이 잘못되었을 때 남의 탓을 하는 경향이 있다.	①	②	③	④	⑤
15. 책임감이 무거운 일을 맡기 두렵다.	①	②	③	④	⑤
16. 종종 일이 잘못될까 봐 걱정한다.	①	②	③	④	⑤
17. 새로운 사람을 만나는 자리에 참석하는 것이 즐겁다.	①	②	③	④	⑤
18. 많은 사람과 함께 있는 것이 좋다.	①	②	③	④	⑤
19. 익숙하지 않은 대인관계에서도 편안함을 느낀다.	①	②	③	④	⑤
20. 사람들과 쉽게 친해지고 원만한 관계를 유지할 수 있다.	①	②	③	④	⑤
21. 내가 필요할 때 도와줄 친구가 많다.	①	②	③	④	⑤
22. 인사성이 밝다.	①	②	③	④	⑤
23. 시작한 일은 끝까지 마치는 편이다.	①	②	③	④	⑤
24. 내가 해야 할 일은 책임지고 마무리한다.	①	②	③	④	⑤
25. 나는 꾸준하고 열심히 일하는 사람으로 알려져 있다.	①	②	③	④	⑤
26. 내가 할 일을 남에게 미루지 않는다.	①	②	③	④	⑤
27. 일정을 잘 맞춰서 사람들로부터 신뢰를 받는다.	①	②	③	④	⑤
28. 시간을 잘 지키는 편이다.	①	②	③	④	⑤

문항	전혀 그렇지 않다	별로 그렇지 않다	보통이다	대체로 그렇다	매우 그렇다
29. 마음이 내키지 않더라도 맡은 일은 반드시 한다.	①	②	③	④	⑤
30. 다른 사람보다 옳고 그름을 가리는 데 엄격한 편이다.	①	②	③	④	⑤
31. 규칙을 잘 지키는 편이다.	①	②	③	④	⑤
32. 사소한 일이라도 최선을 다한다.	①	②	③	④	⑤
33. 즐거움과 재미 때문에 주어진 일을 끝내지 못할 때가 있다.	①	②	③	④	⑤
34. 내가 목표한 일에서 좋은 결과를 얻을 수 있다.	①	②	③	④	⑤
35. 장기적 목표를 위해 계획을 세워 행동하는 편이다.	①	②	③	④	⑤
36. 남에게 내 차례를 잘 양보하는 편이다.	①	②	③	④	⑤
37. 친구들로부터 따뜻한 사람이라는 말을 듣는다.	①	②	③	④	⑤
38. 남의 기분이 상하지 않도록 행동과 말을 조심하는 편이다.	①	②	③	④	⑤
39. 사람들은 나를 다정하고 상냥한 사람이라고 생각한다.	①	②	③	④	⑤
40. 남의 말을 잘 경청하는 편이다.	①	②	③	④	⑤
41. 만나는 사람에 따라 그 사람들에게 맞춰서 행동하는 편이다.	①	②	③	④	⑤
42. 다른 사람들이 좋아할 말이나 행동을 하려고 노력한다.	①	②	③	④	⑤
43. 다른 사람들을 잘 도와주는 편이다.	①	②	③	④	⑤
44. 상대방의 의견을 존중한다.	①	②	③	④	⑤
45. 다른 사람이 나와 다른 생각을 가지고 있더라도 이해해 보려고 한다.	①	②	③	④	⑤
46. 다른 사람들과의 의견을 잘 조율한다.	①	②	③	④	⑤
47. 교사는 신뢰와 존경을 받는 직업이라고 생각한다.	①	②	③	④	⑤
48. 나에게 교사라는 직업은 매우 중요한 의미를 가진다.	①	②	③	④	⑤
49. 영유아를 가르치고 돌보는 것은 가치 있는 일이라고 생각한다.	①	②	③	④	⑤
50. 교사는 일반인보다 더 높은 윤리의식을 가져야 한다고 생각한다.	①	②	③	④	⑤
51. 미래에 좋은 교사가 되기 위해 자기계발을 한다.	①	②	③	④	⑤
52. 좋아하는 음식을 먹을 때 과식하는 경향이 있다.	①	②	③	④	⑤
53. 충동적으로 일을 벌이고 나서 후회하는 경향이 있다.	①	②	③	④	⑤
54. 머릿속에 떠오르는 대로 말하는 경향이 있다.	①	②	③	④	⑤
55. 화를 참지 못하는 편이다.	①	②	③	④	⑤
56. 위기나 곤란에 처한 아이를 보면 보호해 주고 싶은 마음이 든다.	①	②	③	④	⑤
57. 환경과 배경에 따라 상대를 차별하지 않는다.	①	②	③	④	⑤
58. 다친 아이를 보면 정말 마음이 아프다.	①	②	③	④	⑤

표 3-4 KICCE 현직 영유아교사용 인성평가도구

문항	전혀 그렇지 않다	별로 그렇지 않다	보통이다	대체로 그렇다	매우 그렇다
1. 아이들이 불안할 때 보이는 개인적 행동특성을 알고 있다.	①	②	③	④	⑤
2. 아이들의 놀이에 관심을 갖고 개별특성에 맞게 반응해 준다.	①	②	③	④	⑤
3. 아이들의 기분이나 느낌을 잘 파악하는 편이다.	①	②	③	④	⑤
4. 발달과 학습과정에서 나타나는 아이들의 개인 내, 개인 간의 차를 이해할 수 있다.	①	②	③	④	⑤
5. 아이들 개개인에 따라 문제해결방법이나 대처방법이 다르다.	①	②	③	④	⑤
6. 아이들의 지루함을 알아차리고 환경을 바꿔 줄 수 있다.	①	②	③	④	⑤
7. 아이들이 스스로 할 수 있는 일에 대해서는 시간이 걸려도 기다려 주는 편이다.	①	②	③	④	⑤
8. 아이들의 심리 상태를 민감하게 알아차릴 수 있다.	①	②	③	④	⑤
9. 어쩔 수 없이 잘못을 저지르는 아이도 있다고 생각한다.	①	②	③	④	⑤
10. 아이들의 비언어적인 행동이 나타내는 신호를 쉽게 알아차릴 수 있다.	①	②	③	④	⑤
11. 교실에 적응하지 못하는 아이를 보면 염려하는 마음이 생긴다.	①	②	③	④	⑤
12. 부모와 떨어져서 불안해하는 아이의 마음을 이해할 수 있다.	①	②	③	④	⑤
13. 아이들 각각의 발달 수준을 알고 그에 적합한 교구·교재 및 활동을 제시할 수 있다.	①	②	③	④	⑤
14. 아이들의 건강 상태를 민감하게 알아차릴 수 있다.	①	②	③	④	⑤
15. 아이들의 말을 끝까지 들어준다.	①	②	③	④	⑤
16. 우는 아이가 진정될 때까지 기다려 준다.	①	②	③	④	⑤
17. 아이들이 불편해 보이거나 곤란에 처했을 때, 즉시 다가간다.	①	②	③	④	⑤
18. 아이들 간의 갈등이 발생했을 때 아이들 모두의 입장에서 갈등의 이유를 생각해 보는 편이다.	①	②	③	④	⑤
19. 아이들의 더딘 행동을 여유 있게 기다려 줄 수 있다.	①	②	③	④	⑤
20. 동료들과 잘 협력한다.	①	②	③	④	⑤
21. 남들이 하지 못하는 일을 해낼 수 있다.	①	②	③	④	⑤
22. 뒤처지는 아이가 스스로 끝낼 수 있도록 격려해 주는 편이다.	①	②	③	④	⑤
23. 아이들이 의견을 낼 수 있도록 격려하고 그들의 의견을 수용할 수 있다.	①	②	③	④	⑤
24. 아이들이 원하는 것은 바로 해결해 주려고 하는 편이다.	①	②	③	④	⑤
25. 내가 아무런 가치도 없다고 느낄 때가 있다.	①	②	③	④	⑤
26. 무슨 일을 하든 정신을 집중하기가 힘들다.	①	②	③	④	⑤
27. 종종 낯선 사람들이 나를 흠잡듯이 쳐다보는 것 같다.	①	②	③	④	⑤
28. 매사에 매우 침울하고 희망이 없어 보일 때가 있다.	①	②	③	④	⑤
29. 다른 사람들보다 더 많이 실패한 것 같다.	①	②	③	④	⑤

문항	전혀 그렇지 않다	별로 그렇지 않다	보통 이다	대체로 그렇다	매우 그렇다
30. 아무도 믿지 않는 것이 안전하다고 생각하는 편이다.	①	②	③	④	⑤
31. 다른 사람을 대할 때 실수를 저지를까 봐 두려움을 느낀다.	①	②	③	④	⑤
32. 편안하게 쉴 수 없다.	①	②	③	④	⑤
33. 걱정을 하거나 막연한 불안감을 느낀다.	①	②	③	④	⑤
34. 도무지 무엇을 시작할 기운이 나지 않을 때가 있다.	①	②	③	④	⑤
35. 잘못된 일이라는 것을 알아도, 그 일을 중단할 수 없을 때가 있다.	①	②	③	④	⑤
36. 때로는 공허하고 허전한 감이 든다.	①	②	③	④	⑤
37. 사람들은 남의 일에 진정한 관심을 갖지 않는다고 생각한다.	①	②	③	④	⑤
38. 일이 잘못되었을 때 남의 탓을 하는 경향이 있다.	①	②	③	④	⑤
39. 책임감이 무거운 일을 맡기 두렵다.	①	②	③	④	⑤
40. 종종 일이 잘못될까 봐 걱정한다.	①	②	③	④	⑤
41. 새로운 사람을 만나는 자리에 참석하는 것이 즐겁다.	①	②	③	④	⑤
42. 많은 사람과 함께 있는 것이 좋다.	①	②	③	④	⑤
43. 익숙하지 않은 대인관계에서도 편안함을 느낀다.	①	②	③	④	⑤
44. 사람들과 쉽게 친해지고 원만한 관계를 유지할 수 있다.	①	②	③	④	⑤
45. 내가 필요할 때 도와줄 친구가 많다.	①	②	③	④	⑤
46. 인사성이 밝다.	①	②	③	④	⑤
47. 시작한 일은 끝까지 마치는 편이다.	①	②	③	④	⑤
48, 내가 해야 할 일은 책임지고 마무리한다.	①	②	③	④	⑤
49. 나는 꾸준하고 열심히 일하는 사람으로 알려져 있다.	①	②	③	④	⑤
50. 내가 할 일을 남에게 미루지 않는다.	①	②	③	④	⑤
51. 일정을 잘 맞춰서 사람들로부터 신뢰를 받는다.	①	②	③	④	⑤
52. 시간을 잘 지키는 편이다.	①	②	③	④	⑤
53. 마음이 내키지 않더라도 맡은 일은 반드시 한다.	①	②	③	④	⑤
54. 다른 사람보다 옳고 그름을 가리는 데 엄격한 편이다.	①	②	③	④	⑤
55. 규칙을 잘 지키는 편이다.	①	②	③	④	⑤
56. 사소한 일이라도 최선을 다한다.	①	②	③	④	⑤
57, 즐거움과 재미 때문에 주어진 일을 끝내지 못할 때가 있다.	①	②	③	④	⑤
58. 내가 목표한 일에서 좋은 결과를 얻을 수 있다.	①	②	③	④	⑤
59. 장기적 목표를 위해 계획을 세워 행동하는 편이다.	①	②	③	④	⑤
60. 남에게 내 차례를 잘 양보하는 편이다.	①	②	③	④	⑤
61. 친구들로부터 따뜻한 사람이라는 말을 듣는다.	①	②	③	④	⑤
62. 남의 기분이 상하지 않도록 행동과 말을 조심하는 편이다.	①	②	③	④	⑤
63. 사람들은 나를 다정하고 상냥한 사람이라고 생각한다.	①	②	③	④	⑤

문항	전혀 그렇지 않다	별로 그렇지 않다	보통이다	대체로 그렇다	매우 그렇다
64. 남의 말을 잘 경청하는 편이다.	①	②	③	④	⑤
65. 만나는 사람에 따라 그 사람들에게 맞춰서 행동하는 편이다.	①	②	③	④	⑤
66. 다른 사람들이 좋아할 말이나 행동을 하려고 노력한다.	①	②	③	④	⑤
67. 다른 사람들을 잘 도와주는 편이다.	①	②	③	④	⑤
68. 상대방의 의견을 존중한다.	①	②	③	④	⑤
69. 다른 사람이 나와 다른 생각을 가지고 있더라도 이해해 보려고 한다.	①	②	③	④	⑤
70. 다른 사람들과의 의견을 잘 조율한다.	①	②	③	④	⑤
71. 교사는 신뢰와 존경을 받는 직업이라고 생각한다.	①	②	③	④	⑤
72. 교사가 된 것을 자랑스럽고 기쁘게 생각한다.	①	②	③	④	⑤
73. 나에게 교사라는 직업은 매우 중요한 의미를 가진다.	①	②	③	④	⑤
74. 영유아를 가르치고 돌보는 것은 가치 있는 일이라고 생각한다.	①	②	③	④	⑤
75. 교사직을 천직이라고 생각하고 임한다.	①	②	③	④	⑤
76. 교사는 일반인보다 더 높은 윤리의식을 가져야 한다고 생각한다.	①	②	③	④	⑤
77. 아무리 바쁘고 정신없어도 아이들의 질문에 성실히 답해 주는 편이다.	①	②	③	④	⑤
78. 아이들의 올바른 성장을 보면 보람을 느낀다.	①	②	③	④	⑤
79. 신체적인 불편함이나 좋지 않은 감정을 참고 아이들에게 친절하게 대할 수 있다.	①	②	③	④	⑤
80. 더 나은 교사가 되기 위해 자기계발을 한다.	①	②	③	④	⑤
81. 좋아하는 음식을 먹을 때 과식하는 경향이 있다.	①	②	③	④	⑤
82. 충동적으로 일을 벌이고 나서 후회하는 경향이 있다.	①	②	③	④	⑤
83. 아이들을 재촉하거나 다그치는 말을 자주 사용하는 편이다.	①	②	③	④	⑤
84. 밥을 오래 먹는 아이를 기다리는 것이 힘들어 재촉하는 편이다.	①	②	③	④	⑤
85. 머릿속에 떠오르는 대로 말하는 경향이 있다.	①	②	③	④	⑤
86. 화를 참지 못하는 편이다.	①	②	③	④	⑤
87. 가정 형편이 어려운 아이를 보면 그 아이에 대해 정말로 걱정되는 때가 자주 있다.	①	②	③	④	⑤
88. 친구들과 어울리지 못하고 늘 혼자 있는 아이를 보면 마음이 슬퍼진다.	①	②	③	④	⑤
89. 위기나 곤란에 처한 아이를 보면 보호해 주고 싶은 마음이 든다.	①	②	③	④	⑤
90. 활동을 할 때 어리고 약한 아이에게 기회를 더 많이 주려고 애쓴다.	①	②	③	④	⑤
91. 환경과 배경에 따라 상대를 차별하지 않는다.	①	②	③	④	⑤
92. 다친 아이를 보면 정말 마음이 아프다.	①	②	③	④	⑤
93. 아이들을 있는 그대로 받아들일 수 있다.	①	②	③	④	⑤
94. 아이들을 서로 비교하지 않는다.	①	②	③	④	⑤

2. 좋은 인성을 갖춘 보육교사의 직무 및 인식의 실제

보육 실제에서 좋은 인성을 갖춘 교사는 어떤 모습일까? 좋은 인성을 갖춘 교사들이 직무상황에서 어떻게 실천하며 어떤 인식을 갖고 있는지에 대해 인성의 각 요소가 실천적인 모습으로 나타나는 사례를 통해 알아보자.

다음의 사례들은 백승선(2010)이 좋은 영유아교사의 특성을 조사한 연구결과에서 추출한 것으로 이 사례들을 통해 좋은 인성을 갖춘 교사의 실질적인 모습을 그려볼 수 있다. 다음에 기술한 교사들의 보육경험과 그에 대한 고민, 신념, 실천상황을 읽고 함께 토의해 보는 것도 좋다.

- **0세 교사 : 책임과 사랑**

나에게 주어진 일에 책임을 다하려는 모습, 기본적으로 사랑이 많은 성품이면 좋겠고… 한마디로 엄마 또는 그러한 교사가 되기 위해 노력하고 있어요. 엄마라면 나보다 아이를 생각하는 것은 당연한 일이기 때문에…

- **0세 교사 : 인내심**

아이들이 어리기 때문에 챙겨 주어야 할 부분들도 많고, 교사가 개입해야 할 부분들이 많아요. 그러다 보면 교사 자신의 체력이 고갈되는 느낌을 받게 되고 아이들에게 짜증 아닌 짜증을 부릴 수도 있는데… 그럴 때마다 숨 한 번 크게 쉬고 인내하며 즐거운 마음으로 하려고 노력해요.

- **0세 교사 : 공감**

아이들의 마음을 먼저 읽고 부모의 마음도 이해해 줄 수 있는 교사가 좋은 교사라고 생각해요. 부모들의 요구를 불만이라고만 생각할 것이 아니라 '내가 만약 엄마라면? 내 아이라면?'이라고 한 번 더 생각해 볼 수 있는 마음을 가진 교사… 무엇보다 부모의 마음을 읽어 줄 수 있는 교사가 좋죠.

- **1세 교사 : 존중**

내가 원하는 대로 끌고 가는 것보다 안 따라 주는 아이에게도 충분히 관심을 가져서 안아 줄 수 있는 교사, 아이들 생각을 존중해 줄 수 있는 교사… 아이를 이해하려고 노력해야죠.

• 1세 교사 : 수용성

한 아이의 가정 돌보미 분이 '안 돼!'라는 말을 많이 하셔서인지 아이가 새로운 것을 시도하려고 하지 않고 소극적이에요. 이 시기는 호기심도 많고 탐색하고 싶은 것이 많은 시기라서 저는 아이들의 요구를 가급적 받아들이고 허용하는 편이에요.

• 2세 교사 : 자기조절

많은 아이와 생활하다 보면 적응을 못해 우는 아이들, 서로 할퀴거나 물어 다치는 상황 등 문제상황들도 많이 발생하고 힘든 상황이 생겨 교사가 아이들에게 안정적으로만 대하지 못하는 상황들이 있어요. 이런 상황에서 '나는 교사다'라는 말을 되뇌이며 감정을 추스르고 해결하려고 노력해요. 이를 위해서는 자기조절력과 교사 자신의 정서적 안정감이 꼭 필요해요.

• 3세 교사 : 책임감

내가 이 반을 한 번 맡았으면 1년 동안 이끌어 가겠다는 책임감이 많이 필요한 것 같아요. 이 일이 쉬운 일이 아니에요. 내 몸이 힘들지만 그래도 아이들과 부딪쳐 보고, 또 아이들이 하는 행동에 대해서 많이 느껴 보는 게 중요한데 요즘 선생님들 중에는 1~2주 해 보다가 못 견디고 그만두는 선생님들도 많아요.

• 4세 교사 : 수용성

아이들과 처음 만나자마자 살갑게 할 수 없잖아요. 익숙해지는 단계인데 어머니들이 제가 싹싹하지 않다는 말을 해서 충격을 받았어요. 그래서 일부러 부모와 대화도 많이 시도하고 너무 바빠서 어린이집에 못 오거나 전화 통화를 잘 못하거나 가정이 너무 어려워서 아이가 자주 빠지거나 또 적응을 못하는 경우에는 전화를 해서 '아이를 잘 보내주세요.'라고 해요. 또는 정성껏 편지를 써서 아이에 대한 진심을 보여 주거나 걱정해 주면 어머니들이 마음을 열고 아주 고마워해요. 내가 먼저 마음을 열고 긍정적으로 다가가면 되는 것 같아요.

• 5세 교사 : 공감

역할영역에서 아이들이 엄마, 아빠 이야기하면 저와 대화가 잘 이루어져요. 제가 아이들이 이야기하는 주제를 모를 때는 아이들이 보는 만화를 보기도 해요. 아이들이 저와 공감대 형성이 안 되면 아이들과 친하게 지낼 수가 없으니까, 내가 먼저 "이거 봤냐?"고 물어봐야 아이들이 '선생님도 이런 걸 보는구나.'라고 생각하더라고요. 그래서 가끔 만화도 보고 최신곡도 듣고 나름대로 아이들과 통할 수 있어야 하니… 그런 것은 좋아요. 아이들과 말이 통해서 편하죠.

3. 보육교사의 인성 함양방안

한 사람의 인성은 교과교육과 같이 지식을 탐독하는 것만으로 함양되지 않는다. 교사의 인성도 마찬가지이다. 이에 따라 여러 연구자는 영유아교사의 인성 함양을 위한 프로그램을 개발하고 그 효과를 평가하였다. 이러한 연구 가운데 예비교사의 인성개발을 위한 모형을 개발하여 실제 교육을 실시한 사례로 전재선(2013)의 예비유아교사 인성교육 프로그램의 교육목표, 내용, 교육방법을 소개하면 [그림 3－1]과 같다.

교육목표

- 자신에 대한 이해를 토대로 '나'를 긍정적으로 수용하고 자아존중의 태도를 기른다.
- 인간관계에 대한 이해를 토대로 성숙한 사회인지 및 관계 맺음 능력을 기른다.
- 유아교사로서 갖추어야 할 기본소양을 토대로 직무에 대한 이해와 소명감을 기른다.
- 유아교사로서 갖추어야 할 전문적 소양을 토대로 지속적인 자기개발능력을 기른다.

↓

교육내용

- 자기이해: 자아 탐색, 자아개념, 긍정적 사고
- 사회관계: 타인 이해, 공감, 의사소통 기술
- 기본소양: 교사역할, 교직윤리, 자기평가
- 자기개발: 창의적 사고, 협력, 목표 설정

↓

교육방법

- 학습자의 적극적인 참여 유도를 위한 강의, 발표, 워크숍, 토론, 역할극, 저널 쓰기

그림 3－1 전재선(2013)의 예비유아교사 인성교육 프로그램 모형의 구성

이러한 모형에 기초하여 인성교육을 위한 교육내용 및 교수방법은 〈표 3－5〉와 같이 운영하였다.

표 3-5 전재선(2013)의 예비유아교사 인성교육 프로그램 모형의 구성

구분	회기	주제	교육내용 및 교수방법
오리엔테이션	1	인성교육 프로그램	인성교육 프로그램 활동 오리엔테이션 [강의] 인성과 인성교육에 대한 이해 [활동 1] 인성 자기평가 사전검사
자기이해	2	자아 탐색과 발견	[강의] 자기이해의 중요성 [활동 1] '나를 찾아서' 빙고게임 [활동 2] 잠재된 4차원(인지/정서/과업/관계) 찾기 [과제] 힐링을 위한 자기탐구 보고서 작성하기
	3	자아개념 - who am I?	[강의] 유아교사와 자아개념 [활동 1] 자아개념 검사를 통한 다섯 가지(일상적 자아, 자기 수용, 타인 수용, 신분・직업적 자아, 유아관)의 나를 이해하기 [활동 2] Tag로 나를 표현하기 [개별면담] 자기탐구 보고서를 토대로 상담
	4	긍정적 사고	[강의] 긍정 인성과 행복 [행복 1] '행복을 찾아서' 시청 및 토론 [활동 2] 긍정 인성 실천계획과 전략 세우기 [과제] '긍정 인성 실천계획과 결과'에 대해 저널 쓰기
사회관계	5	타인 이해	[강의] 다양성과 인간관계 [활동 1] 친구의 특성 찾아 캐리커처 그리기 [활동 2] 공동 그림 그리기 [과제] 예비유아교사 한 사람을 선택해 장점과 단점을 분석하고 유아교사의 역할과 대응시켜 저널 쓰기
	6	관점 바꾸기	[강의] 세상을 바꾸는 공감의 힘 [활동 1] 등장인물의 눈으로 이야기 다시 보기 [활동 2] 역할극(유아교사와 유아, 학부모, 동료, 지역사회와의 가상의 갈등상황을 제시하고 자신의 역할에서 상대 역할의 상황을 이해하기) [소집단면담] 사회인지능력 검사 및 결과에 대한 면담
	7	경청과 표현의 기술	[강의] 좋은 의사소통의 의미 [활동 1] 경청훈련 [활동 2] 나의 대화는 몇 점? - 효과적인 대화기술 연습 [과제] 나의 대화방법과 기술에 대해 평가하기
기본소양	8	이미지 만들기	[강의] 유아교사의 소양과 이미지 [활동 1] 내가 생각하는 유아, 이상적인 유아교사 또는 유아교육의 이미지 그리기 [활동 2] 사명서 만들기 [과제] 현장을 참관하고 유아교사의 역할을 관찰・기록하기

구분	회기	주제	교육내용 및 교수방법
기본소양	9	유아교사의 역할 이해하기	[강의] 현대사회 유아교사의 역할 [활동 1] 참관 기록내용 분석하고 공유하기 하루 일과 동안 교사의 상호작용 유형과 행동방식을 표준화된 준거에 따라 분석하기 [개별면담] '유아교사가 되고 싶은 이유'에 대한 면담
	10	교직윤리와 의사결정	[강의] 유아교사와 윤리의식 [활동 1] 유아교육현장에서 일어날 수 있는 딜레마 상황에 대해 토론하기 －친한 친구와 같은 반으로 편성해 달라는 학부모 －매번 수업 준비자료를 빌리는 동료교사 [과제] 유아교사권리에 대한 딜레마 과제에 대해 저널 쓰기
	11	자기평가	[강의] 자기관찰 및 평가의 필요성과 효과 [활동 1] Leader in me. 자기관찰 보고서 작성 하루 동안 시간대별로 자신에게 일어난 사건, 시간, 행동을 나누어 객관적으로 기록하고 반성하기 [과제] 예비유아교사로서 교육실습 준비에 대한 평가 저널 쓰기
자기개발	12	고정관념 깨트리기	[강의] 창의적 특성과 유아교사 [활동 1] RAT 훈련 : 새롭게/다르게/즐겁게 [활동 2] 고정관념을 깬 원아모집 광고 시냅스 만들기 [과제] 창의성 UP! － 그림 완성 과제
	13	창의적 팀워크	[강의] 창의적인 문제해결방법 [활동 1] 협동과제 : 스파게티로 탑 만들기, 스파게티 국수, 마시멜로우, 테이프를 이용하여 조형물 만들기 [소집단 면담] 활동과제 완수하면서 느낀 점 공유
	14	생애주기 로드맵	[강의] 유아교사 발달단계와 감성 리더십 [활동 1] 유아교사로서의 생애주기 로드맵 그리기 현재와 미래가 연결된 성장 로드맵 설계 및 발표 [과제] 8회기에 작성한 사명서 내용을 준거로 예비유아교사로서의 나를 평가하기
마무리	15	프로그램을 마치고	[활동 1] 인성 자기평가 사후검사 [활동 2] 프로그램에 참여 소감 발표 [개별면담] 프로그램을 통해 개인적으로 변화된 점과 프로그램 전반에 대한 평가

출처: 전재선(2013). 예비유아교사 인성교육프로그램 모형 개발. 한국보육학회지, 13(4), pp. 305－327.

다음으로 영유아교사가 교사로서의 자신의 인성에 대해 검토해 보고 좀 더 발전적인 교사로서의 모습을 갖추기 위해 반성적으로 사고하는 데 도움이 되는 스토리를 두 가지 제시하고자 한다. 함께 읽으며, '영유아를 가르친다는 것은?'이라는 질문에 어떻게 답할 수 있을지에 대해 이야기 나누어 보는 것도 좋은 방법이 된다.

〈표 3－6〉에 제시한 글은 3년여에 걸쳐 학교, 스포츠 센터, 음악학원, 댄스학원에서 사람들을 가르치는 일을 하는 교사 51명을 만나 그들이 생각하는 '가르친다는 것은 무엇을 의미하는가?'에 대해 묻고 답을 정리한 것이다. 영유아를 보육하는 교사가 '가르친다는 것'은 무엇인지에 대해 좋은 교사로서 이들의 생각을 통해 비추어 볼 수 있다.

표 3－6 Smoot가 만난 교사들의 '가르친다는 것은'에 대한 답

- 좋은 선생님은 자기가 어디에 있는지 알아야 합니다.
- 아이들이 즐겁게 생활할 수 있도록 도와주는 일이 정말 중요합니다.
- 아름다운 것들 중에는 어려운 게 많습니다.
- 전 기회를 제공하는 사람입니다.
- 마법처럼 아이들은 변합니다.
- 교사가 바라는 건 학생 한 명 한 명이 바뀌는 거죠.
- 학생들은 언제든 더 나아질 수 있습니다.
- 반드시 해내야겠다는 마음이 가장 중요한 겁니다.
- 재능을 줄 수는 없어도 재능을 쓸 수 있게 도울 수는 있어요.
- 저는 긍지를 불어넣으려고 애씁니다.
- 저는 매일 웃으며 가르치러 갑니다.
- 전 오늘도 배우고 있습니다.
- 개별적으로 가르쳐야 합니다. 사람마다 성격이 다르니까요.
- 왜 실패할 걸 걱정합니까? 잘할 가능성 30%를 신경 써야죠.
- 가르친다는 것은 실제로 나 자신으로 귀착됩니다.
- 있는 그대로 받아들이고 어떤 사람이 되려고 하건 인정해야지요.
- 가르친다는 건 사심 없이 베푸는 것이죠.
- 모든 사람의 이야기는 중요해요. 모든 사람의 고통은 귀중한 거예요.
- 늘 초심자의 마음으로 돌아가야 합니다.

출처: Smoot, B., 노상미 역(2011). 가르친다는 것은(*Conversation with great teachers*). 이매진.

다음은 자녀양육에 대해 다수의 베스트셀러를 저술한 Linda Eyre와 Richard가 쓴 『자연에서 배우는 행복의 기술』(The book of nurturing : Nine natural laws for enriching your family life)에서 제시한 아홉 가지 자연법칙에 실린 이야기이다. 각 동물의 살아가는 방식을 통해 교사로서의 삶에서 가치 있게 생각해야 할 것을 말하고 있다. 각각의 이야기를 읽고 교사로서 갖추어야 할 인성에 대해 함께 토의해 보자.

거위에게서 배우는 교훈

아름답고 커다란 캐나다 거위는 우리에게 성실함을 가르쳐 준다.
거위 부부는 평생 함께한다. 한쪽이 죽음을 맞을 때까지 50년도 넘게 해로하는 거위 부부가 많다. 거위는 가족에게 최선을 다하고 서로 돕는다. 거위는 무슨 일이든 함께한다. 거위는 서로를 안전하게 지켜 준다. 거위는 상대방에게 의지할 수 있다는 것을 알고 상대방을 가장 소중하게 생각한다.

▲ 토의해 볼까요?

- 거위의 성실함과 인내를 가진 영유아교사는 어떤 모습일까요?

게에게서 배우는 교훈

게는 서로를 지원해 주기보다 서로를 끌어내리는 본능을 갖고 있다. 이런 성향으로 인해 한 마리도 높이 올라가지 못한다.
우리 가족이 서로 비난하고 서로를 끌어내릴 때 우리는 게나 다름없다.
서로를 지지해 주고 격려하고, 그 사실을 칭찬해 주어야 한다는 것을 잊지 말자.

▲ 토의해 볼까요?

- 영유아의 장점을 보고 이끌어 주려는 교사의 열정적인 지도 사례에 대해 생각해 볼까요?
- 서로를 지지해 주고 격려하며 함께 성장하려는 영유아교사는 어떤 모습일까요?

고래에게서 배우는 교훈

지구상에서 덩치가 가장 큰 동물이면서 가장 큰 뇌를 갖고 있는 혹고래는 물속에서 서로에게 아름다운 노래를 들려준다. 고래들이 부르는 노래는 대부분 가족구성원 사이에 통하는 모양이다. 고래는 서로를 격려하거나 상대방에게 위험을 알리기 위해, 함께 놀 때 노래한다. 놀랍게도 고래는 상대방의 노래를 방해하지 않는다. 한 마리가 노래하면 다른 고래들은 모두 귀 기울여 듣는다.

▲ 토의해 볼까요?

- 영유아의 어려움, 즐거움을 공감해 주는 교사는 어떤 모습일까요?

코끼리에게서 배우는 교훈

엄마 코끼리의 코는 아주 부드러워서 아기 코끼리를 쓰다듬거나 목욕시켜 주거나 등에서 말벌을 조심스럽게 떼어 낼 때 쓴다. 또한, 코끼리 코는 힘이 아주 세서 큰 바위를 옮기거나 길가에 놓여 있는 통나무를 치울 수 있고 아기 코끼리가 위험한 일을 하려고 하면 제재할 수 있다. 아이들을 진정으로 사랑한다면 온화하고 이해심이 많아야 한다. 또한, 옳고 그름을 가리는 데 있어서는 엄격해야 한다. 아기 코끼리들은 부모를 보면서 자신의 코를 부드러우면서도 강하게 사용하는 방법을 배운다.

▲ 토의해 볼까요?

- 영유아의 요구에 적합하게 반응해 주는 교사는 어떤 모습일까요?

삼나무에게서 배우는 교훈

삼나무는 지구상에서 가장 키가 큰 생물이다. 삼나무는 군락을 이루어 자라며 마치 손을 잡듯이 땅 밑에서 뿌리를 한데 얽는다. 이렇게 해서 거센 비바람과 폭풍우에도 크고 곧게 자라도록 서로 지지하고 돕는다. 그 어떤 어려움도 우리를 무너뜨리지 못하도록 서로 돕고 지원해 주어야 한다.

▲ 토의해 볼까요?

- 개별 영유아의 어려움을 이해하고 지지해 주는 교사는 어떤 모습일까요?

곰에게서 배우는 교훈

어떤 사람들은 곰을 보면 도망가려고 애를 쓴다. 나 대신 다른 사람이 희생되기를 바라면서. 그러나 곰은 책임감과 같아서 도망가면 따라잡는다. 가장 좋은 방법은 도망가지 말고 정면으로 맞서는 것이다. 모두 중요한 것을 책임지려고 노력해야 한다.

▲ 토의해 볼까요?

- 영유아의 행복한 삶에 책임감을 가진 교사는 어떤 모습일까요?

벼룩에게서 배우는 교훈

작은 벼룩은 6~7인치나 높이 뛰어오를 수 있다. 그러나 한동안 뚜껑 덮인 좁은 상자 안에 갇혀 있으면 뚜껑보다 높이 뛰어오르지 못하게 된다. 뚜껑을 열거나 치워도 벼룩은 뚜껑이 덮여 있던 높이까지만 뛰어오른다. 사람들도 벼룩과 비슷하다. 스스로 한계가 있다 생각하고 상자 안에 있어야 한다고 생각한다는 점에서 그렇다. 우리는 우리의 잠재력 위에 뚜껑이 닫히지 않기를 바란다. 우리는 목표를 높이 정하고 목표에 도달하고 사는 동안 내내 배우고 성장하기를 바란다. 우리는 주위에 상자를 놓아두고 싶어 하지 않는다. 우리는 가능하면 세상을 많이 경험하고 싶어 하고 우리보다 적게 가진 사람들에게 봉사하고 함께 나누고 싶어 한다.

▲ 토의해 볼까요?

- 더 좋은 교사가 되기 위해 주도적으로 자기개발을 하는 교사는 어떤 모습일까요?

마지막으로 최명희(2016)가 영유아교사로서 좋은 인성을 갖추기 위한 가이드를 담아 출판한 『영유아교사를 위한 인성지침서』(교사다음)에서 '나를 보다', '아이를 보다', '마주 보다', '나누다'의 네 가지 범주로 나누어 77가지의 소제목으로 교사다운 인성을 갖추기 위해 반성적으로 사고해 보고 실천하려는 의지를 다듬어 볼 수 있는 이야기를 제시하였다.

다음은 그중 두 가지 소제목의 내용을 예시로 기술한 것이다. 다음의 내용을 읽고, 영유아교사로서의 좋은 인성을 갖춘 교사는 어떤 모습인지 숙고해 보고 서로의 생각을 이야기 나누어 보자.

그래그래 선생님

내가 존경하는 어떤 어른이 말씀하셨다. "나 어릴 때 증조할머니를 모든 자손이 그래그래 할머니라고 불렀지." 자손들의 이야기를 "그래그래."라고 하시면서 끝까지 들어주셔서 그랬단다. 집안의 모든 자손이 증조할머니의 자애로운 훈육을 교훈으로 삼아 자랐다고 한다. 그래그래 할머니의 증손이신 그 분도 항상 그래그래 표정으로 내 이야기를 끝까지 들어주시고는 했다. 그분과 ㅇ야기를 나누면 내 안에서 용기가 솟아오르는 것 같았다. 당신도 그래그래 선생님이 되면 좋겠다.

출처: 최명희(2016). 영유아교사를 위한 인성지침서. p 126. 공동체.

미소의 힘

미소는 소리를 내지 않고 빙긋이 웃는 것이다. 미소의 힘은 참으로 위대하다. 처음 보는 낯선 사람에게 미소를 지어 주면 그 순간 둘 사이는 따뜻해진다. 매일 보는 친한 사람도 미소를 거두면 둘 사이가 냉랭해진다. 아기의 배내 미소가 신경생리학적 현상이라고 하지만 아기의 미소를 보는 순간 그간의 수고로움이 사라진다. 인간만 미소를 가졌다. 조용한 미소에 수백 개의 찬사를 담을 수 있다.

출처: 최명희(2016). 영유아교사를 위한 인성지침서. p 147. 공동체.

Chapter

04

보육교사의 윤리와 윤리강령

01 보육교사 윤리개념

02 보육교사 윤리강령의 개념 및 필요성

03 보육교사 윤리강령

04 보육교사의 윤리적 딜레마

Chapter 04 보육교사의 윤리와 윤리강령

1. 보육교사 윤리개념

윤리(ethics)란 인간이 사회생활 속에서 지켜야 할 규범이다. 즉, 윤리는 사회적 관계 속에서 작동하는 것이며 인간이 다른 사람과의 관계 속에서 삶을 영위하면서 개인적으로 또는 집단의 구성원으로서 지켜야 할 규범・원리・규칙을 의미한다. 사회에서 분명하게 규정한 법은 강제력과 구속력을 갖는 반면, 윤리는 직무를 수행함에 있어서 지켜야 할 자율적 규범을 의미한다.

윤리가 사회적 관계 속에서 지켜야 할 것으로 기대되는 규범이므로 직업에 따라 요구되는 규범도 다르다. 이에 따라 직업윤리라는 개념이 생성되었는데 이태하, 임흥순(2009)은 직업윤리(work ethics)란 '직업을 공통분모로 하여 형성된 특정 사회에서 개개인들이 함께 더불어 살아가기 위한 삶의 이치'라고 정의하였으며, 직업윤리는 두 가지 차원으로 분류된다고 하였다. 하나는 모든 직업에 요구되는 행동규범으로, 예를 들어 근면성, 협동성, 책임성, 신뢰성 등과 같은 것이다. 다른 하나는 특정 직업에서 요구되는 행동규범으로, 예를 들어 간호사에게 다른 직업과 달리 평등한 간호 제공, 비밀 유지, 생명과학기술과 존엄성 보호와 같은 규범이 요구되는 것이다.

교직윤리는 교사가 그 직무수행과 관련하여 스스로 또는 관련된 다른 사람들에 대해 지켜야 할 것으로 기대되는 사회적 규범(임승렬, 2002)으로 공식적으로 외적 통제체계인 법률과 달리 비공식적이고 내적이며 자율적인 특성을 지닌다. 따라서

'교사윤리'란 교사라는 직업에 요구되는 특정규범이며 '보육교사 윤리'란 영유아를 보육하는 일을 직업활동으로 하는 보육교사가 보육활동을 극대화시키기 위해 지켜야 할 자율적 행위나 규범이다(진병춘, 2000). 보육교사가 직무를 수행하면서 갖게 되는 사회적 관계는 영유아, 학부모, 동료, 지역사회 등이다. 따라서 보육교사 윤리는 보육활동을 극대화시키기 위해 영유아, 학부모, 동료 및 지역사회와의 관계에서 지켜야 할 규범이다.

이러한 직업윤리가 특별히 강조되는 직업 분야는 교사, 의사, 간호사, 사회복지사 등의 전문직이다. 전문직은 특별한 훈련과 자격을 가진 사람으로서 그들만이 갖는 권위와 자율성이 있어서 윤리적 기준에 따라 판단하고 행동해야 하기 때문이다. 교사직이 전문직이므로 보육교사에게도 높은 윤리적 기준이 요구된다.

2. 보육교사 윤리강령의 개념 및 필요성

윤리강령이란 전문직의 이상·가치·책무를 설명한 것으로 전문직 단체들에 의해 공식적으로 받아들여진 문서를 뜻한다(신득렬, 2002). 따라서 보육교사 윤리강령은 보육교사가 갖추어야 할 이상·가치·책무를 설명한 것으로 보육전문단체에 의해 공식적으로 받아들여진 문서를 의미한다. 윤리강령은 그 성격상 전문직의 직무특성에 따라 명시된 내용이 다르다.

예를 들어, 〈표 4-1〉은 사회복지사 윤리강령 중 윤리기준을 제외한 윤리선언문의 한 부분을 제시한 것으로 사회복지사의 임무에 따라 요구되는 이상·가치·책무에 맞는 내용으로 구성되어 있다. 반면, 〈표 4-2〉는 간호사 윤리강령의 선언문의 한 부분으로 간호사 책무와 관련된 내용으로 구성되어 있다.

표 4-1 사회복지사 윤리강령

사회복지사는 인본주의, 평등주의 사상에 기초하여 모든 인간의 존엄성과 가치를 존중하고 천부의 자유권과 생존권의 보장활동에 헌신한다. 특히, 사회적·경제적 약자들의 편에 서서 사회정의와 평등, 자유와 민주주의 가치를 실현하는 데 앞장선다. 또한, 도움을 필요로 하는 사람들의 사회적 지위와 기능을 향상시키기 위해 저들과 함께 일하며, 사회제도 개선과 관련된 제반활동에 주도적으로 참여한다. 사회복지사는 개인의 주체성과 자기결정권을 보장하는 데 최선을 다하고, 어떠한 여건 속에서도 개인이 부당하게 희생되는 일이 없도록 한다. 이러한 사명을 실천하기 위하여 전문적인 지식과 기술을 개발하고, 사회적 가치를 실현하는 전문가로서의 능력과 품위를 유지하기 위해 노력한다. 이에 우리는 클라이언트, 동료, 기관 그리고 지역사회 및 전체 사회와 관련된 사회복지사의 행위와 활동을 판단·평가하며 인도하는 윤리기준을 선언한다.

표 4-2 한국 간호사 윤리강령

간호의 이념은 인간의 존엄성과 생명의 기본권을 존중하는 것이다. 간호사의 임무는 출생으로부터 죽음에 이르는 인간의 삶에서 건강을 증진하고, 질병을 예방하며, 건강을 회복시키고, 고통을 경감하는 것이다.

간호사는 개인, 가족, 지역사회를 대상으로 전인적 간호 중재와 상담, 교육 등을 수행함으로써 대상자의 지식을 증진하여 스스로 건강을 증진하기 위한 최선의 선택을 할 수 있도록 돕는다.

보육교사와 관련된 윤리강령은 미국 NAEYC(2005)에서 먼저 제정하였는데, 다음은 윤리강령 선언문의 한 부분이다.

첫째, 유아의 발달과 학습을 지원하며 개인차를 존중, 유아가 사회 속에서 더불어 살아 갈 수 있도록 지도하며 자기인식, 유능감, 자존감, 회복력, 신체적 안전을 촉진하도록 하는 윤리적 책임을 지닌다.

둘째, 가정과 의사소통하고 협력한다.

셋째, 개인의 존엄성을 존중하며 동료 간의 긍정적 상호관계를 유지하고 협력을 통하여 전문성을 증진한다.

넷째, 지역사회 및 전문가와의 협력을 통하여 가족의 다양한 욕구를 충족시키며, 사회에서 영유아의 복지를 제공하기 위해 대변인으로서의 윤리적 책임을 다한다.

우리나라의 공식적인 교원윤리규범은 한국문화협회에서 공포한 사도강령, 대한교육연합회에서 제정한 한국교원윤리규범, 사도헌장과 사도강령이 있으며 이는 한국교원단체총연합회에서 제정한 교직윤리헌장으로 변화하였다(유경애, 김일민, 2013). 이후 유아교사의 윤리강령이 제정되었는데, 2010년 유아교육선진화위원회를 비롯한 유아교육 단체가 공동으로 '유치원 교사헌장'을 발표하였으며, 보육교사의 윤리가 바람직한 직무수행에 중요한 영향을 미친다는 점에서 2010년 한국보육교사연합회와 육아정책연구소 주관으로 연구를 수행하여 '어린이집 원장·교사윤리강령'을 제정하였다.

보육교사에게 윤리강령이 필요한 이유는 다음과 같다.

첫째, 영유아를 가르치는 교사는 도덕적으로 더욱더 민감해야 한다. 영유아는 스스로 자신을 보호하고 권리를 찾을 수 있는 능력을 갖지 못한 존재이므로 보호자로서 영유아의 삶에 영향을 줄 수 있는 올바른 신념과 행동을 실천해야 한다. 교사의 신념과 행동이 영유아 심신의 성장과 발달에 커다란 영향을 미치기 때문에 좀 더 바람직한 판단과 행동에 기준을 제시해 주는 윤리강령이 필요하다.

둘째, 보육교사는 학급 안에서 힘과 지위가 절대적이며 상황에 따라 교사의 힘이 남용될 수 있다. 영유아라는 대상의 발달특성상 더 큰 힘을 가지고 있는 교사가 힘을 남용하지 않고 영유아를 존중하고 교육현장의 주체가 되는 인간관계에 있어서 명료한 의사결정의 판단기준으로서 윤리강령이 방향을 제시해 준다.

셋째, 보육교사의 윤리는 보육의 질을 결정하는 요소로서의 성격을 갖는다. 보육교사의 윤리는 교사가 갖는 보육의 목적, 보육내용, 교수방법, 영유아 및 부모와의 관계, 자기관리의 노력 등 모든 행위와 관련이 있다.

넷째, 보육교사는 직무특성상 어린이집 내에서 많은 딜레마 상황을 겪게 된다. 한 영유아를 보호하고자 하면 다른 영유아의 권리를 침해할 수 있고, 한 가족의 입장을 고려하면 다른 대다수 가족의 요구와 권리를 보호하지 못하는 경우가 있다. 따라서 보육교사는 무엇을 기준으로 어떻게 판단하고 행동해야 하는지에 대해 명확한 기준이 될 수 있는 윤리강령을 숙지하고 직무를 실천하는 것이 중요한데 윤리강령이 이러한 판단의 기준을 제공해 준다(The Australian Early Childhood Association, 2005).

다섯째, 윤리강령은 자신을 비롯하여 동료 보육교직원들의 행위가 적합한 것인지, 도덕적인 것인지를 판단하기 위한 기준을 제공해 주어 좀 더 윤리적인 원내 보육문화를 조성하는 데 필요하다.

3. 보육교사 윤리강령

2010년 한국보육교사연합회와 육아정책연구소 주관으로 연구를 수행하여 '어린이집 원장 · 교사윤리강령'을 제정 · 공포하였다. 다음은 육아연구소 보고서에 실린 윤리강령 본문과 이에 대한 해설이다(김은설, 박수연, 2010).[1)]

서문

보육은 영유아를 건강하게 양육하고, 안전하게 보호하며, 발달특성에 적합한 교육을 제공하는 복지 서비스이며, 보육인은 사랑과 존중과 전문지식을 바탕으로 영유아의 전인적 성장에 영향을 미치는 전문직업인이다.

이에 어린이집 원장과 보육교사는 스스로 책무성을 발현하여 윤리강령을 제정함을 밝힌다. 본 강령을 직무수행의 규준으로 삼아 보육현장에서 발생하는 윤리적 갈등을 해결하고 생존권, 보호권, 발달권, 참여권 등 영유아의 권리를 보장함으로써 직무상의 윤리적 책임을 다하여 전문직업인으로서의 위상을 공고히 하고자 한다.

더불어 영유아와 그 가정, 동료와 사회의 존엄성을 존중하는 보육의 실천으로 다각적인 신뢰를 구축하고, 영유아의 잠재력을 최대한 발휘시킴으로써 영유아가 긍정적인 자아개념을 형성하고 유능한 사회인으로 성장할 수 있도록 도와 궁극적으로는 영유아와 그 가정, 동료와 사회의 통합적 · 이상적 복지 실현에 기여하고자 한다.

위에 제시한 서문에는 전문직업인으로서의 보육교직원과 윤리강령의 의의, 윤리강령이 다루고 있는 범위 등을 먼저 제시하여 앞으로 나오게 될 각 장에 대한 도입의 의미와 윤리강령의 준수에 임하는 의지와 자세를 강하게 제시해 두고자 하였다.

서문의 내용은 문단별로 강조점이 있다.

---

1) 본 책에 실은 보육교사 윤리강령 본문과 해설은 육아정책연구소 연구진의 허가를 받아 재정리하여 수록한 것임을 밝힘.

서문의 첫 번째 문단에서는 보육의 특성과 이에 종사하는 어린이집 원장과 보육교사가 전문직업인으로서 그 역할에 자긍심을 가져야 한다는 것에 초점을 두고, 보육교직원은 사회적 책임을 지닌 중요한 위치에 있으므로 윤리의식과 태도를 지녀야 한다는 타당성을 제시하고 있다.

서문의 두 번째 문단에서는 윤리강령이 외부의 힘에 의해서 만들어진 것이 아니고, 법적인 강제성이나 준수를 강요받는 것이 아니라 자율적인 의지에 의해 보육교직원 스스로의 발의로 제정된 것임을 밝히고 있다. 윤리강령의 가장 핵심적인 가치가 보육현장에서 접하게 되는 윤리적 갈등을 해결하고 영유아의 권익을 보장해야 한다는 것임을 명시하고 있다.

서문의 세 번째 문단에서는 보육은 서비스 대상인 영유아의 올바른 성장과 발달을 목표로 할 뿐 아니라 그 가정 및 사회의 복지까지 영향을 미칠 수 있는 역할이 있음을 강조하고, 보육교직원 상호 간 존중도 윤리강령에서 논의되어야 할 내용임을 밝히고 있다.

어린이집 원장 및 보육교사 윤리강령의 본문은 영유아에 대한 윤리, 가정에 대한 윤리, 동료에 대한 윤리, 사회에 대한 윤리 등 네 개의 영역으로 구성되어 있다.

첫째, 영유아에 대한 윤리에 관해 제시한 제 I 장의 내용은 〈표 4-3〉과 같다.

표 4-3 제 I 장 영유아에 대한 윤리

1. 영유아의 인격을 존중하고, 개인의 잠재력과 개성을 인정한다.
2. 영유아에게 고른 영양과 충분한 휴식을 제공하여, 몸과 마음이 건강한 사람으로 자라도록 돕는다.
3. 성별・지역・종교・인종・장애 등 어떤 이유에서도 영유아를 차별하지 않고, 공평한 기회를 제공한다.
4. 영유아는 다치기 쉬운 존재임을 인식하여 항상 안전하게 보호한다.
5. 영유아에 대한 정서적・언어적・신체적 학대를 행하지 않는다.
6. 시설 내외에서의 영유아 학대나 방임을 민감하게 관찰하며, 필요한 경우 관련 기관(아동보호기관 등)에 보고하고 조치를 취한다.
7. 개별적 상호작용 속에서 영유아의 요구를 수용하기 위해 노력한다.
8. 영유아의 사회, 정서, 인지, 신체발달을 통합적으로 지원하는 보육프로그램을 실시한다.

9. 영유아가 특별한 도움을 필요로 하는 경우, 전문가와 협력하여 영유아의 입장에서 최선의 대안을 찾는다.
10. 보육활동을 계획·실행·평가하는 모든 과정에 영유아의 흥미와 의사를 반영한다.
11. 영유아의 개인적 기록과 정보에 대해 비밀을 보장한다.

제 I 장은 보육교사에게 가장 중요한 보육 제공 대상인 영유아에 대한 윤리를 제시한 것으로 유엔 아동권리협약에 의거한 영유아의 기본권 4가지를 기반으로 하여 구성하였다. 4가지 기본권은 생존권, 보호권, 발달권, 참여권이다.

생존권은 생명 유지를 위한 적절한 수준의 의식주를 누릴 권리이다. 이에 관해 제 I 장의 2번에서 '영유아에게 고른 영양과 충분한 휴식을 제공해야 한다'는 내용으로 제시하였다.

보호권은 제 I 장의 3, 4, 5, 6번에 기술한 것으로 차별 금지, 영유아의 약함과 보호의 필요, 학대 금지 및 방지, 학대 보고 등의 내용으로 제시하였다.

발달권은 제 I 장의 7, 8, 9번에 해당하는 것으로 개별 상호작용, 모든 측면의 균형된 발달 지원, 특별한 도움을 필요로 하는 영유아 지원 등의 내용으로 제시하였다.

참여권은 제 I 장의 10번에 해당하는 것으로 보육활동 과정에 영유아의 흥미, 의사 반영 등의 내용으로 제시하였다.

제 I 장의 11번 내용은 기본적인 영유아의 비밀 보장을 명시한 것이다.

둘째, 가정에 대한 윤리에 대해 제시한 제 II 장의 내용은 〈표 4-4〉와 같다.

표 4-4 제 II 장 가정에 대한 윤리

1. 상호신뢰를 바탕으로 영유아의 가정과 동반자적인 관계를 유지한다.
2. 각 가정의 양육 가치와 의사결정을 존중한다.
3. 경제적 수준, 가족형태, 지역, 문화, 관습, 종교, 언어 등 어떤 것에 의해서도 영유아의 가정을 차별 대우하지 않는다.
4. 보육활동 및 발달상황에 관한 정보를 정확하게 제공하여 영유아에 대한 가정의 이해를 돕는다. 다문화, 심신장애 등으로 의사소통에 도움이 필요한 경우 문제를 해결할 최선의 방법을 도모한다.
5. 시설 운영 전반에 관한 정보를 공개하여 영유아 가정의 알권리에 응한다.
6. 보육프로그램과 주요 의사결정에 영유아의 가정이 참여하도록 안내한다.

7. 필요한 사회적 지원, 전문 서비스 등 관련 정보를 제공하여 영유아 가정의 복리 증진을 돕는다.
8. 영유아 가정의 사생활을 보호하고 익명성을 보장한다.

제Ⅱ장은 독립적인 의사소통에 한계가 있고 가정의 영향을 가장 많이 받는 영유아보육을 위해 가정과의 협력과 연계가 매우 중요하다는 점에서 동반자로서의 관계 형성을 위해 고려해야 할 윤리적 기준을 제시한 것이다. 최근 들어 디지털 기기의 발달과 저출산으로 인해 스스로 많은 정보를 습득하고 있는 젊은 부모를 비롯하여 조부모를 비롯한 친·인척까지 영유아보육에 관심을 갖는 상황으로 인해 교사－부모 간의 협력적 관계 형성에 어려움을 호소하는 교사가 늘고 있는 실정이다. 따라서 교사는 부모의 다양한 요구에 직면하게 될 때 어떻게 판단하고 행동할 것인가에 대한 기준이 필요하다는 점에서 더욱 중요한 윤리강령의 내용이다.

조형숙(2009)이 유아교사가 현장에서 부모 및 가정과의 관계에서 겪는 딜레마의 내용을 조사한 결과에 의하면, 영유아행동에 대한 진실한 정보 제공하기, 부모역할 지원하기, 기관에서 일어나는 일을 진실하게 공개하기, 부모와의 사적 관계 형성 또는 개인적인 기대하지 않기, 영유아와 가족의 사생활 및 사적 정보 보호하기, 그리고 영유아에 대한 객관적이고 정확한 평가자료 제공하기 등으로 많은 딜레마를 갖고 있는 것으로 나타났다.

셋째, 동료에 대한 윤리에 대해 제시한 제Ⅲ장의 내용은 〈표 4－5〉와 같다.

표 4－5 제Ⅲ장 동료에 대한 윤리

〈어린이집 원장〉

1. 최상의 보육 서비스 제공에 필요한 인적·물적 환경의 조성 및 유지를 위해 노력한다.
2. 보육교사를 신뢰하고 존중하며 전문성과 자율성을 인정한다.
3. 성별·학연·지연·인종·종교 등에 따라 보육교사를 차별하지 않는다.
4. 업무 관련 의사결정이 필요한 경우, 보육교사의 의견 개진 기회를 보장한다.
5. 보육교사에게 지속적 재교육 등 전문적 역량 제고의 기회를 부여한다.
6. 보육교사에게 적정 수준의 보상(보험, 급여 등)을 안정적으로 제공하여 복지 증진에 힘쓴다.
7. 보육교사 개인의 기록과 정보에 대한 비밀을 보장한다.

〈보육교사〉
1. 존중과 신뢰를 바탕으로 협력하며, 서로의 전문성과 자율성을 인정한다.
2. 상호 간 역량 계발과 복지 증진에 부합하는 근무환경이 되도록 힘쓴다.
3. 원장 및 동료와 영유아보육에 대한 신념을 공유한다.
4. 보육교사로서의 전문성 향상을 위해 스스로 노력한다.
5. 시설 내에서 영유아 및 보육교사의 인권과 복지를 위협하는 비윤리적 사태가 발생한 경우, 법률규정이나 윤리기준('한국보육시설연합회 윤리강령위원회' 참조)에 따라 조치를 취한다.

제Ⅲ장은 어린이집에 근무하는 모든 사람의 인권과 복지를 보호하기 위해 준수해야 할 윤리적 덕목을 제시하고 있다. 보육교사에 대해 어린이집 원장이 준수해야 할 윤리적 덕목, 보육교사가 어린이집 원장 및 동료교사 또한 교사로서의 자신이 가져야 할 윤리적 측면도 함께 제시하고 있다.

넷째, 사회에 대한 윤리를 제시한 제Ⅳ장의 내용은 〈표 4-6〉과 같다.

표 4-6 제Ⅳ장 사회에 대한 윤리

1. 공보육에 대한 책임을 인식하고, 항상 질 좋은 보육 서비스를 제공한다.
2. 영유아의 안전을 위협하는 환경이나 정책이 발견될 시 관계기관과 협의하여 개선한다.
3. 공적 책임이 있는 기관으로서 재정의 투명성을 유지하고, 부정한 방법으로 사적 이익을 취하지 않는다.
4. 영유아의 권익 보호를 위해 관련 정책 결정 및 법률 제정에 적극 참여하며, 사회적으로 이를 널리 알리는 데 앞장선다.
5. 지역사회 실정에 맞는 기관의 책임과 역할을 인지하고, 실천하고자 노력한다.

제Ⅳ장은 보육의 의미가 개별 영유아를 돌보고 가르치는 것을 넘어 사회적 책무이며 최근 심각한 현상으로 나타나고 있는 저출산을 극복하기 위한 사회적 인프라의 역할을 한다는 점에서 보육교직원에게 사회에 대한 윤리를 인식하고 실천할 것을 제시한 것이다.

한편, 윤리강령의 부속물로서 '보육인 윤리선언'을 채택하였다. 그 내용은 〈표 4-7〉과 같다.

표 4-7 보육인 윤리선언

나는 영유아의 건강한 성장과 발달을 지원하는 보육인으로서 직무상의 윤리적 책임을 다하여 다음 사항들을 지킬 것을 다짐합니다.

1. 나는 내가 영유아에게 지대한 영향을 미치는 존재임을 잊지 않으며, 항상 스스로의 말과 행동에 신중을 기한다.
1. 나는 영유아의 인격과 권리를 존중하며, 어떠한 경우에도 영유아에게 해가 되는 일을 하지 않는다.
1. 나는 영유아 가정의 다양성을 이해하고 존중하며, 상호신뢰하는 동반자적 관계를 유지한다.
1. 나는 동료를 존중하고 지지하며, 서로 협력하여 최상의 보육 서비스를 제공하기 위해 노력한다.
1. 나는 보육의 사회적 책임과 역할을 인식하고, 영유아의 권익과 복지를 위한 활동에 앞장선다.
1. 나는 '어린이집 원장·교사 윤리강령'을 직무수행의 도덕적 규준으로 삼아 진심을 다하여 충실히 이행한다.

4. 보육교사의 윤리적 딜레마

1) 윤리적 딜레마의 개념 및 의의

어린이집 원아모집이라는 목표 아래 안전한 보육과 과장된 포장교육을 진행하고 있다. 어린이집 원장은 교사들에게 대놓고 '교육을 잘할 필요 없다'를 강조하며 보여 주기 식의 행사를 많이 진행하고 있다. 이 같은 상황에서 실질적으로 연결된 수업을 진행할 수도 없다. 또한, 교사로서 스스로 아이들을 교육시킬만한 직업에 대한 자긍심도 희미해지며, 과도한 행사로 몸이 지쳐 수업 준비도 되지 않아 아이들에게 미안한 생각도 든다. 4년 동안 이러한 상황에서 근무하며 점차 어린이집 원장에게 순응하고 수업에 더 소홀해짐을 느낀다. 아이들에게 미안한 마음도 있지만 그 미안함을 충족하기에는 업무 부담이 너무 크다. 어린이집은 원장에 의해 좌지우지되며 교사의 힘으로는 통제 불가능한 부분이 있다. 아마도 이러한 상황에 순응하는 모습은 지금보다 시간이 더 지난 후에 후회가 더 클 것 같다.

위의 사례는 영유아교사가 경험한 다양한 윤리적 딜레마들 중의 하나이다. 이는 동료 및 기관과의 갈등이 교사 자신 및 영유아와의 관계에까지 영향을 주게 된 사례이다. 위의 교사는 보여 주기식 기관의 보육방침에 어쩔 수 없이 따르면서 현장의 과도한 업무 부담으로 인해 영유아들을 위한 수업 준비가 소홀했던 것에 대해 후회하고 있다. 여기에는 교사가 교육적 소신을 가지고 진정 영유아들을 위한 수업을 제공할 것인가 아니면 기관의 교육방침에 문제가 있는 것을 알면서도 교사의 힘으로는 통제가 어렵기에 순응할 것인가에 관한 갈등이 내포되어 있다.

이와 같이 교사들은 보육현장에서 영유아뿐 아니라 영유아의 가정, 동료와 기관, 지역사회와의 관계 속에서 수많은 딜레마를 경험하게 된다. 윤리적 딜레마란 행위자가 선택해야 할 두 가지 문제에 대해 양자택일해야 하지만 두 가지를 모두 선택할 수 없는 상황으로 윤리적(도덕적) 문제가 내포된 경우이다(Armstrong, 1988). 교사는 윤리적 딜레마를 접하게 될 때 이를 해결하고자 본인이 지닌 윤리적 가치와 덕목 등을 기준으로 윤리적 의사결정을 내리고 행동한다. 이때 본인의 윤리적 판단 및 행동으로 인해 나타나는 결과 및 현상에 비추어 본인이 내린 결정에 대해 만족하거나 후회한다(조형숙, 박은주, 2009).

영유아교사가 윤리적 딜레마를 어떻게 해결해 가느냐는 교사의 효능감과 이직 등에도 영향을 주는 것으로 나타났다. 특히, 갈등이 충족되지 못할 때 이직률이나 스트레스가 높아지는(Rosenholtz & Simpson, 1990) 반면, 갈등상황을 긍정적으로 해결해 나가면 교사의 직무만족 및 조직의 효율성이 증진될 수 있다(이윤경, 1999). 이러한 교사의 윤리적 딜레마를 해결하는 데 방향을 제공하는 것이 위에 제시한 보육교사 윤리강령이 될 수 있으며, 판단기준은 교사의 윤리적 덕목이 되어야 한다. 이러한 교사의 윤리적 덕목에 대해 여러 학자가 제시한 내용은 〈표 4-8〉과 같다.

표 4-8 윤리적 딜레마 판단을 위한 교사의 윤리적 덕목

학자	윤리적 덕목
이용우(2000)	사랑, 책임, 성실, 창의, 신뢰, 봉사, 공익, 질서, 공정, 청렴, 협동
진병춘(2000)	타인과의 상호호혜적 관계 내에서 '함께 느낌'의 정서를 중시하는 배려의 가치
정보주(2004)	사랑, 배려, 인권의식, 존중, 성실, 개방성, 관용, 공정성, 인내, 정치적 중립성, 자율성

또한, NAEYC(2005)가 보육현장에서 일어날 수 있는 윤리적 딜레마 사례와 각 딜레마 대상과 관련하여 판단의 근거가 되는 윤리적 가치에 대해 제시한 내용은 〈표 4-9〉와 같다.

표 4-9 NAECY가 제시한 영유아교사의 윤리적 딜레마 판단의 기준

영역	판단기준
영유아에 대한 윤리	영유아기는 인생에서 독특하고 가치 있는 시기이다. 우리의 주요한 책임은 개별 영유아에게 안전하고 건강하고, 영양적이고, 반응적인 환경에서 보호와 교육을 제공하는 것이다. 우리는 영유아의 발달과 학습을 지원하고, 개인차를 존중하며, 영유아가 함께 어울려 살고 놀이하고 수행하는 법을 배우도록 돕는 책임을 부여받았다. 우리는 또한 영유아의 자아인식, 유능감, 자존감, 회복력, 신체적 안녕을 촉진할 책임이 있다.
가정에 대한 윤리	가정은 영유아의 발달에 가장 중요한 요인이다. 가정과 보육자들은 영유아의 복지에 공통적인 관심을 갖고 있기 때문에 우리는 영유아의 발달을 증진시키는 방식으로 가정과 보육프로그램 사이의 의사소통, 협조 그리고 공동연구를 수행할 근본적 책임을 인지한다.
동료에 대한 윤리	서로 돌보고 협조적인 직장에서 인간의 존엄성이 존중되고, 직업적인 만족이 촉진되며, 긍정적인 인간관계가 발전되고 유지된다. 우리의 핵심 가치에 기초하여 동료에 대한 기본적인 책임은 생산적인 업무를 지원하고 전문적인 요구를 충족시키는 환경과 관계를 확립하고 유지하는 것이다. 영유아에게 적용되는 이상(ideal)이 우리가 직장에서 상호작용하는 성인에게도 똑같이 적용된다.
사회에 대한 윤리	영유아프로그램은 가정과 영유아의 보육과 복지를 위해 그들과 인접한 지역사회의 맥락에서 수행된다. 지역사회에 대한 우리의 책임은 다양한 요구를 충족시키는 프로그램을 제공하고, 영유아에 대해 책임을 공유하는 관계기관, 전문가와 협력하며, 가정이 관계기관 및 전문가와 접촉하도록 돕고 현재 가능하지 않지만 필요한 조직사회 프로그램을 발전시키는 것이다. 개인으로서 우리는 영유아의 보육과 교육에 가장 적합한 프로그램을 제공하고 정직하고 성실하게 행동해야 하는 우리의 책임을 인식해야 한다. 영유아발달과 교육에서 우리의 특화된 전문적 지식 때문에 영유아의 복지와 보육에 대한 책임을 더 큰 사회와 공유하고 있기 때문에 우리는 더 큰 사회에서, 영유아프로그램 안에서, 영유아의 가장 큰 흥미를 대변하고 어디서든지 영유아를 위한 대변자로서 행동할 공동의 의무를 인식해야 한다.

2) 보육교사의 윤리적 딜레마 실제

실제로 보육교사가 직면하는 윤리적 딜레마 상황은 어떤 것들이 있을까? 실제 사례들을 살펴보고 이런 상황에 처한다면 어떤 판단을 내리고 행동할 것인지 함께 토의해 보자. 다음의 사례들은 조형숙, 박은주(2008) 연구에서 개방형 질문지를 사용해서 영유아교사를 대상으로 수집한 것이다.

(1) 영유아에 대한 윤리

다음의 사례는 기본생활습관 지도 시 보육교사들이 흔히 겪는 것으로 '영유아의 바른 식습관 지도를 위해 모든 영유아에게 공정한 방법을 사용할 것인지, 아니면 영유아의 기분이나 상태를 고려해 부드럽게 권유하거나 기다려 줄 것인지'에 관한 것이다.

다음 사례에 제시된 교사는 나물과 채소를 전혀 먹지 않으려는 영유아의 경우 골고루 먹어야 함을 인식시키고, 점심시간의 규칙이자 약속이므로 이를 강압적으로 먹여야 할지 아니면 영유아가 스스로 먹을 때까지 기다려야 하는지 갈등하였다. 그리고 전자를 택하면서도 걱정이 되었다. 즉, 이 교사는 학급 전체 영유아들과의 바른 식습관에 대한 규칙의 인지와 실천적 행동을 개별 영유아의 편식습관에 대한 존중(배려)보다 우선시하였으나 마음 한편으로는 본인이 선택한 행동으로 인해 오히려 영유아의 편식습관이 강화될까 봐 고민한 것을 알 수 있다.

공정성을 택할 것인가? 아니면 존중을 택할 것인가?

급식 메뉴 중에 특정 음식을 잘 먹지 않으려는 영아들이 있다. '아이들에게 골고루 먹어야 한다. 편식하지 않아야 한다'를 알게 하기 위해 한 번씩은 꼭 맛을 보게 한다. 그런데 나물, 채소를 전혀 못 먹는 아이가 토하게 되면 강압적으로라도 먹여야 할지, 편식을 하게 해야 할지 갈등하고는 한다. 일단 점심시간의 규칙 · 약속이기 때문에 강압적으로 먹일 때가 많다. 새 식판을 준비해서 토할 경우 채소와 나물을 다시 주고 한 번 먹게 한다. 영아들이 한 번은 먹어야 한다는 것을 알기 때문에 먹긴 하지만 교사의 강압적 행동 때문에 편식하는 영아가 음식에 대해 항상 거부감과 적대감을 느끼지 않을까 걱정된다.

다음 사례는 활동을 선정하거나 진행할 때 교사들이 '다수 영유아의 흥미를 바탕으로 활동주제를 선정할 것인지 아니면 관련 경험이 부족하거나 두려움을 지닌 소수 영유아들을 고려하여 활동을 변경할 것인지'에 대해 딜레마를 경험한 것이다.

다수를 택할 것인가? 아니면 소수를 택할 것인가?

우주와 관련된 생활주제를 다루던 중 외계인과 UFO에 대한 유아들의 관심과 흥미가 매우 높아졌다. 그 즈음 한 유아의 학부모가 아이가 요즘 책에서 본 귀신이나 괴물, 지옥에 대한 것 때문에 무서운 악몽도 꾸고 실제와 상상을 혼돈하여 두려워한다고 하였다. 그 유아를 생각하니 외계인에 대한 이야기나 활동이 두려움을 가중시키지 않을까 하는 생각이 들었다. 그렇다고 다른 유아들의 흥미를 고려한 활동을 안 할 수도 없어 갈등이 되었다. 유아들에게 외계인의 사진과 책 등을 소개하기 전, 외계인이 실제 존재하는지는 확인된 것이 아니고 그렇게 믿고 관심을 가지는 사람들이 있다고 이야기해 주고, 두려움의 대상이 아니라 친구처럼 생각한다면 외계인과 무엇을 하고 싶은지에 대해 먼저 이야기를 나누었더니 그 유아도 크게 두려워하지 않았고 학부모님께 이후의 반응을 물었지만 유아가 문제없이 받아들였다고 하셨다.

(2) 가정에 대한 윤리

다음 사례는 가정과의 관계에 있어 '진실성에 기초하여 부모에게 사실을 꾸밈없이 표현하고 전달해야 할 것인지 아니면 부모와의 관계 속에서 서로 난감한 부분에 대해서는 굳이 전달하지 않고 숨김으로써 잘 어울리는 것이 좋을지'에 대해 갖는 딜레마에 관한 것이다.

진실성을 택할 것인가? 아니면 조화를 택할 것인가?

공격적인 말과 행동을 하는 3세 유아가 있었다. 학부모들과 통화할 때면 그 친구 때문에 내 아이가 속상해한다는 이야기를 듣고는 했다. 그 아이는 할머니, 할아버지와 살고 엄마는 직장 때문에 주말에만 보는 아이에게 늘 미안한 마음을 갖고 있어 유아에 대한 이야기를 해도 인정하지 않으려고 했다. 그래서 더 객관적으로 자세히 설명을 드리니 어머니가 눈물을 보이시고 마음 아파하셨다. 이를 보고 어느 정도까지 이야기를 해야 하나 고민이 되었다. 그러나 있는 그대로 정직하게 의사소통을 해야 한다고 생각했고 지금 이야기하지 않으면 다음에 이야기하게 될 때 어머니가 두 번 상처를 받게 되실 것 같아서 전부 이야기를 해야겠다고 생각하였다.

훗날 어머니와 전화상담을 하고 할머니와 상담을 하면서 유아에게 놓인 상황과 함께 도와주어야 할 부분에 대해 이야기를 나누었다. 먼저 유아의 상황에 대해 좀 더 자세히 알고 있었더라면 더 잘 도와줄 수 있었던 것은 아닌가 생각해 보았고 가족과의 연계를 더 적극적으로 했었다면 하는 아쉬움이 남았다.

다음은 가정과의 관계와 관련하여 '모든 부모에게 공정하게 해야 할 것인지 아니면 특별한 요구를 수용할 것인지'에 관련된 딜레마 사례이다.

공정성을 택할 것인가? 아니면 개인 요구를 수용할 것인가?

가끔 어린이집 버스를 탈 때 자녀의 키가 작아서 선생님 눈에 잘 안 보일 수 있으니 선생님 옆에 바로 앉게 해 달라고 요청하는 부모가 있다. 버스 자리는 유아들도 선호하는 자리가 있어서 한 달에 한 번씩 자리를 바꾸는 규칙이 있다. 부모의 요구에 따라 특정 유아만 매번 같은 자리에 앉히는 것은 공정하지 않은 일이다. 그런데 부모의 반복적인 요구를 묵살하는 것도 쉽지 않다. 어떻게 부모를 부드럽게 설득할 수 있을지 고민스럽다.

(3) 동료에 대한 윤리

다음 사례는 기관과의 관계에서 '동료 및 기관에 대한 순응, 관용을 중시할 것인지 아니면 거절할 것인지 즉, 순응할 것인가? 용기를 낼 것인가?'에 관한 것이다.

순응을 택할 것인가? 아니면 용기를 택할 것인가?

원장선생님께서 학부모들의 요구를 맞추고자 각종 특성화 활동을 추가하셔서 영아들의 자유선택활동 시간이 많이 부족하게 되었다. 영아들의 놀이가 발달에 긍정적인 영향을 미치고 중요한 역할을 한다는 것을 생각할 때 '놀이시간을 줄이고 다양한 학습을 위한 수업을 계속하는 일이 과연 옳은 일인가?'라고 갈등될 때가 있다. 수업을 진행하는 건 교사인 나이기 때문에 교육계획안 내의 수업을 융통성 있게 정리했고 원장님께도 말씀드려서 영아들의 놀이시간을 늘리고, 수업도 아이들의 흥미에 따라 수정해서 진행하였다. 각종 특성화 활동 위주가 아닌 아이들을 위한 진정한 수업이 되고자 교육계획안을 짜서 좀 더 융통성 있게 수업을 하고 있다.

또 다른 교사의 동료관계와 관련된 딜레마 사례이다.

순응을 택할 것인가? 아니면 용기를 택할 것인가?

아이들과 함께 주제를 진행하면서 만든 유아들의 작품을 반에 게시하여 지속적으로 감상할 수 있도록 하였다(예를 들어, '미술관' 주제 진행 시 구성한 '소원나무'를 수・과학영역에 게시하고 '색' 주제 시 활동한 '분무기 그림' 결과물로 테이블을 만들어서 책상 덮기 등). 그런데 동료교사들이 혼자만 이렇게 눈에 띄게 하면 다른 반 담임들이 부담스럽다면서 꼭 그렇게 해야겠냐며 너무 욕심 부리지 말라고 하였다. 그러나 결과물을 지속적으로 게시하였다. 유아들이 자신의 작품을 감상하면서 성취감을 느끼고 만족스러워했고, 유아들에게 의미 있는 것이기 때문에 후회하지 않는다. 그 다음에 담임이 된 교사 역시 유아들과 함께했던 결과물을 게시하면서 그 교육적 효과에 대해 느끼고는 아무런 말이 없었다.

(4) 사회에 대한 윤리

다음은 지역사회와의 관계에서 영유아교사들이 교육활동에 꼭 필요한 견학장소를 선정하였으나 허락을 받기 어려운 경우 '체념할 것인지 아니면 지속적으로 요청할 것인지'에 관한 것이다.

성실과 인내를 택할 것인가? 아니면 체념을 택할 것인가?

2월에는 만 5세반에서 '초등학교에 가요'라는 주제로 수업을 하였다. 그래서 초등학교 견학을 계획하고 학교에 협조를 구했지만 학교의 공사, 방학기간 등을 이유로 여러 학교가 거절하였다. 매년 초등학교 견학을 요청하지만 쉽지 않아서 초등학교에 계속 도움을 요청할지 말아야 할지 고민되었다. 아이들의 활동에 도움이 될 것 같아 안 될 것을 알면서도 매년 꾸준히 전화를 걸어 부탁하였다. 초등학교는 어린이집처럼 원아모집에 부담감이 없는 의무교육이므로 어린이집과의 연계에 중요성을 못 느끼는 것인가? 하는 생각이 들면서 안타까웠다.

교사의 역량은 교사의 역할과 직무, 자질 및 능력에 관련된 것으로 교사가 갖추어야 할 능력과 자질을 보여 주는 전문성의 기준과 관련된다. 역량이란 조직환경 속에서 효과적으로 업무를 수행할 수 있는 조직이나 개인의 행동특성이며 '핵심 역량'은 역량 중에서도 더욱 강조되는 역량을 의미한다. 보육 분야에 있어서 보육교사가 지녀야 할 핵심 역량이란 보육교사로서 직무를 효과적으로 수행하기 위해 갖추어야 할 포괄적인 능력으로서 전문적 지식과 기술·태도를 의미한다. 따라서 제3부에서는 보육교사의 역량을 규정하는 데 있어 기초가 되는 보육교사의 역할과 자질, 직무에 대해서 살펴보고 영아교사와 유아교사로 구분하여 세부적인 내용을 알아보고자 한다.

Part 03

보육교사의 역량

Chapter 05

보육교사의 역할과 자질

Chapter 05 보육교사의 역할과 자질

1. 보육교사의 역할

1) 보육교사의 역할 이해

역할이란 각 지위와 연관된 활동들이 모여서 형성된 것으로 그 지위를 차지하는 사람에 의해 수행되는 것이며, 사회의 어느 지위에 있는 사회구성원으로부터 공통적으로 기대되는 행동유형이다(Kahn, 1964). 박은혜(2003)는 역할이란 특정한 사회에서 기대되는 것, 특정 지위에 있는 사람에게 기대되는 행동양식, 그것을 맡은 사람이 스스로 인식하고 있는 사람에게 사회구성원들이 인정해 주어야 하는 것이라고 하였다. 교사의 역할은 교육현장에서 교사의 지위를 내포한 용어로서 교사가 담당해야 할 역할행동, 교사들에게 거는 기대 등을 의미한다.

보육교사의 역할을 명확하게 규정하기 어렵다. 이것은 보육의 개념이 광범위하고 그로 인해 보육교사가 하는 일이 그만큼 많다는 뜻이다. 영유아들을 가르치고 돌보는 일 외에도 보육과정을 계획하고 그 안을 작성하는 일, 교재·교구를 준비하는 일, 다양한 문서와 공문 처리, 전화 또는 대면을 통해 수시로 부모와 상담하기, 간식 준비와 식사지도, 때로는 교실 청소에 이르기까지 셀 수 없이 많은 일을 한다. 보육교사의 역할은 가르치는 일이 주요한 역할로 간주되는 상급 학년의 교사역할과는 질적으로 다르다. 즉, 보육교사의 역할은 영유아를 '가르치는 일'에 한정되지 않는다. 보육교사의 역할은 시대에 따라 그 사회의 문화와 가치관에 따라 다르게 규정되어 왔는데 과거에는 보육이 보호의 개념으로 규정됨으로써 보육교사의 역할은 양육자나 보호자 역할의 비중이 높았다. 그러나 보육의 개념이 교육과 보호의 의미로 확대되면서 양육자의 역할 못지않게 환경구성자, 교육자로서의 역할로 확대되었다. 최근 놀이중심・영유아중심의 4차 어린이집 표준보육과정에서 보육교사는 놀이지원자로서의 역할이 강조되고 있다. 이와 같은 보육교사의 역할 변화는 보육의 개념과 영유아 존재 인식이 바뀌면서 교사의 역할과 직무 내용도 달라지고 있음을 반영한다.

2) 보육교사의 역할 유형

보육교사의 역할이란 어린이집에서 교사라는 지위를 가진 사람에게 요구되는 생각과 행동 및 태도를 의미한다. 보육교사의 역할은 영유아를 교육하고 주어진 어린이집 환경과 사회환경 속에서 한 사람이 유능한 사회인으로 살아가는 데 필요한 능력을 가질 수 있도록 도와주는 일이라고 규정할 수 있다. 보육교사의 역할을 규정하기 위해 우선 유아교사의 역할규정을 살펴보면, 여러 학자는 유아교사의 일반적인 역할에 대해 다양한 견해를 제시하고 있다. 이를 종합해 보면 교육과정 계획자, 연구자, 부모교육자, 평가자, 공동학습자, 상담자, 관리자, 의사결정자 등으로 요약할 수 있다. 〈표 5－1〉은 유아교사의 역할에 대한 학자들의 의견을 나타낸 것이다.

표 5－1 유아교사의 역할 유형

학자	역할 유형	비고
Katz(1970)	모친모형 치료모형 교수모형	
Ellis & Others(1982)	계획자 학습조력자 및 감독자 안내자 및 상담자 문화의 설명자 및 중재자 지역사회 연결자 교직의 일원으로서의 역할수행자 학교 사회의 일원으로서의 역할수행자	아동과의 상호작용 이상의 범위를 포함.

학자	역할 유형	비고
이은화(1985)	환경 제공자 관찰자 프로그램 계획자 연구자 부모교육 담당자 평가자	연구자의 역할 포함.
Spodek(1985)	양육역할 교수역할 관련적 역할	의사결정자의 역할 포함.
Saracho(1988)	교육과정 설계자 교수조직자 진단자 상담자 및 조언자	6개 유형을 4개 유형으로 수정
Schickedanz et al.(1990)	지식전달자 계획자 · 조직자 · 평가자 훈육자 의사결정자	의사결정자의 역할 포함.

출처: 이은화 외(1995). 재인용.

영유아보육 프로그램(보건사회부, 1991)에서 규정한 보육교사의 역할은 크게 영유아에 대한 역할, 프로그램에 대한 역할, 부모 및 지역사회와의 교류에 대한 역할로 나누어진다.

첫째, 영유아에 대한 역할로서 보육교사는 영유아의 기본적인 물리적 · 정서적 · 생리적 욕구를 충족시켜 주어야 하며, 아동의 건강을 돌보고 안전을 지켜 주어야 한다.

둘째, 프로그램에 대한 역할로서 보육교사는 교수자의 역할을 담당해야 하는데 교사역할은 영유아의 행동특성을 파악하기 위한 관찰자 및 기록자로서의 역할과 보육 서비스의 질적 개선을 위해 아동과 프로그램에 대한 평가자로서의 역할, 프로그램을 계획하는 조직자로서의 역할, 융통성 있는 일과를 진행하는 운영자로서의 역할, 영유아의 학습을 격려하는 촉진자로서의 역할을 수행해야 한다.

셋째, 부모 및 지역사회와의 교류에 대한 역할로서 교사는 부모와의 원만한 의사소통이 가능하도록 하며, 부모가 어린이집에 대한 신뢰감을 형성할 수 있도록 노력해야 한다. 또한, 지역사회에 어린이집의 프로그램을 소개하고 자원봉사자의 선정을 도우며 지역사회로부터 지원을 얻는 역할도 해야 한다.

보육자격관리사무국(2005)에서 정의한 보육교사의 역할에 대해서 살펴보면 다음과 같다.

첫째, 영유아 성장·발달의 자연스러운 과정에서 보호와 교육적 측면의 전문가로서 신체적·사회적·정서적·지적 발달을 균형 있게 격려할 수 있도록 교육방법을 연구하고 적용해야 한다.

둘째, 교실환경을 구성하고 영유아를 가르치는 교육자로서 영유아의 연령과 발달 수준을 의식하여 적절한 자극을 제공해야 한다.

셋째, 부모들이 자녀 걱정 없이 안심하고 사회 및 경제활동을 할 수 있도록 부모와의 정보 교환 교류자로서 원활한 의사소통을 통해 교사나 어린이집에 대한 신뢰감을 가질 수 있도록 하는 역할을 담당해야 한다.

「영유아보육법」에 의하면, 보육교사의 역할은 영유아가 전인적으로 성장하고 발달할 수 있도록 영유아의 기본적인 욕구를 충족시켜 주고 보호하며, 교육프로그램을 계획하고 교육활동을 수행하는 동시에 관찰·평가하는 역할을 수행하는 것이다. 「영유아보육법」 도입 초기에는 보육교사에게 건강·보호·안전 등을 제공하는 양육자의 역할이 강조되었고, 보육이 보편화되면서 보호와 양육의 역할에서 교수자의 역할이 강조되었으며, 최근에는 포괄적인 보육의 개념이 논의되면서 지역사회, 가족과 연계할 수 있는 역할도 요구되고 있다(정옥분 외, 2015). 보육교사의 역할을 살펴보면 다음과 같다.

(1) 양육자의 역할

보육교사는 부모 대신 영유아를 맡아 보호하고 양육하는 중요한 역할을 한다.

즉, 가정에서와 같이 신체적·심리적으로 안전하게 보호하고 영유아의 신체적·생리적 욕구를 충족시키는 것이다. 가정과 같은 안락함과 부모로부터 느끼는 따뜻함으로 영유아를 돌봐 주는 역할이다. 어린이집에 가는 연령이 하향화되고, 장시간 어린이집에서 보육됨으로써 기본적으로 보육교사의 양육자 역할은 점점 더 일차적이고 중요한 역할로 부각되고 있다. 특히, 심리적으로 안정적인 애착을 형성하는 것은 영유아의 자존감과 향후 발달에 중요한 영향을 미치기 때문에 보육교사의 친밀하고 따뜻한 태도로서 세상으로 나갈 수 있도록 안내하고 지원하는 양육자의 역할은 중요하다. 일상생활의 모든 과정에서 양육자로서 개별 상호작용을 통해 각 영유아의 발달과 개인차에 맞추어 적절한 도움과 지원을 제공하는 것이 중요하다.

(2) 보육과정 운영자의 역할

보육교사는 영유아의 발달에 적합한 보육과정을 계획하고 적절한 학습환경을 제공하며 영유아가 흥미를 가질 수 있도록 학습내용을 계획하고 운영하며 평가해야 한다. 영유아발달에 적합한 보육활동을 실행하기 위해 국가 수준의 표준보육과정과 자신이 담당한 영유아의 발달적 특징, 어린이집 상황, 지역사회 요구 등 생태학적인 특성을 고려하여 교육내용을 계획하고 다양한 교수방법을 활용하여 활동하고 평가한다. 세부적으로 교수자의 역할은 계획자, 교육 운영자, 관찰·기록평가자, 촉진자의 역할로 나눌 수 있다(정옥분 외, 2015). 최근 4차 어린이집 표준보육과정은 놀이중심·영유아중심의 보육과정으로 국가수준의 보육과정 내용이 대강화되어 간략하게 제시되어 있고 교사의 자율성을 중심으로 영유아와 만들어가는 보육과정을 운영하도록 하고 있다. 또한 계획으로서의 보육과정보다는 실행으로서 언제든지 보육과정의 내용과 방법을 영유아의 요구와 흥미를 반영하여 변경할 수 있다.

(3) 놀이지원자의 역할

영유아보육에 있어서 놀이의 중요성은 항상 강조되어 왔다, 그러나 놀이지원자로서의 역할이 최근 강조된 것은 교육으로 의도된 교사의 놀이가 아니라 영유아가 주체가 되어서 노는 자유놀이에 대한 중요성의 부각에서 비롯된다. 영유아의 놀이가 중심이 되는 교육과정, 특히 영유아와 함께 만들어가는 교육과정 운영을 위해서 교사는 영유아의 요구와 흥미, 그리고 의견을 존중하고 이를 실제 교실 삶에서 반영하는 노력을 해야 한다. 영유아의 놀이를 지원하기 위해서는 영유아의 놀이를 관찰하고 놀이의 맥락을 읽고 지원방안을 모색하면서 영유아와 소통하는 과정이 중요하다. 영유아는 놀이를 통해서 가장 잘 배울 수 있기 때문에 교사가 주체가 되어서 활동을 전개하기보다는 영유아의 놀이를 지원할 수 있는 활동과 교사의 활동에서 놀이가 더욱 확장될 수 있도록 지원해야 한다.

(4) 사회화의 역할

보육교사는 하루 종일 영유아와 상호작용을 하며 영유아에게 바람직한 행동과 그 사회의 가치관을 전달하는 역할을 한다. 이를 위해 보육교사는 바람직한 모델링이 되어야 하며 일상생활 지도와 적절한 한계 설정을 해 주어야 한다. 보육교사는 일상생활 속에서 영유아의 생활을 지도하고 문제를 해결하는 과정을 통해 자연스럽게 영유아의 모델이 되어야 한다. 따라서 영유아가 모방을 하더라도 부끄럽지 않을 행동과 말로 영유아를 지도하며 영유아에게 긍정적인 태도를 보임으로써 바람직한 동일시 대상이 되어야 한다. 이러한 모방의 과정을 통해 보육교사는 영유아의 사회화를 담당하는 역할을 수행한다. 보육교사는 영유아에게 사회에서 요구하는 규범·가치관·태도를 내면화하게 함으로써 다른 사람과 더불어 살아갈 수 있는 능력을 길러 주어야 한다.

(5) 상담 및 정서적 지원자 역할

어린 시기부터 부모와 떨어지고 장시간 어린이집에 머물게 되면서 영유아의 개별적인 요구를 충족하고, 정서적 지지를 해 주는 보육교사의 상담 및 정서적 지원자 역할이 더욱 중요해지고 있다. 좋은 교육내용 못지않게 사랑과 인정, 격려를 통해 영유아가 소중하며 가치 있는 존재라는 인식을 심어 주는 것이 중요하다. 개별 영유아의 권리와 인격을 존중함으로써 영유아가 사랑받을 존재라는 깨달음을 주고 느낄 수 있도록 해 주어야 한다. 보육교사는 영유아의 정서와 요구를 충분히 읽고 심리적인 어려움을 상담해 주며 격려자로서, 영유아가 문제를 해결해 나가도록 도와주는 지원자로서의 역할을 해야 한다.

(6) 지역사회 연계자로서의 역할

'한 아이를 키우는 데 한 마을이 필요하다'라는 속담처럼 영유아를 보육함에 있어 가정과 지역사회의 연계 속에서 교류자로서의 역할이 필요하다. 어린이집과 가정의 두 세계 속에 살고 있는 영유아를 위해서 교사는 영유아의 가정환경과 부모에 대해서 잘 알고 있어야 하며, 지역사회 속에 어린이집이 있기 때문에 지역사회라는 더 큰 자원을 활용하여 보육활동이 이루어져야 한다. 영유아가 일관되고 안정적으로 성장하기 위해서 보육교사는 부모와 지속적인 의사소통을 하여 영유아와 가정의 요구를 파악해야 한다. 부모와의 상호작용을 통해 어린이집에 대한 정보를 제공하고, 부모로부터 영유아의 요구를 충족하는 적절한 방법에 대한 정보를 제공받는 등 일관된 보육을 위해서 가정과 다양한 교류를 모색하는 것이 필요하다.

보육교사는 가족과의 교류뿐 아니라 지역사회에 어린이집 프로그램을 소개하고 지역사회의 자원을 파악하여 지역사회와 연계가 이루어질 수 있어야 한다. 지역사회의 연계와 협력은 보육과정의 질과 프로그램의 내용을 영유아의 인접 환경과 접촉하게 하는 구심점 역할을 한다.

이와 같이 보육교사는 직무를 수행하는 대상이 누구인지에 따라 각기 다른 특성의 역할을 수행한다. 직무를 수행하는 대상과의 관계에 따른 보육교사의 역할을 정리하면 〈표 5－2〉와 같다.

표 5-2 대상과의 관계에 따른 보육교사의 역할

대상	영유아와의 관계	부모 및 가족과의 관계	보육교직원과의 관계	지역사회와의 관계
교사의 역할	• 보호자 및 양육자 역할 • 훈육자의 역할 • 보육과정 계획 및 운영 역할 • 교수 및 촉진자 역할 • 의사결정자 역할	• 교류자 및 정보 제공자 역할 • 상담 및 정서 지원자 역할	• 상호협력자의 역할 • 연구자로서의 역할	• 지역사회와의 교류자 역할 • 보육 서비스 전문가 역할

출처: 신혜원 외(2016). 보육교사론. 양서원.

2. 보육교사의 자질

어떤 직업이든 그 역할을 수행하기 위해서는 자격과 자질이 모두 중요하다. 자격은 어떤 직업을 수행하기 위해서 갖추어야 할 형식적이고 법적인 조건이다. 보육교사를 하려면 보육교사 자격을 취득해야 한다. 그러나 자격 못지않게 중요한 것은 그 직업의 역할을 수행함에 있어 필요한 자질이다. 자질이란 타고난 성품이나 소질 또는 어떤 분야의 일에 대한 능력이나 실력 정도를 의미하는 것으로 교사의 내적이며 실질적인 요건이다. 교사의 자질이란 교사가 갖추어야 할 개인적인 특성과 교직 태도를 의미한다. 영유아의 보육을 담당하는 보육교사에게 필요한 자질은 개인적 자질과 전문적 자질로 구분할 수 있다. 개인적 자질은 보육교사의 인성적 측면에서 갖추어야 할 바람직한 품성이고, 전문적 자질은 영유아와 보육과정 운영에 관한 전문적 지식・기술・태도를 의미한다.

유아교사의 자질에 대한 학자들의 견해를 보육교사의 역할로 조정하여 제시하면 다음과 같다(염지숙 외, 2022).

Almy(1975)는 사랑과 온정, 인내심, 활동력, 열린 마음, 포용력, 인간관계에 대한 관심, 융통성, 유머감각 등을 들고 있다.

Seefeldt(1980)는 영유아를 근본적으로 좋아하며, 영유아에 대한 감정이입과 현재 수준을 수용할 수 있는 능력을 갖추어야 하며, 융통성 있고 선입견을 갖지 않아야 하는 것을 보육교사의 자질로 제시하고 있다. 이에 더해 지적 호기심, 실제 경험을 수반한 수업수행능력, 영유아와 부모에 대한 이해와 사랑, 교사로서의 자기성장능력 등을 포함시켰다.

이상금 등(1993)은 기본적으로 영유아를 좋아하고 사랑하며 모성애를 가진 사람, 신체적·정신적으로 건강하고 안정되어 있는 사람, 교직의식이 투철하고 사명감이 있는 사람, 영유아의 발달과 심리를 잘 이해하고 전문적인 소양을 갖춘 사람, 문제의식을 가지고 계속 노력하는 사람을 유아교사로서의 자질을 갖춘 사람으로 보았다.

배소연(1993)은 유아교사의 자질을 개인적 자질과 전문적 자질로 구분하여 제시하였다. 개인적 자질에는 건강, 안정된 정서, 영유아에 대한 사랑과 존중, 융통성과 유머감각, 창의성 등이 해당되고, 전문적 자질에는 교육활동의 계획과 수행능력, 교육환경 구성능력, 부모들에게 필요한 정보를 제공하고 도움을 줄 수 있는 능력, 영유아들의 건강과 영향을 보살필 수 있는 능력 등이 해당된다.

나정, 장명림(1995)은 유아교사의 일반적 자질로 교육과정 계획 및 실천능력, 영유아의 성장·발달 촉진능력, 영유아 및 유아교육에 대한 전문적인 지식, 지속적인 자기발전 추구, 교직에 대한 태도 및 직업윤리의식, 원만한 품성과 인성 등을 들었다.

Hamachek(1992)은 교사의 자질에 유머감각, 공정함, 감정이입능력, 민주적 성향, 그룹 또는 일대일로 영유아와 자연스럽게 상호작용할 수 있는 능력 등을 포함시켰다.

여러 학자의 의견을 종합하여 이은화 외(1995)는 유아교사의 자질을 〈표 5-3〉과 같이 정리하였다.

표 5-3 유아교사의 자질

개인적 자질		전문적 자질		
인성	건강	지식	교수기술	교육관
1. 유아에 대한 사랑 2. 인간에 대한 사랑 3. 성실성 4. 봉사성 5. 사려성 6. 자발성 7. 도덕성 8. 원만한 인간관계	1. 신체적 건강 2. 정신적 건강 • 긍정적 자아관 • 타인에 대한 긍적적 사고 • 건전한 인생관 • 정서적 안정	1. 일반교양지식 2. 유치원 교육과정에 대한 지식 3. 교수방법 및 평가에 대한 지식 4. 유아에 대한 지식	1. 교육과정 구성기술 2. 프로그램 실천 및 평가기술 3. 의사소통 기술 4. 부모 및 전문가 참여기술 5. 창의성 6. 융통성 7. 교재・교구의 제작 및 활용기술	1. 교육에 대한 소명감 2. 직업윤리 3. 전문성 함양의 노력

출처: 염지숙, 이명순, 조형숙, 김현주(2022). 유아교사론. 정민사.

좋은 보육교사에 관한 표미숙(2014)의 연구에 의하면, 어머니들은 좋은 교사의 자질로 엄마와 같이 따뜻한 인성을 갖춘 교사를 우선순위로 하였다. 반면, 보육교사는 전문성을 갖추어 좋은 수업을 하고, 발전하는 교사가 되기 위해 재교육을 받는 교사를 의미하였다. 즉, 교사들은 좋은 보육교사라고 할 때 전문적 자질을 강조하는 반면, 어머니들은 개인적 자질, 즉 인성을 강조하고 있다. 보육교사의 자질에 대한 이와 같은 차이점은 어머니들은 자녀가 질 높은 보육을 받을 수 있는가보다는 내 자녀가 안전하게 지낼 수 있는가에 초점을 맞추고 있기 때문이다. 이와 같은 결과는 현대사회 어머니들이 교사의 전문성을 기대하지 못할 만큼 교사를 신뢰하지 못하고, 막연한 불안감을 가지며, 자녀가 해를 입지들 않기를 바라고 있다는 부기맨 신드롬[1)](bogeyman syndrome)에 관한 연구와 흐름을 같이 하기 때문이다(표미숙, 2014). 또한, 어머니들은 교사의 전문성을 알 수 있는 보육과정을 직접적으로

1) 부기맨은 전설의 유령과 유사한 괴물로서 어떠한 형태 없이 마음속에 단순히 부정형의 공포가 구체화된 것이다. 부기맨 신드롬은 무서운 인물이나 사건에 대해 은유적으로 사용된다.

경험할 수 없기 때문에 보육을 누구나 할 수 있는 일로 생각하여 어린이집을 대리 가정으로, 보육교사를 대리 양육자로 생각함으로써 전문성보다는 인성을 중요시하는 것이다. 이와 같은 어머니와 보육교사의 시각 차이에도 불구하고 분명한 것은 보육교사의 개인적 자질과 전문적 자질은 별개의 문제가 아니라 돌봄과 교육을 담당하는 보육교사로서 둘 다 갖추어야 할 자질이다. 이 중 전문적 자질을 향상시키기 위해 보육교사들은 제도적 지원의 필요성을 강조하고 있다(이서영, 양성은, 2018: 81).

3. 보육교사의 직무

직무란 인적 자원관리 용어사전에 의하면 생산활동에 종사하는 개별 종사자 한 사람에 의해 정규적으로 수행되었거나 또는 수행되도록 설정·교육·훈련되는 일련의 업무 및 임무이다. 보육교사는 영유아에게 보육을 제공하는 사람이므로 보육교사의 직무는 영유아를 건강하고 안전하게 보호·양육하며 가정 내 양육을 지원할 뿐만 아니라 영유아의 발달특성에 적절한 교육을 제공하는 것이다. 보육교사의 직무는 각 업무의 특성으로 구분하기도 하고, 보육교사가 매일 규칙적으로 수행하는 일과로 구분하기도 한다(신혜원 외, 2016).

1) 업무의 특성으로 본 보육교사의 직무

보육교사의 직무는 매우 다양하고 광범위하다. 보육교사는 영유아의 개별적인 특성을 고려한 보육과정을 계획하고 실행하는 주요한 직무뿐만 아니라 영유아를 둘러싼 물리적·인적 환경이 안전하게 유지되도록 관리하는 직무와 원장 및 동료교사와 상호협력적인 관계를 형성하고, 영유아 가족과 상호협력적인 관계를 형성하는 직무도 효과적으로 수행해야 한다. 이와 같은 업무는 질 높은 보육을 위해서 긴밀하게 연계되어 있다. 즉, 좋은 보육활동은 가족, 지역사회의 협력을 이끌어내야 하며 동료교사와 논의하고 물적·인적 자원을 최대한 활용해야 가능하다. 〈표 5-4〉는 보육교사의 세부적인 직무내용이다.

표 5-4 보육교사의 직무영역과 내용

직무영역	직무내용
보육활동 준비	연간, 월간, 주간, 일일 보육계획, 교재·교구 제작, 교재·교구 보수 및 정리, 주제에 따른 흥미영역 구성, 흥미영역 외 교실환경 구성, 교실 외 환경 구성, 실외 흥미영역 구성, 수업 준비를 위한 정보 검색, 보육자료 준비 및 점검, 개별 수준에 따른 수업자료 수정, 다른 교사와 수업에 대해 협의, 학급 내 교사 간 역할 분담, 공동시설 사용 협의
보육활동 실제	실내 놀이계획, 실외 놀이활동 및 평가, 발달과 수준에 따른 개별지도, 바른 인사지도, 자기 물건·놀잇감 정리지도, 바른 언어 사용지도, 차례 지키기, 아껴 쓰기, 부적응 행동관리, 친사회적 행동 격려, 영유아의 독립성 격려, 개별 영유아와 긍정적 상호작용, 대집단 활동 운영, 소집단 활동 운영, 전이활동, 특기교육, 학기 초 영유아 오리엔테이션 진행, 현장학습지도
보육활동 평가	표준화 검사, 놀이 관찰·기록, 흥미영역 평가, 영유아 포트폴리오 제작 및 분석, 영유아들과 일과평가, 수업에 대한 저널 쓰기, 학급경영록 평가란 기록, 다른 교사와 보육과정 운영평가, 평가척도를 이용한 프로그램 평가, 프로그램에 대한 부모 의견 수렴, 평가결과 반영
전문성 신장	원내 연수 참여, 외부 연수 참여, 외부 수업 및 시설 참관, 영유아보육 박람회 참관, 연구회 활동, 신입교사 오리엔테이션 진행하기, 교생지도, 동료장학 실시 및 받기, 자기장학, 교사윤리 실천, 교사 법적 관리와 의무 이행, 구성원 협동
영유아 보호 관련 업무	영유아 건강검진계획 세우기, 교사 건강검진받기, 적절한 휴식지도, 식단 짜기, 영유아 씻기기, 기저귀 갈아 주기, 배변 처리하기, 실내 온도·습도·채광·조도 조절, 영유아의 개인용품 청결하게 관리, 놀잇감 청결 유지, 교실 청소, 교실 외 시설 청소, 아픈 영유아 간호, 영유아 안전교육받기, 원내 안전규칙 세우기, 영유아 안전교육, 위험물에 대한 안전관리, 안전점검 징후 살피기, 응급상황 시 역할분담 계획, 응급상황훈련, 응급상황 대비 부모동의서 받기, 응급 시 의료처치 부모동의서 받기, 응급처치하기, 사고 시 적법절차 따르기
학부모 관련 업무	부모-교사협의회, 학부모와 수시로 정보 교환, 학부모 지원 요청, 학부모 상담, 부모 참여수업, 부모 간 교류 제공, 지역사회 자원에 대한 정보 제공, 다양한 방법의 가족 지원
행사 관련 업무	행사 계획하기, 행사 준비를 위한 정보 수집하기, 행사 역할 분담하기, 행사 진행하기, 행사 뒷정리하기
사무 관련 업무	보육과정 운영 문서 작성, 원아관리 문서 작성, 교원관리 문서 작성, 재무관리 문서 작성, 보건복지부 요청자료 작성, 각종 보고서 작성, 각종 문서관리, 회의록관리, 각종 신청서 관리, 공문 처리, 유인물 제작 및 발송, 전언통신, 제 증명 발급, 우편물 확인, 예금 관련 업무, 사진 관련 업무, 회계 관련 업무, 당직, 재고 조사, 물품 구입계획, 물품 구입, 원아모집 관련 업무, 홈페이지 관리, 학급 편성, 차량 노선 편성

직무영역	직무내용
시설 관련 업무	실내·외 안전점검 의뢰, 실내 시설 안전점검, 실외 시설 안전점검, 실내 소독계획 및 의뢰, 기자재 바른 사용법 익히기, 기자재 점검, 기자재 보수
대인관계 및 사회적인 업무	교사 친목 및 경조활동 참여, 상사 업무 보조하기, 손님 및 상사 접대하기, 졸업생 관리하기, 지역사회 행사 참여하기

출처: 강문숙, 황해익(2008). 보육교사의 직무에 대한 인식 조사.

최근 보육교사로서 영유아들을 교육하고 생활지도하는 본연의 업무 외에도 행정적인 업무와 행사 기획과 관리와 같은 업무들이 교사의 업무로 추가되고 있다. 어린이집 평가인증으로 사무 처리, 문서 작성 등의 컴퓨터 활용능력이 교사에게 요구되는 역량 중의 하나로서 일 잘하는 교사에 대한 요구도 사회적으로 높아지고 있다(연희정, 송주은, 김은주, 2014). 이와 같은 업무는 교사가 작성하고 보관해야 하는 문서자료에서도 알 수 있다(부록 참조). 따라서 본질적인 직무 외에도 사회적인 변화에 따라 교사의 직무내용이 달라진다. 여러 가지 업무를 하다 보면 업무요령 중의 하나로 업무의 우선순위를 파악하여 일의 절차와 순서를 정하는 것이 중요하다. 다른 교사와 공통으로 해야 하는 업무인지, 혼자서 처리할 수 있는 업무인지, 영유아들의 교육과 관계되는 업무인지 아니면 원장이나 교사와 연관된 업무인지에 따라 일의 처리와 우선순위가 결정된다. 이때 타인에게 보여지는 업무는 하게 되지만 수업준비와 같은 영유아와 교사만 알게 되는 업무가 중요하고 본질적인 직무임에도 불구하고 뒤로 미루어지는 경향이 있다. 교사는 직무에 있어서 가장 본질적이고 중요한 업무가 무엇인지에 대해 고민하고 시간 활용을 잘하는 것이 필요하다.

2) 일과를 중심으로 한 보육교사의 직무

보육교사는 하루 일과의 시간개념에 따라 등원부터 귀가지도까지 다양한 활동을 수행하는데, 이 과정에서 보육교사는 세부적인 직무를 수행하게 된다. 특히, 보육교사의 직무는 영유아의 연령에 따라 다르기 때문에 이는 6장과 7장에서 자세히 소개하고자 한다.

표 5-5 일과에 의한 보육교사의 직무

구분	직무
등원 전	• 영유아 등원 전 교실 점검하기 • 당일 수업계획에 따른 교재·교구 정비 및 수업 준비하기 • 화장실 청결 상태 점검, 수건 등 비품 준비하기
등원 및 맞이하기	• 오전 당직교사는 어린이집의 현관 또는 통합보육놀이실에서 일찍 등원하는 영유아 맞이하기 • 부모와 간단한 대화, 영유아 상태 확인하기 • 영유아들이 조용한 음악을 들으며 그림책 보기, 조작놀이 등의 조용한 개별활동 돕기 • 현관에 일일 보고서를 비치해 부모들이 영유아 등원 시 영유아의 심신 상태와 전달사항을 기록하도록 준비하기 • 담임교사가 통합보육실로 와서 영유아들과 함께 놀잇감을 정리하고 각 놀이실로 이동하기 • 담임교사는 전체 교실환경을 점검(교실 환기, 정리·정돈, 안전점검)하고 그날 실시될 활동자료를 미리 준비해 놓은 상태에서 영유아 맞이하기
오전 실내 자유놀이	• 각 흥미영역에서 계획된 활동이나 영유아의 자발적인 자유놀이 지원, 이때 교사는 영유아와 적극적이고 민감한 상호작용을 하여 영유아가 놀이를 통해 자연스럽게 학습할 수 있도록 돕기, 교사의 언어적 자극과 적절한 놀이 개입 중요 • 같은 종류의 놀잇감을 충분히 준비해 불필요한 분쟁을 막고 효과적인 놀이환경 마련하기 • 교사는 놀이 중에 영유아를 관찰하여 영유아의 개인적인 특성을 파악하고 그것을 기초로 각 아동에게 적절한 방법으로 상호작용하기(놀이촉진자, 상호작용자, 환경조성자, 관찰자로서의 역할) • 영유아의 놀이가 확장되도록 시간, 공간, 놀이자료, 안전, 상호작용 지원하기
전이	• 정리·정돈시간 5분 전쯤 예고하여 영유아들이 놀잇감을 제자리에 정리할 수 있도록 지도하기 • 가능하면 정리·정돈도 즐거운 활동이 될 수 있도록 분위기 이끌기 • 배변 안내 및 지도하기
실외 자유놀이	• 비 오는 날, 너무 추운 날을 제외하고는 가능한 한 실외 자유놀이 실시하기 • 실외 환경의 안전점검에 유의하여 안전사고 예방하기 • 실외 놀이와 활동은 실내 놀이와 동일하게 미리 계획하고 자료 준비, 적극적으로 상호작용하고 놀이 촉진하기 • 신체영역, 물·모래놀이영역, 탐구영역에서의 활동이 고르게 일어날 수 있도록 돕기
집단활동	• 영유아의 주의집중이 쉽고, 교사가 전체 영유아를 볼 수 있는 영역에서 실시하기 • 게임, 이야기 나누기, 동화 및 언어활동, 음률활동, 과학활동 등 다양한 활동계획 및 실시하기

구분	직무
	• 교사가 일방적으로 주도하기보다는 영유아들의 생각을 묻고 영유아의 반응에 따라 적절하게 활동 전개하기 • 영유아가 집중할 수 있는 시간을 고려해 너무 지루하지 않도록 하며, 집단에 모이기 힘든 영유아는 강요하지 말고 서서히 집단에 참여하도록 돕기
간식 및 점심	• 영유아들이 감사하는 마음으로 즐겁게 식사할 수 있도록 분위기 이끌기 • 식사시간을 통해 영양교육, 바람직한 식습관 형성, 기본생활습관 훈련이 이루어지도록 지도하기(스스로 먹기, 음식 골고루 먹기, 바른 자세로 먹기, 음식과 건강에 대한 이야기 나누기) • 식사 속도가 개인에 따라 다를 수 있으므로 두 명의 교사가 적절히 영유아들을 나누어 돌보기 • 전이 공간이 가까이 있으면 활용하고 한 팀이 먼저 교실로 이동 가능 • 학기 초에는 두 명의 교사 중 한 명이 먼저 식사를 마치고 영유아 돕기
낮잠	• 놀이실의 조용하고 넓은 영역을 택해 잠자리 준비, 놀이실의 간단한 청소, 이부자리 준비, 적당한 밝기의 조명과 조용한 음악 준비하기 • 양치질, 손 씻기가 끝나면 각자 잠자리에 누워 조용히 휴식하거나 낮잠을 자도록 돕기 • 낮잠 자기를 힘들어하는 영유아는 너무 강요하지 말고 조용히 쉬도록 돕기 • 영유아들이 잠든 후 교사는 관찰일지, 일일 보고서, 자료 준비 등이 가능
오후 실내 자유놀이	• 새로운 교육활동(교사가 미리 계획·준비하는 학습센터)은 너무 강조하지 말고 오전 활동을 연장하거나 확장하도록 돕기 • 교사는 영유아들이 선택하는 활동을 충분히 즐길 수 있도록 교구와 자료를 제공하고 적절히 개입하기
개별활동 및 귀가준비	• 실내에서 조용하고 개별적인 활동이 이루어지도록 지도하기 • 귀가 준비(소지품 챙기기, 옷차림과 머리 등 단정하게 챙기기) • 영아의 경우, 기저귀를 점검하고 화장실 다녀오기 • 현관에 일일 보고서 비치하기 • 영유아의 상태와 그날 활동 등에 관해 귀가하는 부모와 간단히 대화를 나눈 후 보육실 문 앞에서 인사하기 • 당직교사에게 남아 있는 원아들을 인도하고 전달사항 알려 주기

출처: 서문희, 이미화, 구미진(2006). 보육시설종사자 직무 및 근로환경실태 분석. 여성가족부.

Chapter

06

영아와 보육교사

Chapter 06 영아와 보육교사

1. 영아교사의 역할과 자질

1) 영아교사의 역할

영아교사는 0세부터 만 2세(36개월)까지의 영아를 보육하는 교사이다. 최근 사회적 변화로 인해 어린이집에 입소하는 영아의 연령이 점점 낮아지고 있으며 부모와 떨어져서 어린이집에 머무는 시간이 늘어나고 있어 영아교사의 역할이 더욱 중요해지고 있다. 어머니 역할을 대신하며 정서적 유대감을 형성하는 영아교사의 중요성이 더욱 부각되는 이유는 인간의 발달단계에서 영아기가 차지하는 중요성에서 찾을 수 있다. 최근 영아기가 발달의 결정적 시기라는 측면에서 영아교육에 대한 인식이 변화하고 있으며, 이에 따라 영아교사에게 전통적으로 인식되어 온 보호자나 양육자로서의 역할뿐만 아니라 영아의 발달을 촉진시키고 영아를 지도하는 좀 더 전문적이고 적극적인 역할을 수행하도록 요구되고 있다(박혜훈, 2009).

(1) 보살핌의 역할

영아는 발달특성상 성인에게 의존을 많이 한다. 따라서 영아교사는 영아의 영양과 안전, 위생을 중심으로 돌보고 보살피는 역할을 해야 한다. 영아의 기본 욕구인 먹기, 배변하기, 놀이하기, 정서적으로 따뜻하게 반응해 주기와 같은 개별적인 보호와 성인의 애정적인 관심과 반응, 개별적이며 집중적인 보살핌을 필요로 한다. 이러한 보살핌은 영아의 요구에 반응하며 보살피기, 영아를 안전하게 보살피기, 기본생활습관을 중요시하며 보살피기, 사랑받고 보호받고 있다는 느낌을 제공하며 보살피기, 영아에게 충분한 영양과 위생에 주의를 기울여 보살피기 등의 구체적인 역할로 나누어진다(김선희, 2008).

(2) 가르침의 역할

인간은 각 발달단계마다 중요한 발달적 특성과 과업을 지닌다. 영아기는 가장 급격한 발달이 이루어질 뿐만 아니라 뇌 발달을 포함하여 이후의 발달과 학습에 토대를 제공하기 때문에 그 중요성이 크다. 영아교사는 이와 같은 영아발달의 이해를 기초로 발달을 촉진하는 체계적이고 의도적인 계획을 수립하여 실행해야 한다. 출생부터 만 2세는 발달 속도가 다른 어느 시기보다 빠르고 변화의 폭이 크다. 특히, 영아와 유아는 발달적 특징이 매우 다르기 때문에 연령에 따른 차별화된 교육적 접근이 요구된다. 특히, 영아기가 발달의 결정적인 시기라는 측면에서 좀 더 신중한 접근이 필요하다(김은경, 2003). 교사는 배움에 있어서 영아가 능동적이고 주체가 될 수 있도록 배려하는 역할이 중요하다. 예를 들어, 영아의 뒤집기 발달을 촉진한다는 목표를 갖고 뒤집으려고 하는 영아를 교사가 밀어서 도와준다면 이는 영아의 발달을 촉진하고 지원하는 행동이 아니라 영아가 스스로 할 수 있고 스스로 해 보려는 의지를 방해하는 행동이 될 수도 있다. 따라서 최소한의 개입을 통해 영아가 스스로 해 보도록 격려하고 영아의 요구를 예측하여 교사가 미리 앞서 수행하는 실수를 하지 말아야 한다.

(3) 사회화 역할

사회화란 발달 가능성을 가지고 태어난 미숙한 아동이 그가 속해 있는 사회의 기준, 즉 공인된 규범이나 가치, 태도 그리고 생활양식 등을 학습함으로써 사회적으로는 성숙한 사회구성원이 되어 가는 과정이며, 심리적으로는 다양한 가능성을 가지고 태어난 존재이지만 그가 속해 있는 사회에 맞는 정체감을 형성하여 자아를 형성해 가는 과정이다(홍재호, 2003). 영아는 준비된 환경 안에서 효과적인 보호와 적합한 교육을 받으며 성장할 때 올바른 가치관을 가지고 사회에 공헌할 수 있는 사회인으로 성장한다. 그러므로 영아교사는 영아의 요구와 반응에 민감한 태도와 온정적으로 대하는 보살핌이 필요할 뿐만 아니라 영아가 집단에서 자신의 역할을 인식할 수 있도록 교육적인 가르침의 과정도 요구된다. 이러한 과정은 영아의 행동에 한계를 설정해 주고 다른 사람의 감정과 행동을 이해할 수 있는 감정이입을 경험해 주는 교사의 행동으로 나타난다(김선희, 2008). 또한, 사회화란 다른 사람과 함께하는 기쁨을 느끼고 경험하는 과정이므로 다른 사람과 함께하는 기술과 태도를 갖도록 도와주어야 한다. 사회적 기술 가르치기, 비공격적인 방법으로 갈등 해결하기, 자신의 행동에 대한 결과 주목하기, 상대방의 의견을 수용하기, 친구의 제안을 적절하게 거절하기, 협상하기, 리더십 갖기 등의 중재를 통해 상호작용을 촉진시킬 수 있다.

(4) 놀이지원자의 역할

영아에게 놀이는 생활이자 삶이고, 당연한 권리로 인식된다. 특히 영아기는 먹고, 자고, 배변하기와 같은 기본적 욕구 충족 외에는 깨어 있는 대부분의 시간을 놀이하며 보낸다. 또한 영아기는 자신의 몸을 만지고 놀면서 점차 주변의 사물과 타인에 대한 탐색을 하며 세상을 알아가는 시기이다. 즉, 영아들은 주변 탐색을 놀이로 인식하거나 놀이를 통해 주변 탐색을 한다. 이는 영아들에게 놀이는 자연스러운 과정이며, 자신과 세상으로 향하는 통로이자 매개체임을 의미한다. 그리고 영아들은 놀이를 통해 성장하는 존재인 것이다. 그러나 영유아의 모든 놀이 경험이 긍정적으로 작용하기는 어려우며 의미 있는 놀이가 되기 위해서는 놀이지원자로서의 교사역할이 무엇보다도 중요하다. 교사의 적절한 놀이지원은 영아가 놀이를 가치 있는 활동으로 느끼게 하고, 놀이에 능동적이고 적극적으로 참여하도록 이끌기 때문이다. 그리고 영아의 놀이를 확장시키고, 높은 수준의 놀이가 이루어지도록 영아의 발달을 촉진시킨다. 따라서 교사는 영아의 놀이의 전개와 흐름을 세심히 관찰하고 적절한 놀이 개입 시기, 방법, 수준을 결정해야 하는데, 무엇보다도 가르치는 교사의 역할이 아니라 놀이 전개를 위한 적절한 지원과 놀이 흐름 속에서의 비계설정을 할 수 있는 교사역할이 중요하다.

이상에서 크게 네 가지로 나누어 영아교사의 역할을 살펴보았으나 이 외에도 영아반 교사역할로 영아 개개인과 신뢰와 존중의 상호작용을 함으로써 영아에게 심리적 안정감 주기, 영아에게 알맞은 영양 공급과 개인위생 철저히 하기, 영아를 위해 안전한 환경 구성하기, 영아의 신체리듬과 개인적 요구를 고려한 일과 구성하기, 부모와의 상호작용을 통해 영아에 대한 정보를 얻을 뿐만 아니라 부모교육하기 등의 역할도 해야 한다.

2) 영아교사의 자질

영아교사는 가정의 부모를 대신해 영아를 보살피고 함께 놀아 주며 필요할 때 적절한 도움을 주고 충분한 애정 표현을 통해 영아들에게 정서적 안정감을 제공하는 2차적 양육자이다. 따라서 이러한 역할을 원활히 수행하기 위해 영아교사가 갖추어야 할 자질은 인성적 자질과 전문적 자질로 나눌 수 있다. 영아교사의 자질에 대한 교사와 어머니의 인식 차이를 살펴본 바에 의하면, 영아교사의 인성, 전문적 지식, 교수 기술 관련 모두에서 교사가 어머니에 비해 높은 인식을 나타냈다. 영아교사의 자질에 대한 교사 자신의 인식이 높아진 것은 보육현장에서 영아교육 실천을 고려할 때 의의가 크다고 할 수 있다.

어머니들이 기대하는 영아교사의 자질은 인성을 비롯하여 전문적 지식, 교수 기술에서 교사의 기대 수준에 비해 낮게 나타났으며 이는 유아교사에 비해 영아교사는 전문적 교수행위나 기술이 적어도 된다고 생각하는 것으로 추정해 볼 수 있다(문월순, 곽승주, 2018). 그러나 최근 유아교사처럼 영아교사들도 영아의 놀이활동 시 적절한 개입을 통해 놀이를 확장시키는 등 교수 기술 관련 자질의 중요성이 부각되고 있으며 교수-학습방법, 프로그램 적용 등 교사로서 일반적으로 요구되는 교수 행동 등이 영아교사에게도 중요한 자질로 인식되고 있다.

표 6-1 영아교사의 인간적 자질과 전문적 자질

영아교사의 인간적 자질	영아교사의 전문적 자질
• 영아를 엄마처럼 사랑해 주기 • 교사가 신체적 · 정서적으로 건강하기 • 부모의 마음 이해하기 • 영아의 새로운 시도를 격려하는 마음 갖기 • 영아를 이해하고 허용하기 • 항상 즐거움, 행복감 느끼기 • 인내심 갖기 • 부드러운 언행 보이기 • 적극적인 모습 보이기 • 편안한 복장하기	• 양육 대행자로서의 자질 • 건강 · 안전관리자로서의 자질 • 보육과정 설계자로서의 자질 • 개별 영아 기록 평가자로서의 자질 • 부모와의 협조 및 관계 형성자로서의 자질 • 자기개발자로서의 자질

출처: 서숙기(2014). 영아반 보육교사의 자질에 대한 어린이집 원장의 기대와 평가. 한국성서대학교 보육대학원 석사학위논문.

〈표 6-1〉에 제시되어 있는 전문적 자질에 대해 구체적으로 살펴보면 다음과 같다. 양육 대행자로서의 자질은 부모를 대신해 보살피고 감싸 주는 것으로 영아의 기본적인 물리적 · 정서적 · 생리적인 기본 욕구를 충족시키며 영아의 건강을 돌보고 안전을 지켜 주는 것이다. 건강 · 안전관리자의 자질은 교사 스스로 청결하며 교실의 위생을 유지하는 것으로 이는 영아의 신체뿐만 아니라 정서적으로도 건강하게 지켜 주는 것이다. 보육과정 설계자로서의 자질은 영아에게 적합한 보육프로그램을 교사가 설계하는 것으로 교사는 영아의 발달에 결정적인 역할을 한다. 개별 영아 기록 평가자의 자질은 영아의 매일을 지속적으로 관찰하고, 그 기록물을 보관하는 것으로 이는 영아의 발달을 돕는다. 부모와의 협조 및 관계 형성의 자질은 영아반 보육교사가 부모와 어린이집과의 신뢰감을 형성하기 위한 노력뿐만 아니라 지역사회에 보육프로그램을 소개하고 지역사회의 지원을 얻기 위해 노력하는 것이다. 자기개발자로서의 자질은 영아반 보육교사가 질 높은 보육을 위해서 적절한 환경과 프로그램을 제공하는 보육교사 자신의 전문적 자기개발을 하는 것이다.

영아교사의 자질에 관한 연구결과를 종합해 보면 민감하고, 온정적이고, 수용적이며 영아에게 반응적인 언어로 대하는 영아교사의 특성은 교사-영아 간 상호작용의 질을 향상시키고, 영아의 사회적 상호작용 능력에도 긍정적인 영향을 미친다

는 것을 알 수 있다. 다음은 영아교사에게 요구되는 인성적 자질에 대한 교사들의 이야기이다(안선희, 김지은, 2010).

제일 중요한 건 정말 사랑이에요. 가슴으로 안아 주어야 해요. 형식적으로 그냥 머리를 쓰다듬으면서 "어, 왔어."라고 하지 말고 눈높이를 맞추어야 해요. 아이들은 작잖아요. 저희들이 무릎을 꿇으면 아이하고 눈이 맞아요. 가슴으로 아이를 안을 수 있는 마인드가 필요해요.

(교사 A, 30대, 기혼, 민간, 1년 6개월, 2. 11.)

인내가 필요해요. 영아들은 이유 없이 우는 경우가 많기 때문에 그걸 참아 낼 수 있는 인내가 필요해요. 그래서 성격 급한 사람들은 조금 어려울 것 같아요. 저도 성격이 급한 편인데 '이래서는 안 되겠구나.' 하는 생각이 들어요. 성격이 급한 사람들도 영아반을 맡으면서 인내심 있는 성격으로 바뀔 수 있을 것 같아요.

(교사 B, 30대, 기혼, 법인, 6년, 2. 11.)

마음의 여유로움은 아이들에게뿐만 아니라 학부모에게도 정말 필요해요. 큰 반 같은 경우에는 엄마들이 학습적인 것, 교육적인 것을 많이 물어보지만, 영아반의 학부모들은 특히 가장 어린 반 같은 경우에는 하루 일과에 "똥 쌌어요."부터 일상적인 것, 잠자는 것, 영양적인 것까지 민감하게 생각하시기 때문에 좀 까다로운 부모들에게 여유롭게 대해야 하는 것도 영아반 교사의 자질인 것 같아요.

(교사 C, 20대, 미혼, 법인, 3년 3개월, 2. 1.)

일단 아이들과의 상호작용, 아이들이 무엇을 원하는지 알아야 하니까요. 그리고 스킨십과 안전이고요. 그중에 안전이 제일 중요한 것 같아요. 사랑은 기본이지만, 솔직히 눈에 안 보이지요. 아이들이 다쳤을 때 부모의 반응은 엄청나거든요. 그래서 저는 아이들이 무조건 다치지 않아야 된다는 생각을 가지고 있어요. 아이가 다쳤을 때 부모님은 선생님의 사랑하는 마음은 안 보시고 오해하시기 때문에 저는 무조건 안전이에요.

(교사 D, 20대, 미혼, 민간, 5년, 2. 26.)

건강이나 안전에 대처할 만한 교육을 배우는 것도 중요해요. 작년에 직장어린이집에서 전체적으로 워크숍을 통해 안전에 관한 응급처치나 소방안전, 영아들이 이물질을 삼켰을 때 등 이런 것들을 소방안전본부에 가서 전체적으로 실습을 했어요. 그것이 많은 도움이 되었어요. 우선 교사가 당황하지 않아야 아이도 안정을 취하는데 아이가 다쳤을 때 난감했거든요.

(교사 E, 20대, 미혼, 직장, 2년 11개월, 2. 20.)

적극적이고 행동이 빨라야 해요. 상황 판단에 있어서 즉각적인 반응이 필요할 때가 많아요. 아이들이 토한다거나 쉬를 했을 때 당황하지 않고 빠르게 처리할 수 있는 능력이 필요해요. 초임교사들은 이러한 일을 겪게 되면 많이 당황해서 머뭇거리게 되는데 그러면 안 되고, 손 빠르게 대처하는 게 필요해요.

(교사 F, 30대, 기혼, 국공립, 7년, 2. 18.)

당연한 것이지만 조금 더 개별적이고 따뜻하며 온정적인 태도가 많이 필요한 것 같아요. 그래서 소그룹 활동이 더 많이 일어나고, 영아반이니까 언어적 상호작용이 중점적으로 되어야 될 것 같아요.

(교사 G, 20대, 미혼, 직장, 3년, 2. 4.)

2. 영아교사의 하루 일과 (만 1세 영아반 기준)

영아의 하루 일과 운영은 개별화되어야 하고 몇 가지 기본이 되는 활동, 즉 수유・수면・배변・놀이 등에 초점을 맞추어야 한다. 영아의 일과와 활동 선호도는 영아가 성장할수록 변화하는데, 시간이 지날수록 영아들의 수면시간은 줄고 놀잇감이나 환경을 탐색하는 시간은 점차 늘어난다. 또한, 영아에 따라 수유 및 수면의 양과 시기가 다르므로 수유나 낮잠을 고정시키고 엄격한 일과로 운영하지 않도록 유아의 리듬과 변화에 맞추어 탄력적으로 운영하는 것이 필요하다. 영아반 하루 일과 운영에 따른 교사의 역할은 다음과 같다(곽승주, 이명순, 오경숙, 2016 자료 재인용).

① 등원 및 맞이하기

등원 시 교사는 영아와 부모에게 정서적으로 편안함을 느낄 수 있도록 해 주는 것이 중요하다. 즉, 영아가 애착의 대상을 부모로부터 교사에게 전이할 수 있도록 심리적인 안정감을 지원해 주어야 한다. 이를 위해 교사는 온화하고 친밀한 태도를 보여 주어 부모에게는 어린이집에 대한 신뢰감을, 영아에게는 교사에 대한 유대감과 정서적 교류의 경험을 갖도록 한다. 교사는 등원 시 부모와 어제 가정에서 있었던 영아의 일과나 특별한 사건 등에 대해 이야기 나눈다. 또한, 영아의 옷차림이나 머리 모양 등 신체에 관심을 표하면서 쓰다듬어 주거나 안아 주면서 신체적으로 애정을 나타내 준다. 이때 영아의 표정・행동・안색 등을 살피며 영아의 건강 상태 등을 점검한다.

그림 6-1 등원하는 영아를 맞이하는 영아교사

② 실내 놀이

교사는 실내 놀이시간이 발달 수준에 적합하고 영아의 요구와 흥미에 기초하여 이루어질 수 있도록 놀잇감 및 환경을 구성해 주어야 한다. 실내 공간을 충분히 확보하고 놀잇감의 수는 같은 종류의 놀잇감이 최소 2~3개 이상 구비되도록 해야 한다. 교사는 영아의 개별적 특성이나 요구를 고려하여 놀이시간에 새로운 활동을 소개하거나 영아가 하고 있는 기존의 활동을 확장·변화시킬 수 있다. 그러나 교사가 영아의 놀이나 활동에 지나치게 개입할 경우 교사주도형 활동으로 바뀔 수 있으므로 주의해야 한다. 또한, 영아들은 움직임이 왕성하여 신체적 소모가 빨리 일어남에도 불구하고 놀이 중에 휴식을 취하는 시기나 방법을 모를 수 있다. 교사는 세심한 관찰을 통해 영아가 움직임을 계속하거나 동적인 활동을 지속할 경우, 영아를 곁에 데리고 와 책을 읽어 주거나 안아 주고 쓰다듬어 주면서 정적인 활동이나 휴식으로 전환될 수 있도록 도와준다. 실내 놀이는 오전과 오후에 걸쳐 이루어지며 하루 일과 중 2시간 30분 이상 전개되도록 계획·운영한다.

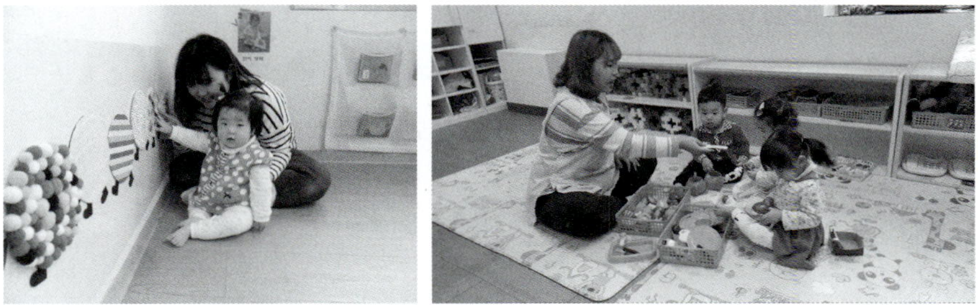

그림 6-2 실내 놀이에서 영아와 상호작용하는 교사

③ 실외 놀이

실외 놀이는 영아들이 넓은 공간에서 뛰놀며 자연과 경험을 나누고 좋은 공기를 쐬는 등 신체적·정신적 측면에서 긍정적인 경험을 갖는 시간이다. 따라서 하루에 여러 번 실시할 수 있다. 이때 실외 놀이기구를 활용하여 놀이하거나 주변에 있는 공원이나 자연으로 산책을 나가거나 주변 지역의 동네나 가게를 둘러보는 등의 활동으로 전개할 수 있다. 실외 놀이는 하루 일과 중 기온이나 바람, 비, 햇빛 등 기후에 영향을 받으므로 적절한 시간대에 진행되도록 해야 하는데 햇빛이 강한 여름에는 오전 중에, 겨울에는 낮 시간대에 계획하도록 한다. 또한, 계절에 따라 수반되는 기후의 특성을 고려하여 영아들이 안전하고 건강하게 실외 놀이를 하도록 해야 한다. 즉, 봄철은 황사와 같은 기상현상을 유의해야 하며, 여름으로 이어지는 긴 장마철에는 실외 놀이와 유사한 대·소근육 활동이 가능한 공간을 찾아 활동을 전개해야 한다. 겨울에는 춥다고 무조건 실내에서 지내는 것보다는 하루 중 기온이 가장 높은 시간대에 나가 활동할 수 있다. 또한, 실외 활동 시 발생할 수 있는 안전사고에 대비해 교사는 항상 영아들이 활동하는 근처에 머물고 비상약이나 휴지, 물 등을 가까이에 준비해 둔다.

그림 6-3 바깥놀이에서 영아와 상호작용하는 교사

④ 수유 및 이유식

영아들에게 있어서 수유나 이유식과 관련된 일과들은 종일제 보육프로그램에서 가장 기본이 되며 중요하게 다루어져야 한다. 12개월 미만 영아의 경우, 어린이집 일과에서 수유와 이유식에 대한 경험을 하게 되므로 교사는 부모와 긴밀한 상호작용을 통해 영아의 개별적인 수유 및 이유식의 양, 시간 간격, 개인적 성향(예 분유의 종류, 선호하는 온도, 수유 자세 등)을 파악해야 한다. 이유식은 균형 잡힌 영양소가 포함되도록 하고, 가정에서 영아들이 경험한 이유식 유형(유동식, 고형식 등)이나 취향 및 선호도 등을 알아본다. 영아들이 어린이집에서 이유식을 거부하는 경우 급하게 먹이려 하지 말고 조금씩 맛을 보는 정도로 시작하고 부모와 상의하여 양이나 종류 등을 조절해 간다. 또한, 만일의 경우를 대비하여 부모로부터 영아에게 과민반응이나 알레르기를 일으키는 식품에 대한 사전 정보를 구한다. 가정에서 가져오는 우유 및 모유, 이유식 등은 위생적으로 관리할 수 있도록 각 영아의 이름을 기입한 개인 용기에 담아 오도록 하고 냉장고에 보관한다.

그림 6-4 수유 및 이유식을 제공하는 교사

⑤ 간식 및 식사

하루 일과 중 간식 및 식사시간을 통해 영아에게 양질의 급식이 이루어지도록 해야 한다. 영아기는 급속한 신체발달이 이루어지는 시기이며, 단위 체중당 에너지 소모량이 성인보다 높은 경향이 있으므로 균형 잡힌 급·간식 제공이 필요하다. 영아들은 성인에 비해 조금씩 자주 먹으므로 급식과 급식 사이에 간식이 제공되어야 한다. 이때 간식은 단순히 과자나 음료 등의 차원이 아니라 가벼운 식사에 가까운 식단으로 영양요소를 골고루 포함해야 한다. 또한, 부모와의 협의를 통해 각 영아가 먹는 양, 시간, 선호하거나 싫어하는 음식의 종류에 대한 정보를 파악해 영아에게 급식시간과 간식시간이 건강하고 즐거운 경험이 되도록 해야 한다.

그림 6-5 간식과 식사지도를 하는 교사

⑥ 기저귀 갈기 및 배변

영아의 기저귀 갈기나 배변하기는 어린이집 생활에서 일상적이고 중요한 일과이다. 배변과 관련된 경험들은 영아의 건강 및 위생관리뿐 아니라 이후 화장실 사용이나 배변습관 형성에 영향을 미칠 수 있다. 그러므로 교사는 영아가 심리적·신체적으로 안정감을 느끼도록 배변영역을 안락하고 쾌적하게 구성해 주고 긍정적인 경험이 될 수 있도록 지도해야 한다. 기저귀 갈기나 배변 관련 활동은 어린이집에서 집단생활을 하는 영아에게 있어서 교사와의 개별적인 접촉과 상호작용이 일어날 수 있는 중요하고 의미 있는 일과이다. 영아는 기저귀를 갈면서 또는 화장실 사용법을 배우면서 교사와 긍정적인 상호작용을 나누는 가운데 교사에 대한 신뢰와 애정을 경험한다.

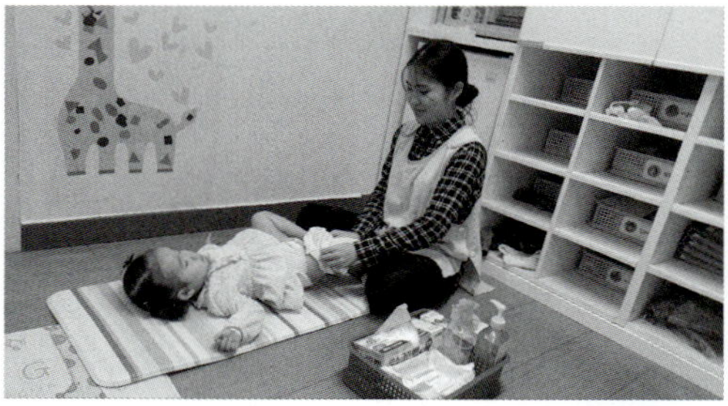

그림 6-6 기저귀를 갈아 주거나 배변지도를 하는 교사

⑦ 낮잠

영아가 어린이집에서 일상생활을 영위하고 정상적인 성장을 하기 위해서는 적절한 영양이 제공되고 수면활동이 원활하게 이루어져야 한다. 특히, 잠을 자는 동안 영아의 신체적·정신적 성장이 활발히 이루어진다. 영아의 경우 월령이나 성향, 기질 등 개인적 특성에 따라 수면의 양, 수면시간, 수면습관 등에 차이가 날 수 있다. 따라서 교사는 입학원서에 기록된 영아의 수면특성이나 부모와의 대화를 통해 수면시간대, 수면 양, 수면 시 특이사항 등에 대해 정보를 수집하고 이를 바탕으로 개별적인 수면습관과 주기를 고려하여 일과를 운영해야 한다. 또한, 영아들은 낮잠시간에 교사와의 개별적인 접촉을 원하는 경우가 많으므로 교사는 낮잠

일과를 운영하는 데 있어서 영아가 안정되고 편안한 마음으로 잠들 수 있도록 온화한 태도로 영아를 대하고 쓰다듬어 주기, 토닥여 주기, 속삭이기 등 애정 어린 상호작용을 통해 정서적으로 교류해 주어야 한다. 영아가 낮잠에서 깼을 때는 불안해하거나 낯설어하지 않도록 낮잠시간 동안 최소한 한 명의 교사는 영아들의 곁에 머물러 주어야 한다.

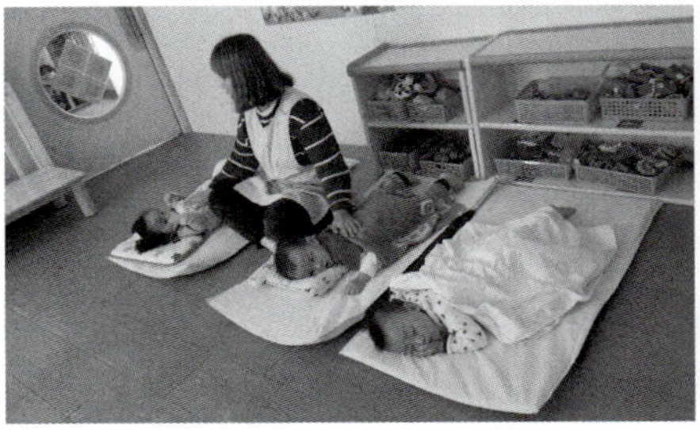

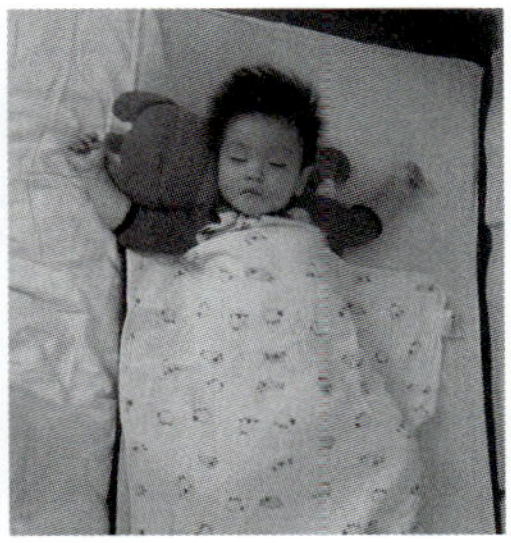

그림 6-7 낮잠을 지도하는 교사

⑧ 귀가

귀가시간은 영아가 고대하는 일과 중 하나이며, 영아가 부모를 만났을 때의 반가움이나 기쁨 등 긍정적인 정서를 느끼는 시간인 한편 부모를 기다리며 불안감이나 실망감 등의 부정적인 정서를 경험하는 일과이기도 하다. 따라서 교사는 영아들이 부모를 기다리며 신체적·심리적으로 편안하고 안정된 환경에서 지낼 수 있도록 해 주어야 한다. 또한, 귀가시간을 통해 부모와 영아의 하루 일과에 대한 정보와 의견을 나누고, 영아와 하루 일과를 마치고 헤어지는 시간을 갖는다.

그림 6-8 귀가를 지도하는 교사

3. 영아교사의 상호작용

영아와 교사 간의 상호작용은 영아와 교사가 서로 영향을 미치며 관계를 맺는 과정이다. 이와 같은 상호작용은 어느 한 시점에서 한 번의 기회로 이루어지는 것이 아니라 첫 번째 상호작용이 다음 상호작용이 일어날 수 있도록 이끌고, 이는 또 제3의 상호작용으로 이끌어 점진적으로 영아와 교사의 관계가 확장되어 가는 역동성을 갖게 된다(박찬옥 외, 2009). 영아의 움직임에 대해 교사가 반응해 주지 않으면 영아는 움직이다가 그만 두게 된다. 그러나 영아가 움직일 때 교사가 영아의 움직임을 모방해 주거나 언어적으로 격려하면 영아는 새로운 움직임으로 반응하거나 교사의 반응을 따라 함으로써 좀 더 긴 상호작용을 주고받으면서 관계와 신뢰감을 발달한다.

교사와 영아의 상호작용은 교육의 질에 영향을 주며, 교사가 갖추어야 할 중요한 자질이다. Holloway와 Reichhart－Erickson(1988)에 의하면, 영아교사의 긍정적인 특성은 따뜻하고 반응적인 태도, 영아의 의견을 존중해 주는 말, 느낌이나 사고를 말로 들려주는 행동으로 보았다. 영아와 교사의 상호작용에서 언어가 중요한 매개체가 되고, 정서적 지원이 중요하다. 친밀한 신체적 접촉과 아울러 교사는 영아에게 풍부한 언어적 자극을 제공해야 한다. 교사의 언어적 자극을 통해 영아의 언어적 능력이 발달할 수 있다. 영아기에는 양육자와의 애착 형성이 중요하기 때문에 교사의 계속적인 자극과 촉진 그리고 지원을 통해 영아는 적절하게 발달할 수 있다. 전문적인 영아교사로서의 역할을 수행하기 위해 영아의 요구에 민첩하게 반응해야 하고, 항상 영아가 보내는 신호에 민감하게 반응해 주어야 한다. 영아－교사 간 상호작용의 원칙을 살펴보면 다음과 같다.

첫째, 교사는 항상 영아와 일대일로 얼굴을 마주 보며 상호작용해야 한다. 영아와의 상호작용은 영아와 놀이할 때 뿐만 아니라 기저귀를 갈거나 음식을 먹일 때, 옷을 입힐 때 등 일상적인 일을 할 때에도 이루어져야 한다.

둘째, 교사는 영아의 놀이에 관심을 보이고 그들의 관심과 욕구를 존중해야 한다. 영아의 활동에 관심을 보이면서 관찰하고 놀이에 적절하게 반응하며 놀이 참여를 격려해야 한다.

셋째, 교사는 영아가 반응할 수 있는 충분한 시간을 주어야 한다. 영아 스스로 성취할 수 있도록 탐구하고 탐색하는 일을 수행할 수 있는 기회를 제공해야 한다.

넷째, 언어적 자극을 통해 영아의 행동이나 활동, 새로운 시도의 성취 등에 대해 격려하고 언어적으로 확대해 준다.

4. 영아교사의 어려움과 보람

어린 연령을 담당하는 영아교사들은 유아교사들에 비해 더 많은 신체적 움직임과 이동을 필요로 한다. 영아들은 대부분 혼자 먹고, 배설하고, 걷고, 이동하는 것이 어렵기 때문에 생활 전반에 걸쳐 성인의 도움이 필요하다. 이러한 영아기의 특성으로 인해 교사로서의 정체성 혼돈, 정신적·신체적 에너지 소모, 일상의 삶 속에서 교육의 의미를 찾지 못하는 어려움이 존재한다. 반면에 영아 특유의 빠른 성장, 친밀함, 돌봄을 요구하는 성향은 영아교사로 하여금 보람과 직업적 정체성을 느끼게 한다.

이 절에서는 영아교사의 어려움과 보람에 대해서 알아본다.

1) 영아교사의 어려움

(1) 영아에 대한 지식 부족으로 인한 역할 혼란

교사들은 교육현장에 입문하면서 양성교육에서 배운 모든 내용을 종합하여 이상적인 교사가 될 것을 기대한다(박은혜, 2013). 양성교육을 통해 배우는 것들은 대부분 유아를 중심으로 했기 때문에 이러한 교육과정을 거쳐 교사가 된 영아교사들은 스스로의 역할에 대해 혼란을 경험한다(이완희, 박찬옥, 2005). 즉, 교사들은 영아 및 영아교육에 대한 지식 부족, 기대했던 교사역할과의 불일치로 인한 당혹감과 무력감, 회의감을 느낄 수 있다. 다음은 이에 대한 교사들의 이야기이다(유주연, 이승연, 2015 발췌).

> 제가 생각하기에 유아교육이랑 영아보육은 정말 많이 다른 것 같아요. 4년 동안 유아에 대한 것만 배우고, 영아에 대한 것은 한두 과목만 배웠는데, 막상 현장에서 영아를 맡으니까. (중략) '어? 나는 유아교육을 전공했는데, 영아보육을 하네? 영아보육에 대한 지식은 많이 없는데 내가 그동안 유아교육을 배우면서 배운 것을 쓸 수가 없네.'라는 생각이 들자 회의도 들고. (교사 J)
>
> 혼란스러운 게 많아요. 그냥 매 순간마다. 유아반은 모의수업을 하면 '바람직한 모델', '바람직한 교사상' 아니면 '바람직한 상호작용' 등을 쭉 봐와서 어느 정도 '아, 저거는 잘하는 거고, 저거는 아닌 거고.'라는 감이 오는데, 영아반은 아직도 감이 안 와요. (교사 I)
>
> 저는 유아반 경력이 있어서 그래도 활동이나 이런 거에 대한 생각이 있어요. 그런데 처음에 영아들에게 그런 걸 계획해서 내어 줬을 때 정말 활동이 안 되는 거예요. 정말 간단한 도트페인트 찍기를 하더라도 처음엔 그걸 먹는 아이가 있는 거예요. 입에 파랗게 묻혀서. 그 아이를 보니까 내 줄 수가 없잖아요. (중략) 관심이 있어서 페인트를 찍다가도 그 활동 지속시간이 5분도 안 가는 거예요. 솔직히 그런 부분에 대해서는 좌절이 있었거든요. 교사가 계획하고 준비해서 활동을 제시하는데도… (중략) 아이들이 제가 생각하는 방향으로 진행되지 않고 그렇게 나오니까 처음에는 많이 좌절했어요. (교사 F)
>
> 출처: 유주연, 이승연(2015) 자료 재인용.

교사 양성과정의 대부분은 유아중심으로 교육내용과 방법, 사례가 적용되기 때문에 영아에 대한 지식과 경험, 사례, 교수방법에 대해서 체계적으로 배우지를 못한다. 이로 인해 영아에 대해 아는 것이 없고 어느 수준인지, 어떻게 해 주어야 하는지에 대해서 전문지식이 부족하다. 따라서 영아들을 보육하고 교육하는 것은 교사가 새로운 지식을 습득하고 관찰하고 적용해 보는 배움의 과정을 겪어야 하기 때문에 처음 영아를 담당하는 교사들에게 흔히 있는 어려움이다. 발달이나 영아의 행동에 대한 적절한 기대를 할 수 없어서 그로 인한 좌절과 영아의 강렬한 표현은 영아교사에게 당혹감을 주기도 한다. 또한, 개인차가 큰 영아들은 교사가 개별화 보육을 해 주어야 한다.

(2) 체력적인 소모

대부분의 영아교사들은 영아와 함께 생활하는 것이 체력적으로나 정신적으로 상당한 에너지를 필요로 하는 일이라고 느낀다. 이는 단순히 과도한 신체적 돌봄의 양에서 오는 것이 아니라 영아들이 표현하는 요구들을 좀 더 영아의 입장에서 헤아려 주어야 한다는 영아교사에 대한 역할기대로부터 오는 것이기 때문에 교사들은 역할에 큰 도전을 받는다.

> 솔직히 말하면 확실히 체력적으로는 힘들어요. (중략) 유아반과는 차원이 다른 것 같아요. 인원수는 분명히 적지만 아이들 한 명 한 명을 다 안아 주어야 할 때도 많고, 특히 학기 초에는 진짜 안고 업어서 키우거든요. 낮잠 잘 때도 기본적으로 업어 재웠던 아이들이 많기 때문에… (중략) 그런 부분이 많이 힘들었어요. (교사 C)
>
> 그러니까 단순히 에너지를 쏟는 게 아니라 '모든 걸'(강조) 쏟아서 하는 것 같아서… (웃음) 에너지를 많이 쏟아야 돼요. 체력적으로도 많이 힘든 것 같고… (중략) 또 영아들을 다 존중해 주고, 다 이해해 주라고 하니까, 하나하나 개별마다 다 그렇게 해야 되니까, 몇 배의 힘이 드는 것 같아요. (교사 P)

영아 한 명이 한 명의 교사를 필요로 하는 만큼 교사는 영아에게 주의집중하고, 관찰하고, 개별적으로 상호작용해 주어야 한다. 따라서 한 명의 교사가 세 명의 영아를 맡는다면, 항상 바쁘고 체력적으로 힘들다. 이와 같이 영아교사의 역할 중 영아의 신체적 요구를 충족시키고 보살피는 부분이 크게 부각되는 것은 그 부분이 영아교사의 체력과 정신적 에너지를 소모하는 일이기 때문이다. 이로 인해 영아교사는 육체적・정신적으로 어려움을 호소한다.

(3) 보모, 아이 돌보미

영아교사들은 특성상 가정에서 엄마들이 해 주어야 하는 양육의 역할을 많이 하게 된다. 기저귀 갈기, 배변지도, 트림시키기, 수유 등의 일과들이 가정에서 아이를 키우는 엄마들의 모습과 오버랩되는 탓에 외부에서 바라보는 영아교사들은 유아반 교사에 비해 가치 절하되고 낮은 평가를 받는다고 인식한다. 단순한 '아이 돌보미', '보모'로서 바라보는 사회의 시선과 인식에서 교사로서의 전문성과 대우받지 못하는 것에 대한 심리적 어려움을 호소한다(이효정, 김정주, 2007 : 299).

> 보육교사 특히 영아반에 대한 인식이 낮아서 더 어려웠어요. 열심히 도와주어도 부모님들이 교사로 생각을 안 하시고 부모, 곧 보모라 생각하시는 분들도 있고, 이걸 하면서 해야 하나 말아야 하나 라는 생각도 들었고요. (3번 보육교사 : 이효정, 김정주, 2015, 재인용)
>
> 여기에서는 특히 할머니 같은 경우에는 가시면서 "수고했다"라고 하시는데, 그 느낌이 뭐랄까? 애를 보는 보모와 같다는 생각이 많이 들어요. 그런 반면에 교사이신 어머님들의 경우는 많이 이해해 주시니까 그럴 때는 선생님으로서 교사 같기도 하고 어떤 엄마랑 이야기하면 교사 같지 않기도 하고…. (6번 보육교사 : 이효정, 김정주, 2015, 재인용)
>
> 아직까지 부모의 인식이 어린이집은 보육 위주로 노는 곳, 유치원은 학교처럼 교육 위주로 학습하는 곳이라고 생각하는 사람이 많아요. 어린이집에 올 때는 머리도 안 빗고 세수도 안하고 선생님께 부탁하지만 그 아이가 유치원에 갈 때는 항상 단정하게 하고 가더라고요. 어린이집에선 하루 종일 놀고 온다고 생각하고 교사를 교사가 아닌 도우미 정도로 생각하는 부모가 많아요.
> (26번 교사 : 이효정, 김정주, 2015, 재인용)

이와 같은 보육에 대한 잘못된 인식은 보육교사의 전문성에 대해 개인적으로나 사회적으로 낮게 평가하는 요인이 되기도 한다. 그러나 부모나 외부의 인식과 달리, 교사는 돌봄행위 그 자체는 영유아의 발달과 성장에 중요한 영향을 미치며 스스로가 영유아에게 중요한 영향을 미치는 사람이 될 것이라는 기대를 가지면서(최애경, 2007) 낮은 사회적 인식에 대한 어려움을 극복하고 있다.

(4) 영아놀이 지원의 어려움

최근 놀이중심 보육과정에 대한 영아교사의 이해가 부족하고 놀이지원 범위와 수준에 대한 혼란과 어려움이 크다. 영아반 보육교사들이 놀이중심 보육과정의 모호함과 놀이에 대한 이해 부족, 교사 대 영아의 높은 비율로 인해 개별적 영아의 관심과 흥미를 지원하는 데 한계를 느끼고 있음을 보고한다(이옥희, 박성은, 송나리, 2021). 영아교사는 영아가 스스로 놀 수 있는가라는 영아놀이에 대한 근원적인 인식부터 방임과 놀이 개입에 대한 경계의 모호함과 안전을 위해 놀이 행동을 제한해야 할지, 계속 놀게 해야 하는지에 대한 갈등을 경험한다.

> 놀이를 계획하고 실행할 때, 과연 계획한 놀이가 영아들에게 얼마나 많은 도움을 줄 수 있는가 하는 부분을 고민하게 된다. 교사의 계획과 의도대로 영아들이 반응을 하고 관심을 보이면 좋겠지만 그렇지 않을 때 교사는 어떤 식으로 계획한 의도대로 이끌어 내야 할지 생각이 깊어진다. 그러다 보니 영아들의 놀이에 교사가 매번 개입하여 무언가를 알려주어야 하고 상호작용을 해야 한다는 생각이 많아 때로는 영아들의 놀이를 방해하게 된다. (나혜선, 진명희 2020 재인용)

영아교사가 놀이를 지원할 때 영아놀이에 대한 이해 부족과 놀이과정과 결과물 사이에서 딜레마를 경험하며 영아의 놀이 지원에 어려움을 겪고 있음을 알 수 있다. 영아주도의 놀이 실천의 어려움은 영아에 대한 신뢰 부족이다. 영아들에게 자유를 주었을 때, 교사가 미리 선지식을 주입하지 않아도 나름대로 영아들이 자기만의 방식으로 배운다는 것을 온몸으로 체득하게 될 때, 놀이지원자로서의 역할을 불안감 없이 수행할 수 있게 된다.

2) 영아교사의 보람

(1) 정서적 충족과 사명감

영아의 연령이 어릴수록 성인에 대한 의존도가 높아 교사는 영아의 욕구를 더 많이 수용해야 함은 물론이고 이를 감당할 수 있는 교사로서의 높은 자질이 요구된다. 영아보육교사는 영아를 단순히 보호하고 양육·교육하는 차원뿐만 아니라 영아의 전인발달을 위한 복지적인 차원과 연계하여 영아 및 가족과 지역사회에 이르는 포괄적인 서비스를 제공하는 중요한 인적 자원으로서의 역할이 강조되고 있다(김지은, 2005).

> 영아반 아이들하고 지내면서 교사가 정서적으로 채워지는 부분이 많아요. 아이들 자라는 것도 너무 뿌듯하고요. 아이들이 저를 정말 엄마처럼 맹목적으로 사랑하잖아요. 그러면서 채워지는 정서적인 부분들이 많아요. (교사 C)
>
> 유아반(선생님)이나 잘 모르시는 분들은 "저건 놀이가 아니라 망치고 망가트리고 뿌리고 그러는 거잖아요."라고 말할 수 있는데, 사실 아이들은 정말 그런 거 하면서 좋아하잖아요. 낙엽 뿌리고, 신문지 찢고. 저도 그런 활동이 재미있고, 또 매력적인 것 같아요. 영아들은 그런 거 하면서 정말 좋아하고, 그 좋아하는 수준이 "와~ 선생님, 재미있었어요." 이게 아니라 소리 지르고, 땅바닥을 구르고, 막 그러거든요. 그 극한의 기쁨의 감정을 발산한단 말이에요. 그럼 저도 재미있고 즐거워요. 그 즐거움의 강도가 대집단 유아반에서 무슨 활동을 해서 흥이 나는 강도랑 영아반 아이들과 그런 활동을 하거나 운동장에서 막 뛰었을 때 그 강도가 좀 다른 것 같아요. 영아들이 표현을 더 잘하니까요. 소리를 지른다든가 아니면 표정에 더 잘 나타나니까. (교사 I)

(2) 전문성 발견

교사들은 영아와의 경험을 통해 영아를 교육하는 것은 누구나 할 수 있는 쉬운 일이 아니라 더 세세하고 민감한 관찰과 전략이 필요한 전문적인 일이라는 인식을 하게 된다. 또한, 영아들을 개월 수로 나누어 세세한 발달특성을 배운다고 해도 실제로는 제각각 다른 특성과 능력을 가지고 있기 때문에 대상이 되는 그 영아와의 경험을 통해 교육과정을 조정해 나가는 것이 영아교사에게 요구되는 특별한 역할이며, 이 역할이 영아교사로서의 전문적인 정체성을 높여 주는 것이라고 느낀다.

> 점심 급식에 수박이 나오면, 그 자리에서 수박 탐색이 이루어지는 거예요. "수박을 먹으니까 물이 나오네? 안에는 씨가 있네?"라고요. '절대 일상생활과 별개가 될 수 없구나.'라는 것을 느꼈어요. 그런 게 좀 많이 달랐던 거 같아요. 이 아이들한테는 일상생활에서 이루어지는 모든 것이 굉장히 중요한 교육과정이고, 활동이고, 탐색 같아요. (교사 A)

영아교육의 전문성은 겉으로 보여지는 것이 전부가 아니다. 밖에서 볼 때는 기저귀를 갈아 주는 일로 보이지만 그 일의 의미와 중요성을 아는 영아교사는 더욱 더 영아의 개별적 욕구와 관계를 맺기 위한 차원으로 돌봄의 행위에 의미와 전문성을 부여하고 있다. 영아교사들은 사랑과 신뢰를 기반으로 유아들과 맺는 관계성에 기초하여 의미 있는 타인이 되는 돌봄의 실천적 지식을 몸소 행하고 있는 것이다. 부모를 대신하여 하루의 일정 시간 동안 영아를 단순하게 보살피는 행위를 하는 소극적 타자로서 존재하기보다는 돌봄의 실천행위에 대한 반성적 사고를 통해 사랑과 신뢰의 관계성에 기초하여 의미 있는 타인으로 구축되는 적극적인 행위를 하고 있으며 이것이 영아교사의 전문성이라고 인식한다.

(3) 성장의 기쁨

영아교사들은 영아들의 작은 변화와 성장의 기쁨을 통해서 직업에 대한 사명감과 윤리적 헌신을 경험한다. 영아교사들은 영아의 성장과 변화 속에서 교사로서의 보람과 사명감을 느끼고 교육적인 의미를 찾는다. 기저귀를 갈아 주고 이유식을 지도하는 일상적인 행위 속에 담긴 의미를 발견하고, 그것이 영아의 발달과 성장에 미치는 영향력의 중요성을 깨닫고 영아교사로서의 전문성을 발견하면서 보람을 갖는다.

거의 모든 시간을 같이 하잖아요. 밥 먹고, 낮잠 자고, 교사와 오랜 시간 같이 있으면서 아이들은 그 교사를 모델링하면서 배울 수밖에 없어요. 그렇기 때문에 그 교사에 대한 자질도 굉장히 중요하고, 그 교사가 어떻게 하는지가 그 아이들한테 영향을 굉장히 많이 끼친다고 생각하거든요. 그래서 굉장히 중요한 역할을 하는 사람이라고 생각해요. (중략) 교사가 아이들을 키운다고 생각하는 게, 그래서 그런 느낌이 드는 거 같아요. 장시간 같이 있으니까. (교사 P)

이 일은 자긍심을 가지고 해야지 아이들에게 더 많은 것을 줄 수 있을 거라고 생각하고 그 영향이 아이들한테도 미친다고 생각해요. 내가 (스스로) 보모라고 생각하면 아이들에게 더 많은 것을 주려고 하기보다는 '아, 그냥 오늘 하루 잘 보지 뭐.'라고 생각하며 하루가 지나가지 않을까요? 그냥 쉽게 '애들하고 막 놀아 주고 말아야지.'라는 생각을 하지 않을까 싶어요. 이 일이 또 쉬운 직업은 아니잖아요. 직업이라고 얘기하고 싶진 않고, 사명감이라고. (교사 T)

옆 반 교사는 긍정적이고 아이들의 작은 변화에 민감하게 반응해요. 그래서 정말 못했던 아이가 그 다음에 하면, 그것을 "어, 선생님 보셨어요?"라고 얘기해요. 그러니까 작은 것에 보람을 느끼면서 스스로 보람을 느낀다고 할까? (중략) 작은 것에 의미를 두면 그거에 더 의미를 찾는 거 같아요. 주위 사람들이 "아이들하고 하루 종일 뭐해요?"라고 물어보면 "화장실 지도도 하고요."라고 대답을 하면 그게 교육이라는 것을 아무도 생각도 못하거든요. (교사 Q)

출처: 이효정, 김정주(2007) 자료 재인용.

Chapter 07

유아와 보육교사

Chapter 07 유아와 보육교사

유아반 교사는 만 3세부터 5세까지의 유아들을 보육·교육하는 교사이다. 따라서 만 3세부터 5세까지 유아의 발달특성을 고려하여 일과를 운영하고 상호작용하는 역량을 갖추는 것이 필요하다. 이 장에서는 영아교사와 차별화되는 유아교사의 역할과 자질, 일과 운영, 상호작용에 대해서 살펴본 후 유아교사의 어려움과 보람을 알아보고자 한다.

1. 유아교사의 역할과 자질

1) 유아교사의 역할

유아의 발달특성은 영아의 발달특성과 다르다. 만 3세 이상의 유아들은 발달적인 변화가 완만하게 이루어지면서 대·소근육의 발달이 정교화된다. 또한, 정서 및 감정의 표현이 복잡해지면서 지적 호기심과 주도성을 갖고 탐색에 대한 욕구가 많아지며 자아에 대한 정체성과 타인과의 관계기술이 발전하는 특성을 보인다. 따라서 유아교사의 역할은 영아교사의 역할과는 다르게 양육자로서의 역할보다 교육자로서의 역할이 더 많은 비중을 차지하며, 유아가 주도적으로 참여할 수 있도록 지원하는 역할에 초점을 두어야 한다.

유아기는 스스로 무엇을 하려는 욕구가 강하고 인지적인 성장이 극대화되며 다양한 사회적 기술을 습득·획득하는 시기이다. 따라서 유아들의 자아존중감을 높여 주고 자조기술을 익힐 수 있도록 도와주어야 한다. 주도성의 시기에 접어든 유아들은 스스로 탐색과 관찰을 통해 무엇인가를 획득할 때 만족감과 성취감을 얻는다. 유아반 교사는 학습자의 안내자 · 촉진자 역할을 해야 한다. 유아를 담당하는 보육교사는 유아의 신체적 · 사회적 · 인지적 발달을 촉진시키고 다양한 활동을 통해 자신의 흥미에 따른 활동을 선택할 수 있도록 이끌어 주어야 하며 가급적 또래 및 다른 사람과 협동적인 활동을 할 수 있도록 많은 기회를 제공해 주어야 한다. 특히, 탐색 욕구가 강한 시기이므로 교사가 정답을 알려 주기보다는 유아 스스로 답을 찾아갈 수 있도록 친밀하면서도 개방적인 질문을 통해 학습동기를 북돋아 주는 역할을 해야 한다. 유아반 보육교사의 주요역할을 설명하면 다음과 같다(최영혜, 2014).

첫째, 유아의 전인적인 발달을 위해 다양한 놀이와 활동이 통합적으로 이루어지도록 유아의 활동에서 적절한 개입과 의사소통을 하는 상호작용자의 역할을 한다. 따라서 유아반 교사는 관찰자로서 유아의 발달과정과 학습, 또래와의 상호작용 등을 살펴보고 적절한 피드백을 해 주는 역할이 필요하다.

둘째, 유아기의 학습이 자발적이고 능동적인 놀이를 통해 이루어질 수 있도록 유아반 교사는 놀이에 적합한 환경을 구성하고 필요한 자료를 제공해 주어 도움이 필요한 적절한 시점에 개입하여 놀이를 확장시켜 주는 등 놀이 촉진자로서의 역할을 해야 한다.

셋째, 또래를 비롯한 사회적 관계가 형성되는 시기이므로 또래집단을 통해 자신이 속한 사회에서 통용되고 다양하게 표출되는 사회적 규범을 배우면서 사회화된다. 따라서 교사는 유아가 인간관계를 맺고 유지하는 데 필요한 사회적 기술을 터득하도록 도와주는 역할을 해야 한다. 유아기는 또래와 원만한 관계 형성을 학습해 점차 사회화되는 과정을 습득하고 긍정적이며 다른 사람과 더불어 살아가는 연습을 해 유능한 사회구성원으로 발전할 수 있기 때문이다.

넷째, 유아기에는 정서발달이 불안정하고 빈번한 정서 표출을 하기 때문에 교사는 유아의 정서 표현을 발달적인 특성으로 수용해 주며, 가능한 한 자신의 정서를 좀 더 바람직한 방향으로 표현함과 동시에 다른 사람의 정서 표현을 인식하도록 지원해 주는 역할을 해야 한다.

다섯째, 하루 중 많은 시간을 어린이집에서 보내는 유아에게 다른 사람들과 함께 살아가는 데 필요한 기본적인 사회규범을 익히고 생활 속에서 실천하며 그것을 습관화할 수 있도록 일상생활에서 요구되는 기본적인 태도를 지도하는 역할도 필요하다.

여섯째, 보육교사는 유아의 발달 수준이나 개인적인 요구를 파악하기 위해서 항상 유아의 건강 상태, 행동, 생각, 느낌 등을 세심하게 관찰하고 기록하여 상호작용을 해야 한다. 즉, 유아반 보육교사는 자신의 편견이나 선입견이 배제된 관찰자 및 평가자로서의 역할을 해야 한다.

2) 유아교사의 자질

만 3세 이상의 유아교사가 가져야 할 자질은 5장에서 살펴본 보육교사의 자질과 내용이 유사하다. 최근 교사 자질에 있어서 인성적 자질 못지않게 전문적 자질에 대한 요구와 기대가 높아지고 있다. 유아반 교사의 자질로 교사와 부모 모두 인성과 건강을 중요한 자질로 언급하였으나 전문적 자질 중 지식과 교수기술에 있어서 교사들의 평가가 부모보다 높게 평가되었다. 이는 현장에서 교사로 근무하면서 지식과 교수기술의 한계를 느끼고 이를 위한 개인적인 노력과 연수 등의 장학이 필요하다는 것을 깨닫기 때문이다(변경애, 2008). 유아교사는 영아교사와 달리 수업에 대한 비중이 높고 유아들도 발달특성상 호기심과 탐구력으로 지적 욕구가 높다. 따라서 수업적인 전문성을 높이기 위한 차원에서 지식의 전달자가 아니라 지식과 기술을 토대로 응용·종합·정리하여 매 상황마다 적절한 해결책을 찾고 반성적으로 사고하는 전문적 자질을 높이기 위해 노력해야 한다. 특히, 누리과정 시행으로 누리과정의 계획과 운영에 대한 자질을 갖추어야 한다. 유아발달에 대한 이해, 일과계획 및 운영지식과 수행능력, 환경구성 등 이론적 지식과 이를 실제에 적용할 수 있는 자질이 포함된다. 교사가 유아발달 수준이나 보육과정에 대한 이해가 부족한 경우, 직접적으로 하루 일과계획이나 운영에 차질을 빚게 되어 어려움을 겪는다. 특히, 교사는 평가를 통해 교수－학습방법과 교육내용을 점검하고 이를 반영하여 개선하는 평가에 관한 전문적인 지식과 기술도 갖추어야 한다.

다음은 유아교사에게 필요한 자질에 대한 원장의 이야기이다.

> 교사의 경력에 따라 활동내용이 더 풍부해져요. 그러나 기본적으로 그 학급 연령에 맞는 활동을 계획하거나 영역구성을 잘하는 전문지식은 가지고 있어야죠. 영역구성이나 작품 전시가 의외로 잘 안 되기도 하고요. 전시된 아이들의 작품을 보면 '이런 활동을 왜 했을까? 왜 여기에 전시했지?' 내지는 '이런 것 참 좋다. 재미있다'라는 생각이 들기도 해요. (교사는) 우리 아이들에게 이 활동이, 이 방법이 적당한가를 잘 알아야 한다고 생각해요. (중략) 너무 어린 아이들에게 공 주고받기 게임을 한다든가, 게임이 안 되는 연령에게 게임을 하기도 하고, 어려운 동작활동을 하기도 하고… 이런 걸 실제 활동에 녹일 수 있는 게 전문성이죠.
> 유아교사에게 필요한 것은 다른 것도 다 중요하지만, 융통성은 특히 더 필요한 자질이에요. 교사가 융통성이 없으면 일일이 '이거 어떻게 해요?'라고 물을 수도 없고 누구한테 이런 걸 매번 묻겠어요. 보육현장은 유아들을 대상으로 하는 곳이기 때문에 각별히 더 실수가 없어야 하고 융통성이 있어야 해요. (중략) 교사가 실수를 하면 안 되지만 그런 상황에서 어떻게 해야 하는지 판단도 빨라야죠.
> 출처: 권해진(2013) 자료 재인용.

2. 유아교사의 하루 일과

유아교사는 등원부터 귀가지도까지 활동의 유형과 성격에 따라 적절한 역할을 수행하면서 보낸다. 일과의 모든 순간은 나름의 교육적 가치가 있다. 교사는 일과 속에서 양육자의 역할, 교육자의 역할, 상담자로서의 역할을 수행한다. 유아반 하루 일과 운영에 따른 교사의 역할은 다음과 같다(곽승주, 이명순, 오경숙, 2016 자료 재인용).

① 등원 및 인사 나누기

어린이집의 하루 일과는 유아들이 등원하는 것으로 시작한다. 등원은 유아들이 어린이집에서 하루 생활의 첫발을 내딛는 중요한 일과이다. 따라서 교사는 유아들을 따뜻하게 맞이하고 유아의 건강 및 심리 상태나 계절에 따른 적절한 옷차림 등을 확인하여 유아가 하루 동안 어린이집에서 신체적・정서적으로 건강하게 지낼 수 있도록 보살펴야 한다. 유아들은 등원하여 교사, 또래와 인사를 나누고 가방, 옷 등 자신의 물건이나 소지품을 개별 사물함에 정리하면서 하루 일과에 참여한다. 따라서 인사하기, 자기 물건 정리하기, 학급규칙 지키기 등의 생활지도가 자연스럽게 이루어지는 것이 필요하다.

그림 7-1 등원지도를 하는 유아교사

② 놀이계획 및 실내 자유선택활동

자유선택활동은 유아들의 하루 일과 중 가장 많은 부분을 차지하는 일과시간으로서 교실의 각 영역에서 유아가 자신의 흥미·관심·호기심 등에 따라 참여하고 싶은 활동에 대한 계획을 세우고 이에 기초하여 자발적으로 놀이를 선택하여 자유롭게 활동하는 시간이다. 이처럼 자유선택활동은 유아주도적인 활동으로서 유아의 자발성과 창의성을 통해 놀이의 즐거움과 자유로움을 경험하는 시간이다. 그러므로 교사는 사전에 생활주제 및 유아의 관심, 요구, 상황적 맥락을 주의 깊게 고려하고, 적절한 환경 및 자료들을 구성하는 환경구성자로서 교사의 역할이 중요하다. 이를 위해 교사는 자유선택활동시간 동안 유아들이 언어, 수·과학, 미술, 음률, 쌓기, 역할 등의 영역에서 다양한 활동에 흥미를 가지고 참여할 수 있도록 재미와 즐거움을 주는 교재·교구를 준비하고, 안전하고 자유로운 놀이환경을 구성해야 한다. 또한, 교사는 유아가 놀이과정에서 교사 및 또래, 환경과 의미 있는 상호작용을 통해 잠재된 자기능력을 발휘할 수 있도록 적절한 상호작용 유형 및 특성, 지도방법 등에 대해 고려해야 한다.

그림 7－2 자유선택활동을 지도하는 유아교사

③ 정리 · 정돈

정리 · 정돈시간은 유아가 어린이집에서 매일 접하게 되는 일상적인 일과이며, 자신이 가지고 놀던 놀잇감과 주변을 정리하는 것은 중요한 일과이다. 유아는 정리 · 정돈시간을 통해 자신의 주변을 깨끗이 하고, 집단생활의 학급규칙을 지키는 경험을 하는 시간이다. 따라서 교사는 정리 · 정돈을 효율적으로 운영하기 위해 교재 · 교구의 자리와 위치를 이용하기 편한 곳에 구성하고 유아들이 쉽게 정리할 수 있도록 놀잇감의 정리 위치를 그림, 색깔 등으로 표시해 준다. 정리하는 데 시간이 다소 오래 소요되는 필요한 영역에는 전체 정리시간 전에 미리 정리 예고시간을 알려 준다. 교사는 유아들이 정리 · 정돈에 참여하는 태도나 노력 등 과정상의 경험을 중시하고 유아가 정리 · 정돈 일과에 참여하며 자기조절이나 또래 간 협력 등을 경험할 수 있도록 지도와 격려를 해 주어야 한다.

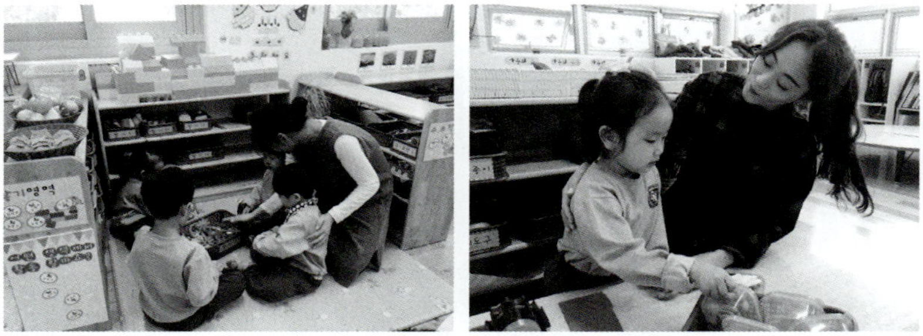

그림 7-3 정리 · 정돈을 지도하는 유아교사

④ 화장실 다녀오기 및 손 씻기

유아들이 대소변을 해결하기 위해 화장실을 다녀오는 것은 자연스러운 생리현상이며 가장 기본적인 어린이집 일과 중의 하나이다. 유아들은 놀이에 참여하는 동안 개별적으로 자유롭게 화장실을 사용하거나, 놀이 및 정리가 끝난 후 교사가 학급 전체에게 화장실 가는 시간을 알려 주고 일정 순서에 따라 원하는 모든 유아가 화장실을 다녀오게 할 수 있다. 특히, 연령이 낮은 유아들의 경우 화장실을 이용하기 위해 옷을 벗고 입기, 화장실 이용 및 처리하기 등을 어려워할 수 있으므로 세심한 지도가 필요하다. 또한, 화장실 이용 및 급·간식 전후 등의 일상생활에서 손 씻기가 습관화될 수 있도록 평소 손 씻기의 중요성이나 바른 손 씻기 방법 등을 반복적으로 지도한다.

그림 7-4 화장실 및 손 씻기를 지도하는 교사

⑤ 간식

어린이집은 하루 일과가 종일제 프로그램으로 진행되므로 간식은 대체로 오전과 오후에 두 번 이루어진다. 그러나 어린이집의 특성, 유아 및 가정의 양육환경에 따라 유아들의 등원시간이 이르거나 귀가시간이 늦는 경우 추가 간식이 제공되기도 하므로 융통성 있게 운영한다. 간식의 운영방법은 유아들이 자유롭게 먹을 수 있도록 간식 공간을 마련하거나 전체적으로 간식시간을 두어서 운영하는 방법이 있다. 전자의 경우, 유아들이 놀이하다가 먹지 못하는 경우가 있으므로 세심하게 체크하는 것이 필요하며 후자의 경우, 유아들이 먹는 속도에 개인차가 있으므로 이를 고려하여 시간을 적절하게 배정하는 것이 필요하다. 따라서 교사는 간식시간이 유아들에게 좀 더 적절한 방법과 시간구성으로 운영될 수 있도록 유아의 특성이나 운영 시기, 그 날의 학급상황 등을 고려할 필요가 있다.

그림 7-5 간식지도를 하는 유아교사

⑥ 대 · 소집단 활동

대 · 소집단 활동시간은 학급 전체 또는 유아들을 5~6명의 소그룹으로 나누어 교육 및 일상활동을 전개하는 시간이다. 일과 소개 및 계획, 이야기 나누기, 다함께 노래 부르기, 언어활동(동화 · 동시 · 동극), 신체활동, 게임, 점심식사 등은 주로 집단활동으로 진행되는 경우가 많다. 이외 일과 간의 연계가 필요한 경우, 즉 하나의 활동이 끝나고 새로운 활동으로 전환이 원활히 이루어질 수 있도록 전이 및 주의집중 활동(노래, 수수께끼, 손 유희 등)을 하는 경우도 짧은 시간 동안 집단활동이 전개된다. 또한, 특정한 주제를 다루며 구체적인 개념 이해가 필요하거나 흥미영역(미술,

음률, 과학영역 등)에서 특정기술, 도구 사용 등에 있어 교사의 구체적인 지도와 구성원 간 밀접한 상호작용이 필요한 경우 집단구성원의 수를 줄여 좀 더 소집단 형태로 활동을 진행한다.

집단의 크기는 활동유형 및 특성, 교사 수, 공간 등을 고려해서 결정해야 하며 연령이 어릴수록 발달차가 크고 개인 성향이 뚜렷하므로 대집단보다는 유아발달 및 요구에 맞추어 진행하는 소집단 활동이 더욱 적절하다. 그러나 유아의 연령이 점차 높아지고 유아가 성장하면서 집단활동 참여를 통해 다양한 사회기술, 자기표현력, 구성원 간 협력 등이 이루어지므로 집단활동 참여를 확대할 필요가 있다. 만 5세의 경우 소집단별 프로젝트, 토론활동 등을 통해 유아들이 또래집단 내에서 지식과 정보를 공유하며 협의과정을 거쳐 공동의 목표를 수행해 가는 기회를 가지도록 한다. 또한, 어린 연령에 비해 좀 더 형식적이고 구조화된 집단활동에 참여하게 하여 규칙 이해 및 준수하기, 자기조절력 및 타인조망수용능력 기르기 등의 기회를 가짐으로써 이후 초등교육의 구조화된 집단활동 수업에 좀 더 원활히 참여할 수 있는 기초경험이 이루어질 수 있도록 한다.

그림 7-6 대 · 소집단 활동을 지도하는 유아교사

⑦ 실외 놀이

실외 놀이시간은 유아들이 왕성한 움직임의 욕구를 자유롭게 발산하며 신체운동능력을 기르고, 심리적 긴장감을 해소하는 중요한 일과이다. 유아들에게 실외 놀이시간은 매우 인기 있고 즐거운 일과로서 유아는 실외 활동을 통해 장시간 실내에서 지내 부족할 수 있는 신체경험과 표현의 자유로움을 누릴 수 있다. 실외

활동은 유아의 경우 매일 1시간 이상 전개되는 것이 바람직하며(보건복지부, 2013), 운영 시기 및 시간은 날씨와 계절에 따라 조절한다. 예를 들어, 여름에는 오전 일과 중에 실외 놀이를 운영하여 유아들이 더위와 뜨거운 햇빛을 피할 수 있도록 하고, 겨울에는 한낮에 실외 놀이를 실시하여 좀 더 따스한 기온에서 활동할 수 있도록 한다.

무엇보다도 실외 놀이시간에는 유아들이 실내에서 하지 못하는 다양한 신체적 도전과 표현을 시도하는 경우가 많으므로 유아들의 자유로운 움직임이 가능한 공간 확보, 안전한 환경 제공이 중요하다. 특히, 어린이집의 인근 놀이터나 조금 먼 거리의 공원을 이용할 경우, 식수·비상약·휴지 등의 물품을 준비해 나간다.

그림 7-7 실외 놀이를 지도하는 유아교사

⑧ 식사 및 양치하기

어린이집에서의 식사는 주로 점심 급식으로 이루어지는 경우가 많다. 그러나 보육프로그램 특성이나 유아의 양육환경에 따라 점심식사와 함께 아침식사 또는 저녁식사가 제공되는 경우도 있다. 예를 들면, 유아들 중 부모의 직장 출·퇴근시간에 따라 어린이집에서 아침이나 저녁식사 등을 해결해야 하는 경우가 있으며, 이러한 경우 하루 동안의 유아 식사가 대부분 어린이집 일과에서 이루어지게 되므로 식사시간 운영에 있어서 영양 조절 및 개인특성 등에 대해 좀 더 세심한 배려가 필요하다.

어린이집에서의 식사는 효율적인 일과 운영을 위해 대부분 집단급식으로 이루어지며, 유아는 급식시간을 통해 식사시간에 지켜야 할 예절, 올바른 도구 사용 및 식습관 형성, 영양지식 등을 학습할 수 있다. 이처럼 어린이집에서의 급식은 유아에게 식생활과 관련된 적절한 습관 형성 및 학습이 이루어지는 장점이 있으나 집단형태를 띠므로 자칫 식사시간에 나타나는 유아의 개별 성향이나 요구가 간과되기 쉽다. 따라서 교사는 전체 유아를 대상으로 하는 식습관 지도와 함께 식생활에 대한 유아의 개인 요구나 특성에 유의한 개별지도를 병행해야 한다. 이를 위해 부모와의 긴밀한 소통과 협조 속에서 유아의 식습관, 식성, 특이사항 등을 세밀하게 파악하여 식사시간이 유아에게 좀 더 개인적인 일과가 될 수 있도록 하고 교사의 개별적인 지도와 상호작용이 가능한 시간으로 운영해야 한다. 식사시간이 끝난 직후 유아에게 양치시간을 제공하여 치아를 건강하게 관리할 수 있도록 한다. 연령이 어린 유아들의 경우 유아가 먼저 양치질을 한 후 교사가 점검해 주고, 연령이 높은 유아들의 경우에도 칫솔질에 미숙한 경우가 많으므로 교사가 정기적으로 올바른 양치방법을 지도하고 유아들의 양치 상태를 확인한다.

그림 7-8 식사 및 양치질을 지도하는 유아교사

⑨ 휴식 및 낮잠 / 오후 간식

어린이집 종일제 프로그램 안에서 장시간 보육을 받는 유아들에게 휴식시간은 건강한 성장·발달을 위해 필수적인 일과이다. 유아들은 전반적으로 움직임이 많

고, 스스로 활동시간과 쉬는 시간을 구분하기 어려운 경우가 많다. 유아반이 되면 낮잠을 잘 자지 않는 경향이 있으나 낮잠과 휴식의 제공은 필요하다. 유아들은 신체 상태가 좋지 않아도 놀이에 참여하고, 활동량이 많아 고단해도 놀이를 지속한다. 따라서 일정 시간 동안 유아들이 동적인 활동을 멈추고 신체적·정신적으로 휴식을 취할 수 있는 일과 운영이 필요하다.

교사는 하루 일과 중 규칙적으로 일정 시간의 휴식 및 낮잠시간을 계획하여 유아들이 편안하게 쉬는 시간을 갖고 다음 활동을 위해 재충전할 수 있도록 지원해 준다. 이를 위해 낮잠을 자고 싶어 하는 유아들은 잠자리에 누워 1시간 정도 낮잠을 잘 수 있도록 도와주거나 낮잠을 자지 않는 유아들은 조용한 영역에서 책 보기, 퍼즐 맞추기 등 정적인 놀이를 하며 휴식을 취하도록 한다. 낮잠시간에 제공되는 이불, 베개 등은 유아가 가정에서 가져온 것을 개별적으로 사용하고 유아들이 조용히 수면을 취할 수 있도록 커튼, 블라인드 등으로 채광을 약간 어둡게 해준다. 유아들이 충분히 휴식을 취한 후에는 정리·정돈을 하고 오후 간식시간을 갖는다. 간식시간을 통해 유아들이 적절한 영양을 섭취하고 자연스럽게 오후 일과로 전이될 수 있도록 함으로써 이후 놀이 및 활동에 즐겁고 활기 있게 참여할 수 있도록 돕는다.

그림 7-9 휴식 및 낮잠과 오후 간식을 지도하는 유아교사

⑩ **평가 및 귀가지도**

어린이집에서 유아의 귀가는 오후 놀이를 하는 가운데 부모나 조부모 등 가족이 유아를 데리러 오는 시간에 자유롭게 이루어진다. 또한, 시간 연장 보육에 참여하는 경우 저녁 늦게까지 어린이집에 남아서 야간에 귀가하는 경우도 있다. 이처럼 유아의 상황에 따라 귀가시간에 차이가 있으며 학급 담임교사는 대체로 오후 6~7시경 일과를 마무리하게 된다. 교사는 다른 학급과의 통합보육이 이루어지기 전에 담당 학급 유아들과 하루 일과를 마무리하고 평가하는 시간을 갖는다. 교사와 유아들이 모여 함께 노래 부르기, 동화 읽기 등의 전이활동을 하고 오늘 하루 일과 및 놀이활동에 대해 간단히 회상 및 평가해 본다. 유아들이 기억에 남는 활동이나 일과 등에 대해 자신의 생각과 느낌을 이야기할 수 있도록 하고, 교사는 유아의 의견 및 평가에 수용적인 태도로 상호작용해 주며 이를 다음 날 일과에 반영한다.

그림 7－10 귀가를 지도하는 유아교사

3. 유아교사의 상호작용

유아들이 얻는 대부분의 경험은 교사와 유아의 상호작용을 통해 이루어지며, 교사와 유아 간 양질의 상호작용 경험은 교육의 질을 결정하는 주요한 요인이다. 유아발달은 주변 환경과의 지속적인 접촉과 상호작용을 통해 이루어지므로 교사의 민감하고 적절한 상호작용은 유아발달을 최적으로 이끌 수 있다. 이와 같이 교사는 유아와의 상호작용을 통해 유아들의 교육활동을 유지하거나 촉진할 수 있고,

경험의 폭을 확장시킬 수 있으며 또래 간의 사회적 관계를 긍정적으로 형성하고 유지하는 데 공헌함으로써 유아들의 제 발달영역의 균형 있는 발전을 도모할 수 있다. 그러나 교사와 유아 간의 상호작용은 개별 유아와의 직접적인 관계를 통해 이루어지는 상황에 따라 매우 역동적인 특성을 갖고 있다. 교육과정 계획이나 환경구성 및 평가에서 교사가 시간을 갖고 생각할 시간적 여유가 없기 때문에 순간순간 매우 민첩하고 적절한 의사결정을 통해 상호작용을 해야 하는 어려움이 있다. 따라서 교사는 개개인의 발달과 관심, 상황의 전후 맥락, 교육의 목적 등에 기초해 가장 최선의 상호작용 내용과 유형을 결정하고 실천할 수 있어야 한다(서동미, 2007).

유아는 이미 충분한 능력을 가지고 있으며 유아 나름대로 사고와 문제해결력을 지니고 있다고 믿는 교사는 교육은 유아와 공동으로 구축해 가는 과정이고, 문제를 해결하는 과정은 서로 다르며 다양한 사고가 존재할 수 있다는 구성주의적 관점에서 상호작용을 전개할 것이다. 반면에 교육이 성인에 의해서 계획되고 전개되는 과정이라고 생각하는 교사는 지시와 반복, 연습에 의한 교수방법과 상호작용을 선호할 것이다. 하나의 답을 정해 놓고 유아들이 그 답을 말하도록 하는 상호작용은 바람직하지 않다. 유아교사가 피해야 할 상호작용에는 명령하기, 비교하기, 정답 요구하기, 무표정한 얼굴하기, "기다려"라고 말하기, 무시하기가 있다(신혜원 외, 2016).

긍정적인 상호작용을 위한 일반적인 원칙은 다음과 같다.

첫째, 유아의 감정 존중하기
둘째, 감정을 언어로 표현하도록 돕기
셋째, 간단하고 명료하게 상호작용하기
넷째, 적절한 시기에 교사 개입하기
다섯째, 유아의 충동을 조절하도록 격려하기
여섯째, 교사의 긍정적인 기대하기
일곱째, 긍정적인 상호작용의 모델 제공자로서의 교사역할 수행하기

4. 유아교사의 어려움과 보람

1) 유아교사의 어려움

유아교사는 기본적으로 과중한 업무 부담을 갖고 있다. 유아교사는 부모상담, 수업, 차량지도, 교실정리, 환경구성, 수업준비, 행정업무, 식사지도 등 온갖 종류의 업무를 해야 하고, 야근하거나 퇴근 후 집에서조차 해야 하는 '올라운드 멀티 플레이어'가 되어야 한다(이가형, 정선아, 2015). 영아반과 달리 유아반 교사들은 교육적인 수업 준비와 초등학교와의 연계, 다양한 행사와 같은 어려움을 호소하고 있다(김은주, 2010). 다음은 유아반 교사의 어려움에 대한 내용이다.

(1) '보여 주기' 행사의 어려움

유아반은 영아반과 달리 행사가 많다. 유아를 위한 다양한 행사를 통해 경험을 확대하고 교육적으로 활용하는 것은 바람직하지만 그 외에도 교육의 가시성을 보여 주어야 하는 차원에서 해야 하는 행사가 많다. 학예회, 졸업식, 음악 발표회, 특별활동수업, 글자지도 등 보여 주기 위한 교육과 행사로 인해 교사업무가 많아지고 본질적이지 않은 업무로 인한 심리적 부담을 갖는다. 연령이 높을수록 작품의 수준이나 양이 많아짐으로 인해 부담이 되기도 하며 부모에게 보여 주기 위해 유아들에게 유아들의 작품에 대한 높은 기대 수준을 요구하기도 한다. 한 해에 몇 차례 이루어지는 행사들은 교사의 시간과 노력을 요구하기 때문에 보람을 느끼기도 하지만 심리적·육체적 부담을 느끼기도 한다. 보육교사는 자신의 수업평가와 유아 이해를 위해서 결과물을 정리하기도 하지만 어린이집에서의 교육활동을 학부모에게 평가받고 인정받기 위해 유아들의 모든 활동에 구체적인 결과물을 챙기는 데 많은 시간을 소비하고 이로 인해 바쁜 일과를 보내는 것으로 나타났다.

학부모님한테 아이들하고 활동한 것들을 보내 드리면서 아이들이 원에서 무엇을 하면서 지내는지에 대한 이해를 돕는 목적도 있지만, 아무래도 이렇게 보내드리면 반응이 좋은 것 같아요. 특히, 요리활동을 할 경우에는 어떻게 포장을 해서 가정에 보내드릴까 염두에 두어야 해요. (중략) 아무래도 아직 우리 보육이 학부모들에 의한 평가가 중요하니까 그때그때 활동했던 것들을 잘 모아 매달 한 번씩 가정으로 보내드리고 있어요.

출처: 김은주(2010) 자료 재인용.

요새 진짜 바쁜 것 같아요. 뭐하다 보면 하루가 다 가고 퇴근시간이 훌쩍 넘어요. 요즘은 원내에서 행사를 하다 보니 할 일이 더 많은 것 같아요. 행사 준비를 하다 보면 수업 준비를 제대로 못하고 하루가 가네요.

출처: 장연주(2015) 자료 재인용.

(2) 수업 부담

영아교사와 달리 유아교사는 수업에 대한 준비 부담이 크다. 매일 보육계획안을 작성하고 이에 따라 수업을 준비하고 진행하고 평가하는 과정이 반복되는 것이 유아교사의 일과이다. 이 중에서 영역별 내용의 주제망을 작성하는 데 통합적으로 균형 있게 활동을 계획하는 것이 어렵고, 이러한 활동을 찾아서 작성하는 데에도 시간과 노력이 많이 걸리기 때문에 현실적으로 어려움을 느낀다. 특히, 원장에게 결재나 점검을 받아야 하기 때문에 심리적인 긴장과 갈등을 경험하기도 하고, 유아들의 호기심과 지적 능력의 발달로 확장·심화되는 교육내용을 선정하는 부분에서 전문적인 고민을 한다. 또한, 프로젝트나 레지오에밀리아 접근법처럼 유아의 흥미와 요구에 따라 변형하면서 기록하는 과정에서 교사는 기록과 함께 유아의 생각을 확산해 주는 방법을 모색해야 한다는 부담감을 느낀다.

사실 계획안을 이렇게 꼼꼼하게 구체적으로 짜 놓으면 편하긴 해요. 순서대로 준비된 자료를 사용하고. 그래도 저는 전에 유치원에서 공개수업도 하고 제법 수업에는 훈련이 된 상태라고 생각하는데… 저희 원장님이 계획안이나 수업을 엄청 강조하시거든요. 또 제가 7세반이라서 더 신경을 쓰게 되는 건 사실이에요.

출처: 김은주(2010) 자료 재인용.

레지오에밀리아 유아교육프로그램은 한 달에 한 번 연수를 받아야 했어요. 또 일정 기간이 지나면 한 아이에 대한 결과물을 포트폴리오로 만들어야 했는데 제가 스스로 잘하고 있는지에 대한 의구심이 들었어요. 연수를 받았음에도 불구하고 큰 의미가 없었고, 아는 내용을 듣는 것 같은 생각도 들었어요. 돌이켜보면 레지오에밀리아라는 프로그램도 어려웠지만 제가 기존에 해오던 단원별 수업활동에 익숙해진 모습에서 탈피하기 어려웠던 것 같아요. 왜냐하면 제가 해 오던 수업방법이 아닌 새로운 방법을 받아들이고 거기에 익숙해지는 것이 어려웠던 거죠.
출처: 하수경(2015) 자료 재인용.

아이들하고 있으면서 제가 아이들의 수준을 잘 모르는 것 같아요. 아이들 수준이 너무 다르니까. 제 방식대로 예측해도 어차피 못 맞추니까. 저는 항상 많은걸 가르쳐 주고 싶은데. 그런데 지금보다 초임 때 더 심했어요. 많은 것을 해 주고 싶은데 아이들이 잘 따라오지 못하니까. 그런데 제가 아이들의 수준을 잘 못 맞추어서 미안할 때도 있어요. 아이들이 즐거울 거라고 활동을 했는데, 제 실수 때문에 재미있게 못하니까 그냥 어려운거 같아요. 수업은 항상….
출처: 소예은(2016) 자료 재인용.

(3) 생활지도의 어려움

영아반과 달리 유아반 교사들은 기본생활습관과 집단생활지도를 통해 바른 인성과 예절지도에 많은 관심과 에너지를 쏟는다. 일과 중 대부분의 시간을 유아들이 예의 바르고 착하며 인사 잘하고 규칙을 잘 지키도록 가르치기 위해 노력하고 있다. 어른들께 바른 자세로 인사하기, 어른들께 존댓말 사용하기, 물건을 두 손으로 주고받기, 어린이집에서 지켜야 할 규칙 지키기 등을 가르치기 위해 유아를 칭찬하거나 비교하는 행위를 자주 한다. 이러한 생활지도에 있어서 유아반은 영아반보다 인원이 많고 이로 인해 개별적인 상호작용을 해 주지 못하거나 기다려야 하는 시간이 많다. 특히, 다툼이 생기거나 문제상황이 발생했을 때 자신만의 의견을 주장하는 유아가 중재되지 않는 경우도 있고 어떠한 상황이 벌어지기 전부터 울어버리는 유아, 의존적인 유아, 말보다 행동이 우선인 유아 등 문제행동을 지도하는 것과 적절하게 지도하는 방법을 모르기 때문에 교사는 어려움을 경험한다.

유아반 아이들은 의사소통이 되니까 영아반보다 좀 쉬울 거라고 생각했어요. 그런데 아이들이 많고 아이들마다 특성이 다르니까 아이들마다 제가 어떻게 해 줘야 하나 매번 고민이에요. 유아반인데도 너무 자기중심적으로 하는 아이도 있고 스스로 하는 것을 어려워하는 아이도 있어서 다 해 줘야 하고요. 너무 잘 삐지거나 울거나 하는 아이도 있고 화나면 친구를 밀거나 때리고 장난감을 집어 던지는 아이도 있어요. 아이들의 개성이 강하다고 봐야 하는 건지… 아이들을 볼 때마다 매번 제게는 숙제가 생기는 것 같아요.

출처: 이경미(2016) 자료 재인용.

저희 어린이집은 주변에서의 학부모님들 인식도 있고 전통도 오래되고, 대체로 기본적인 예절이나 규칙 지키기 등 기본생활습관지도를 중요하게 생각하고 꼼꼼하게 가르치는 편이에요. (중략) 학습적인 것도 중요하지만 우리 아이들이 앞으로도 공부를 열심히 잘할 수 있기 위해서는 우선 어릴 때부터 예절이나 공동체 생활에 맞는 규칙을 잘 지키는 태도가 먼저 갖춰져야 해요.

출처: 김은주(2010) 자료 재인용.

교사는 이와 같은 바른 행동과 생활습관을 지키지 않는 유아의 지도과정에서 어려움을 느끼기도 하고, 문제행동지도와 연결되어 어려움을 호소하기도 한다.

물을 마시는 데 친구를 밀어서 물이 튀었어요. 친구들이 가니깐 민수도 가려고 하더라고요. 이리 오라고 선생님이랑 얘기하자고 했더니 머뭇거리더라고요. 이런 아이한테 강하게 얘기하면 안 되잖아요. 그래서 "민수가 물이 먹고 싶었어? 그런데 친구가 먼저 물을 먹고 있는데 네가 밀어서 물이 다 튀지 않았니? 네가 물이 먹고 싶을 때는 선생님한테 먼저 얘기해 주면 좋겠어." 이렇게 얘기를 하니깐 계속 딴 데를 보더라고요. 듣기 싫은 얘기를 하니까. (중략) 그리고 나서 보니까 꿍해 있는 게 보이더라고요. 기분 나쁜 게 티가 나더라고요.

출처: 오인예(2016) 자료 재인용.

(4) 놀이지원의 어려움

4차 어린이집 표준보육과정의 놀이중심 · 유아중심 보육과정을 실행함에 있어 유아의 놀이를 중심으로 놀이가 확장되도록 지원하는 유아교사의 역할이 강조됨에 따라 교사는 놀이지원을 잘하고 있는지에 대한 어려움을 호소하고 있다. 놀이중심 교육과정은 유아가 놀이를 통해 가장 잘 배우며 놀이를 통해 교육내용을 경험하고 배움을 공고히 해 나갈 수 있도록 놀이와 보육과정을 연계하여 조직한 놀이경험을 제공해야 한다. 유아교사는 놀이와 놀이중심 교육과정에 대한 각기 다른 관점으로 실천과정에서 어려움을 경험한다(윤민아, 2019).

> 솔직히 말해도 돼요? 놀이는 알겠는데, 놀이중심교육은 잘 모르겠어요. 이렇게 말하면 놀이도 잘 모르겠다는 말이 맞는 것 같아요. 갑자기 놀이중심을 다시 강조하니까. 지금까지의 것은 아니었나 싶은 생각도 들고 너무 혼란스러워요.(중략) 놀이에 대한 새로운 정의가 있나요? 아니면 놀이를 다시 정의 내려야 하는 건가요?
> (윤민아, 2019 재인용)

놀이환경의 조성, 놀이시간의 확보, 놀이지원의 방식이 점점 더 중요한 유아교사의 역할로 자리 잡음에 따라 유아교사는 지속적으로 유아가 중심이 되는 놀이에 대한 고민이 깊다. 관찰을 토대로 유아의 놀이가 확장되기 위한 방안 모색, 유아와 소통을 통한 놀이지원을 찾아가야 한다. 놀이에서 활동을 구상하고 활동에서 놀이로 연결될 수 있도록 유아의 놀이와 배움에 있어 교사의 징검다리 역할에 대한 이해가 필요하다.

2) 유아교사의 보람

보람이란 어떤 일을 하고 난 뒤에 얻어지는 좋은 결과나 만족감 또는 자랑스러움이나 자부심을 갖게 해 주는 일의 가치이다. 즉, 보람은 만족감이나 성취감으로 직업을 유지하고 발전하도록 유도하는 하나의 원동력이다. 유아교사는 유아와의 관계, 학부모와의 관계, 수업적인 전문성 등 여러 분야에서 보람을 경험하며, 특히 교사로서의 전문성을 느낄 때 보람을 경험하는 것으로 나타난다(소예은, 2016). 교사의 노력에 따라 유아의 성장・발달이 눈에 보이고 어린이집에서의 긍정적인 경험을 바탕으로 유아와 친밀하고 좋은 관계를 형성했을 때와 학부모로부터 인정을 받고 수업적인 성장의 기회를 갖게 되었을 때 교사로서 보람을 갖게 된다.

(1) 유아의 성장과 발달

대부분의 유아교사는 아이들의 변화에서 오는 뿌듯함을 첫 번째 보람으로 생각한다. 아무리 어린 유아라도 각 가정에서 교육받아 온 자신이 가지고 있던 습관이나 틀이 존재하기 때문에 이러한 것들을 짧은 시간에 바꾸는 것은 쉬운 일이 아니다. 인내심을 가지고 그들을 지켜보는 일은 매우 어려운 일이라는 것을 알기 때문에 교사들에게 아이들의 변화는 가장 큰 보람이다(조형숙 외, 2010). 계단을 오르지 못하던 유아가 계단을 능숙하게 올라간다든지, 쌓기놀이를 시작도 못했던 유아가 블록에 사물 이름을 붙이면서 놀이를 하고 구조물을 만드는 변화과정을 보면서 교사들은 보람을 느낀다. 대집단으로 모여 앉기, 스스로 먹기, 정리・정돈하기 등과 같은 기본생활습관이 잘 이루어지지 않던 유아들이 시간이 지날수록 교사의 반복적・지속적인 지도하에 기본적인 생활습관이 형성되고, 스스로 알아서 하는 행동을 보일 때 교사들은 보람을 느낀다. 이와 같이 교사들은 유아들의 성장과 변화하는 모습 속에서 놀라움과 보람을 경험한다.

어떤 아이는 5살 때 저희 유치원에 처음 왔는데 낯을 많이 가려서 말을 한마디도 안 하고, 부끄러워서 다른 아이들 앞에 나와서 발표도 못했어요. 그 아이의 어머니도 대단하신 게 끝까지 기다려 주셨어요. 저희가 "기다려 주세요. 기다려주세요"라고 계속 말씀드렸거든요. 그런데 그 아이가 7살이 되면서 정말 달라지는 거예요. 친구들 앞에서 서 있지도 못했던 아이가 그 많은 아이 앞에서 출석도 부르고, 새로운 아이들한테 이것저것 가르쳐 주는 거예요. 그럴 때 교사로서 정말 보람을 느끼게 되죠.

출처: 조형숙(2010) 자료 재인용.

옛날에는 쌓기놀이도 못했어요. 무언가를 만드는 것조차 안 못했어요. 9월쯤이었는데, 기다란 블록을 하나 가져와서 비행기라고 그러더라고요. 칭찬해 주었어요. 이제는 기차도 만들어요. 동그라미도 못 그렸는데, 그리기 시작했어요. 지도를 좀 했거든요. 제일 놀라웠어요.

출처: 소예은(2016) 자료 재인용.

모이는 음악, 정리 음악을 들려주어도 예전에는 그냥 돌아다녔는데 요즘은 정리 음악을 들려주자마자 자기 자리를 잘 찾아서 앉아요. 예전에는 그런 거 하나하나 다 알려줬어야 했거든요. 모이는 데 시간도 오래 걸리고. 그렇지만 지금은 바로바로 모여서 시간이 오래 안 걸려요.

출처: 소예은(2016) 자료 재인용.

(2) 유아와의 친밀한 관계

교사도 아이들로부터 힘을 얻는 존재이다. 유아와 긍정적인 관계를 맺고 유아들이 어린이집에 오는 것을 좋아하고 재미있는 곳이고 수업이 즐거웠다는 표현을 하면 교사는 뿌듯함과 동시에 자신의 직업에 보람을 느낀다. 다음은 이에 대한 교사의 이야기이다.

아이들은 담임교사가 최고인 줄 알아요. 제가 얼굴이 예쁜 것도 아니고, 그렇다고 나이가 어린 것도 아닌데 항상 "선생님이 최고!"라고 말해 줘요. 그럴 때마다 "내가 어디서 이런 사랑을 받을 수 있을까?"라는 생각이 들어요. 때론 제가 아이들에게 주는 사랑보다 더 많은 사랑을 받고 있는 것 같아서 아이들한테 미안하면서도 고마움을 느낄 때도 있어요. (중략) 학부모들을 생각하면 힘들 때마다 그만두고 싶지만 아이들을 생각하면 또 그렇게 안 되는 것 같아요. 제가 예쁜 편도 아니고, 나이가 어린 것도 아닌데 아이들이 선생님이 제일 예쁘다고 해주고, 최고라고 해 줘서 너무 고마워요. 그래서 또 유아교사를 하는 것 같아요.
출처: 조형숙 외(2010) 자료 재인용.

선생님을 굉장히 안 따르고 유치원에 오기 싫다고 울며 안 들어오려고 했던 아이들도 나중에 선생님을 따르고 스킨십도 많이 해요. 잘 알아 볼 수는 없지만 편지도 주고… (중략) '아, 아이들이 이제 나랑 교감이 되는구나.'라고 생각하면서 그 다음에 수업이 훨씬 잘 되고 그래요. 그래서 학기 초에 아이들과 먼저 친해져야 하는 것 같아요. 그런데 적응을 힘들어하는 유아들을 적응시키려면 많은 노력이 필요해요. 시간과 인내심도 필요해요. 나도 힘든데 애써서 웃어야 하고. 그래도 좋은 쪽으로 이야기해 주려고 해요. 일단 적응을 해야 하니까요.
출처: 소예은(2016) 자료 재인용.

"선생님 오늘 너무 재미있었어요. 오늘 수업이 너무 즐거웠고 저는 어린이집이 정말 오고 싶어요."라고 이야기해 주면 보람을 느껴요. 그때가 제일 기쁘고요. '아, 그러면 내일도 더 재미있는 걸 준비해야지.'라고 생각해요. 수업을 할 때 얘들이 엄청 빠져 있고 재미있어 하는 게 느껴지면 '아, 내가 이거하려고 했지. 교사하길 잘했다.'라는 생각이 들어요.
출처: 소예은(2016) 자료 재인용.

(3) 수업에서 얻는 성취감

유아반 교사들은 아이들의 반응을 통해 학습성취도를 예측할 수 있다. 대부분의 교사는 아이들의 반응이 좋으면 자신의 수업이 성공했다고 느끼고 많은 연구와 준비로 수업이 성공적으로 잘 진행되었다고 느낄 때 보람을 느낀다(조형숙 외, 2010). 특히, 유아반은 수업 비중이 높기 때문에 유아교사들은 수업하는 시간 못지않게 수업 전에 미리 준비하는 시간도 중요하게 생각한다. 아이들과의 수업내용을 미리 계획하고 준비하면서 일에 대한 즐거움과 수업에 대한 기대감을 갖고 새로운 것을 시도하면서 교사로서의 전문성이 향상되고 있음을 경험한다. 새로운 아이들을 만날 때마다 아이들의 수준과 흥미, 호기심을 고려하고 융통성 있게 적용하여 같은 보육과정이지만 새로운 보육과정이 되도록 노력하고 새롭게 구성하고 있다. 다음은 이에 대한 교사들의 이야기이다.

> 매년 같은 또래의 아이들을 만나지만 또 다른 아이들을 만나게 되면서 매년 약간씩 색다른 경험을 한다는 느낌을 받아요. 그래서 새 학기를 준비하면서 '이번엔 어떤 일들이 펼쳐질까?' 기대가 많이 되기도 해요.
>
> 수업 준비를 하면서 '아, 이렇게 수업을 하면 아이들이 좋아하겠다.'라고 생각한 후에 수업을 진행해서 아이들이 좋아할 때 정말 기뻐요. 그리고 아이들이 그날 배웠던 것을 집에 가면서 신나서 이야기하는 걸 들을 때도 기분이 좋아요. 수업에 관련된 걸 물어봤을 때 잘 대답하면 '내가 그래도 수업을 제대로 하고 있구나.'라는 생각이 들어 뿌듯할 때도 있어요.
> 출처: 조형숙 외(2010) 자료 재인용.

보육교사는 교사로서의 전 생애를 통해 성장하고 발전한다. 제4부에서는 보육교사로서의 자질 향상을 위해 요구되는 보수교육과 장학에 대해 살펴보고, 보육교사의 성장과 발달에 영향을 미치는 스트레스 유발요인과 직무만족도, 스트레스 대처법에 대해 알아본다. 또한, 보육교사의 전문성 향상을 위해 반성적 사고를 통한 실천적 지식 증진방법에 대해서도 살펴본다.

Part 04

보육교사의 성장

Chapter

08

보육교사의 자기개발

Chapter 08 보육교사의 자기개발

보육교사는 급변하는 사회에 대처하고 영유아 및 가족의 다양한 요구에 부응하기 위해 보육교사로서의 자질을 지속적으로 향상시켜야 한다. 보육교사의 성장과 발달은 더 좋은 교사가 되고자 하는 교사 자신의 의지와 무관하지 않다.

본 장에서는 보육교사의 자질 향상을 위해 정부에서 주도하는 보수교육과 어린이집 내부에서 자율적으로 실시할 수 있는 장학에 관해 살펴보고자 한다. 보수교육에 대해서는 보건복지부가 발간한 『2021년 보육사업안내』를 참고하였다.

1. 보수교육

1) 보수교육의 정의 및 필요성

보수교육이란 보육교직원의 자질 향상을 위해 실시하는 교육으로 보육에 필요한 지식과 능력을 유지·개발하기 위해 정기적으로 받는 직무교육과 보육교사가 상위 등급의 자격(3급에서 2급, 2급에서 1급)을 취득하기 위해 받아야 하는 승급교육으로 구분된다.

직무교육에는 보육교사와 어린이집 원장을 대상으로 하는 일반직무교육(기본교육, 심화교육)과 영아보육, 장애아보육, 방과후보육을 담당하고 있는 보육교사와 원장을 대상으로 하는 특별직무교육이 있다. 상위 등급 자격 취득을 위한 승급교육에는 2급 승급교육과 1급 승급교육이 있다. 또한, 어린이집 원장 자격을 취득하고자 하는 자를 위한 원장 사전직무교육이 있다.

보건복지부는 보육교직원에게 매 3년마다 직무교육을 이수하도록 권장하고 있다. 특별직무교육을 이수한 경우에도 일반직무교육을 이수한 것으로 인정하며, 승급교육을 받은 사람은 일반직무교육을 이수한 것으로 본다. 그러나 영아보육교사, 장애아 보육교사, 방과후 보육교사가 특별직무교육을 이수하지 않으면 영아전담, 장애아전담, 방과후 전담교사로 근무할 수 없다.

보육교사를 위한 보수교육의 필요성은 두 가지로 살펴볼 수 있다.

첫째, 급변하는 사회에서 보육교사도 그에 알맞은 자질과 역량을 갖추어 영유아에게 질 높은 교육과 보육을 제공해 줄 필요가 있다. 양성과정에서 배운 내용만으로는 변화하는 보육현장의 업무를 효율적으로 수행할 수 있는 능력을 갖추기에는 부족하기 때문이다.

둘째, 평생교육과 생애교육의 차원에서 보육현장의 교사들도 전 생애에 걸쳐 학습함으로써 자기개발을 할 필요가 있다.

어린이집 보수교육의 유형, 대상, 기간에 대한 구체적인 내용은 〈표 8－1〉과 같다.

표 8－1 교육 구분별 보수교육 대상자

교육 구분			교육 대상	교육시간	비고
직무교육	일반직무교육	보육교사	현직에 종사하고 있는 보육교사로서 보육업무 경력이 만 2년을 경과한 자와 보육교사 직무교육(승급교육 포함.) 받은 해부터 만 2년이 경과한 자	40시간	매 3년마다
		원장	어린이집의 원장의 직무를 담당한 때부터 만 2년이 지난 경우	40시간	매 3년마다
	특별직무교육	영아보육	영아보육을 담당하고 있는 일반직무교육 대상자와 영아보육을 담당하고자 하는 보육교사 및 어린이집 원장	40시간	이수하고자 하는 자
		장애아보육	장애아보육을 담당하고 있는 일반직무교육 대상자와 장애아보육을 담당하고자 하는 보육교사 및 어린이집 원장	40시간	이수하고자 하는 자
		방과후보육	방과후보육을 담당하고 있는 일반직무교육 대상자와 방과후보육을 담당하고자 하는 보육교사 및 어린이집 원장	40시간	이수하고자 하는 자

교육 구분		교육 대상	교육시간	비고
승급교육	2급 승급교육	보육교사 3급의 자격을 취득한 후 보육업무 경력이 만 1년이 경과한 자	80시간	이수하고자 하는 자
	1급 승급교육	보육교사 2급의 자격을 취득한 후 보육업무 경력이 만 2년이 경과한 자 및 보육교사 2급의 자격을 취득한 후 보육 관련 대학원에서 석사학위를 취득한 경우 보육업무 경력이 만 6개월이 경과한 자	80시간	이수하고자 하는 자
원장 사전 직무 교육	–	「영유아보육법 시행령」 [별표 1] 제1호의 가목부터 라목(일반, 가정, 영아전담, 장애아전담 어린이집 원장)까지 어느 하나의 자격을 취득하고자 하는 자	80시간	이수하고자 하는 자

출처: 보건복지부(2021). 2021년도 보육사업 안내.

2) 보수교육의 내용

보수교육의 내용은 인성·소양, 건강·안전, 전문지식·기술(장애 및 다문화 실제, 보육활동 운영의 실제, 가족 및 지역사회 협력)의 영역으로 구성되어 있다. 보건복지부(2021)가 제시하는 보수교육내용의 공통사항은 다음과 같다.

① 보육교직원 보수교육 대상자가 육아종합지원센터와 어린이집안전공제회가 주관하는 안전교육 및 아동학대예방교육을 수료한 경우, 동일연도 내 보수교육 건강·안전 영역 중 해당 과목을 이수한 것으로 인정하여 면제

② 교육영역별 이수시간을 고려하여, 보수교육기관에서 일부 교과목 선택하여 운영·개설 가능

예 「보육활동 운영의 실제」와 「가족 및 지역사회 협력」 영역의 경우 교과목 일부 선택 이수 가능

③ 「건강·안전」 영역의 응급처치 관련 교육은 심폐소생술, 응급처치 실습 등 이론보다 실습 위주로 교육하도록 함

④ 「건강·안전」 영역 교육에서 「긴급복지지원법 시행규칙」 제2조의3에 따른 긴급지원 신고의무자에 대한 내용을 1시간 이상 포함하여 교육하도록 함

⑤ 특별직무교육 내 건강·안전영역에서 어린이집 성문제 대응교육을 포함하여 실시하도록 함

⑥ 「보육통합정보시스템 이해 및 실제」 교과목은 사회보장정보원에서 교육자료 제공 등 교육 협조

보수교육의 교과목 및 교육시간을 일반직무교육과정, 승급교육과정, 특별직무교육과정으로 나누어 살펴보면 〈표 8-2〉, 〈표 8-3〉, 〈표 8-4〉와 같다.

표 8-2 보육교사 일반직무교육

영역		일반직무교육(기본과정)		일반직무교육(심화과정)	
		교과목	시간	교과목	시간
인성·소양 (8시간)		• 보육교사와 인권 – 인권에 대한 이해 (성인지 교육내용 포함) – 교사와 아동의 인권 존중 이해	3	• 보육교사의 인문적 소양 – 행복한 교사되기 (성인지 교육내용 포함)	3
		• 보육교사의 직무 역량 강화 – 보육교사 직무 이해 – 보육교사 의사소통 기법 훈련	3	• 보육교사의 직무 역량 강화 – 보육교사 리더십 키우기 – 기관 구성원 간 멘토링 실행	3
		• 보육교사의 건강관리 – 보육교사의 신체·정신건강 이해·관리	2	• 보육교사의 건강관리 – 보육교사의 신체·정신건강 이해·관리	2
건강·안전 (9시간)		• 안전사고 예방교육 – 재난 대비, 교통안전 등	3	• 안전사고 예방교육 – 재난 대비, 교통안전 등	3
		• 보건위생관리 – 감염병 및 약물 오·남용, 응급처치	3	• 보건위생관리 – 감염병 및 약물 오·남용, 응급처치	3
		• 아동학대, 성폭력, 실종 예방 및 사후관리 – 아동학대의 이해 – 성폭력 및 실종 예방교육 – 어린이집 성문제 대응교육	3	• 아동학대, 성폭력, 실종 예방 및 사후관리 – 아동학대의 이해 – 성폭력 및 실종 예방교육 – 어린이집 성문제 대응교육	3
전문지식·기술 (23시간)	장애 및 다문화 실제 (4시간)	• 다문화교육 이해와 실제 – 현장 사례중심 분석	2	• 다문화 교육과정 심화 – 다문화 프로그램 개발	2
		• 장애통합보육 운영 실제 – 개별화 프로그램 이해, 개발	2	• 장애통합보육 운영 실제 – 개별화 프로그램 적용 및 부모 협력 강화	2

<table>
<tr><th colspan="2" rowspan="2">영역</th><th colspan="2">일반직무교육(기본과정)</th><th colspan="2">일반직무교육(심화과정)</th></tr>
<tr><th>교과목</th><th>시간</th><th>교과목</th><th>시간</th></tr>
<tr><td rowspan="9">전문
지식
·
기술
(23시간)</td><td rowspan="8">보육
활동
운영의
실제
(16시간)</td><td>• 영유아 관찰 및 기록 실제
– 신체 · 인지 · 언어 · 정서 등 발달 관찰 및 사례 분석</td><td>3</td><td>• 영유아 관찰 · 기록의 활용
– 관찰 · 기록 분석 및 영유아 발달 평가와 상담 활용능력 키우기</td><td>3</td></tr>
<tr><td>• 영유아 부적응 행동의 이해
– 부적응 행동유형의 이해 (불안, 위축, 공격, 주의 산만 등)</td><td>2</td><td>• 영유아 행동유형별 발달 지원
– 부적응 행동 예방과 지도</td><td>2</td></tr>
<tr><td>• 보육 정보 탐색의 적용과 사례
– 인터넷 등 정보 활용방법, 보육통합정보시스템 이해</td><td>2</td><td>• 보육교사의 놀이 참여 및 확장 · 연계
– 영유아 놀이 관찰, 개입을 통한 확장 및 연계 교수–학습방법</td><td>2</td></tr>
<tr><td>• 디지털 시대의 교수매체 활용 및 적용
– 인터넷, 스마트기기 등의 교수매체로서의 활용방법 이해 및 실습</td><td>3</td><td>• 영유아프로그램 계획 및 운영
– 보육 대상 및 철학에 따른 보육프로그램 운영</td><td>3</td></tr>
<tr><td>• 영유아 인성교육의 실제
– 기본생활습관지도 및 활동에 따른 인성교육 실제 사례</td><td>3</td><td>• 영유아 인성교육의 심화
– 기관 및 영유아의 발달특성에 인성교육 계획 실습</td><td>3</td></tr>
<tr><td>• 영아교사의 상호작용 전략 (선택)
– 영아발달, 흥미, 놀이에 따른 교수–방법학습</td><td>3</td><td>• 어린이집 시설 · 설비관리 (선택)
– 어린이집 시설 · 설비관리 능력 학습</td><td>3</td></tr>
<tr><td>• 유아교사의 상호작용 전략 (선택)
– 유아발달, 흥미, 놀이에 따른 교수–방법학습</td><td>3</td><td>• 동료수업 멘토링(선택)
– 동료교사 간 수업 지원능력 학습</td><td>3</td></tr>
<tr><td>• 보수교육기관 자체 개발 교과목 (선택)</td><td>3</td><td>• 보수교육기관 자체 개발 교과목 (선택)</td><td>3</td></tr>
<tr><td>가족 및
지역사회
협력
(3시간)</td><td>• 부모–교사 의사소통의 이해와 실제(선택)
– 부모–교사 간 의사소통 이해 및 갈등상황 시 소통 능력 함양</td><td>3</td><td>• 열린 어린이집 계획 및 운영 (선택)
– 열린 어린이집 개념과 환경 구성
– 열린 어린이집 계획과 운영 실제</td><td>3</td></tr>
</table>

영역		일반직무교육(기본과정)		일반직무교육(심화과정)	
		교과목	시간	교과목	시간
		• 부모 개별면담 기법(선택) – 성공적인 부모면담 위한 대화법	3	• 지역사회 연계 프로그램 사례 분석(선택) – 지역 내 육아 인프라 활용 능력 함양	3
계		15과목	40	15과목	40

출처: 보건복지부(2021). 2021년도 보육사업 안내.

표 8-3 보육교사 승급교육

영역	2급 승급교육		1급 승급교육	
	교과목	시간	교과목	시간
인성 · 소양 (11시간)	• 아동복지와 인권의 이해 – 사례중심 아동권리에 대한 민감성 증진	4	• 아동복지와 인권의 실제 – 사례중심 아동권리에 대한 민감성 증진	4
	• 보육교사의 역할과 윤리 – 보육교사 2급의 역할 및 직업윤리	4	• 보육교사의 역할과 윤리 – 보육교사 1급의 역할 및 직업윤리	4
	• 보육교사의 건강관리와 힐링 – 보육교사의 신체 및 정신 건강 이해 – 실습중심 질환 예방법 및 대처법	3	• 보육교사의 건강관리와 힐링 – 보육교사의 신체 및 정신 건강 이해 – 실습중심 질환 예방법 및 대처법	3
건강 · 안전 (12시간)	• 영유아 건강 · 안전교육 계획 및 실행 – 건강 · 안전교육 계획 및 실행 실습	3	• 영유아 건강 · 안전교육 계획 및 실행 – 건강 · 안전교육 계획 및 실행 실습	3
	• 안전사고 예방교육 – 재난 대비, 교통안전 등	3	• 안전사고 예방교육 – 재난 대비, 교통안전 등	3
	• 보건위생관리 – 감염병 및 약물 오 · 남용, 응급처치	3	• 보건위생관리 – 감염병 및 약물 오 · 남용, 응급처치	3
	• 아동학대, 성폭력, 실종 예방 및 사후관리 – 아동학대 예방 기초, 개입 과정 – 성폭력, 실종 예방교육 – 어린이집 성문제 대응교육	3	• 아동학대, 성폭력, 실종 예방 및 사후관리 – 아동학대 이해 및 어린이집에서의 아동학대 – 성폭력, 실종 예방교육 – 어린이집 성문제 대응교육	3

영역		2급 승급교육		1급 승급교육	
		교과목	시간	교과목	시간
전문 지식 · 기술 (55시간)	장애 및 다문화 실제 (8시간)	• 다양한 가정의 영유아 이해 – 다양한 가정의 이해 – 다양한 가정 영유아의 특성에 따른 발달적 지원방법	4	• 다문화 가정의 영유아 지원 – 다문화 가정 영유아의 생활 및 발달 지원, 보육 지원 등 사례중심	4
		• 장애 영유아의 이해 – 발달기 영유아의 다양성 이해 – 영유아 선별, 장애 진단, 중재의 중요성	4	• 장애 영유아의 이해 및 지원 –특수 영유아 특성별 지도 –기관 내 장애 영유아 지원 관리 방안	4
	보육활동 운영의 실제 (39시간)	• 영유아 관찰 사례 이해 및 실제 – 관찰의 기초, 관찰 · 기록 이해 – 일상생활 및 놀이행동, 상호작용 관찰 실습	4	• 영유아 관찰 및 평가 – 관찰도구의 활용 – 관찰 · 기록을 평가에 활용하는 방안	4
		• 대 · 소집단 활동 운영 – 대 · 소집단 활동 운영을 위한 교수–학습방법	4	• 대 · 소집단 활동 운영의 실제 – 대 · 소집단 활동 운영 실습	4
		• 신체 · 예술(음률)활동 운영 – 신체 · 예술영역 발달의 이해 – 신체 · 예술활동 운영방법	4	• 신체 · 예술(음률)활동 운영의 실제 – 신체 · 예술(음률)활동 운영 실습	4
		• 언어, 수 · 과학활동 운영 – 언어, 수 · 과학영역 발달의 이해 – 언어, 수 · 과학활동 운영 방법	4	• 언어, 수 · 과학활동 운영의 실제 – 언어, 수 · 과학활동 운영 실습	4
		• 역할 · 쌓기놀이활동 운영 –역할 · 쌓기놀이영역 발달의 이해 –역할 · 쌓기놀이활동 운영방법	4	• 역할 · 쌓기놀이활동 운영의 실제 – 역할 · 쌓기놀이활동 운영 실습	4
		• 보육계획 수립 및 보육일지 작성 – 보육계획의 원리, 연계성 있는 보육계획 – 보육일지 작성의 원리, 일과 계획 작성, 일과의 실행과 평가 작성	4	• 보육일지 작성의 실제 – 보육일지 작성 실습	4
		• 표준보육과정의 이해 및 평가 – 제3차 어린이집 표준보육과정 총론, 0–1세 보육과	4	• 보육실습 지도의 적용과 사례 – 보육실습 지도의 의의, 계획, 운영, 평가	4

영역		2급 승급교육		1급 승급교육	
		교과목	시간	교과목	시간
전문 지식 · 기술 (55시간)		정(6개 영역 목표, 내용체계), 2세 보육과정(6개 영역 목표, 내용범주, 내용) – 표준보육과정 운영평가	4		
		• 누리과정의 이해 및 평가 – 3–5세 누리과정 5개 영역 목표, 내용범주, 내용 – 누리과정 운영평가	4	• 어린이집의 개인정보 보호 · 관리 – 개인정보보호 관련법에 대한 이해 – 개인정브가 포함된 문서 관리 – CCTV 관련 개인정보관리	4
		• 영유아 행동의 발달적 이해 – 사례중심 발달영역별 영유아 행동의 이해 및 지원	4	• 영유아 문제행동 조기 발견 – 영유아 사회 · 정서발달과 적응지도 – 발달적 지원과 치료적 접근이 필요한 영유아 이해 – 사례중심 문제행동 지원 방법	4
		• 실내 · 외 놀이환경 구성 – 실내 · 외 놀이환경 구성의 기본요건, 원리, 실제 및 평가	3	• 어린이집 환경구성 및 관리 – 어린이집 환경구성의 원리 및 관리 실제	3
	가족 및 지역사회 협력 (8시간)	• 다양한 부모–자녀관계의 이해 – 가족형태의 다양화, 부모 역할, 건강한 부모–자녀 관계 형성	4	• 부모참여 계획 및 실행 – 부모참여의 실제 및 활성화 방안	4
		• 부모참여 및 상담 실제 – 부모참여활동 계획 – 부모상담을 위한 준비 및 실습	4	• 지역사회 연계활동 계획 및 운영 – 보육과정, 장소, 활동에 따른 지역사회 연계활동계획	4
평가시험		• 2급 승급교육 평가시험	2	• 1급 승급교육 평가시험	2
계		21과목+평가시험	80	21과목+평가시험	80

출처: 보건복지부(2021). 2021년도 보육사업 안내.

표 8-4 특별직무교육

영역		영아보육	장애아보육	방과후보육
인성·소양 영역		• 보육교사의 건강관리 • 영아보육교사의 역할과 윤리 • 아동권리와 영아학대 예방	• 장애아동 복지와 장애 인식개선 • 장애아 보육교사의 역할과 윤리 • 아동권리와 장애아 학대 예방	• 현대사회 변화와 방과후 보육의 이해 • 방과후보육교사의 역할과 윤리 • 아동권리와 아동학대 예방
건강·안전 영역		• 영아 건강교육 • 영아 안전사고 예방교육 • 보건위생관리	• 장애아급식 및 영양관리 • 장애아 안전사고 예방 및 대응 • 장애아 보건위생관리	• 초등학생의 보건·위생관리 • 초등학생의 안전사고 예방 및 대응
전문지식·기술	보육활동 운영의 실체	• 영아 일상생활지도 I • 영아 일상생활지도 II • 표준보육과정 운영의 실제 • 영아 놀이지도 • 감각탐색활동 영역 • 역할·쌓기 영역 • 신체활동 영역 • 언어 영역 • 예술(음률, 미술) 활동 • 실외놀이 활동 • 영아 적응프로그램 • 영아행동관찰과 평가 • 영아와의 상호작용 실제	• 장애아의 이해 I • 장애아의 이해 II • 일반보육과정에 기반한 장애영유아 교수방법 I • 일반보육과정에 기반한 장애영유아 교수방법 II • 운동발달 교수방법 • 의사소통 발달 교수방법 • 사회성 발달 교수방법 • 인지발달 교수방법 • 자조기술 발달 교수방법 • 개별화교육프로그램 작성 • 개별화교육프로그램 실행 및 평가 • 긍정적 행동 지원	• 초등학생의 발달적 특성 • 초등학교 교육과정의 이해 • 초등학생을 위한 교수-학습방법 • 학습지도 • 숙제 및 과제 지도 • 놀이지도 • 방과후 교육 프로그램에 대한 이해 I • 방과후 교육 프로그램에 대한 이해 II • 방과후 교육 프로그램에 대한 이해III • 초등학생 생활지도 • 초등학생 문제행동 지원
	가족 및 지역사회 협력	• 영아 부모 상담 실제	• 장애영유아 가족지원 • 지역사회 연계	• 초등학생 부모와의 상담 및 연계 • 방과후 아동을 위한 지역사회연계
	장애 및 다문화 연계			• 학령기 장애아동의 이해와 교사지원 • 다문화사회와 아동
계		20과목, 40시간 (과목당 2시간)	20과목, 40시간 (과목당 2시간)	20과목, 40시간 (과목당 2시간)

출처: 보건복지부(2021). 2021년도 보육사업 안내.

3) 보수교육의 실시절차

(1) 보수교육 대상자 선정

시・도지사는 관내 시・군・구로 하여금 보수교육 실시 전문기관의 교육과정별 교육 개시 전까지 보수교육 대상자를 선정한다. 그 다음 시장・군수・구청장은 자체 계획에 따라 현직 교직원 중에서 보수교육 대상자를 선정한다. 그 기준은 다음과 같다.

첫째, 일반직무교육은 의무 이수 대상자를 우선으로 선정한다.
둘째, 1급 보육교사 승급교육의 경우 2급 자격 취득 후 교육 개시일 전까지 보육업무 경력이 만 2년이 경과한 자 중에서 선정한다. 단, 2급 자격을 취득한 후 보육 관련 대학원에서 석사학위 이상을 취득한 경우에는 보육업무 경력 만 6개월이 경과한 자 중에서 선정한다.
셋째, 2급 보육교사 승급교육의 경우 3급 자격을 취득한 후 교육 개시일 전까지 보육업무 경력 만 1년이 경과한 자 중에서 선정한다.

어린이집 원장 또는 어린이집을 설치・운영하는 자는 특별한 사정이 없는 한 보육교사 등 보육교직원이 보수교육을 이수할 수 있도록 지원・허락해야 한다.

(2) 보수교육 실시

시・도지사는 교육과정별 보수교육 대상자를 최종 확정하고 보수교육 실시기관에 통보하여 대상자가 적절히 교육받을 수 있도록 한다. 보수교육 실시 전문기관은 시・도지사로부터 통보받은 과정별 보수교육 대상자에게 보건복지부장관이 정하는 교과목 및 교육시간을 기준으로 교육내용을 편성・운영한다.

(3) 보수교육 평가

보수교육 실시 전문기관은 교육생을 대상으로 보수교육 이수 여부를 평가한다. 보수교육은 기본적으로 해당 교육시간을 모두 출석한 경우에만 이수한 것으로 인정하고, 승급교육은 출석시간을 충족하고 평가시험에서 80점 이상 획득한 경우에 이수한 것으로 인정한다.

(4) 수료증 발급 및 교육 이수자 명단 통보

보수교육 실시 전문기관은 보수교육을 수료한 사람에게 보수교육 수료증을 발급하고, 수료자 명단을 시·도지사에게 통보해야 한다. 교육생이 출석 및 평가시험의 기준을 충족하지 못한 경우 수료증을 발급할 수 없다.

보수교육 실시 전문기관은 보수교육 실시에 관한 기록을 작성하여 작성한 날부터 2년 동안 보존해야 한다.

2. 기관 내 장학

장학은 교육의 질 향상을 목적으로 교사의 전문성을 개선하기 위해 개별 교사의 요구에 따라 교사를 지원하는 활동이다. 과거에는 장학이 교사의 교수활동을 칭찬하거나 개선을 요구하는 감독과 지시의 의미였다면, 최근에는 교사가 교육과정 개발과 실행에 능동적으로 참여하도록 안내하고 협력하는 민주적 지원과정의 의미로 변화되었다. 장학은 어린이집보다는 유치원 현장에서 주로 이루어졌으나 어린이집에서 교육과 보육이 모두 이루어지고 있는 현재 상황에서는 보육교사를 위한 기관 내 장학을 어린이집에서도 실시할 필요가 있다. 이러한 관점에 따라 보육교사를 위해 유용하게 활용할 수 있는 동료장학, 자기장학, 멘토링에 대해 알아본다.

1) 동료장학

동료장학은 교사들이 자율적으로 상호협력을 통해 서로의 전문성 함양을 도모하는 활동이다. 동료장학은 경력이 비슷한 또래 간, 경력이 다른 교사 간, 같은 기관 내 교사 간 또는 다른 기관의 교사와 실시할 수 있다. 그러나 초임교사의 경우 경력이 더 많은 교사와의 동료장학이 전문성 향상에 도움이 된다.

동료장학의 장점은 다음과 같다.

첫째, 개별 교사가 가지고 있는 장점을 공유할 수 있다.

둘째, 개선점을 발견해 지속적으로 교수전략과 기술을 배우려고 노력하게 된다.

셋째, 동료교사 간에 존중과 신뢰감을 형성하게 된다.

동료장학의 방법으로는 상호 수업 사례 분석하기, 전문서적 읽기 및 토론하기, 협의하기, 동료 코칭하기 등이 있다.

수업 사례 분석은 교사의 수업을 녹화하여 녹화자료 또는 전사자료를 함께 보면서 수업 진행과정에서 나타난 장점, 문제점, 의문점 등을 비판적으로 검토하고 의견을 나누는 방법이다. 수업 사례 분석의 장점은 자신의 수업을 객관적으로 평가해 볼 수 있고, 동료의 수업 사례를 통해 수업 개선을 위한 아이디어를 얻을 수 있다는 데에 있다. 동료장학이 성공적으로 이루어지기 위해서는 교사 간의 원활한 의사소통과 원만한 인간관계가 우선되어야 한다.

다음은 동료장학을 위해 다른 반 교사 수업 공개에 참여했던 교사의 저널이다.

> 다른 반 선생님들의 수업을 보면서 배운 점이 많았다. 나는 내 모습을 떠올려 봤지만, 객관적일 수 없기 때문에 좋은 모습은 내 것이 되도록 메모하였다. 경력자가 무조건 잘한다기보다는 요령이 생겼다고 해야 할까? 초임 선생님들은 참신하여 배우고 싶은 점이 많았다. 5월에 있을 부모참여수업에서도 함께하면 좋은 아이디어가 나올 것 같다.
>
> 출처: 임현주(2010). 어린이집 교사의 장학경험과 그 의미. 배재대학교 대학원 석사학위논문.

2) 자기장학

자기장학이란 외부로부터의 지원을 통해서가 아닌 교사 스스로 자신의 전문성 신장을 위해 연구하고 노력하는 과정이다. 자기장학에는 특별히 정해진 절차가 없다. 교사가 개인의 발전을 위해 노력하는 모든 과정이 자기장학이다. 자기장학의 구체적인 방법에는 자신의 수업을 녹화해 분석・평가하기, 교사 자신의 교실에서 개선이 요구되는 문제를 정해 현장연구(action research)하기, 전문서적 읽기, 전문가

방문·상담하기, 각종 연구 발표회(학술대회, 강연회, 세미나, 수업 공개 등)에 참여하기, 교육 현장 방문·참관하기, 상급 학교 진학하기 등이 있다.

다음은 한 어린이집 교사의 자기장학 과정에서 교사 자신의 행동 분석과 수업내용 분석에 대한 사례이다.

교사행동 분석

평소에 '하시겠습니까?, ~습니까?'라는 말을 자주 쓰면서 전혀 문제라고 느끼지 않았는데 수업 동영상을 통해서 마주하니 마치 군대처럼 매우 딱딱하게 들리고 수업 분위기 자체도 좀 무겁게 만든다는 걸 느꼈다. 이 말투를 빨리 고쳐서 아예 쓰지 않도록 해야겠다. 그리고 게임할 때 교사가 아이들의 팔을 끌어 출발 자리에 세우는 건 좋아 보이지 않았다. 전혀 세게 끌지 않았음에도 불구하고 그 자체가 보기 좋지 않았고 수업시간에 아이들한테 손짓을 많이 사용하고 있는 모습을 볼 수 있었다. 이런 모습들이 아이들을 함부로 대한다는 느낌이 들어서 보기 좋지 않았다.

수업내용 분석

바쁘게 수업계획을 세웠더니 복잡한 게임인 만큼 미처 계획하지 못했던 돌발상황들이 자주 발생했다. 한 게임이 끝날 때마다 주인이 새 물건을 다시 올려놓아야 하는 건 예상했던 일인데 받은 돈 역시 제자리에 놓아야 하는 건 예상하지 못했다. 그래서 즉석에서 도우미 역할을 정해서 아이들에게 역할을 분담시키고 게임을 서둘러 진행하였다. 이런 부분까지 미리 계획해 두었더라면 좋았을 텐데….

출처: 김남숙, 조운주(2012). 어린이집 교사의 수업 분석을 통한 자기장학 경험에 대한 이해. 육아정책연구, 6(2), pp.54－76.

3) 수업장학

수업장학은 유치원과 교육청이 연계하여 교사의 수업능력 향상을 위해 원장, 원감, 외부 장학요원 등이 주도하는 체계적인 지도·조언 과정이다(염지숙 외, 2022). 유치원의 경우, 지역교육청 장학사가 정기적인 장학지도를 실시하고 있고 지구별, 기관별 장학도 잘 이루어지고 있다. 그러나 어린이집의 경우, 관리 담당인 시·군·구청으로부터 주로 행정지도를 받고 있으므로 교사 전문성이나 수업과 관련된 체계적인 장학을 제도적으로 받기 어려운 상황이다(남미경, 2014). 2013년부터 유아교육 보육현장에서 누리과정이 공통과정으로 실시됨에 따라 교육에 대한 책임감을 가지고 수업능력을 향상시킬 수 있도록 어린이집 교사에게도 수업장학지도가 필요하다. 어린이집의 수업장학은 [그림 8-1]과 같은 과정으로 실행할 수 있다.

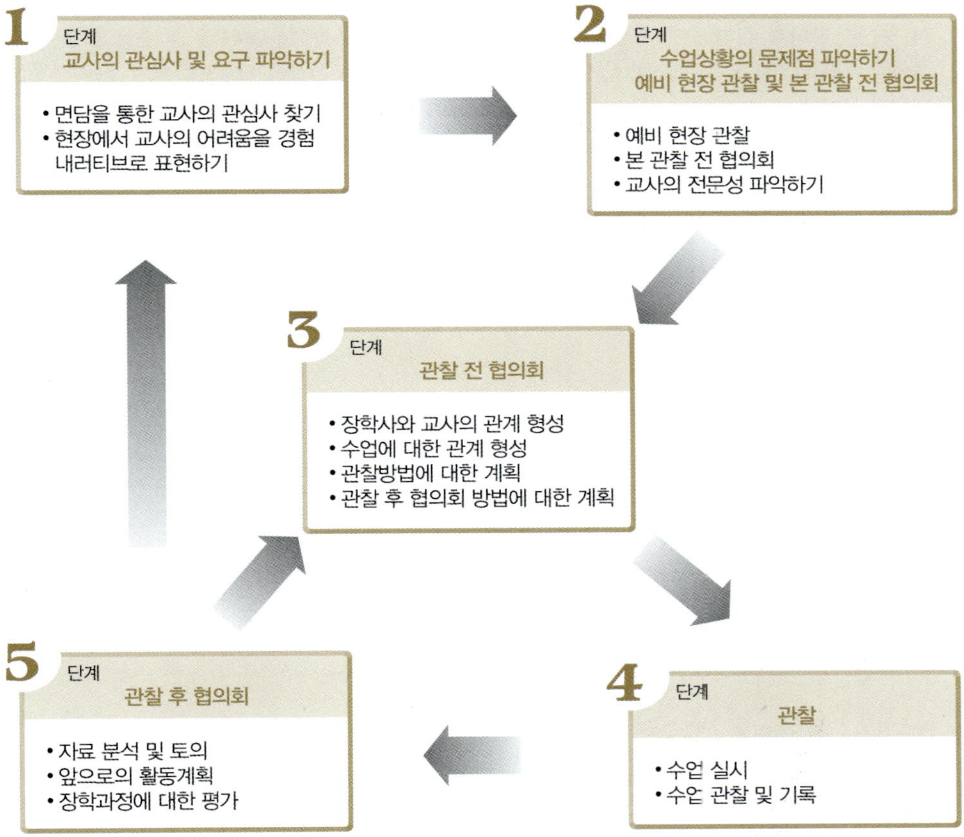

출처: 오한나, 임승렬(2012). 맞춤형 수업장학을 통한 영아보육교사 전문성 인식 및 교수실제의 변화 연구. 육아정책연구, 6(1), pp.67-94.

그림 8-1 수업장학의 과정

다음의 사례는 어린이집 영아보육교사를 대상으로 이루어진 맞춤형 수업장학의 과정이다.

장학요원이 교사의 첫 수업을 관찰하고 작성한 관찰일지

교사는 서랍장에서 풍선을 하나씩 꺼내어 아이들에게 풍선을 보여 준 후 '후~' 하고 불어 아이들에게 풍선을 하나씩 전해 준다. 또한, 입으로 '후' 하고 불어 커진 풍선을 보여 준 후 손을 잠깐 떼어 풍선을 날려 주기도 한다. 그리고 입으로 풍선을 분 후 끈을 달아 천장에 테이프로 붙여 놓는다. 풍선 하나를 붙여 놓자 아이들이 서로 다투며 풍선을 서로 치려고 한다. 그러자 교사는 또 하나의 풍선을 불어 천장에 붙여 주었다. 그러나 아이들이 풍선을 손으로 치고 잡아당기자 바닥으로 떨어졌다.

교사의 첫 수업을 교사와 장학요원이 동영상으로 함께 관찰한 후 수업의 문제점과 개선점에 대해 나눈 대화

장학요원 : 풍선놀이를 아이들과 함께했었죠. 풍선을 불어 달아 주고 만질 수 있도록 아이들과 함께 했는데 어땠나요?

연구교사 : 활동이 잘 진행되지 않았던 것 같아요.

장학요원 : 어떤 부분에서 활동이 잘 진행되지 않았던 것 같나요?

연구교사 : 풍선 수도 부족하고, 아이들이 서로 풍선을 달라고 해서 힘들었어요.

장학요원 : 이 활동을 통해 아이들의 어떤 발달을 이루고자 계획하게 되었나요?

연구교사 : 아이들이 풍선을 좋아하니까요. 손으로도 쳐 보고 몸으로도 쳐 보고 싶어서 진행했는데 잘 안 되었던 것 같아요.

영아와 함께할 수 있는 '풍선놀이'를 중심으로 다양한 영역과의 통합활동과 방법적 측면에서의 확장에 대해 나눈 대화

장학요원 : 풍선놀이를 진행하는 과정에서 어떤 다양한 영역과 통합활동을 계획할 수 있을까요?

연구교사 : 신체활동, 미술활동이요.

장학요원 : 왜 그렇게 생각을 했나요?

연구교사 : 풍선을 불어 그 위에 그림을 그릴 수 있으니까요.

장학요원 : 또 다른 교과영역과 통합이 이루어질 수 있을까요?

연구교사 : 커졌다, 작아졌다 하니까 수학이요. 크다, 작다라는 말도 해 줄 수 있어요. 크기의 변화를 살필 수도 있어요.

장학요원 : 맞아요. 한 활동을 하면서 한 영역만 다루게 되는 것은 아니죠. 아이들 안에서 통합되는 발달이 이끌어질 수 있기 때문에 그러한 부분의 발달을 이끌 수 있는 교사의 역할은 중요하다고 볼 수 있어요.

연구교사 : 하지만 계획을 세우는 거는 어려워요.

장학요원과 교사가 수업 동영상을 보면서 더 구체적으로 환경적 측면에 대한 문제점 수정을 위해 나눈 대화

연구교사 : 아이들이 많이 돌아다니거나 덤불에 있지 않도록 하는 방법에는 무엇이 있을까요?
장학요원 : 동영상을 함께 볼까요? (동영상을 함께 보며) 덤불 위치요. 때로는 아이들의 이야기 나누기 자리와 너무 가깝기 때문에 아이들이 오르고자 하는 생각을 가지게 될 거 같아요. 아이들이 집중할 수 있고 안정적으로 느낄 수 있는 이야기 나누기 자리의 공간을 마련하는 것도 중요하죠.

아이들이 편안하게 놀이할 수 있는 공간으로 교실을 준비함으로써 교사가 환경구성과 교재·교구 제시방법도 수업에서 중요하다는 점을 알게 된 것에 대해 장학요원이 작성한 수업 관찰일지

빨간색으로 모양이 만들어진 공간 안에 자신의 사진과 이름이 있는 공간 안에 앉아 있다. 스마일 얼굴 그림이 있는 사진 속에 두 손을 머리 위로 하트 모양을 그리고 있는 사진을 보여 주며, "이 친구는 어떤 모습을 하고 있니?"라고 묻자 김○○는 "하트요."라고 하며 머리 위에 두 손을 올려 가운데에 모으며 이야기한다. (중략) (두 다리를 쭉 뻗고 있는 사진을 보며) "이 사진은 우리의 몸을 어떻게 하고 있니?"라고 묻자 아이들은 넓게 흩어지며 자신의 다리를 옆으로 쭉 뻗는다.

출처: 오한나, 임승렬(2012). 맞춤형 수업장학을 통한 영아보육교사 전문성 인식 및 교수 실제의 변화 연구. 육아정책연구, 6(1), pp.67－94.

오한나와 임승렬(2012)은 이상과 같은 수업장학을 통해 보육교사 전문성에 대한 영아교사들의 인식이 변화되었으며, 교사로서의 자신감을 회복하는 기회도 가지게 되었음을 보고하고 있다.

4) 수업컨설팅

컨설팅이라는 용어는 2000년 학교컨설팅 사업을 수행하면서 교육현장에서 먼저 도입되었다. 보육분야에는 2010년 '교육컨설팅'이라는 명칭으로 처음 시도된 컨설팅 시범사업에서 컨설팅이라는 용어가 사용되기 시작하였고, '교육컨설팅'은 2011년에 '보육컨설팅'으로 사업명칭이 변경되었다(정효정, 장영인, 김현진, 2016). 보육컨설팅은 어린이집의 질적 수준을 향상시키기 위해 어린이집에 전문적인 도움을 제공하고 개별적으로 지원하는 과정이다. 전국의 평가인증 어린이집을 대상으로 자발적인 신청을 통해 실시되는 보육컨설팅에는 보육과정 컨설팅, 평가인증 컨설팅, 설치운영 컨설팅, 재무회계 컨설팅 등 어린이집 운영 전반에 대한 내용이 포함된다. '보육과정 컨설팅'에 '장학'의 개념과 컨설팅의 개념이 도입되면서, 보육컨설팅을 교수학습지원의 좁은 의미로 해석하는 경향이 있지만, 보육컨설팅과 보육과정 컨설팅의 중심 내용인 수업컨설팅을 구별할 필요가 있다.

수업컨설팅은 앞서 제시한 수업장학과 구별되는데, 수업장학이 일반적으로 교사의 수업전문성 증진을 위해 상하 수직적인 관계에서 지도와 조언이 이루어지는 반면 수업컨설팅은 교사의 자발적인 참여에 의해 독립성과 자발성을 바탕으로 실시되며 컨설턴트와 의뢰인인 교직원이 수평적 관계를 유지한다는 점이 특징이다(이진옥, 이대균, 2016). 수업컨설팅은 컨설턴트와 의뢰 교사가 수평적인 관계를 유지한다는 측면에서는 멘토링과 유사점이 있지만, 멘토링에서처럼 컨설턴트가 의뢰 교사에게 성공적인 역할모델이 되어 수업기술, 태도 등을 제공해야 하는 것은 아니라는 점에서 멘토링과 차이점이 있다. 요약하면, 수업컨설팅은 교사가 스스로 문제점을 파악하고 자발적으로 지원을 요청하면, 전문가인 컨설턴트가 의뢰 교사의 어려움을 조력하여 교사의 성장을 돕는 활동이다(진동섭, 김도기, 2005). 수업컨설팅의 과정은 자신의 수업에 대한 교사의 문제 인식으로부터 출발하며, 의뢰 교사가 동료교사나 외부의 컨설팅 전문가 등과 협력하여 문제를 진단하고, 대안을 마련하고, 대안을 실행하는 과정으로 이루어진다(서우석, 류희수, 여태철, 2008).

어린이집에서의 수업컨설팅은 대개 개별 교사의 요구에 따라 맞춤형으로 이루어진다. 이러한 맞춤형 수업컨설팅은 집합교육이나 일회성 교육으로 그치지 않으며, 교사가 인식한 문제점을 바로 의뢰하고 즉각적으로 도움을 받을 수 있고, 의뢰 교사의 상황에 따라 융통성 있게 운영되기 때문에 시간의 제약, 업무의 공백을 최소화할 수 있다는 장점이 있다(이진옥, 이대균, 2016).

수업컨설팅은 학교컨설팅에서 강조하는 전문성과 독립성의 원리와 방법을 수업 문제 해결에 적용한 것으로 볼 수 있는데, 학교컨설팅의 맥락에서 수업컨설팅의 원리를 살펴보면 다음과 같다(진동섭, 2003).

(1) 자발성

컨설팅은 교사가 그 필요성을 느껴 스스로 도움을 요청하는 것에서 출발한다.

(2) 자문성

컨설팅에서 컨설턴트는 문제의 답을 알려주는 해결사가 아니라 교사가 자신의 문제를 스스로 해결할 수 있도록 자문하고 조언하는 역할을 수행한다.

(3) 독립성

컨설턴트와 의뢰 교사가 종속관계가 아니라 독립적이어야 한다.

(4) 전문성

컨설턴트는 다양한 지식을 갖추고 훈련을 통해 수업 전문성을 지녀야 한다.

(5) 한시성

의뢰 교사가 요청한 컨설팅 과제가 해결되면 수업컨설팅은 종료되어야 한다. 컨설턴트는 의뢰 교사가 같은 문제의 컨설팅을 다시 요청하지 않도록 문제해결을 위해 최선을 다해 지원해야 한다.

(6) 학습성

컨설팅이 진행되는 동안 의뢰 교사와 컨설턴트 모두에게 필연적으로 학습이 이루어진다. 의뢰 교사는 문제를 해결하기 위한 교수법, 지식 등을 습득하게 되고, 컨설턴트는 컨설팅의 새로운 기법이나 지도 방법 등을 연구하면서 새로운 지식을 얻게 된다.

어린이집에서의 과중한 업무, 시간 제약 등으로 교사가 수업장학에 참여하기 어려운 상황이라면, 의뢰교사와 컨설턴트의 협의 하에 비교적 융통성 있게 운영될 수 있는 수업컨설팅에 참여하는 것이 교사의 수업전문성을 향상시킬 수 있는 하나의 방법이 될 것이다.

5) 멘토링

멘토링(mentoring)은 상호신뢰와 협력을 바탕으로, 한 분야의 전문성을 가진 사람이 전문성이 부족한 초보자와 파트너가 되어 체계적이고 지속적인 지원을 하는 과정이다(Strong & Baron, 2004). 이때 경력이 많은 사람이 멘토가 되며, 경력이 적은 초보자가 멘티가 된다. 어린이집에서 멘토링 프로그램을 운영한다면, 경력교사가 멘토, 초임교사가 멘티가 된다. 따라서 멘토링의 성공 여부는 멘토의 자질과 유능성에 따라 달라지지만 멘토와 멘티가 각자에게 요구되는 자질과 태도를 갖추는 것도 중요하다.

멘토의 역할은 전문적 지원과 정서적 지원으로 나눌 수 있다. 전문적 지원에는 교수활동을 실행하는 데 필요한 동기유발, 환경구성, 자료 활용, 영유아지도, 평가방법 등 학급 운영과 교수방법에 대한 내용이 포함된다. 정서적 지원에는 자기신뢰감 증진, 직업적 갈등 해소, 스트레스 해소 등 교사를 격려하고 보호하여 학급 운영과 교수 실행을 효과적으로 하는 데 도움이 되는 내용이 포함된다(이유희, 2012). 이러한 역할을 수행하기 위해 멘토에게는 의사소통 기술, 적극적인 듣기 기술, 관계 형성 기술, 효율적인 교수법, 관리와 코칭의 모델, 갈등과 문제해결(Koki, 2002, 박찬옥, 이영미, 2007에서 재인용) 능력이 요구된다. 반면 멘티에게는 경력이 많은 멘토로부터 배우고자 하는 적극적이고 개방적인 태도와 겸손한 자세가 요구된다. 멘토링을 통해 멘티는 교사로서 전문적 성장의 기회를 갖게 되고, 경력교사인 멘토는 재교육과 직업의식을 일깨우는 기회를 갖게 된다. 멘토링의 과정과 방법은 다양하여 어떤 하나의 정도가 있는 것은 아니지만, 멘토링이 성공적으로 운영되기 위해 고려할 점을 기술하면 다음과 같다(염지숙 외, 2022).

첫째, 멘토링의 과정을 순환적 시스템을 활용하여 체계적인 과정으로 진행한다. 예를 들어, '강의–시범–연습–피드백–실제 적용' 또는 '문제 진단/멘티의 문제

보고－수업 관찰－협의－실제 적용' 등이다.

둘째, 멘토링은 멘토와 멘티 간의 신뢰감 형성이 우선되어야 한다. 협의회가 사적인 대화 시간이 아닌 교육적 대화를 위한 공동체 문화 형성의 기회가 되도록 하기 위해서이다.

셋째, 반성적 사고를 촉진하는 다양한 기술과 방법을 활용한다. 멘토링은 궁극적으로 멘티의 독립을 추구하는 것이며, 반성적 사고는 멘티의 자율성과 전문지식의 발달을 촉진시키는 역할을 하기 때문이다.

넷째, 멘토링을 위해 멘토와 멘티에게 효과적인 의사소통 능력이 요구된다. 상호 간의 이야기 경청하기, 반영적 듣기, 반성적 질문하기, 명확히 질문하기, 구체적인 과제에 초점을 맞추어 시의 적절하게 피드백 주기 등을 활용할 수 있다.

Chapter

09

보육교사의 스트레스 관리

Chapter 09 보육교사의 스트레스 관리

보육에 대한 사회적·국가적 요구가 증가함에 따라 보육교사의 역할과 자질에 대한 기대도 높아졌다. 그러나 현실적으로는 보육교사가 해야 하는 일의 종류와 양은 다양하지만 그에 반해 보육교사에 대한 처우는 만족스럽지 않다. 이러한 상황에서 보육교사는 다양한 스트레스를 경험하게 되며, 이는 보육교사의 직무만족도를 떨어뜨리고 보육의 질을 낮추는 결과를 가져온다. 보육교사가 자신이 하고 있는 일에 얼마나 만족하는가는 보육현장에서 직무를 수행하는 데 영향을 미치는 중요한 요인이다.

따라서 본 장에서는 보육교사의 직무만족도가 무엇이며 왜 중요한가 그리고 보육교사가 어떠한 상황에서 갈등과 스트레스를 경험하며 이를 어떻게 관리하고 해결함으로써 직무만족도를 향상시킬 수 있는가에 대해 살펴보고자 한다.

1. 보육교사의 직무만족도

1) 직무만족도의 개념과 중요성

여러 학자가 정의한 직무만족도에 대한 개념을 종합해 보면, 직무만족도란 조직의 구성원이 자신이 하고 있는 일에 대해 즐거움과 행복감을 느끼는 긍정적인 감정 상태를 의미한다. 따라서 보육교사의 직무만족도란 보육교사가 보육현장에서 수행하는 자신의 직무 자체와 그 결과에 대해 즐겁고 만족스러우며 행복한 감정을 느끼는 상태이다. 그렇다면 보육교사의 직무만족도는 왜 중요할까? 보육교사의 직무만족도 관련 연구결과에 기초하여 그 중요성을 정리하면 다음과 같다.

첫째, 보육교사의 직무만족도는 직무수행의 효율성과 직접 관계가 있다. 따라서 직무만족도는 영유아의 신체적·심리적 건강과 성장에 영향을 주게 되며, 질 높은 보육을 제공하는 데 중요한 요인이 된다.

둘째, 보육교사의 직무만족도는 보육교사의 행복과 관련 있다. 보육교사의 정서적 상태는 자신의 삶의 질에 영향을 미치며, 이 또한 보육의 질적 수준을 좌우하는 것과 연관된다.

셋째, 보육교사 개개인의 직무만족도는 어린이집이라는 조직의 성과와 관련 있다. 어린이집의 성과란 질 높은 보육을 제공하여 영유아의 성장과 발달을 돕는 것이다. 직무만족도가 높은 보육교사들이 효율적인 보육을 제공할 때 보육의 질은 높아질 것이며, 영유아의 성장과 발달도 잘 이루어질 것이다.

조성연 외(2011)는 Jorde－Bloom(1989)이 개발한 유아교사 직무만족척도를 번안·수정하여 한국형 보육교사 직무만족척도(K-CTJSS : Korean Childcare Teacher's Job Satisfaction Scale)를 개발하였다. 이 척도는 원장의 운영방식 및 태도, 사회적 인식 및 처우, 보육환경과 복지, 보육업무, 동료교사와의 관계, 부모와의 관계 등 6개 범주 총 40개의 문항으로 구성되어 있다.

표 9-1 한국형 보육교사 직무만족척도 문항

구분	범주	항목
1	원장의 운영방식 및 태도	어린이집을 떠나더라도 지금의 원장과 계속 관계를 유지할 것이다.
2		원장을 존경한다.
3		원장은 솔직한 태도로 나를 대한다.
4		원장은 직무상의 어려움에 관심을 가지고 공감해 준다.
5		원장은 교사들을 공평하게 대한다.
6		원장은 나를 편안하게 해 준다.
7		원장의 운영관과 업무 처리방식이 적절하다.
8		어린이집의 제반문제에 대해 원장과 자유롭게 이야기한다.

구분	범주	항목
9		원장은 내가 직무상 무엇을 바라는지 알고 있다.
10		교사회의는 민주적이다.
11	사회적 인식 및 처우	보육교사는 다른 사람들에게 권할 만한 직업이다.
12		사람들은 보육교사를 훌륭한 직업이라고 말한다.
13		보육교사는 사회적으로 인정받는 직업이다.
14		보육교사는 장래성이 있다.
15		다른 기회가 주어지더라도 보육교사를 계속하겠다.
16		다른 사람에게 보육교사라고 당당하게 말한다.
17		내가 받고 있는 보수는 적절하다.
18		내가 받고 있는 수당(예 시간 외 근무수당 등)은 적정하다.
19	보육 환경과 복지	우리 어린이집의 교재·교구활동과 관리는 효율적이다.
20		우리 어린이집에서는 교육자료와 비품, 소모품 등을 제때 공급해 준다.
21		우리 어린이집의 제반시설은 영유아를 보육하기에 적합하다.
22		내가 담당한 학급의 보육실은 보육활동을 수행하기에 적합하다.
23		우리 어린이집은 보육교사의 새로운 교육적 시도를 격려한다.
24		우리 어린이집에서는 소신껏 보육활동을 수행할 수 있다.
25		우리 어린이집은 보육교사를 위한 복지후생시설(예 교사실 등)이 적절하게 갖추어져 있다.
26		우리 어린이집에서 제공하는 휴가기간은 적당하다.
27	보육업무	각종 행사로 인해 준비할 것이 많다.
28		보육활동 이외에 업무가 많다.
29		장시간 근무로 인해 수업 준비시간이 부족하다.
30		장시간 근무로 개인생활에 제한을 받는다.
31		외부 행사 동원 등 보육활동과 관계없는 업무 때문에 힘들다.
32		나의 업무량은 적당하다.
33	동료 교사와의 관계	동료교사들과 원만한 관계를 유지한다.
34		동료교사들과 일하는 것이 즐겁다.
35		동료교사들은 어린이집 제반업무에 협조적이다.
36		선임교사는 신입교사를 동료교사로서 따뜻하게 대한다.
37	부모와의 관계	부모들과의 관계가 편안하다.
38		부모들은 나에게 협조적이다.
39		부모들은 보육교사로서의 나를 신뢰한다.
40		부모들은 어린이집에 협조적이다.

출처: 조성연 외(2011). 한국형 보육교사 직무만족척도(K－CTJSS) 표준화를 위한 타당화 연구. 한국가정관리학회지, 29(2), pp.1－12.

2) 보육교사의 직무만족도에 영향을 미치는 요인

보육교사의 직무만족은 다양한 변인과 관련되어 있으므로 직무만족에 영향을 미치는 요인들이 무엇인가 살펴보고, 직무만족도를 향상시킬 수 있는 방법을 생각해 보고자 한다. 보육교사의 직무만족은 크게 개인적 요인, 사회적 요인, 환경 · 조직적 요인으로 나눌 수 있다.

(1) 개인적 요인

① 정서지능

보육교사의 정서지능이란 어린이집에서 요구하는 정서표현규범을 적절하게 표현할 수 있는 개인변인으로서, 교사 자신의 정서를 이해하고 타인의 정서를 정확하게 인식 · 평가하는 능력(권정윤, 2010)이다. 보육교사들은 영유아 및 부모와의 관계에서 다양하고 복잡한 정서를 경험하게 되므로, 자신의 정서를 효율적으로 관리할 수 있어야 한다. 그러나 보육교사의 정서는 어린이집이라는 특정상황 속에서 보육교사로서 기대되는 적절한 정서 표현을 할 필요가 있다. 따라서 보육교사는 교사 자신의 개인적 정서와 보육교사로서의 사회적 정서를 적절하게 조절하고 표현할 수 있어야 하는데, 이 과정에서 보육교사는 정서적 소모와 소진을 경험하게 된다. 결과적으로 자신의 정서를 효과적으로 조절하여 소진을 덜 경험할 때 직무만족도는 높아진다.

② 성격

보육교사의 성격유형도 직무만족 정도나 스트레스에 대처하는 방식에 영향을 미치는 요인이다. 한국형 에니어그램 성격유형척도(윤운성, 2001)를 사용하여 보육교사의 성격유형에 따른 직무만족도를 조사한 연구(채진영, 권혜진, 2012)에 의하면, 보육교사의 성격유형에 따라 직무만족도의 네 가지 하위요인, 즉 직무, 원장 및 동료와의 관계, 근무환경, 복리 및 보수 중 직무요인에 관해서 유의한 차이가 있었다. 성취자 유형이 직무요인에 대해 가장 만족하였고, 지도자 유형은 만족 정도가 가장 낮았다. 이 연구에서 사용된 에니어그램은 인간의 성격을 에너지 중심에 따라 정서적인 가슴(감정)형, 정신적인 머리(사고)형, 신체적인 장(본능)형으로 나누었다. 그리고 더 세부적으로 가슴형을 조력가, 성취자, 예술가 유형으로, 머리형을 사색가, 충성가, 낙천가 유형으로, 장형을 지도자, 중재자, 개혁가 유형으로 나누어 성격에 따라 각기 다른 독특한 사고, 느낌, 행동습관을 가지고 있다고 하였다.

표 9-2 에니어그램의 성격유형별 특징

힘의 중심	성격 유형	별칭	성격유형별 특징
가슴	2	조력가	보호적, 모성애적, 배려하는, 헌신적, 감정이입적, 인간중심적, 관대, 열정적, 따뜻하고 사랑스러움, 친절, 표현력, 뛰어난 적응력, 도움이 되는, 조종하는, 강한 소유욕, 자만심 있는, 신경질적
	3	성취자	성공지향적, 실용주의, 자기 확신, 큰 야망, 책임감, 자기도취적, 통솔력, 유능함, 설득적, 적대적, 자기존중, 자기개발, 성취적, 효율적, 경쟁적, 거만한, 허영심, 기회주의자
	4	예술가	명상적, 개인주의적, 수줍어하고 우울한 성격, 예술적 창의성, 수용적, 섬세하고 부드러움, 인정, 재치, 풍부한 감수성, 정서적으로 긴장됨, 드라마틱, 독특한, 까다로운, 질투, 상처받기 쉬운
머리	5	사색가	지적이고 분석적, 통찰력, 독창적, 자제력, 괴짜, 병적 공포심, 현명, 개인적, 분리되고 합리적, 냉담한, 객관적, 차분한, 호기심 많은, 날카로운, 부정적, 타인과 거리를 두려함
	6	충성가	의무적이고 전통적, 호감형, 책임감, 의존적, 팀플레이 충실, 정직, 마조히즘적인 성격, 문제해결사, 훌륭한 탐정, 의심 많은, 질문 성향, 충성스럽지만 위험을 꺼림, 경계하는, 신경질적, 걱정이 많은, 완고
	7	낙천가	활동적, 개방적, 정열적, 과도한, 창조적, 명량, 자발적, 태평스러움, 재미추구, 유별난 사고자, 임무 회피적, 속박을 싫어함, 미래지향적, 자기중심적, 충동적, 산만, 비신뢰적, 자기 파괴적
장	8	지도자	강력하고 지배적, 자기신념, 자신감, 풍부한 에너지, 직선적, 용감, 결단력, 단호함, 독재적, 파괴적, 지도성, 강한 자기주장, 투쟁적, 통제하기 좋아함, 자기중심적, 거만한
	9	중재자	태평하고 사양하는, 수용적, 믿음직함, 순종적, 억압적, 친절하고 부드러움, 참을성, 남을 잘 도와줌, 고요하고 평화적인 것 추구, 자신을 희생하며 타인의 일정에 따름, 고집이 셈, 이중적인, 합의적인, 조화로운, 방어적
	1	개혁가	옳고 그름이 분명, 합리적, 개혁적, 변화 추구, 도덕적, 생산적, 객관적, 이상적, 원칙적, 규범적, 근면, 완벽주의적 편협함, 사회적 책임감, 완고하며 판단적, 실제적, 화를 잘 냄, 융통성 결여, 논쟁적, 타협에 어려움, 타인에 대해 비판적

출처: 윤운성(2001). 에니어그램 성격유형검사의 개발과 타당화. 교육심리연구, 15(3), pp.131-161.
윤운성(2003). 한국형 에니어그램 검사의 해석과 활용. 서울: 한국에니어그램교육연구소.
채진영, 권혜진(2012). 영유아교사의 성격유형에 따른 직무만족도와 스트레스 대처방식의 차이. 한국보육지원학회지, 8(3), pp.5-23에서 재인용.

③ 회복 탄력성

회복 탄력성이란 삶에서 겪는 역경과 스트레스를 극복하고 성공적으로 적응하는 힘(권수현, 이승연, 2010; 최효정, 석은조, 2013)이다. 따라서 보육교사의 회복 탄력성이란 보육교사가 보육현장에서 경험하는 어려움을 극복하고, 교사로서의 자신의 역량을 발휘하면서 다양한 상황에 적응해 가는 힘으로 정의할 수 있다. 최효정과 석은조(2013)의 연구에서는 회복 탄력성의 하위요인인 자기조절능력, 대인관계능력, 긍정적 정서점수가 높은 보육교사가 직무만족도도 높았다.

권수현(2014)은 유치원 교사 회복 탄력성 척도[2]의 하위요인을 교사가 가진 개인적 특성을 의미하는 내적 요인과 교사의 회복 탄력성을 보호하거나 강화하는 요인으로 작용하는 외적 보호요인으로 구분하여 이를 각각 3개, 4개의 요인으로 다시 분류하였다.

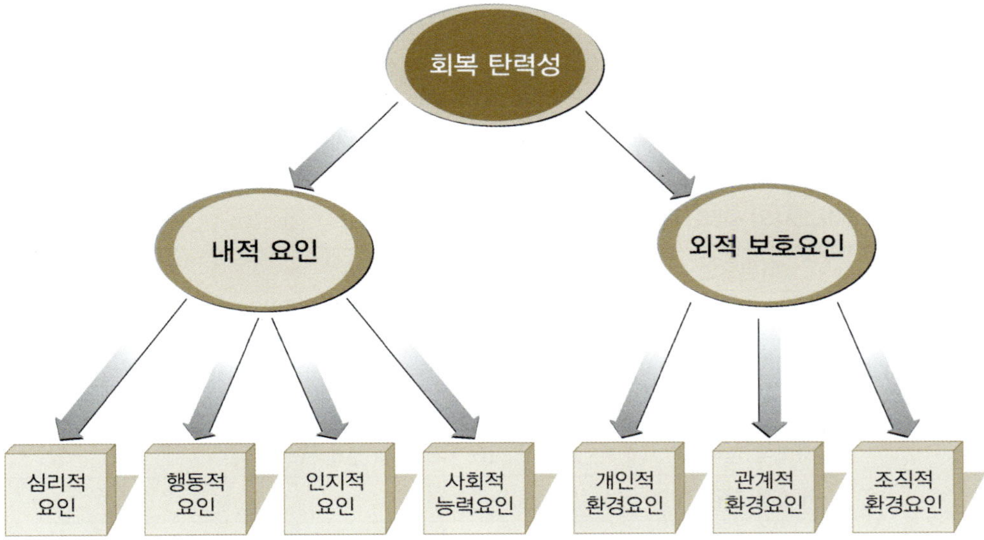

출처: 권수현(2014). Rasch모형을 통한 유치원 교사의 회복 탄력성 척도 개발. 이화여자대학교 대학원 박사학위 논문.

그림 9-1 교사 회복 탄력성 척도구성 및 하위요인

2) 어린이집 상황에 맞도록 일부 용어를 수정하였음.

내적 요인과 외적 보호요인의 하위요인은 다음과 같다.

- **심리적 요인**: 교사가 자신이 처한 어려움을 극복하고 교직에의 적응을 돕는 특성
- **행동적 요인**: 미래지향적 성향으로 목표를 향해 노력하고 도전하는 특성
- **인지적 요인**: 교직에 대한 헌신, 반성적 사고, 교수능력 등 교사의 전문적 특성
- **사회적 능력요인**: 영유아, 동료교사, 부모 등과 긍정적인 관계를 맺는 데 필요한 대화기술, 공감, 사회적 유능성 등의 대인관계 특성
- **개인적 환경요인**: 교사 개인의 건강이나 가족, 친구 등 교사를 지지하는 개인의 인적 환경
- **관계적 환경요인**: 교사를 둘러싸고 있는 기관의 인적 환경요인, 즉 영유아, 부모, 동료, 기관장 등과의 관계요인
- **조직적 환경요인**: 교사 개인의 전문성 향상과 정체성, 소속감 등을 지원하는 기관 조직의 기능

이상의 요인들과 관련된 문항을 포함하여 권수현(2014)이 개발한 유아교사의 회복 탄력성 척도문항과 척도는 〈표 9-3〉, 〈표 9-4〉와 같다.

표 9-3 유아교사의 회복 탄력성 척도문항(47문항)

구분	하위요인	문항번호	문항 수
내적 요인	심리적 요인	1, 6, 10, 13, 20, 27, 33, 39	8
	행동적 요인	2, 7, 14, 21, 28, 34	6
	인지적 요인	3, 15, 22, 29, 35, 40, 44, 46	8
	사회적 능력요인	4, 8, 12, 16, 23, 30, 36, 41	8
외적 보호요인	개인적 환경요인	5, 9, 11, 17, 24	5
	관계적 환경요인	18, 25, 31, 37, 42	5
	조직적 환경요인	19, 26, 32, 38, 43, 45, 47	7
계			47

표 9-4 유아교사의 회복 탄력성 척도

순	문항	하위요인
1	나는 일이 생각대로 풀리지 않더라도 포기하지 않는다.	심리적 요인
2	나는 주도적으로 일을 한다.	행동적 요인
3	나는 문제가 발생하면 합리적으로 해결하는 편이다.	인지적 요인
4	나는 감정적인 불편함을 대화로 잘 풀 수 있다.	사회적 능력요인
5	나의 가족은 내가 항상 직장생활을 잘 할 수 있도록 도움을 준다.	개인적 환경요인
6	나는 실패나 고난을 통해서도 배울 것이 있다고 생각한다.	심리적 요인
7	나는 매사에 목표를 세우고 일을 한다.	행동적 요인
8	나는 어려운 일이 생기면, 주변에 도움을 요청할 수 있다.	사회적 능력요인
9	나는 직장생활과 직장 외 생활의 균형을 잘 유지한다.	개인적 환경요인
10	나는 스트레스 해소를 위한 방법을 가지고 있다(예 친구와의 대화, 운동, 쇼핑 등).	심리적 요인
11	나에게는 힘든 일을 터놓고 이야기할 수 있는 친구가 있다.	개인적 환경요인
12	나는 상대방의 마음을 잘 읽는다(예 영유아, 동료교사).	사회적 능력요인
13	나는 유아교사로서의 일상에 감사한다.	심리적 요인
14	나는 내가 지향하는 이상적인 유아교사가 되고자 노력한다.	행동적 요인
15	나는 수업과 관련된 여러 상황을 파악할 수 있는 통찰력이 있다.	인지적 요인
16	나는 학부모들과 원만한 관계를 갖는 데 어려움이 없다.	사회적 능력요인
17	나의 주변 사람들은 내 직업(유아교사)의 가치를 인정한다.	개인적 환경요인
18	우리 반 영유아들은 나를 사랑한다.	관계적 환경요인
19	우리 어린이집의 교사회의에서는 다양한 의견과 생각이 환영받는다.	조직적 환경요인
20	나는 '좋은 유아교사'라는 믿음이 있다.	심리적 요인
21	나는 유아교사로서 다양한 교육적 시도를 즐긴다.	행동적 요인
22	나는 유아교사로서 소명감이 있다.	인지적 요인
23	나는 동료교사들과 함께 어울리는 것을 좋아한다.	사회적 능력요인
24	나는 유아교사라는 직업을 감당할 수 있을 정도로 건강하다.	개인적 환경요인
25	나는 힘든 일이 있더라도 영유아들과 지내다 보면 기분이 좋아진다.	관계적 환경요인

순	문항	하위요인
26	우리 어린이집은 교육과 보육에 적합한 교육과정을 운영하기 때문에 나는 교사로서 전문성을 발휘할 수 있다.	조직적 환경요인
27	나는 유아교사로서의 나의 강점과 약점을 알고 있다.	심리적 요인
28	나는 불이익이 있더라도 유아교사로서 신념을 지킨다.	행동적 요인
29	나는 좋은 유아교사가 되기 위해 늘 고민한다.	인지적 요인
30	나는 동료교사와 업무적인 대화를 나누는 데 어려움이 없다.	사회적 능력요인
31	우리 반 학부모들은 나의 교육방침을 이해한다.	관계적 환경요인
32	우리 어린이집은 교사들이 소속감을 느끼도록 지원한다.	조직적 환경요인
33	나는 유아교사로서 유머감각이 있다.	심리적 요인
34	나는 어린이집에서의 불합리한 업무 관행을 바꾸기 위해 새로운 아이디어를 제시한다.	행동적 요인
35	나는 내가 계획한 대로 영유아들과 하루 일과를 마치면 성취감을 느낀다.	인지적 요인
36	나는 후배 및 동료교사들에게 조언하거나 그들을 돕는 것이 즐겁다.	사회적 능력요인
37	내가 업무상 어려움에 처하면 도와줄 동료교사가 있다.	관계적 환경요인
38	우리 어린이집은 교사의 전문성 향상을 지원한다(예 교사연수, 진학 장려 등).	조직적 환경요인
39	나는 영유아들의 흥미와 학습을 위해 정해진 계획을 융통성 있게 수정한다.	심리적 요인
40	나는 행정적 업무를 처리하는 데 어려움이 없다.	인지적 요인
41	나는 상사(원장, 부장교사 등)와 대화하는 것이 어렵지 않다.	사회적 능력요인
42	나의 상사(원장, 부장교사 등)는 내가 교사로서 성장할 수 있도록 이끌어 준다.	관계적 환경요인
43	나는 유아교사로서 적절한 급여를 받고 있다.	조직적 환경요인
44	나는 새로운 아이디어를 적용한 교수방법을 생각해 낸다.	인지적 요인
45	우리 어린이집은 교사 간에 서로 협력한다.	조직적 환경요인
46	나는 유아교사로서 발전하기 위해 스스로 노력한다(예 연수 참여, 관련 서적 읽기 등).	인지적 요인
47	우리 어린이집은 모든 교사에게 동등한 기회를 준다(예 승진, 수상 등).	조직적 환경요인

(2) 사회적 요인

① 직업위상

직업위상이란 사회에서 일반적으로 평가되는 특정 직업에 대한 명성 정도를 의미한다. 따라서 보육교사의 직업위상이란 다른 직업과의 관계 속에서 보육교사라는 직업이 차지하는 위치나 상태를 의미한다. 즉, '그 사회에서 보육교사직이 타 직업과 비교하여 어떻게 평가되는가?, 사회구성원이 보육교사직을 얼마나 선망하는가? 그리고 보육교사직의 지위는 어떠한가?' 등을 뜻한다. 보육교사라는 직업이 사회에서 차지하는 직업위상은 보육교사의 직무만족에 영향을 미치는 요인으로 작용한다.

염지숙과 강정원(2015)은 영유아교사의 위상을 법적・사회적・경제적・심리적 지위 등 네 가지 범주로 구분하여 살펴보았다. 법적 위상이란, 보육교사의 신분・자격・임무 등이 법률에 의해 어떻게 그 위상이 규정되어 있는가이다. 보육교사는 근로조건과 신분 보장에 대해서 근로자의 근로조건기준, 기본생활 보장과 향상 등에 대해 규정하고 있는 「근로기준법」 적용을 받는다(염지숙, 강정원, 2015). 그러나 「근로기준법」에는 교사로서의 전문성에 대한 인정과 존중에 대한 규정이 없어 타급 학교교사와 비교하면 보육교사가 법적으로 전문성을 인정받기 어려운 상황이므로(서영숙, 박진옥, 서혜전, 2014) 향후 교사로서의 신분과 지위를 법적으로 보장받을 수 있는 방안이 마련되어야 한다. 보육교사의 경제적 지위를 나타내 주는 가장 중요한 요소는 보수이다. 그러나 보육교사의 업무 종류와 양, 근무시간, 휴가와 방학과 같은 복지실태도 보육교사의 경제적 위상을 간접적으로 보여 주는 요인들이다(염지숙, 강정원, 2015). 한편, '사회구성원들이 보육교사라는 직업의 중요성과 가치를 어떻게 인식하고 있는가?'에 따른 사회적 위상과 보육교사가 자신이 하는 일에 '얼마나 애착을 갖고 있고, 얼마나 만족하는가?, 일을 하면서 얼마나 행복감을 느끼는가?' 등의 태도와 감정을 나타내는 심리적 위상(염지숙, 강정원, 2015) 또한 보육교사의 직업위상에 영향을 미치는 요인이다. 이러한 다양한 요인을 통해 본 직업위상은 보육교사의 직무만족에 영향을 미치는 요인으로 작용한다.

② 사회적 존경

사회적으로 위상이 높은 직업이라고 모두 존경받는 직업은 아니며, 사회적 위상이 낮아도 존경받는 직업이 있다. 예를 들어, 한국인의 직업관을 조사한 연구(김흥규, 이만표, 2009)에 따르면 한국인이 가장 존경하고 신뢰하는 직업 1위가 소방관이었으며, 최하위가 국회의원인 것으로 나타났다. 소방관은 열악한 근무조건에서도 위험을 감수하면서 자신의 임무를 충실히 수행하기 때문이다. 그리고 구성원들의 이러한 믿음으로 소방관은 자신의 직업에 만족하고 더 열심히 일할 것이다. 마찬가지로 보육교사에 대한 사회구성원들의 신뢰와 존경의 정도는 보육교사의 직무만족도에 영향을 미치는 요인으로 작용한다.

(3) 환경・조직적 요인

① 조직문화

조직문화는 특정조직의 구성원들이 공유하고 있는 가치・규범・의례・지식 등을 포함하는 종합적인 개념(Deal & Kennedy, 1999; Schein, 2004, 강문숙, 2015에서 재인용)이다. 조직문화는 조직구성원들의 행위를 유발하고 그 행위에 대한 정당성을 부여해 주는 가치 판단과 행위의 틀이며, 조직의 결속력을 강화시켜 주는 규범으로 작용한다(염지숙 외, 2022). 이러한 관점에서 어린이집 조직문화는 어린이집의 구성원들이 함께 생활하면서 만들어내고, 공유하는 가치・규범・관습・제도・언어・지식 등의 복합적인 총체이다. 어린이집의 조직문화는 보육교사들에게 행동지침을 제시하며 의사소통에 영향력을 미치고, 보육조직의 목표 달성에 결정적인 영향을 미치는 요인이다. 바람직한 조직문화는 보육교사의 직무만족, 조직 헌신, 교수 몰입, 역할수행 등에 긍정적으로 작용한다(강문숙, 2015; 신희정, 문혁준, 2013). 예를 들어, 교사들 간에 의사소통이 원활히 이루어지고, 서로 협력하고 배려하는 조직문화에서 근무하는 보육교사는 직무만족도가 높다. 반대로 건강하지 못한 조직문화에서 근무하는 보육교사는 직무 스트레스가 높고(한유미, 오경숙, 2010), 직무만족도가 낮아 교수를 포함한 역할수행에 있어서도 낮은 성취도를 보인다. 이렇게 조직문화는 교사의 직무만족에 영향을 미쳐 보육의 질을 좌우하므로, 보육의 질 향상을 우해 보육교사의 가치관, 태도, 행동에 영향을 주는 조직문화에 관심을 가질 필요가 있다(강문숙, 2015).

② 인간관계

어린이집은 타급의 교육기관보다 규모가 작고, 그 안에서의 인간관계가 매우 촘촘하게 형성된다. 따라서 다른 조직보다도 인간관계의 양상이 더욱 복잡하고 다양하며, 갈등도 많이 일어날 수 있다. 직장에서의 인간관계는 생산성의 근원이며, 직장생활의 수준을 결정하는 요인이다. 직장생활을 행복하게 영위하기 위해서는 인간관계를 원만하게 맺는 것이 필수적이다(이병록, 2011).

어린이집 조직 내 구성원들 간의 바람직한 인간관계는 보육교사의 직무만족에 영향을 미치는 중요한 요인(나석희, 이현진, 2012; 이병록, 2011; 정덕희, 2014)으로 작용한다. 일반적으로 보육교사가 어린이집에서 맺는 인간관계는 영유아와의 관계, 부모와의 관계, 동료교사와의 관계, 원장과의 관계, 직원과의 관계이다. 보육교사가 이러한 인간관계에 어려움을 겪게 되면 보육교사로서의 역할수행능력이 떨어져서 퇴직이나 이직을 결심하게 된다(정덕희, 2014).

가. 동료교사와의 인간관계

보육교사는 직책, 경력, 나이 등에 따른 위계질서, 개인의 가치관, 서로의 이해상충 등으로 동료교사들과의 인간관계에서 스트레스를 경험한다. 다음은 각각 경력 차이와 팀티칭으로 인해 교사가 겪은 인간관계의 갈등 사례이다.

나는 내가 무엇을 잘못했는지 모르겠어요. 말을 하든지요. 말도 안 하고 다른 선생님들하고는 웃으며 얘기를 하는데 나한테는 일절 말이 없어요. 다행히 그 선생님은 1층이고 나는 2층이어서 별로 부딪히는 일이 없었어요. 그러다 주임선생님이나 원감선생님이 회식할 때 그래도 나이가 더 많은 내가 먼저 말을 걸어야 한다고 해서 화해를 요청했지요. 그러나 경력이 더 많은 제가 왜 그래야 되죠? 어린 선생님이 그래야 하는 게 아닐까요?

(H교사 저널, 2010, 나석희, 이현진, 2012에서 인용)

전에 팀티칭을 할 때 짝 선생님하고 생각하는 것이 달라 너무 힘들었어요. 그런데서 오는 불만이 조금씩 쌓이다 보니 나중에는 서로 대화도 거의 하지 않고 아이들에게도 자주 화를 내더라고요. 한 번은 제가 잠깐 자리를 비우고 짝 선생님이 혼자 아이들을 보고 있을 때 우리 반 아이가 넘어져서 얼굴에 약간 상처가 생겼는데 저에게 이야기해 주지 않았어요. 저는 그것도 모른 채로 귀가를 시켰는데 집에서 아이 얼굴의 멍이 점점 심해진 거예요. 그런 일이 있으면 아이 어머니한테 미리 전화를 드리거나 적어도 알림장에 써서 보냈어야 했는데 그러질 못한 거예요. 다음 날 그 어머니의 항의성 전화를 받고서야 그런 일이 있었다는 것을 알고는 너무 화가 났고, 서운함이 마음에 오래 남았어요.

(P교사 면담, 2013. 8. 27, 정덕희, 2014에서 인용)

나. 부모와의 인간관계

어린이집 현장에서는 매 순간 예측하지 못한 다양한 일이 일어나서 보육교사는 한시라도 영유아에게 눈을 떼면 안 될 만큼 연속되는 긴장감 속에서 살아간다. 그럼에도 불구하고 크고 작은 일들로 보육교사는 부모와의 관계에서 갈등을 겪고 스트레스를 경험한다. 부모와의 갈등은 예기치 못한 돌발상황이 발생했을 경우, 부모와 교사의 상호 간 이해가 부족한 경우, 상황 판단과 대처에 대한 교사의 초기 대처가 미흡했을 경우(염지숙, 홍춘희, 2006), 부모가 무리한 요구를 하는 경우, 부모가 지나치게 개입하는 경우(나석희, 이현진, 2012) 등과 같은 상황에서 주로 발생한다.

다음은 동수라는 아이에 대해 교사가 가지고 있는 최종 목표 및 그에 따른 노력과 부모의 생각이 대화를 통해 적절하게 수렴되지 못해서 발생한 부모와 교사 간의 갈등 사례이다.

동수라는 몸이 불편한 아이가 있었어요. 어린이집에서는 부득이한 경우에만 제가 동수를 안거나 업어서 이동하고, 나머지 경우에는 동수가 초등학교에 입학할 때를 생각해서 스스로 할 수 있도록 지켜보며 도와주었어요. 그런데 놀이동산으로 소풍을 갔을 때 여러 명의 아이를 제가 혼자 돌봐야 하기 때문에 동수 어머니가 같이 가셨으면 했어요. 그런데 동수 어머니는 다른 어린이집에 다닐 때는 소풍을 혼자 다녔는데 왜 부모가 가야 하냐고 언짢아하셨어요. 그 후부터 제가 차량 운행을 가면, 그냥 고개를 돌려 버리시거나 아이만 내보내는 거예요.

(윤교사 면담, 2006. 1. 14, 염지숙, 홍춘희, 2006에서 재구성)

다. 원장과의 관계

어린이집 원장은 교사에게 든든한 울타리가 되어 주기도 하지만, 원장이 때로는 교사의 행동을 지켜보며 간섭하고 보육교사들은 절대적인 권한을 가지고 있는 원장의 말을 무조건 따라야 하는 데에서(나석희, 이현진, 2012; 정덕희, 2014) 스트레스를 겪기도 한다.

> 현관에서 교사와 어머니가 대화를 나누고 있으면 원장님이 듣고 계세요. 그러다가 교사한테 "어머니한테 그렇게 말해서는 안 되고…" 하실 때가 있는데 그럴 때는 자존심이 상해요. 물론 원장님 말이 맞을 수 있지만 '이런 건 그냥 교사에게 맡겨두면 안 되나?' 하는 생각이 들어요.
>
> (E교사 면담, 2013. 6. 24, 정덕희, 2014에서 인용)
>
> 평상시에는 말을 안 하시다가 우리가 다 해 놓으면 한순간에 "이건 아니다. 이렇게 하는 게 어떻겠냐?" 하시면서 뒤집는 경우가 있어요. 우리도 우리의 계획이 있는데… 아니면 처음부터 그렇게 말씀하시지 왜 그때는 그러자 해 놓고 꼭 뒤에 와서 바꾸라고 하시는지… 원장님들끼리 만나는 날이나 다른 원에 갔다 오시면 더 해요.
>
> (D교사 저널, 2010. 10. 22, 나석희, 이현진, 2012에서 인용)
>
> 교사들이 행사나 서류를 준비해 놓아도 원장님이 확 뒤집으면 처음부터 다시 해야 해요. 특히, 원장님이 검토를 미루고 있다가 날짜가 임박해서 다 바꾸라고 하실 때는 정말 힘들어요. 그럴 땐 새로 준비하느라 며칠씩 야근을 하거나 집에 가져가서 해야 할 때도 있거든요. 속으로 불평해도 결국 원장님이 원하시는 대로 다 바꿀 수밖에 없어요.
>
> (H교사, 2013. 7. 16, 정덕희, 2014에서 인용)

이상에서 살펴본 바와 같이 보육교사는 부모, 동료교사, 원장과의 관계에서 어려움을 겪고 스트레스를 경험한다. 보육교사가 자신이 하고 있는 일에 만족해야 교수활동과 조직에 더 몰입할 수 있으므로, 보육교사가 맺는 구성원들과의 인간관계는 보육의 질을 좌우한다. 구성원들 간에 바람직한 인간관계는 서로 간의 신뢰 형성이 밑받침되어야 한다. 신뢰 형성을 위한 중요요소는 일관성(consistency), 배려(caring), 명확함(clarity), 솔직함(candor)이다(염지숙 외, 2022).

③ 근무환경

근무환경에는 보수, 근무시간, 초과 근무수당, 일일 휴식시간, 방학과 휴가, 업무량, 복지실태 등이 포함된다. 일반적으로 보수가 많고, 보수에 비해 근무시간이 짧고, 업무량이 적고, 복지제도가 잘 갖추어져 있는 직장일수록 근무환경이 좋은 것으로 평가된다.

어린이집의 경우 주 6일, 평일 12시간 이상 운영함을 원칙(「영유아보육법 시행규칙」 제23조 별표8)으로 하고 있어 유치원이나 초등학교보다 운영시간이 길고 이에 따른 보육교사의 근무시간도 길다. 실제로 어린이집 교사의 주당 근무시간은 평균 55.1시간으로 유치원 교사 45.7시간, 초등교사 44.89시간보다 길다(김은영, 장혜진, 조혜주, 2013; 김이경, 유수정, 김미정, 2009, 염지숙, 강정원, 2015에서 재인용). 반면, 낮은 급여 수준은 보육교사의 사기를 저하시키고 일에 대한 만족도도 떨어뜨린다.

이상에서 살펴본 바와 같이 업무내용, 업무량, 근무시간, 급여, 복지 지원 등은 모두 보육교사의 직무만족에 영향을 주는 요인이며, 근무환경에 대한 인식이 부정적일수록 보육교사의 직무만족도는 낮다(양승희, 염순교, 2007; 이순애, 성소영, 2012). 따라서 보육교사의 직무만족도를 높이기 위해서는 근무환경에 대한 적극적인 개선이 필요하다.

④ 원장의 리더십

어린이집 원장은 어린이집에서 가장 상위직에 있는 대표로서 자신의 모든 역량을 발휘해 어린이집이라는 조직을 관리·유지·발전시켜 나갈 책임을 지고 있다. 즉, 원장이 어떠한 리더십을 발휘하느냐가 교사들의 직무태도와 직무만족도에 영향을 미치며, 결국 어린이집 운영의 성패와 보육의 질을 결정하게 된다.

어린이집 원장의 리더십이란 어린이집의 목표 달성을 위해 원장이 보육교사, 영유아, 부모, 관련 기관의 구성원들에게 적극적인 영향력을 미치는 과정이며, 공유하는 목표를 달성하기 위해 개인의 노력과 집합적 노력을 촉진하는 과정이다(오채선, 2012). 리더십의 종류도 다양해져서 최근에는 감성적 리더십, 변혁적 리더십, 서번트 리더십 등에 대한 중요성이 강조되고 있다.

감성적 리더십(emotional leadership)이란 리더 스스로 자신의 내면을 이해하고 구성원들의 감성 및 필요를 배려하는 동시에 조직구성원들과의 관계를 자연스럽게 형성하여 조직의 감성능력을 높이는 것이다(Goldeman, Boyarzis, & Mckee, 2003, 김정림, 조혜진, 2012에서 재인용). 즉, 원장으로서 리더십을 발휘하기 위해 인지적 능력도 중요하지만, 감성지능도 중요하다. 유아교사가 지각한 원장의 감성적 리더십 역량은 교사의 직무만족도에 중요한 영향을 미친다(서현, 송선화, 2010).

변혁적 리더십(transformational leadership)이란 리더 자신의 이해관계를 넘어 집단의 목적을 이해하고 달성하도록 유도하며, 구성원으로 하여금 업무 성과의 중요성과 가치를 인식하도록 해서 동기를 부여시키는 것이다(노종희, 1996). 따라서 변혁적 리더십을 지닌 원장은 변화에 대한 필요성을 인식하고 새로운 비전을 창조하며 변화를 제도화하기 위해 노력한다(Hellriegel, Solcum, & Woodman, 1998, 이경순, 노진형, 2013에서 재인용). 원장의 변혁적 리더십은 교사의 직무만족에 직접적·간접적으로 영향을 미치는 중요한 변인이다(이경순, 노진형, 2013).

서번트 리더십(servant leadership)이란 리더가 자신의 개인적 이익보다는 추종자의 이익을 더 중요시하면서 조력자로서 섬김의 역할을 하는 것이다. 따라서 원장이 서번트 리더십을 발휘할수록 교사들에게 자율성과 권한을 부여하게 된다. 그 결과, 교사들의 자발적인 성장은 물론 직무수행능력, 조직에 대한 헌신도, 조직에 대한 몰입, 직무만족도를 증대시킨다(김의석, 김성원, 권성민, 2013).

이상에서 살펴보았듯이 원장이 리더십을 발휘할 때 보육교사들의 직무만족도가 높아지고 이직할 가능성이 낮기 때문에 원장의 리더십은 보육의 질과 직결된다.

2. 보육교사의 스트레스

1) 보육교사의 직무 스트레스 개념과 유발요인

인간은 외부로부터의 물리적·정신적 자극이 자신이 바라는 것과 상당한 차이가 있을 때 신체적·정신적 반응을 나타내는데, 이러한 반응이 정도를 넘어서는 긴장을 유발할 때 스트레스를 느낀다(이순형 외, 2013; Daniels, 1996, 황해익, 김미진, 탁정화, 2012에서 재인용). 직무 스트레스란 개인이 소속된 조직에서 자신의 직무를 수행하면서 경험하는 스트레스이다. 따라서 보육교사에게 직무 스트레스란 어린이집에서 근무하면서, 보육교사로서의 직무를 수행하면서 신체적·정신적으로 정도를 넘어서는 긴장감을 느끼는 것을 뜻한다. 보육교사의 직무 스트레스를 유발하는 요인은 다양하다. Jex와 Britt(2014)은 직무 스트레스를 유발하는 요인을 역할 스트레스(역할 모호성, 역할 갈등, 역할 과부하), 업무 부하, 대인 갈등, 조직 제약, 지각된 통제감, 직장-가정 갈등, 인수 및 합병, 해고 및 일자리 불안, 정서 노동으로 구분하여 제시하였다. 어린이집 교사의 직무 스트레스에 관한 연구(김보들맘, 신혜영, 2000)에서는 보육교사의 스트레스 유발요인이 긴 근무시간, 시간 유동성 부족, 업무 처리시간 부족, 교사 대 아동 비율이 높음, 부모와의 갈등, 잘못된 사회적 인식 등으로 나타났다.

보육교사의 직무 스트레스는 어린이집의 환경과 교사 개인 특성 간의 역동적이고 복합적인 관계에 의해 일어나는 신체적·심리적 과정이므로 스트레스를 느끼는 정도, 스트레스 경험으로부터의 결과가 다르다. 따라서 스트레스에 대한 대처방법도 개인에 따라 달라야 한다. 그러기 위해 보육교사는 개인의 특성에 따라 스트레스를 미리 예방하는 방법을 인식하고 실천하도록 하며, 심한 스트레스를 겪었을 시 그에 대한 적절한 대처방법도 인식하고 있어야 한다.

2) 보육교사 직무 스트레스의 결과

보육교사 직무 스트레스에 관한 연구결과(윤혜미, 노필순, 2013)에 의하면, 보육교사가 스트레스를 겪을 경우 우선 심한 신체적·정신적 피로감을 느끼며 소진되고 역할 몰입도가 떨어지며, 보육효능감이 낮아진다. 보육교사의 소진이 증가하면, 이직 의도도 증가한다. 따라서 보육교사의 스트레스 정도가 심할 경우, 보육교사는 소진되며 이직할 가능성이 높아진다. 보육교사의 직무 스트레스 정도가 높을수록 교수효능감과 직무만족도는 낮아지며(강이슬, 김민경, 2011; 송선화, 2012), 직무 스트레스가 적을수록 보육교사는 동료교사와 함께 생활하고 지역사회의 물리적 환경을 조성하는 전문성이 발달한다고 인식하고 있다(김리진, 홍연애, 2013). 심각한 스트레스를 경험하는 교사는 교사 자신과 영유아에게 다음과 같은 영향(Maslach & Jackson, 1981, 도명애, 2009에서 재인용)을 미친다.

첫째, 심리적·신체적으로 교사의 건강한 교직생활을 위협한다(직장 내에서의 사기 저하, 교사의 타락, 교육의 질 저하, 정신건강 손상, 질병 유발 등).

둘째, 교직에서 교사의 생존을 위협한다(이직, 퇴직 등).

셋째, 영유아를 보호·격려하지 못하고 혹평함으로써 영유아의 자존심을 손상시킨다.

넷째, 영유아의 개인적·사회적 발달과 성장을 저해한다.

이렇듯 보육교사의 직무 스트레스는 교사의 직무수행에 영향을 주어 영유아에게 직접적인 영향을 미치게 된다. 따라서 보육교사가 업무로 인해 과도한 스트레스를 겪지 않아야 교수효능감과 몰입도가 높아지고, 직무만족도가 높아지며, 동료교사와 부모와의 원만한 관계를 형성하고 자신을 전문가로 인식하게 된다. 이는 곧 보육교사로서의 역할수행을 잘 수행하여 영유아의 발달과 성장에 기여하고 보육의 질을 향상시키는 것과 연결된다.

〈표 9-5〉는 자가진단에 활용할 수 있는 보육교사의 스트레스 측정척도이다.

표 9-5 보육교사 스트레스 측정척도

스트레스 요인 \ 정도	전혀 스트레스를 받지 않는다	별로 스트레스를 받지 않는다	보통이다	조금 스트레스를 받는다	매우 스트레스를 받는다
학부모들은 어린이집 일에 지나치게 관여를 한다.					
보육활동을 함께 진행하거나 도와줄 보조교사가 부족하다.					
어린이집에는 각자에게 부여된 임무를 수행하지 않는 교사들이 있다.					
나의 보수는 내 업무와 책임에 비해 낮다.					
환경 정리, 연락업무, 차량지도 등 잡무가 너무 많다.					
교사들 간의 의사소통이 잘 이루어지지 않는다.					
보육활동을 위해 준비할 시간이 충분하지 않다.					
어린이집의 교사 복지제도(예 휴가, 처우 개선, 보험 등)가 미흡하다.					
교사의 근무평가는 공정하지 못하다(예 교사에게 제시, 공유되는 근무평가 양식이 없음).					
보육활동에 필요한 자료(예 비품, 교재・교구)가 부족하다.					
교사들의 업무수행을 위한 시설 및 설비(예 교사실, 복사기, 컴퓨터)가 부족하다.					
교사들 간에 파벌이 존재한다.					
우리 어린이집의 운영은 바람직한 보육의 실제와 맞지 않는다.					
원장은 교사들을 자주 칭찬하지 않고 격려하지 않는다.					
필요 이상으로 어린이집 행사가 너무 많다.					
원장은 교사의 업무에 대해 적절한 피드백을 제공하지 않는다.					

스트레스 요인 \ 정도	전혀 스트레스를 받지 않는다	별로 스트레스를 받지 않는다	보통이다	조금 스트레스를 받는다	매우 스트레스를 받는다
아동 간의 다툼이나 안전사고 등으로 어린이집에 항의하는 학부모들이 많다.					
운영과 관련된 나의 제안이나 의견이 받아들여지지 않을 때가 있다.					
어린이집과 관련된 결정사항에 대해 내 의견을 솔직하게 말할 수 없다.					
내가 맡은 반에 대해 원장이나 주임의 간섭이 심하다.					
교직원들 간의 관계가 좋지 못하다.					
우리 어린이집의 운영방식은 일관성이 없다.					
근무시간이 너무 길어(당직을 포함) 개인적인 시간을 갖기 어렵다.					
교사들 간에는 서로 협조하기보다는 경쟁이 심하다.					
학부모들은 교사에게 무례하거나 과도한 요구를 한다.					
교사들의 업무수행을 도와줄 보조인력(예 사무원, 청소원, 관리인 등)이 부족하다.					
원장은 교사들에게 지시적이고 명령적이다.					

출처: 신혜영(2004). 어린이집 교사의 직무 스트레스와 효능감이 교사행동의 질에 미치는 영향. 연세대학교 대학원 박사학위논문.

3. 보육교사의 스트레스 관리

1) 시간관리

보육교사가 해야 하는 일의 종류와 양은 다양해서 일일이 열거하기 어렵다. 긴 근무시간과 업무 과다로 인한 시간 부족은 보육교사가 경험하는 스트레스 중 큰 비중을 차지한다. 따라서 시간관리를 잘한다면 스트레스 해소에 도움이 될 수 있다. 보육교사는 시간에 쫓겨 수동적인 삶을 살아가기보다는 시간을 관리하고 조정하여 좀 더 능동적인 삶을 살아감으로써 스트레스를 줄일 수 있다.

시간관리란 개인의 가치에 부합하는 삶을 위해서 시간 자원을 배분하고 조정하며, 시간 자원 속에서 의식적으로 삶에 긴장과 이완을 주는 행동을 하는 것이다(채화영, 이기영, 2005). 좀 더 쉽게 정의한 내용을 살펴보면, 시간관리는 그 시간에 그 일을 하는 것, 일과 여가에 적절하게 시간을 분배하는 것, 바람직한 목표를 달성하기 위해 계획된 절차를 수행하는 것, 시간을 효율적으로 이용하는 것, 더 나아가 삶의 전반적인 면을 관리하고 통제하는 것을 의미한다(Kirby, 1977). 그렇다면 보육교사로서 시간관리를 어떻게 효율적으로 할 수 있을까? 위 정의에 기초해 시간관리의 전략을 소개하면 다음과 같다.

첫째, 목표 달성을 위해 일의 우선순위를 정해 미리 계획한다. 이때 너무 과도하게 많은 것을 성취하도록 계획하지 않는다.

둘째, 목표 달성을 위해 수립한 계획대로 일을 하도록 정해져 있는 시간에 그 일을 한다. 즉, 해야 하는 일을 당장 실행한다.

셋째, 휴식을 위한 적절한 시간을 배분한다. 휴식 없이 업무를 수행하는 것은 결국 소진으로 이어지고 보육의 질과 효율성을 떨어뜨린다.

2) 운동 및 여가활동

그날그날 정해진 업무를 마치고 하루를 마무리하는 것을 넘어 인생의 큰 그림을 그리고 장기적인 시간의 연속선상에서 일과 여가를 적절하게 계획하고, 그 계획을 실행한다.

강인한 체력은 보육업무를 잘 수행하기 위해 보육교사에게 반드시 요구되는 사항이다. 보육교사는 많은 업무와 긴 근무시간으로 인해 체력 소모가 많다. 체력이 약해지면 면역력도 낮아지고, 여러 질병에 노출될 가능성이 높아 오랫동안 보육교사로 근무하고 싶어도 그럴 수 없는 상황이 된다. 운동은 스트레스 해소를 위해 가장 좋은 방법 중 하나이다. 운동을 통해 긴장했던 근육을 이완시키고, 피로를 풀어줄 필요가 있다. 자신이 좋아하는 운동이나 가장 쉽게 할 수 있는 운동을 정해서 최소 일주일에 3번, 1회에 30분 이상 규칙적으로 해야 한다. 처음에는 무리하지 말고, 점차로 운동량과 강도를 조절해 간다.

한편, 적절한 여가활동을 해서 휴식을 통해 삶에 에너지를 충전시켜 주면 일에 대한 의욕을 북돋아 줄 수 있다. 개인에 따라 각자 좋아하는 취미활동과 여가활동이 다를 수 있다. 영화보기, 음악 듣기, 맛있는 음식 먹기, 여행하기, 그림 그리기 등 자신이 좋아하는 여가활동이 무엇인지 생각해 보고, 자신만의 스트레스 해소활동을 즐기는 것이 좋다.

3) 마음관리

스트레스는 보육교사의 신체뿐 아니라 정신까지도 피폐하게 만든다. 직무 스트레스가 보육교사에게 미치는 심리적 영향은 좌절감, 무력감, 주의력 감소, 판단력 감소뿐 아니라 장기적으로는 폐쇄적이고 부정적인 태도, 자신의 능력과 동료 및 조직에 대한 회의 등으로 확대된다. 이러한 심리적 영향이 심화될 때 우울증이나 식욕 감퇴 또는 과식, 불면 등으로 약물을 복용해야 할 상황이 되기도 한다. 따라서 마음을 편안하게 하여 정신적인 스트레스를 해소할 필요가 있는데 근래에는 다양한 명상방법이 활용되고 있다. 명상에는 여러 종류가 있으나 일반적으로 '눈을 감고 편안한 마음으로 조용히 생각하며 마음을 닦는 것'으로 알려진 집중명상법과 이러한 집중명상법에 기초해 현재에 대한 주의집중에 좀 더 초점을 두는 마음 챙김을 소개한다.

집중명상법은 육체적 긴장을 풀고 호흡 조절을 한 상태에서 마음을 가다듬고 안정을 취하는 방법으로, 모든 복잡한 생각으로부터 벗어나 정신을 집중하고 어느 하나의 주제에 대해 자기 스스로 의식을 집중시키는 일련의 수련과정이다(김현재, 1998). 이러한 명상의 과정을 통해 스트레스와 괴로움으로 가득 찬 사람과는 매우 다른 '나'를 발견하게 된다(김정신, 2004). 명상의 효과를 제시하는 연구에서는 명상이 생리적인 면에서 뇌파, 심장 박동, 혈압, 피부 저항 등의 변화를 가져오며, 편안한 의자에 앉아 쉴 때보다 더 깊은 휴식이 되며, 주의집중력이 높아지고 불안, 우울, 스트레스를 줄이거나 완화시킨다고 보고한다(김정신, 2004; 임재택 외, 2003). 자신만의 조용한 시간을 찾아 호흡을 가다듬고, 모든 잡념에서 벗어나 마음을 편안하게 하면서 명상의 시간을 갖는 것은 보육교사가 직무 스트레스를 해소하는 좋은 방법이다.

마음 챙김은 영어로 'mindfulness'로서 종교적 성찰이나 명상 등을 통해 시작되었지만 근래에는 종교적 의미를 넘어 심리학에서 심신의 안녕(wellbeing)을 도모하고 자기자각의 상태를 증진시키는 개념으로 사용되고 있다. 마음 챙김이란 순간적으로 일어나는 생각 · 감정 · 감각 등을 있는 그대로 인정하고 수용하면서 비판단적이고 현재중심적으로 명료하게 알아차리는 것이다(Kabat-Zinn, 1994). 마음 챙김은 현재를 즉시하고 문제의 본질을 파악할 수 있도록 함으로써 현명한 의사결정과 합리적 결과에 이르도록 한다. 이러한 과정을 통해 심리적 안정을 취할 수 있으며, 스트레스도 감소될 수 있다(Brown & Ryan, 2003). 즉, 마음 챙김 훈련은 보육교사들의 직무 스트레스를 감소시키고, 정신건강에 도움이 된다(윤지영, 2015; 이경열, 박영신, 2015).

Schoeberlein과 Sheth(2009 / 2014)는 교사가 마음 챙김 훈련으로부터 얻을 수 있는 장점을 다음과 같이 제시한다.

교사를 위한 마음 챙김의 장점(Schoeberlein & Sheth, 2009/2014)

- 집중력과 알아차림을 증진한다.
- 영유아의 필요에 잘 부응할 수 있는 능력을 향상시킨다.
- 정서적 균형을 촉진한다.
- 스트레스 관리 및 감소를 돕는다.
- 직장과 가정에서 건강한 인간관계를 유지한다.
- 교실 분위기를 개선한다.
- 전체적인 행복감을 증진한다.

마음 챙김을 시작하기 위해 전문지식은 필요 없다. 5분 정도 조용한 장소에서 편안하게 그러나 곧은 자세로 앉아서 시작한다. 호흡이 산만해졌을 때 다시 호흡으로 돌아가는 연습을 하면서 마음 챙김에 숙달되면 다음 단계로 나아갈 수 있다. 다음은 교사가 쉽게 시도해볼 수 있는 가장 기본적인 호흡훈련이다.

5분 마음 챙김 : 마음 챙기며 호흡하기(Schoeberlein & Sheth, 2009/2014)

- 자연스럽게 호흡하며, 숨이 폐를 채우고 흐르고 다시 나가는 느낌에 주의를 기울여라.
- 호흡에 대한 알아차림 하는 것을 놓치고 공상, 걱정, 졸음 그리고 어떤 것에 대해 생각하기 시작할 때를 알아차려라.
- 자신에게 친절하게 그리고 가능한 한 어떠한 해석도 달지 말고 주의를 호흡으로 되돌려라.

마음 챙김 호흡에 기본적으로 익숙해지면 다음 단계인 생각에 대한 마음 챙김, 감정에 대한 마음 챙김 연습을 해 볼 수 있다.

Schoeberlein과 Sheth(2009/2014)에 의하면, 5분 마음 챙김 연습의 핵심은 생각, 느낌, 감각을 알아차리고 다시 호흡으로 주의를 되돌아가는 것이며, 5분 마음 챙김의 변형은 계속해서 오가는 생각을 알아차리는 것이다.

생각 관찰하기: 5분 마음 챙김의 변형(Schoeberlein과 Sheth, 2009/2014)

- 자연스럽게 호흡하면서, 숨이 폐를 채우고 위아래로 오르내리는 느낌에 주의를 기울여라.
- 떠오르는 생각(단언 등 정신적인 작용)에 주목하라.
- '생각하고 있음.' 또는 '음, 생각'이라고 속으로 되뇌며 생각을 알아차려라.
- 구체적인 어떤 생각에 빠지지 말고, 그저 일반적으로 '생각'이라고 되뇌며 그것을 지켜보라.
- 정해진 시간이 끝날 때까지 내면에 일어나는 생각을 계속 지켜보며 알아차림하라.
- 언제나 스스로에게 인내심을 가지고, 부드럽고 친절하게 하라.

다음은 느낌에 대한 마음 챙김 연습인데, 이때 '느낌'은 몸으로 느껴지는 육체적인 감각이 아니라 반응이 담긴 감정적인 경험을 의미한다.

느낌 관찰하기: 5분 마음 챙김의 변형(Schoeberlein과 Sheth, 2009/2014)

- 폐에 숨이 채워지는 느낌과 위아래로 오르내리는 느낌에 주의를 기울이며 자연스럽게 호흡하라.
- 어떤 느낌이나 감정적인 반응이 일어나는 것에 주목하라.
- '느낌' 또는 '음, 반응'이라고 마음속으로 조용히 되뇌며 그 느낌을 알라차려라.
- 구체적인 어떤 느낌에 빠지지 말고, 그저 느낌이라고 알아차리며 지켜보라.
- 연습이 끝날 때까지 계속 관찰하며 감정이 일어나면 단지 '느낌'이라고 되뇌라.
- 언제나 스스로에게 인내심을 가지고, 부드럽고 친절하게 하라.

마음 챙김 연습은 아침에 하루 일과를 시작하기 전, 하루 일과 중 잠시 틈이 날 때마다, 그리고 일과 후 하루를 마무리한 후 등 교사의 상황에 따라 융통성 있게 진행할 수 있을 것이다. 다음은 잠자리에 들기 전 짧게 해 볼 수 있는 마음 챙김 절차의 예이다.

오늘 하루에 대해 짧게 성찰하기(Schoeberlein과 Sheth, 2009/2014)

- 특별한 사건들이나 변화에 주의를 기울이면서 판단함 없이 그날 하루의 경험들을 되돌아 본다.
- 기분이 좋았던 경험을 떠올려 보고 그 즐거움을 다시 한 번 느껴 보도록 한다.
- 불만족스러웠던 경험을 떠올려 보고 다음에는 같은 상황에서 더 건설적으로 어떻게 다르게 할 수 있을지 생각해 본다.
- 당신이 여기, 현재 있음을 바라본다.
- 아무리 사소한 것일지라도 적어도 한 가지를 찾아서 고마움을 표시해 본다.

Chapter

10

보육교사의 전문성 개발

Chapter 10 보육교사의 전문성 개발

'보육교사의 전문성이란 무엇인가? 보육교사에게 전문성이 필요한가? 필요하다면, 보육교사는 전문성을 어떻게 향상시킬 수 있을까?' 본 장에서는 이러한 질문에 대해 생각해 보기 위해 '보육교사의 전문성 개념과 전문성을 무엇으로 보아야 하는가?'에 대해 알아본다. 또한, 보육교사로서의 성장을 발달적 관점에서 살펴보고, 보육전문가로서 성장·발달하는 과정에서 중요하게 고려해야 하는 지식에 대해 알아본다.

1. 보육교사의 전문성

1) 전문성의 개념

어떤 사람이 특정 분야에 대한 상당한 지식과 경험을 가지고 그 일을 잘할 때 그 사람을 전문성을 가진 전문가라고 한다. 전문성이란 '개인적인 차원으로서 어떤 직업에 종사하는 한 개인이 가지고 있는 특성·태도·행동·신념·가치'(염지숙 외, 2018 : 120), '어떤 직업이 갖는 고유한 지식이나 기능'(김현주, 2008 : 109), '어떤 직업에 종사하는 자들이 보여 주는 태도와 행동으로 자신의 일에 대한 신념, 오랜 시간 자신의 직업에 헌신하는 태도 그리고 전문가로서 자신이 지니고 있는 지식에 의해 결정할 자유가 있다고 믿는 태도'(이은화, 배소연, 조부경, 2003 : 18) 등으로 정의할 수 있다. 이러한 정의에 비추어 볼 때 전문성이 요구되는 직종의 공통적인 특성을 살펴보면 다음과 같다(염지숙 외, 2018 : 121－122).

① 전문화된 지식과 기술을 요구하며, 이러한 전문적인 지식과 기술을 이용한 지적 활동을 수반한다. 전문화된, 특수화된 지식이란 일반적이고 상식적인 지식이 아니라 역사성・과학성・학문성을 지닌 지식(조정기, 1999)이다.

② 장기간의 교육과 훈련을 필요로 하며, 관련 분야의 전문자격증이 요구된다.

③ 업무수행 시 자율성과 책임성이 요구된다.

④ 업무와 행동을 지배하는 윤리강령을 갖는다. 예를 들어, 의사는 '히포크라테스 선서(Hippocratic Oath)'를 함으로써 의사로서 윤리를 지킬 것을 다짐한다.

⑤ 전문직에 상응하는 사회적 지위와 경제적 대우가 요구된다.

⑥ 소속인들로 구성된 조직체를 갖는다. 전문직 단체의 구성원 자격은 전문직업인과 보통직업인을 공식적으로 구분할 수 있는 기준이 된다.

⑦ 법적인 보장을 받는다.

⑧ 전 생애를 통한 직업이다. 전문직에 종사하는 사람들은 보통 자신의 직업을 평생직업이라고 생각하여, 일생을 통해 직업을 바꾸는 일이 자주 일어나지 않는다.

⑨ 개인의 이익을 추구하기보다는 공공에 헌신하고 봉사하는 정신자세가 요구된다.

보육교사가 '자신의 직업을 전문직으로 보는가? 그렇지 않은가?'는 보육교사가 일에 대한 자부심과 책임감을 갖고, 전문성을 유지하고 향상시키고자 노력하는 데에 있어 전혀 다른 결과를 가져온다. 보육교사가 자신의 직업을 전문직으로 볼 때 자신의 전문성을 더욱 발전시키고자 지속적으로 노력할 것이며, 보육의 질도 향상될 것이다.

2) 보육교사의 전문성 개념

보육의 중요성이 증가하고 사회적 요구가 높아짐에 따라 보육의 질적 수준을 담보하는 일은 선택사항이 아닌 필수요건이 되었다. 양질의 보육을 제공하기 위해서는 무엇보다도 보육교사의 전문성이 가장 중요한 요소로 작용한다. 좋은 시설을 갖추고 우수한 프로그램을 운영하는 어린이집이라도 교사가 보육전문가로서의 자질이 부족하다면, 그러한 환경과 프로그램을 효과적으로 활용하지 못하고 보육과 교육의 성과도 얻을 수 없다. 따라서 세계 여러 나라는 보육의 질을 보장하기 위해, 보육교사의 전문성을 향상시키기 위해 노력하고 있다(Urban, 2008). 보육은 이제 누구나 할 수 있는 일반적인 일이 아닌 보육 분야에서 전문교육을 받은 사람이 행하는 전문직이 되고 있다(손흥숙, 2015). 우리나라의 경우, 2002년 '보육사업 활성화 방안'(보건복지부, 노동부, 여성부, 2002)에서 보육의 질 제고를 위해 어린이집에 대한 평가인증제 도입과 함께 보육교사의 전문성 제고방안을 모색하였다. 더욱이 2005년에 개정된 「영유아보육법」에서는 보육교사의 전문성을 강화하기 위해 기존에 2급과 1급의 2등급으로 구분했던 보육교사의 자격기준을 1급, 2급, 3급의 3등급으로 구분하였고, 기존의 보육교사인증제에서 국가에서 자격을 발급하는 보육교사 국가공인자격증제도로 전환하였으며, 보수교육도 직무교육과 승급교육으로 구분하여 강화하였다(김현진, 신은수, 2008).

보육교사의 전문성이란 영유아에게 양질의 보육 서비스를 제공하기 위해서 보육교사가 갖추어야 하는 지식과 기술로 교사의 교육신념과 책임감에 기초한다(성현숙, 2013). 보육교사를 포함한 교사의 전문성을 구성하는 요소에 대해서는 학자들마다 다양한 의견을 제시하고 있다.

백은주, 조부경(2004)은 다음의 세 가지 측면이 통합적으로 발달할 때 교사의 전문성 발달이 이루어진다고 하였다.

- **지식과 기술의 발달** : 물리적 환경구성, 유아에 대한 이해, 교사－유아－유아의 상호작용, 교육과정의 계획, 실시, 평가

- **자기이해 발달**: 교사로서 자신에 대한 태도, 자신감, 개인적 측면에서의 자신에 대한 태도
- **생태적 발달**: 동료교사와의 관계 형성, 부모 및 지역사회와의 관계 형성, 물리적 지원환경 조성

황해익 외(2012)는 보육교사의 전문성을 구성하는 요소를 다음과 같이 제시하였다.

- **기술기반 전문성**: 교수기술, 수업계획 및 교재·교구, 상호작용 능력
- **지식기반 전문성**: 유아발달에 대한 지식, 교육과정 지식, 교육평가 관련 지식, 물리적 환경구성 지식
- **신념기반 지식**: 유아관, 교사관, 인성 및 가치관, 자신에 대한 태도

Clandinin & Connelly(1995)는 개인적·실천적 지식의 중요성을 강조하였고, Saracho & Spodeck(1993)는 전문적 지식과 기술, 봉사성, 자율성, 직업윤리 등을 교사 전문성에 포함시켰다.

한편, 양옥승(2002)은 유아교사의 전문성에 대해 초·중등교육이나 성인교육에서 전문성을 논할 때처럼 '가르치는 것'만을 전문적 능력이라고 하지 않으며, 좋은 유아교사가 되기 위해서는 신체적·정서적·사회적 보호를 위한 '보살피는 것'에 대한 전문적인 능력도 중요하다고 주장하였다.

유아교사에게 요구되는 전문적인 능력은 다음과 같다(양옥승, 2002).

① **유아교육에 대한 전문지식**: 유아교사는 유아의 일상생활과 삶의 질을 높이기 위해 지금까지 연구되어 온 유아교육에 대한 체계화된 여러 이론과 임상적 경험들로부터 실천적인 지식을 이끌어내고, 이를 유아교육현장에 적용할 수 있는 전문지식이 필요하다.

② **개별화와 융통성**: 유아교사는 유아의 개별적인 특성을 이해하고, 유아의 자유의지, 특히 흥미·요구·관심을 존중할 수 있는 능력과 태도를 갖추어야 한다. 이와 아울러 유아교사는 미리 규정된 정형화된 틀을 지양하고 상황과 주어진 제반조건에 따라 교육과정과 교수방법을 탄력적으로 운용할 수 있는

융통성을 갖추어야 한다.

③ **보살핌과 협력**: 유아교사는 가정과의 연계를 위해 부모들과 협력적인 관계를 가질 수 있어야 하고, 지역사회의 각종 시설에서 제공하는 여러 서비스에 의뢰하여 가족을 지원해 주는 역할을 해야 한다.

④ **개방성과 의사소통 능력**: 유아발달은 가족의 발달과 상호의존적인 관계 속에서 이루어진다는 관점에서 약화되어 있는 가족 지원 서비스를 의사소통을 통해 강화할 수 있도록 교사는 가족과 지역사회에 개방적이어야 한다. 또한, 교사는 가족 간의 갈등적인 상황을 줄이고 가족의 발달과 복지를 이끄는 데도 큰 역할을 한다.

⑤ **의사결정 능력**: 유아교사가 유아의 발달뿐 아니라 사회문화적으로도 적절한 교육을 할 수 있기 위해서는 미시적·거시적인 사회생태에 대한 이해와 유아를 둘러싼 사회의 경제적·문화적인 특성을 파악하는 능력이 필요하다. 지역의 특수성과 유아교육기관의 실정을 반영하여 자율적으로 교육할 수 있는 의사결정자로서의 역할이 중요하다.

⑥ **현장성과 정보기술의 이해**: 유아교사는 현장연구를 통해 '교사 연구자(teacher as a researcher)'로서 교육의 실제성, 실천 가능성을 높여야 한다. 또한, 지식정보화사회에 걸맞게 정보통신기술에 대한 이해를 바탕으로 자신의 교수-학습과정을 분석·개발·평가할 수 있어야 한다.

⑦ **지속적인 자기갱신**: 유아교사는 현직교육이나 자신의 교육활동을 스스로 평가하는 자기평가의 과정을 통해 유아교육 전문가로서의 정체성과 전문성을 신장시키고 사회적 책무성을 수행할 수 있어야 한다.

⑧ **삶에 대한 비전**: 유아교육은 유아의 일상생활과 삶의 질을 향상시키는 과정이므로 삶에 대한 비전을 가지는 것은 교사의 전문적 능력에 속한다.

한편, 영아보육교사의 역할은 더 연령이 높은 유아의 보육교사역할과는 차별화되어야 하는데 이는 영아의 발달 속도가 유아의 발달 속도에 비해 더욱 빠르고 가소성도 높기 때문이다(염지숙 외, 2022). 이러한 이유로 여러 학자(염지숙 외, 2022; Douville

-Wastson, Wattson, & Wilson, 2003; Gonzales-Mena & Eyer, 1993; Rockel, 2014; Test, 2006)가 영아기 보육과 교육의 중요성과 영아교사역할의 중요성을 강조하면서 영아보육교사의 지속적인 자기성찰과 전문성 발달을 위한 노력이 있어야 함을 주장하였다. 그러나 실제로 영아보육교사의 전문성을 구성하는 요소가 무엇인가에 대한 연구는 많이 이루어지지 않았다. 그 이유는 그동안 유아교사의 전문성에 관한 논의가 유치원 교사와 보육교사를 포함시켜 이루어졌으며, 보육교사의 전문성만 논의한 연구라도 영아보육교사를 보육교사 안에 포함시켜 다루었기 때문에 영아보육교사의 전문성만 독립적으로 살펴본 연구는 거의 이루어지지 않았다(오채선, 염지숙, 2016)는 데에 있다.

영아기는 배변학습, 애착, 초기 식습관, 말하기, 사회적 놀이 등이 가장 현저하게 나타나는 시기이다. 또한, 환경에 대해 적극적으로 탐색하고 모험을 시도하는 시기이므로 교사의 보호가 절대적으로 필요하다. 이러한 영아의 특성을 반영하면서 영아를 종일 보살펴야 한다는 점에서 영아보육교사에게는 가르치는 일보다 영아를 신체적・정서적・사회적으로 보살피는 데 필요한 전문적 지식과 이해가 요구된다(이완희, 2004). 이때 영아보육교사는 영아와 생활하면서 가정에서의 양육과 달리 더 이상 보육이 '보호'의 차원이 아닌 '교육'의 성격을 갖도록 일상생활이나 영아의 자연스런 놀이에 교육적인 내용을 녹여 내는 역할을 해야 한다. 따라서 어린이집에서의 일상을 세밀하게 관찰하면서 영아보육교사의 일이 무엇인가를 밝히는 것으로부터 영아보육교사의 전문성 구성요인을 찾아내고, 영아보육교사의 전문성 개념을 재개념화시키는 일이 필요하다(오채선, 염지숙, 2016).

〈표 10-1〉은 '유치원 교사의 전문성 발달 수준 자기평가도구'(백은주, 조부경, 2004)를 보육교사에게 사용할 수 있도록 수정한 것(신희이, 2011)이다. 점수가 높을수록 전문성이 높음을 의미한다.

표 10-1 보육교사 전문성 발달 수준 평가표

	문항내용	전혀 그렇지 않다	그렇지 않다	보통이다	그렇다	매우 그렇다
1	나는 시끄러운 영역과 조용한 영역을 구분하여 배치한다.					
2	나는 실내 흥미영역에 다양한 선택활동영역을 마련한다.					
3	나는 실외 공간을 다양한 활동영역으로 구성한다.					
4	나는 영아가 편안하게 쉴 수 있는 안락한 공간을 마련한다.					
5	나는 각 흥미영역에 생활주제에 적절한 교재 및 교구를 배치한다.					
6	나는 교재 및 교구를 수준별로 다양하게 제공한다.					
7	나는 안전하고 위생적인 환경을 유지한다.					
8	나는 영아의 각 발달영역에 대해 이해한다.					
9	나는 각 연령별 영아발달에 대해 이해한다.					
10	나는 영아의 흥미와 욕구에 대해 이해한다.					
11	나는 영아들의 개인차를 이해한다.					
12	나는 특수아의 발달특성에 대해 이해한다.					
13	나는 허용적 분위기를 조성한다.					
14	나는 일상생활 속에서 영아들 간의 의견과 생각을 교환하도록 장려한다.					
15	나는 활동의 계획 및 평가과정에 영아들을 참여시킨다.					
16	나는 영아 스스로 선택한 활동에 참여하여 성취감을 느끼도록 격려한다.					
17	나는 영아의 욕구와 질문에 적극적이고 긍정적으로 반응한다.					
18	나는 교육목표에 적절한 내용 및 방법을 계획·실시한다.					
19	나는 여러 가지 교육활동을 통합적으로 조직한다.					

	문항내용	전혀 그렇지 않다	그렇지 않다	보통 이다	그렇다	매우 그렇다
20	나는 융통성 있게 일과를 운영한다.					
21	나는 개인차 및 흥미에 따라서 활동을 전개한다.					
22	나는 개인 또는 소집단·대집단의 학습기회를 제공한다.					
23	나는 영유아들이 반응하고 활동을 마무리할 적절한 시간을 제공한다.					
24	나는 영아들이 효과적으로 활동을 전이할 수 있도록 유도한다.					
25	나는 일과계획을 통해 영아들이 활동과 일과의 순서를 인지하도록 돕는다.					
26	나는 동적 활동과 정적 활동의 균형을 유지한다.					
27	나는 영아 및 교육과정에 대한 다양한 평가방법을 계획·실시한다.					
28	나는 보육교사가 천직이라고 생각한다.					
29	나는 보육교사가 발전성 있는 직업이라고 생각한다.					
30	나는 보육교사로서 도전적이고 매력적인 일을 하고 있다.					
31	나는 보육교사로서 성취감을 느낀다.					
32	나는 영아의 질문을 반기고 격려한다.					
33	나는 내가 배운 보육 관련 지식과 기술을 잘 적용하고 있다.					
34	나는 변화에 적극적으로 대처할 수 있다.					
35	나는 개인적인 문제에 스스로 대처하고 해결하려고 한다.					
36	나는 이 세상에 살 만한 가치가 있는 사람이다.					
37	나는 새로운 사람들을 만나기를 꺼려하지 않는다.					
38	나는 대부분의 사람으로부터 사랑받고 있다.					
39	나는 어떤 사람과도 잘 지낸다.					
40	나는 다른 사람을 즐겁게 해 준다.					

	문항내용	전혀 그렇지 않다	그렇지 않다	보통 이다	그렇다	매우 그렇다
41	나는 동료교사들과 서로 관심사에 대해 함께 이야기를 나눈다.					
42	나는 행정적인 업무를 수행함에 있어 동료교사들과 서로 돕는다.					
43	나는 동료교사들과 영아들에 대해 정보를 주고받는다.					
44	나는 동료교사들과 수업에 대해 정보를 주고받는다.					
45	나는 동료교사들에게 신뢰감을 느낀다.					
46	나는 동료교사들로부터 격려와 지지를 받는다.					
47	나는 부모 및 지역사회 인사와 긍정적이고 우호적인 관계를 형성하고 있다.					
48	나는 정기적으로 부모들과 의사소통하고 부모가 영아의 학습과정에 적극적으로 참여할 수 있도록 격려한다.					
49	나는 부모들의 경제적 지위, 능력, 가치, 흥미의 다양성과 지역사회의 특성을 이해하고 인정하며 존중한다.					
50	나는 부모와 지역사회에 대해 적절한 교육적 지원을 하고 있다.					
51	나는 필요시에 활동할 수 있도록 부모와 긴밀한 연락체계를 수립한다.					
52	나는 일하는 시간을 융통성 있게 조절할 수 있다.					
53	나는 쾌적한 근무환경을 조성할 수 있다.					
54	나는 자기발전을 위한 경비 지원을 어린이집에 요구할 수 있다.					
55	나는 대외활동 시 필요한 경비를 어린이집에 요구할 수 있다.					

출처: 신희이(2011). 영아교사의 전문성 발달에 영향을 미치는 변인에 관한 연구－영아교사의 민감성, 교직 헌신을 중심으로－가톨릭대학교 대학원 박사학위논문.

2. 보육교사의 발달

1) 보육교사에 대한 발달적 관점

보육교사에 대한 발달적 관점은, 인간이 태어나고 성장하고 늙어 가는 것처럼 교사도 양성과정에 입문하면서부터 교직생활 전체를 통해 성장·발달하고 퇴보한다는 생각에 기반하고 있다. 즉, 개인의 생애발달처럼 교사도 교직의 전 기간에 걸쳐 변화한다는 것이다. 이러한 관점을 지닌 학자들은 획일적이고 전통적인 교사교육에서 벗어나 교사로서의 개인별 성장과정, 그에 따른 관심의 변화, 개인차 등을 인정하는 교사교육이 필요함을 강조한다.

Katz(1985)는 교사에 대한 발달적 관점의 중요성을 다음과 같이 제시하였다.

첫째, 교사가 발달적 관점을 갖고 자신을 교사로서 계속 성장하고 발달해 가는 존재로 인식한다면 현재 위치에서 자신의 능력을 평가해 보고, 미래의 목표를 세워 평생학습자로서 그 목표를 향해 노력하게 된다. 교사는 이 과정에서 너무 급진적인 발달보다는 점차적인 발달을 받아들이면서 만족감을 얻게 된다.

둘째, 교사가 발달적 관점을 갖는다면 자기성장의 가능성을 인식하고 동료교사와의 상의, 수업 향상을 위한 다양한 교수 자원의 활용, 학술 세미나 참석 등 교사 스스로 자기갱신(self-renewal)의 전략을 개발할 수 있다.

셋째, 동료교사들의 행동을 발달적 관점으로 바라보고, 자신이 오래 전에 겪었던 문제로 고민하고 있는 후배 교사들을 지지하고 격려하며, 그들의 전문적인 성장을 촉진시켜 주고자 노력하게 된다.

교사발달이론은 관점에 따라 직선적·순차적 이론과 순환적·복합적 이론으로 나눌 수 있다. 전자는 교사발달과 관심사가 한 방향으로 순서적으로 이동한다고 보며, 후자는 복합적이고 역동적으로 움직인다고 본다. 다음에 소개할 Fuller의 교사 관심사 발달단계와 Katz의 유아교사 관심사 발달단계는 직선적·순차적 이론에 해당하며, Burke와 동료들이 제시한 교사발달순환모델은 순환적·복합적 이론에 해당한다.

2) Fuller의 교사 관심사 발달단계

Fuller(1969)는 교사 관심사를 '지각된 문제나 걱정'이라고 정의하고, 최초로 교사의 관심사를 연구하여 개념화하였다. 이후 계속적인 후속 연구를 통해 교사 관심사를 '교사의 구조적인 좌절, 기대 또는 특별한 상황 속에서의 노력'이라고 개념화하였다.

Fuller는 예비교사와 현직교사가 요구하는 바와 이들에게 제공되는 전직·현직 교육이 일치하지 않음을 발견하고, 예비교사와 현직교사를 대상으로 면접과 설문조사를 실시하여 교사들의 관심사를 3단계로 구분하여 제시하였다(염지숙 외, 2022).

① 1단계 : 교직 이전 단계

교직 이전 단계(pre-teaching phase)는 학생들을 가르쳐 본 경험이 없거나 교육실습을 통해 학생들과 실제적인 접촉을 처음 해 본, 교직경험 직전에 있는 교사 지망생들이 이 단계에 속한다. 이 시기의 예비교사들은 가르치는 일에 대한 관심사가 막연하고 불확실하고, 무엇에 관심을 두어야 하는지 모르기도 한다. 가르친다는 것에 대해 자신의 경험을 기초로 생각한다.

② 2단계 : 초기 교직단계

초기 교직단계(early teaching phase)는 자아에 대해 관심을 가지는 단계이다. 이 단계에 속하는 교사는 외면적으로는 학생들을 가르치는 데에 관심이 있는 것처럼 보이지만, 실제로는 학교 전반에 걸친 구조 및 운영 등 학교상황을 파악하는 데 더 관심이 있다.

③ 3단계 : 후기 교직단계

후기 교직단계(late-teaching phase)는 경험이 많은 교사들에게 해당된다. 교사로서 개인의 발전과 성장보다는 학생의 발전에 더 관심을 갖는다. 학생들의 학업과 성취도, 자신이 학생들에게 미치는 영향 등에 관심이 있다.

Fuller와 Bown(1975)은 Fuller의 교사 관심사 이론을 수정·보완하여 다음과 같이 교사 관심사 4단계를 제시하였다(염지숙 외, 2022).

① **교직 이전 관심사 단계**

교직 이전 관심사 단계(pre-teaching concerns)에서는 경험이 없는 예비교사들은 교사보다는 학생에 관심을 보이며, 교사에 대해 환상을 가진다.

② **생존에 대한 초기 관심사 단계**

생존에 대한 초기 관심사 단계(early concerns about survival)에서는 학생에 대한 관심이 교사 자신의 생존에 대한 관심으로 옮겨 가며 학급 통제, 교수내용에 대한 숙달, 장학사의 평가 등에 관심을 가진다.

③ **교수상황 관심사 단계**

교수상황 관심사 단계(teaching situation concerns)에서는 많은 학생, 과다한 수업과 업무, 교수자료와 수업 준비시간의 부족, 자신의 교수행위 등에 관심을 가진다.

④ **학생에 대한 관심사 단계**

학생에 대한 관심사 단계(concerns about pupils)에서는 학생의 학습, 사회·정서적 요구, 학생과의 관계 등에 관심을 가진다.

Fuller(1969)와 Fuller와 Bown(1975)의 관심사 이론은 일반적으로 초임교사가 경력교사보다 자기 자신에 대해 관심이 많으며, 자신에 대한 문제가 해결되고 나면, 학생과 교수상황으로 관심사가 이동함을 보여 준다.

3) Katz의 유아교사 관심사 발달단계

Katz(1972)는 Fuller의 교사 관심사 발달이론을 확장하여 유아교사의 관심사 발달단계를 4단계로 구분하여 제시하였다(염지숙 외, 2022). Katz는 각 단계를 교사 경력에 따라 구분하였지만, 사실상 이 발달단계는 교사 개인의 특성, 상황변인 등에 따라 다르게 나타날 수 있다.

① 생존단계

생존단계(survival stage)는 보육교사 생활 첫 1년간의 시기이다. 이 시기의 초임교사들은 어린이집에서 수시로 일어나는 여러 문제에 원활하게 대처할 수 있을지 걱정하고 관심을 나타낸다. 이들은 초임교사 시기를 잘 보낼 수 있을지, 동료교사들이 자신을 동등한 교사로 인정할지, 부모들에게는 자신이 어떻게 비춰질지 등과 같은 생존과 관련된 문제를 염려하게 된다. 따라서 이 시기의 교사들에게는 동료교사의 적극적인 지원, 이해, 격려, 위로, 지도 등 어린이집 현장에서의 도움이 지속적이고 즉각적으로 제공되어야 한다.

② 강화단계

강화단계(consolidation stage)는 보육교사 입문 1년 말에서 3년 정도의 시기이다. 이 시기의 교사들은 어느 정도 안정감을 느끼고 자신감도 얻게 되며 교사로서 생존할 수 있다는 확신을 갖고, 개별 영유아와 문제상황에 관심을 갖기 시작한다. 그러므로 이 시기의 교사에게는 영유아 개개인의 발달에 적합한 보육과 교육방법, 다양한 문제상황을 해결해 가는 방법 등에 대해 경험이 풍부한 경력교사와 전문가의 신속한 도움과 지원이 필요하다. 동료교사와의 감정 공유와 정보 교환도 중요하다.

③ 갱신단계

갱신단계(renewal stage)는 보육교사 경력 3년에서 5년 사이의 시기이다. 이 단계의 교사들은 같은 일을 반복하는 것에 싫증을 느껴 새로운 아이디어나 교수법을 시도하게 된다. 그래서 같은 기관의 동료교사 또는 다른 기관의 보육교사를 만나 논의하고 학습하는 것을 좋아한다. 이 시기의 교사에게는 학회, 세미나, 워크숍 등 전문단체와 모임의 참석, 전문서적과 잡지를 통한 정보 수집, 수업 참관, 전문가와의 상담 등이 도움이 된다.

④ 성숙단계

성숙단계(maturity stage)는 보육교사 경력 5년 내지 그 이상이 된 시기이다. 이 시기의 교사는 자신을 성숙한 교사로 인식하며 교사로서의 자신에 대해 완전한 자신감을 갖는다. 또한, 자신의 철학적·역사적 뿌리는 무엇인지, 성장과 학습의 본질은 무엇인지, 학교가 사회를 변화시킬 수 있는지, 교직은 전문직인지 등 교육과 교직에 대한 전반적이고 추상적인 문제들에 대해 통찰력과 안목을 갖게 된다. 따라서 이 시기의 교사들에게는 자신들의 요구를 충족시켜 줄 수 있는 전문적인 협의회나 세미나, 학위 취득 프로그램, 다양한 분야의 전문가들과의 만남 등이 교사로서의 발달에 도움이 된다.

Katz가 제시한 교사 발달단계와 그에 따른 훈련요구는 [그림 10－1]과 같다.

교사 발달단계	훈련요구
4단계 : 성숙기	세미나, 교육기관, 학위과정, 전공서적, 저널, 학회 참가 (4~5년)
3단계 : 갱신기	협회, 전문적인 단체, 저널, 잡지, 시범프로젝트, 교원센터 방문 (3~4년)
2단계 : 강화기	전문가와의 접촉, 동료교사의 충고, 상담 등을 통한 도움 (1~2년)
1단계 : 생존기	현장에서의 지원과 기술적 도움 (0~1년)

0 1년 2년 3년 4년 5년

출처: Katz, L. G.(1972). Developmental stages of preschool teachers. *The Elementary School Journal*, 73(1), p.51.

그림 10－1 Katz가 제시한 유아교사 발달단계와 훈련요구

4) Burk와 동료들의 교사발달순환모델

Burk와 동료들(Burke, Christensen, Fessler, McDonnell, & Price, 1984)은 교사로서의 성장과 발달을 직선적인 과정이 아닌 역동적이고 순환적인 과정으로 이루어진다고 보고, 교사발달순환모델(TCCM : Teacher Career Cycle Model)을 제시하였다. 이들은 개인적 요인과 조직적 요인이 교사의 생애주기에 영향을 미쳐 모든 교사가 획일적인 과정을 거쳐 발달하는 것이 아니라 8단계가 순환되면서 다양한 과정을 통해 발달한다고 주장한다(염지숙 외, 2022). 교사발달순환모델에서 개인적 요인에는 가족경험, 발달적 단계, 긍정적인 경험, 위기적 사건이, 조직적 요인에는 전문가 단체, 운영방식, 정책, 공공적 신뢰, 사회적 기대 등이 포함된다. 교사발달순환모델의 교직주기는 〈표 10-2〉와 같이 8단계로 이루어져 있다.

표 10-2 교사의 교직주기단계

교직주기단계	내용
교직 이전 (preservice stage)	• 대학에서 교사가 되기 위한 준비기간 • 전문적 지식과 기술 습득을 위한 교육 시기 • 예비교사/새로운 역할수행을 위해 자격증 준비단계에 있는 경력교사
교직 입문 (induction stage)	• 보통 교직에 입문한 지 3년차까지 • 현장의 일상적인 활동에 익숙해져 가며 교사로서 생존하려는 기간 • 경력교사들이 새로운 역할수행을 위해 노력하는 시기
능력 구축 (competency building stage)	• 교수행위와 관련된 기술 증진을 위해 적극적 · 능동적으로 노력하는 단계 • 새로운 교수자료, 방법, 기술 등을 습득하기 위해 워크숍, 세미나, 학회 등에 자발적으로 참여하거나 상급 학교 진학 추진
열중과 성장 (enthusiastic and growing stage)	• 높은 수준의 직업만족도를 가지고 교직수행 • 교직수행에 필요한 전문적 지식과 기술을 가지고 있으며, 전문성을 계속 향상시키기 위해 노력 • 자신의 일을 사랑하고 직업에 만족
교직 좌절 (frustration stage)	• 교수행위에 대해 좌절감과 환멸감을 느낌 • 자신의 일에 만족하지 못하므로 교직 이직률이 높아짐
안정과 침체 (stable and stagnant stage)	• 교사에게 기대되는 최소한의 역할만을 하며 안정을 추구함 • 현실에 안주하고 현 상태를 유지하고자 함 • 변화를 원하지 않음

교직주기단계	내용
교직 쇠퇴 (career wind down stage)	• 교직을 떠나려고 준비하는 단계 • 은퇴 준비하기 • 퇴직 원인에 따라 퇴직을 긍정적 또는 부정적으로 받아들임
교직 퇴직 (career exit stage)	• 은퇴하거나 교직에 대한 대안 찾기 • 출산 · 육아 등의 이유로 일시적인 휴직 시기

출처: Burke, P. J., Christensen, J. C., Fessler, R., McDonnell, J. H., & Price, J. R.(1984). *The teacher career cycle : Moral development and research report*. Association, Washington, D.C.(ERIC Document Reproduction Service No. ED 289 846).

〈표 10－2〉의 교직주기단계에서 앞의 네 단계는 높은 동기 부여, 높은 과업 성취, 교사의 정체감 확립 등이 특징이며, 뒤의 네 단계는 교직에 대한 만족감의 감소, 교수행위에 대한 기대감 감소 등이 특징이다. 이 순환모델에서는 교직주기가 한 단계를 거친 후 반드시 다음 단계를 거치거나 모든 단계를 거쳐야 하는 것은 아니며, 한쪽 방향으로만 단선적으로 진행되지도 않는다. 좌절단계에 있는 교사가 전문적 성장을 위한 노력을 통해 앞 단계인 열중과 성장의 단계로 되돌아갈 수도 있고, 교직에 좌절하여 안정과 침체의 단계를 거치지 않고 퇴직단계에 이를 수도 있다. 또한, 상위단계가 하위단계보다 반드시 바람직하고 더 발전된 단계임을 뜻하지도 않는다. 이 모델에서 제시하는 각 단계는 순환적이며, 교사를 둘러싼 다양한 상황과 경험 그리고 교사 개인의 노력 · 열정 · 성향에 따라 각 교사가 거치게 되는 교직주기단계와 기간이 각각 다를 수 있다.

5) 교사 관심사 평정척도

Arroyo와 Sugawara(1983)는 Katz의 유아교사 발달이론을 적용하여 교육실습생 관심사 척도(SSTC : a Scale of Student Teaching Concerns)를 개발하였다. 예비교사를 대상으로 한 조사결과, 예비유아교사들에게도 생존 · 강화 · 갱신 · 성숙의 네 가지 관심사가 존재하지만 Katz가 제시한 교사발달의 순서와는 일치하지 않았다. 이러한 결과를 바탕으로 Tsai(1990)는 Katz의 유아교사 발달단계에 기초한 교육실습생 관심사 척도를 수정하여 유아교사 관심사 평정척도(KTCRS : Kindergarten Teacher Concerns Rating Scale)를 제작하였다(염지숙 외, 2022).

이승연(1994)은 Tsai(1990)가 제작한 유아교사 관심사 평정척도를 수정・보완하여, 5점 척도의 52문항으로 구성된 질문지를 사용하여 국내 유아교사들의 관심사를 분석하였다. 그 결과, 우리나라 유아교사들이 표출한 관심사의 발달과정은 Katz가 제시한 발달단계를 따르는 경향이 있었으며, 특히 생존 관심사에는 높은 관심을 보이며 성숙 관심사에는 가장 낮은 관심을 보이는 것으로 나타났다.

〈표 10－3〉은 자신이 보육교사로서 어떤 범주의 교사 관심사에 가장 관심이 많은지 알아볼 수 있는 교사 관심사 평정척도이다.

표 10－3 보육교사 관심사 평정척도

〈보육교사 관심사의 범주와 문항번호〉

교사 관심사의 범주	문항번호	문항 수
생존 관심사	1, 5, 9, 13, 17, 21, 25, 29, 33, 37, 41, 45, 49	13
강화 관심사	2, 6, 10, 14, 18, 22, 26, 30, 34, 38, 42, 46, 50	13
갱신 관심사	3, 7, 11, 15, 19, 23, 27, 31, 35, 39, 43, 47, 51	13
성숙 관심사	4, 8, 12, 16, 20, 24, 28, 32, 36, 40, 44, 48, 52	13

문항	전혀 관심 없다				매우 관심 있다
1. 학급의 영유아 수(교사와의 비율)에 관한 것	1	2	3	4	5
2. 자유놀이시간에 영유아가 스스로 계획한 활동을 끝까지 할 수 있도록 격려하는 것	1	2	3	4	5
3. 새롭게 개정된 보육과정을 적용하는 것	1	2	3	4	5
4. 세미나에 참가하는 것 (세미나 : 주제 발표와 토론이 있는 전문가 연구모임)	1	2	3	4	5
5. 영유아들에게 약속된 규칙을 지키도록 하여 질서를 유지하는 것	1	2	3	4	5

	전혀 관심 없다				매우 관심 있다
6. 부모와 떨어지기 싫어하는 영유아를 다루는 것	1	2	3	4	5
7. 현재 운영하고 있는 프로그램의 목적을 성취하기 위한 새로운 방법을 모색하는 것	1	2	3	4	5
8. 일반교양에 대한 광범위한 기초지식을 얻을 수 있도록 폭 넓게 독서하는 것	1	2	3	4	5
9. 현재 맡고 있는 영유아들의 연령에 맞는 발달단계를 아는 것	1	2	3	4	5
10. 학습에 지체를 보이는 영유아에게 환경적인 자극을 주는 것	1	2	3	4	5
11. 영유아보육·교육 관련 교직전문단체에 가입하는 것	1	2	3	4	5
12. 영유아교육 이외의 다른 분야의 전문가들과 만나는 것 (예 의사, 심리학자, 사회학자, 영양사 등)	1	2	3	4	5
13. 교재·교구를 만드는 것	1	2	3	4	5
14. 특별한 요구를 가지고 있는 영유아들을 돕는 것 (예 한부모가정 영유아, 조손가정 영유아, 발달장애 영유아 등)	1	2	3	4	5
15. 새로운 연구결과나 정보를 수업에 적용하는 것	1	2	3	4	5
16. 어린이집에서 종일 영유아를 보육·교육하는 것	1	2	3	4	5
17. 가르칠 내용을 충분히 이해하고, 효과적으로 전달할 수 있도록 노력하는 것	1	2	3	4	5
18. 교사에게 지나치게 의존해 떨어져 있지 않으려고 하는 영유아를 다루는 것	1	2	3	4	5
19. 시범으로 운영되고 있는 어린이집이나 새로운 프로그램을 운영하고 있는 어린이집을 방문해 정보를 얻는 것	1	2	3	4	5
20. 원아모집 및 선발기준에 관해 나름대로 철학을 갖는 것	1	2	3	4	5
21. 영유아 개개인의 특성 및 기본적 능력을 파악하는 것	1	2	3	4	5

문항	전혀 관심 없다				매우 관심 있다
22. 어린이집에 오기 싫어하는 영유아나 집에 가고 싶다고 떼쓰는 영유아를 다루는 것	1	2	3	4	5
23. 영유아에게 적합한 새로운 과학실험이나 활동에 대한 정보를 입수하는 것	1	2	3	4	5
24. 영유아가 성장하는 것과 학습하는 것의 본질(특성)에 대해 깊이 탐구하는 것	1	2	3	4	5
25. 일과를 계획하고, 보육계획안을 작성하는 것	1	2	3	4	5
26. 그치지 않고 계속 우는 영유아를 지도하는 것	1	2	3	4	5
27. 영유아 발달이론을 보육과정에 통합시키는 것	1	2	3	4	5
28. 보육과 교육에 영향을 미치는 관련 법규나 정책에 관한 것	1	2	3	4	5
29. 교사 자신이 보육교사로서 적합한가에 관한 것	1	2	3	4	5
30. 영유아의 공격적인 행동에 대처하는 것	1	2	3	4	5
31. 교사들을 위한 연수나 워크숍에 참여하는 것	1	2	3	4	5
32. 급격하게 변화하고 있는 현대사회에서 어린이집이 담당해야 할 역할과 기능을 생각하는 것	1	2	3	4	5
33. 수업에 대한 영유아들의 반응에 관한 것	1	2	3	4	5
34. 영유아들 간에 싸움이 벌어졌을 때 문제를 해결해 나아가는 것	1	2	3	4	5
35. 현장에서 연구를 할 수 있도록 연구방법을 습득하는 것	1	2	3	4	5
36. 어린이집 전체의 운영관리에 참여하는 것	1	2	3	4	5
37. 교사로서, 직장동료로서 동료교사들에게 인정받는 것	1	2	3	4	5
38. 건강에 문제를 가지고 있는 영유아를 돕는 것 (예 팔에 깁스를 한 유아, 감기에 걸린 유아 등)	1	2	3	4	5

문항	전혀 관심 없다				매우 관심 있다
39. 새로운 보육·교육프로그램을 도입·적용하는 것	1	2	3	4	5
40. 학위를 얻기 위해 학위과정에 등록하는 것 (예 한국방송통신대학교, 대학원 등)	1	2	3	4	5
41. '보육교사'라는 직업을 계속할 수 있다고 확신을 갖는 것	1	2	3	4	5
42. 영유아들이 가지고 있는 언어적 문제를 도와주는 것 (예 말을 더듬는 것, 표현력 부족, 어휘력 부족 등)	1	2	3	4	5
43. 영유아보육·교육에 관련된 전문잡지나 학회지 등을 보는 것	1	2	3	4	5
44. 교사의 권익과 처우에 관한 것(행정적인 지원·후생복지·근무조건)	1	2	3	4	5
45. 교사로서 부모들에게 인정받는 것	1	2	3	4	5
46. 영유아들의 자아개념을 증진시키는 것	1	2	3	4	5
47. 새로운 교수방법을 배울 수 있는 비디오나 교육용 영화를 보는 것	1	2	3	4	5
48. 영유아보육·교육의 역사와 철학을 탐구하는 것	1	2	3	4	5
49. 수업 준비를 위해 충분한 시간을 할애하는 것	1	2	3	4	5
50. 문제가 있는 영유아의 부모와 상담하는 것	1	2	3	4	5
51. 현직교육(각종 연수, 강습회, 워크숍)으로부터 학습한 새로운 지식과 교수법을 실제에 적용시키는 것	1	2	3	4	5
52. 영유아보육·교육의 공보육·교육화에 관한 것	1	2	3	4	5

출처: 이승연(1994). 유아교사 발달단계에 기초한 유치원 교사의 관심사 분석. 이화여자대학교 대학원 석사학위 논문을 어린이집 상황에 맞도록 일부 용어 및 내용을 수정함.

3. 반성적 사고와 실천적 지식

1) 반성적 사고의 개념

반성적 사고(reflective thinking)의 개념은 1933년 Dewey에 의해 처음 소개되었다. 그 후 여러 학자가 다양한 방식으로 반성적 사고를 개념화하고 발전시켰다. 특히, Schön(1983)이 교육학·간호학 등과 같은 전문 분야에서 반성적 실천(reflective practice)의 중요성을 언급한 이후 반성적 사고는 교사교육 분야에서 중요한 위치를 차지해 왔다.

Dewey(1933 : 3)에 의하면, 반성적 사고란 '어떤 것을 마음속에서 잘 생각해 보고 그것에 대해 진지하게 계속적으로 고려하는 것'이다. Dewey(1933 : 9)는 반성적 사고를 '특정 형태의 신념이나 지식을 그것이 지지하는 원리와 궁극적인 결과에 비추어 적극적으로, 지속적으로, 신중하게 고려하는 것'으로 정의한다. 그는 반성적 사고의 가치를 선호에 기초한 맹목적이고 충동적인 행동을 지적인 행동으로 전환시키는 데 두고 있다. 우리는 난처한 상황에서 벗어나고자 그리고 어려운 문제를 해결하고자 반성적 사고를 하는 과정에 이르게 되며, 이러한 이유로 반성적 사고는 우리가 필요로 하는 것을 얻기 위해 우리로 하여금 '사려 깊고 의도적인 방식'으로 행동하도록 해 준다는 것이다.

한편, Schön(1983)은 반성적 사고의 형태를 반성적 사고를 하는 과정과 시기의 차이에 따라 '행위 중의 반성적 사고(reflection－in action)'와 '행위 후 반성적 사고(reflection－on action)'로 구분하여 제시하였다. 전자는 반성적 사고가 행동과 동시에 일어나며 사용 중인 지식을 통해 다음 행위과정을 이끌어간다. 따라서 기존 이론의 영향을 최소한으로 받는다. 행위 중의 반성적 사고는 행위가 예기치 않았던 결과를 가져올 때 그리고 행위가 계획한 대로 진행되지 않는 상황에서 일어나며, 이 과정에서 '실천적 지식(practical knowledge)'이 형성·발전된다(Schön, 1983). 후자는 반성적 사고가 행위 후에 일어나는 형태로서 이미 취한 행동에 대해 언어적 또는 비언어적인 사고의 형태로 일어난다.

Schön에 의하면 교사가 될 학생들은 반성적 실천가가 되도록 교육받아야 하는데 교직의 일상적인 기능을 학습하는 일과 행위 중의 반성적 사고를 통해 불확실한 상황에 대처하는 방법을 배우는 일은 다르기 때문이다. 이런 이유로 Schön은 현장에서 일어나는 전문적이고 직업적 행위를 자유롭게 탐색할 수 있는 교육실습의 중요성을 피력하였다.

이 밖에도 van Manen(1991 : 98)은 교육 분야에서 사용되는 반성을 신중히 선택하는 능력으로 보고, '반성하는 것은 생각하는 것'이며, '교육 분야에서의 반성은 신중함, 선택, 행위에 대한 대안적 과정을 결정하는 것' 등과 같은 의미가 있다고 하였다.

이상에서 살펴본 여러 학자가 제시한 반성적 사고의 개념을 종합해 보면, 반성적 사고란 '자신의 행위를 사려 깊고 비판적이며 분석적으로 되돌아보고 평가하여 더 나은 미래의 행위를 위한 의사결정을 추구하는 자기성찰과 향상의 과정'(염지숙 외, 2022: 200)이다.

2) 반성적 사고의 필요성

보육교사가 자신의 교수행위에 대해 반성적 사고를 해야 할 필요성은 다음과 같다.

첫째, 보육교사로서 어린이집 현장에서 일어나는 다양하고 불확실하며 복합적인 일들에 대해 최선의 의사결정을 하기 위해 보육교사의 반성적 사고가 필요하다. 매일의 일상에서 보육교사는 수많은 딜레마를 경험하며, 그러한 딜레마에는 해답이 없을 수도 있고, 하나의 딜레마를 해결한 후 또 다른 딜레마를 경험할 수도 있다. 이러한 딜레마 상황에서 보육교사는 최적의 선택을 위해 이전의 유사한 상황에서 반성적 사고를 통해 얻은 지식을 바탕으로 의사결정을 하게 된다. 따라서 보육교사가 반성적 사고의 개념과 중요성을 인식하고, 반성적 사고능력을 기르는 것은 다양한 딜레마 상황에 적절하게 대처하고 해결방안을 마련하는 데 중요하다.

둘째, 보육교사의 개인적·실천적 지식을 발전시켜 보육교사로서 더욱 성장하기 위해 반성적 사고가 필요하다. 교실에서 어떠한 문제상황에 부딪혔을 때 보육교사는 자신의 성장 배경, 지금까지 삶의 경험, 그동안의 교수실천을 통해 얻은 나름대로의 경험을 통해 얻은 지식 등 교사가 지니고 있는 개인적·실천적 지식에 기초해 문제해결방안을 얻어낸다. 이러한 개인적·실천적 지식은 교사의 일생을 통해 끊임없이 변화하고 발전하는데 이것은 반성적 사고를 통해 가능하다.

셋째, 보육교사의 전문적 성장을 위해 반성적 사고는 필수적이다. 보육교사가 전문성을 지니기 위해서는 유아관, 보육철학, 교수기술, 보육과정, 물리적 환경, 동료교사 및 부모와의 관계 등을 포함해 자신의 교수실천 전반을 세밀하게 되돌아보고, 부족하거나 아쉬운 점을 찾아내 수정·보완하는 노력을 기울여야 한다. 이러한 반성적 실천이 반복적·지속적으로 이루어질 때 보육교사의 전문성이 함양된다.

이상의 논의에 따라 보육교사의 반성적 사고는 어린이집 현장에서 교사로서의 역할을 잘 수행하고, 개인적·실천적 지식을 발달시킴으로써 전문성을 향상시키는데 반드시 요구되는 능력이다.

3) 반성적 사고의 수준

van Manen(1977)은 반성적 사고에서의 교사 관심사에 따라 반성의 수준을 기계적 수준, 실천적 수준, 비판적 수준으로 나누어 제시하였다. 또한 Galvez-Martin, Bowman과 Morrison(1998)은 현직교사들의 반성적 사고 수준을 측정하기 위한 도구를 개발하였다. 총 7수준으로 이루어진 이 도구에서 평가의 준거는 '교사가 자신이 경험한 내용을 재구성하는가, 자신의 경험을 이전 경험 또는 지식과 연결하여 해결책을 모색하는가' 등이다. 〈표 10-4〉는 Galvez-Martin, Bowman과 Morrison(1998)이 개발한 반성적 사고 수준 측정도구의 분석기준이다.

표 10-4 반성적 사고 수준 분석기준

수준	반성적 사고능력의 수준
0	• 교육학적 개념이나 기술에 대해 전혀 언급하지 않음 • 단지 자신과 느낌에 근거해서 언급 예 며칠 전부터 모든 것이 우리 친구들과 함께하는 마지막이라는 생각이 들어 많이 슬프고 섭섭했었다. 그동안 있었던 일들을 하나둘씩 생각하면서 웃음 짓게도 하고 얼굴 찌푸리게도 하는 우리 귀염둥이 친구들… 항상 어리게만 보였던 우리 친구들이 며칠 전부터 졸업에 대해 이야기를 하면 그 마음을 아는지 눈시울을 붉히는 친구들도 있었다.
1	• 교수행위/수행에 근거하여 결과를 예견하거나 분석하지 않고, 개인적인 경험으로 교수적/비교수적 사건을 일반적으로 설명 예 나에게 새로운 과제가 주어진 것 같았다. 편식을 당장 고치기는 어렵겠지만, 6세 반으로 진급하기 전에는 조금이라도 변화된 모습을 보여야 할 텐데… 이상하게도 내일 점심시간이 기다려진다.
2	• 교수수행이나 그 뒤에 숨겨진 이론을 분석하지 않고, 기술적인 방식으로 교수적/비교수적 사건을 평범하게 묘사 예 자기가 좋아하는 친구도 있고 자기랑 잘 맞지 않아서 가끔 다투는 친구도 있다. 아직 어리지만 자기 성격이랑 잘 맞는 친구가 있고 잘 맞지 않는 친구가 있어 놀이 시에도 잘 통하는 친구들끼리 어울려 지내는 경우가 많다. 그러나 친구를 배려하지 못하는 자신의 행동이 다른 친구에게는 상처가 될 수도 있다는 생각을 했으면 한다.
3	• 교사행동의 일면에만 초점을 두고 관련에 도달 예 월요일부터 어제까지는 처음에 만지던 교구만을 가지고 놀더니 오늘은 다른 교구에도 조금씩 관심을 보이는 것 같았다. 내일부터는 동요를 자주 틀어 주고, 다른 교구들도 관심을 가질 수 있도록 ○○이에게 가져다주고, 또 같이 해 보는 기회를 가져야 할 것 같다는 생각이 들었다. 조금씩 변화되는 모습에 기쁘기도 하지만 오랜 시간 동안 반복될까 봐 걱정되기도 한다.
4	• 학생들의 학습결과에 미친 영향과 학생의 행위를 어떻게 설명하는지를 학생들의 관점-교수행위를 한 가지로 평가 예 큰 목소리로 대답하는 아이들에게는 친구들과 선생님의 박수를 받게 하였더니 박수를 받는 아이들이 행복해하고 박수 치는 아이들 또한 즐거워하였다. 네모자리에 정돈되게 앉았을 때의 분위기와는 달리 동그라미 모양으로 앉으니 모든 아이가 경청하고 다른 행동을 하지 않으며, 놀이에 참여하였다. 종종 아이들과 이렇게 동그랗게 앉아서 수업도 해 봐야겠다.
5	• 교수적/비교수적 시간에 교사의 관점으로 교수행위를 상세히 분석하기 • 효율적인 교수와 비효율적인 교수 구별 • 교사가 아주 특별한 방식으로 바람직하지 않은 행동을 어떻게 다루고 유사한 상황에 어떻게 적용하는지 분석 예 막대 인형이 아이들에게 큰 효과가 있었던 것 같다. 모든 아이에게 어떤 친구를 좋아하는지 한 명씩 물어봄으로써 아이들의 성격도 파악하게 되었다. 자주 아이들이 직접 이야기해 보는 형식의 수업을 해야 할 것 같다. 처음에는 내가 주도하지만 나중에는 아이들 스스로 물어보고 이야기하는 것도 좋은 방법인 것 같다.

수준	반성적 사고능력의 수준
6	• 교수활동이 목표와 학생들의 특성에 근거한 것이고 다양한 교수전략은 학생들의 학습방식에 맞추어 사용된다는 것을 인식 • 학생들의 발달과 교수행위, 학생들의 특성과 가르치는 방식과 관련된 관계 분석 예 수업을 계획할 때 조금만 더 환경적인 요건과 아이들의 반응을 미리 짐작해 보고 문제상황을 생각해 보았더라면 내가 생각하고 의도한 대로 아이들은 칭찬을 하며 스티커를 붙이고 칭찬에 대한 좋은 기분을 느낄 수 있었을 텐데… 이번 장학을 하면서 수업을 계획할 때 좀 더 여러 가지 상황이나 유아의 반응에 대해 많이 생각하는 시간을 가져야겠다고 생각했다. 그리고 동료장학을 하니 내가 생각지도 못했던 부분들을 선생님들이 이야기해 주셔서 많은 도움이 된 것 같다.
7	• 복합적 관점으로 교수적/비교수적 사건을 평가 • 학습의 특수한 상황과 맥락의 영향을 인식 • '만일, 그때, 왜냐하면'을 활용하여 향상과 더 나은 수행을 위해 제안/제시 예 개나리와 민들레는 노란색, 튤립은 여러 가지 색이고 진달래는 분홍색이었다. 내가 이야기를 나누면서 오늘 봄꽃을 생각하며 색을 말해 주어야 할까? 아니면 아이들 스스로 그들이 색칠하고 싶은 색으로 칠해도 되는지… 아이들의 창의력을 내가 막는 건 아닐까? 라는 생각도 들었었다. 그러나 봄꽃에 대해 깊이 있게 이야기하는 시간이고 어떤 꽃이며 그 꽃들은 어떻게 생겼는지 알아야 하기 때문에 색을 가르쳐 주어야겠다는 생각이 들었다. 아직은 어떤 꽃인지 접하지 못한 아이들도 많아서일까? 아니면 이해력이 떨어져서일까? 몇 명의 아이들이 색을 바르게 칠하지 못하였다. 다음에 날씨가 좋으면 밖으로 나가서 어린이집에 있는 꽃을 직접 보여 주거나 봄소풍을 가게 되면 그림으로만 보았던 봄꽃을 함께 직접 관찰해 보아야겠다.

출처: 한수란, 황해익((2006). 유아교사의 반성적 사고 경험을 통한 반성적 사고 수준의 변화. 생태유아교육, 5(1), pp.83－104.

4) 실천적 지식

어린이집은 영유아의 연령, 기관의 형태, 보육과정 운영 등의 측면에서 초・중등학교와는 다르기 때문에 그에 따른 보육교사의 역할과 보육교사가 지녀야 하는 지식도 다르다. Ott, Zeichner와 Price(1990)는 여러 연구결과를 종합하여 영유아교사가 지녀야 할 전문지식을 다음과 같이 요약하였다.

① 영유아교육의 이론적 기초에 대한 지식

② 영유아를 위한 교수－학습에 대한 지식

③ 영유아발달에 대한 지식

④ 도덕・윤리적 지식

⑤ 문화적 지식

⑥ 부모교육 및 부모참여에 대한 지식
⑦ 영유아 교육과정에 대한 지식
⑧ 영유아 교육과정의 각 교과목 지도와 관계된 이론이나 연구
⑨ 영유아교육에 대한 사회·정치적 분석능력
⑩ 부모 및 사회와 관계를 맺을 수 있는 능력

한편, 교사지식에 대한 전통적인 관점은 교사가 교사양성기관을 통해 습득한 지식을 교육현장에 적용하는 것이라는 입장을 취한다. 이러한 관점에서 좋은 교사가 되기 위해서는 양성기관에서 교사에게 요구되는 지식을 가능한 한 많이 습득하는 것이 중요하다. 양성기관에서 습득한 지식은 교사평가를 위해 활용되기도 한다. 그러나 교사지식에 대한 이러한 관점은 이론과 실제의 분리, 연구자와 교실실천가의 분리라는 문제와 교사를 지식의 수용자, 즉 수동적 존재로 보는 문제를 야기한다.

Elbaz(1981)는 교사들을 전문적인 지식을 가지고 있지 않은 수동적 존재로 인식했던 사실에 문제를 제기하고 연구를 통해, 교사는 실제적인 교수행위를 결정하고 방향을 설정하기 위해 사용하는 이해체계를 가지고 있다고 주장하였다. Elbaz는 이를 실천적 지식이라 하고, '교사 개개인이 그가 가지고 있는 지식을 그가 관계하고 있는 실제 상황에 맞도록 그 자신의 가치관이나 신념을 바탕으로 종합하여 재구성한 지식'이라고 정의하였다.

실천적 지식에 대한 Elbaz의 개념은 이후 Connelly와 Clandinin에 의해 '개인적 실천적 지식(personal practical knowledge)'의 개념으로 발전하였다. Connelly와 Clandinin(1988)은 교사를 지식의 수용자가 아니라 지식의 소유자로 이해하고자 하였다. 그들은 개인적·실천적 지식을 '교사의 과거 경험, 교사의 현재 마음과 몸 그리고 미래의 계획과 행동에 있으며, 교사의 실천에서 찾을 수 있고, 현재의 위급한 상황에 대처하기 위해 과거를 재구성하고 미래를 의도하는 특정한 방법'으로 정의하였다. 이는 교사가 자기 자신, 자기를 둘러싼 상황, 자신들이 가르치는 아이들, 교과목, 교수-학습에 대해 지식을 가지고 있음을 뜻한다. 이러한 지식은 교사가 되려면 반드시 습득해야 하는 교사를 위한 지식(knowledge for teachers)이 아니라

교사가 소유하고 있는 교사지식(teacher knowledge)이다. 개인적·실천적 지식은 앞서 살펴본 반성적 사고를 통해 발전되고 변화된다.

다음으로 반성적 사고를 통해 실천적 지식을 이끌어 내고 발달시킴으로써 보육교사의 전문성을 향상시키는 데 유용한 방법들을 소개한다.

5) 실천적 지식을 발달시키기 위한 방법

반성적 사고는 자신의 교수실천, 즉 가르치는 일에서 자신의 사고, 행동, 패턴, 의문점들, 정서적 측면, 교수방법, 교육철학 등을 비판적이고 사려 깊게 검토하는 적극적인 과정이다. 반성적 사고는 지극히 내면적인 과정이지만 저널 쓰기, 자서전 쓰기, 실행연구, 포트폴리오 작성 등과 같은 외적 과정이 반성적 사고를 위한 좋은 방법이다.

(1) 저널 쓰기

저널 쓰기(journal writing)는 반성적 사고를 위해 가장 널리 사용되고 있는 방법이다. 저널 쓰기의 목적은 경험을 기록하기 위한 것, 학습의 질을 심화시키기 위한 것, 학습자로 하여금 자신의 학습과정을 이해하도록 돕기 위한 것, 경험으로부터 학습을 촉진시키기 위한 것, 문제해결력을 증진시키기 위한 것, 자신의 교수실천에 대한 개인적 의미구성을 탐색하기 위한 것 등이다.

저널 쓰기는 보육과 관련된 내용을 자유롭게 쓰고 반성하기, 어린이집에서 계속 일어나는 일련의 문제상황이나 이슈를 지속적으로 기록하기, 두 명 이상의 보육교사가 저널을 공유하는 대화식 저널(dialogue journal) 등에 이르기까지 그 형식과 내용이 다양하다. 시간적 여유가 없는 보육교사에게 이메일이나 사이버 공간을 이용한 저널 공유도 편리하고 효과적인 방법이지만 다른 교사와 저널을 공유하기에 앞서 신뢰를 바탕으로 한 구성원 간의 관계 형성이 우선되어야 한다.

이 밖에도 저널 쓰기에서 시도해 볼 수 있는 방법으로는 은유법을 사용해 경험을 표현해 보기, 편지 형식으로 자신의 솔직한 마음 담아 보기, 교육과 관련하여 읽은 책이나 수업 과제에 대해 반성적으로 써 보기 등이 있다.

(2) 자서전 쓰기

자서전 쓰기는 개인의 숨겨진 또는 잊힌 과거 경험을 이용해 교사가 자신의 교실경험과 지식을 더 분명히 이해하는 데 도움을 준다. 보육교사는 자서전 쓰기를 통해 자신의 교수실천에 대한 신념, 모순, 불확실성 등을 과거 경험과 연결시켜 반성적으로 생각해 볼 기회를 갖는다. 또한, 보육에 대한 자신의 철학과 신념을 형성하는 데 영향을 미친 개인적・사회적・역사적・정치적 요인들이 무엇인가를 살펴보고 보육교사로서 미래의 삶을 그려 볼 수 있다. 이를 통해 보육교사로서의 개인적 경험과 그 의미의 중요성을 깨닫는 계기를 가질 수 있다.

자서전을 쓰는 데 특별한 형식은 없다. 개인의 생애에서 중요한 사건을 중심으로 연대순으로 기록할 수도 있으며, 보육교사가 되는 데 영향을 준 인물・사건・계기 등을 중심으로 기술할 수도 있다.

(3) 실행연구

실행연구란 교사가 자신의 교수실천을 개선하기 위해 자신이 가르치는 학교나 학급에서 체계적・의도적으로 수행하는 연구이다. 보육교사가 주도하여 보육과 교육의 변화와 개혁을 시도하는 연구방법이며 여기에는 '연구자로서의 교사(teacher as researcher)' 개념이 포함되어 있다.

실행연구의 절차는 다음과 같다.

① 교사가 자신의 교수실천에서 문제가 되는 점을 발견한다.
② 그 문제를 해결 또는 개선하기 위한 대안적인 교수법을 생각한다.
③ 그것을 자신의 교실이나 학교에 적용해 본다.
④ 그 결과를 검토한다.

이러한 과정에서 교사의 비판적인 반성적 사고가 필수적으로 요구된다. 실행연구는 일회적으로 끝나지 않고 대부분 나선형 순환과정을 거치며 혼자서 또는 자신의 교수에 대해 비판적으로 조언해 주는 동료교사나 교사교육전문가와 협력적으로 수행할 수 있다.

교사가 자신의 교수실천을 향상시키고 싶은 분야와 내용이면 어떤 것이든 실행연구가 가능하다. 다음은 보육현장에서 가능한 실행연구 주제의 예이다.

- 통합보육과정 운영을 위한 실행연구
- 영유아 평가방법 개선을 위한 실행연구
- 만 3세반 누리과정 운영을 위한 실행연구
- 창의성 발달을 위한 발문유형 탐구에 대한 실행연구
- 만 4세반 유아의 '돌봄' 능력을 발달시키기 위한 교수방법에 대한 실행연구

(4) 포트폴리오

포트폴리오(portfolio)는 개인의 지식, 기술, 전문성의 발달과 성장을 보여 주는 기록물들을 자신의 감각을 반영하여 수집·구성한 모음이다(최일선, 조운주, 2007). 교사 포트폴리오는 예비교사, 초임교사, 경력교사별로 그 목적, 결과물, 구성체계가 다를 수 있다. 그러나 이들 모두에게 자신의 학습을 반성해 볼 수 있는 기회와 자신이 교사로서 누구인가를 생각해 볼 수 있는 기회를 제공함으로써 매우 귀중한 개인적 경험이 될 수 있다. 즉, 포트폴리오 과정에서 보육교사는 자신의 교수실천과 관련된 자료들을 모으고, 분류하고, 그것들에 대해 반성적으로 사고를 할 기회를 갖게 됨으로써 교사가 된다는 것, 가르친다는 것의 의미를 생각해 보게 된다. 포트폴리오가 교사발달에 중요한 도구라도 그것을 처음 수행하는 예비교사나 교사들에게는 그 과정이 추상적이고 어렵게 느껴질 수 있다.

다음은 포트폴리오에 포함시킬 수 있는 내용의 예이다(염지숙 외, 2022).

- 자신이 유아교육·보육을 전공하도록 영향을 미친 다양한 요인(부모, 학창시절 교사, 친구, 종교단체에서의 교사경험 등), 예비교사로서 첫발을 내딛게 된 계기
- 예비보육교사로서의 자서전

- 교사 양성과정에서의 경험(기억에 남는 교과목, 학생회 활동, 학과 행사 참여, 학교 밖 활동, 교육실습 등)
- 자신의 보육・교육철학, 아동관 등
- 가르친다는 것의 의미, 교사가 된다는 것의 의미를 예술적 표현으로 나타낸 것

이 밖에도 자신의 개인적・전문적인 발달에 영향을 미친 중요한 물건들(artifacts), 보육・교육과 관련하여 읽은 책에 대한 독서 감상문 등이 포함될 수 있다. 이러한 내용들을 정리하는 데 일정한 순서는 없으며, 자신에게 의미 있는 방식으로 자유롭게 기술한다.

(5) 예술적 표현

반성적 사고를 증진시킴으로써 실천적 지식을 발달시킬 수 있는 또 다른 방법은 심미적이고 예술적인 표현을 통해 자신의 교수실천을 나타내 보는 것이다. 보육교사는 가르친다는 것에 대한 자신의 이해, 즉 자신의 교수철학, 보육 신념, 실천, 영유아들과의 관계 등을 그림, 글, 시, 드라마, 점토 조각 등으로 표현할 수 있는데 이러한 심미적인 표현들은 보육실천을 이해하는 데 도움이 된다.

예를 들어, 보육교사로서 자신의 과거・현재・미래의 모습을 작은 씨앗, 새싹, 잘 자란 식물로 표현해 볼 수 있다. 또 영유아 각각의 개성과 요구를 존중해 주고자 하는 자신의 보육・교육철학을 표현하기 위해 다양한 꽃이 모여 있는 정원을 점토로 만들어 보거나 그림으로 그려 볼 수도 있다.

'종이도 네 귀를 들어야 바르다'라는 속담이 있다. 종이가 아무리 가벼워도 혼자 네 귀를 바르게 들 수 없고, 두 사람이 마주 들어야 바르게 들 수 있다는 뜻으로, 작은 일이라도 서로 협력하면 일이 쉽게 진행된다는 뜻이다. 종잇장을 드는 것도 이러한데 아이를 기르는 일이야 말로 절대적인 협력이 필요하다. 따라서 제5부에서는 보육교직원과의 관계, 가정 및 지역사회와의 연계, 초임교사의 자세를 중심으로 어린이집 교사가 맺고 있는 네트워크의 유형을 파악하고 그 속에서 무엇을 어떻게 해야 보육의 효과성을 높일 수 있고, 교사로서 행복한 삶을 영위할 수 있는지에 대한 실제적인 내용을 살펴보고자 한다.

Part 05

보육교사의 네트워크

Chapter 11

보육교직원 간의 협력

01 보육교직원 협력의 의미와 중요성

02 보육교직원 협력의 특징 및 전략

03 보육교직원 협력의 방법: 공동체 속의 자기이해

Chapter 11 보육교직원 간의 협력

어린이집에서 보육과정이 잘 운영되려면 물리적 요소만큼이나 인적 요소의 역할이 중요하다. 어린이집의 인적 요소는 기관에서 근무하는 교직원인데 어린이집의 유형과 규모별로 차이가 있으나 어린이집에 소속될 수 있는 교직원의 유형은 다음과 같다.

어린이집의 전체 운영 및 관리에 대한 책임을 지고 있는 원장, 보육과정의 실제를 담당하는 교사, 체육이나 음률 등 특수목적활동을 지도하는 강사, 영유아의 균형 있는 식단구성과 영양교육을 담당하는 영양사, 급・간식을 위생적으로 조리하는 조리사, 영유아의 안전한 등・하원과 교통안전지도를 책임지는 기사, 영유아의 건강과 위급상황에 신속한 대처를 책임지는 간호사, 회계나 행정업무를 전문적으로 담당하는 행정직원이 있다. 이렇듯 다양한 교직원이 담당하는 주요업무는 다르지만, 모두가 추구하는 목표는 '영유아의 바른 성장과 발달'로 동일하다. 서로 다른 사람이 공동의 목표를 달성하기 위해 해야 할 가장 중요한 일은 협력이다. 어린이집 교직원 간에 활발한 협력이 이루어진다면 영유아의 성장과 발달을 위한 좋은 경험이 통합적으로 잘 구성될 것은 자명하다. 여기에서 주목할 것은 어린이집에서 다양한 역할을 맡은 사람들이 적지 않은 시간을 함께 보낸다는 것과 이들의 공동목표가 '영유아의 바른 성장과 발달'이라는 점이다. 한두 사람이 마음을 맞추어 오랫동안 친밀한 관계를 유지하는 것은 여러 사람과 그렇게 하는 것보다 훨씬 수월하다. 그러나 어린이집에 근무하는 사람들은 다양하다. 이것이 어린이집 구성원들이 마음을 맞추어 지내려는 노력이 절실히 필요한 이유가 될 것이다. 그렇다면 왜 마음을 맞추어야 하는가? 어린이집에 근무하는 이유, 즉 목표가 '영유아의 바른 성장과 발달'이기 때문이다. 각자의 목표가 다르다면 힘들게 마음을 맞추고 서로를 이해해야 할 이유가 없다. 그러나 내가 아닌 공동의 목표를 이루기 위해서는 서로 이해하고 노력하는 자세가 필요하다.

따라서 본 장에서는 보육교직원 협력의 의미와 중요성, 보육교직원 협력의 특징 및 전략, 보육교직원 협력의 방법: 공동체 속의 자기이해에 대해 살펴보고자 한다.

1. 보육교직원 협력의 의미와 중요성

협력의 사전적 의미는 '특정한 목적을 위하여 서로 힘을 합하여 도움'이다. 여기에서 특정한 목적의 의미를 숙고해 볼 필요가 있다. 왜 서로 힘을 합해 돕는 것이 필요한가? 특정한 목적을 달성하기 위해서이다. 그러나 혼자서는 특정한 목적이 달성되지 않는 것인가? 왜 힘을 합해야 하는가? 그것은 바로 목적 자체나 목적을 달성해야 하는 상황적 특성 때문이다. 즉, 특정한 목적이 매우 높은 수준이어서 그럴 수도 있고, 서로 힘을 합해야만 하는 상황적 특성 때문일 수도 있다는 의미이다. 이러한 이유를 어린이집 상황에 대비시켜 이해해 보면, 어린이집에서 이루어지는 모든 활동이 추구하는 궁극의 목적은 '영유아의 바른 성장과 발달'이다. '영유아의 바른 성장과 발달을 돕는다'는 목표는 쉬운 일이 아니며 영유아의 일생을 책임져야 하는 매우 중요하고 수준 높은 목표이다. 부모도 자신의 자녀를 온전히 책임지는 것이 쉽지 않은데 다수의 영유아를 담당하고 있는 어린이집 교사가 부모와 같은 수준으로 책임지기는 어렵다. 그러나 영유아의 바른 성장과 발달이라는 목표는 상황을 탓하며 책임을 회피해도 되는 수준의 목표가 아니다. 왜냐하면 영유아기는 모든 발달의 기초가 형성되는 가장 중요한 인생의 시기에 해당하기 때문이다. '교육의 질은 교사의 질을 능가하지 못한다'는 말을 많이 접하게 된다. 즉, 교사역할의 중요성을 의미하는 의미심장하면서도 교육의 한계를 드러내는 말이다. 사람은 누구나 완벽할 수 없듯 교사도 마찬가지이다. 완벽하지 못한 교사 개인이 이루어내는 교육의 질을 누가 어떻게 보장할 수 있을까? 교사와 같은 수준의 아이를 길러낼 수밖에 없다면 미래는 밝지 않다. '청출어람 청어람(靑出於藍 靑於藍)'이라는 고사성어처럼 같은 쪽빛에서 나왔으나 더 푸른빛을 낼 수 있도록 교사보다 더 나은 아이들을 길러낼 수 있어야 한다. 그러기 위해서는 혼자보다 둘이, 둘보다 셋이, 뜻을 같이하는 여럿이 함께 각자의 재능을 살려 아이들을 보살피는 것이 중요하다. 어린이집에는 다양한 재능을 가진 여러 선생님이 존재한다. 어떤 선생님은 음악적 재능이 뛰어나고, 또 다른 선생님은 미술적 재능이 뛰어날 수도 있고 또는 언어적 재능이 뛰어날 수도 있다. 물론 장점이 없는 것처럼 보이는 교사도 있을 수 있다. 그러나 누구나 한두 가지 장점, 강점은 가지고 있다. 이해를 돕기 위해 간단한 수량으로만 예를 들어 설명하면, A교사가 10개의 능력을 가지고 있다고 가정할 때 그중 8개가 단점이고 2개만 장점이라면 전체적인 측면에서 그 교사를 평가할 때는 장점이 적은 사람, 즉 교사로서의 능력이 부족한 사람으로 인식될 수 있다. 반대로 B교사는 10개의 능력 중 8개가 장점이고 2개가 단점이라면 장점이 많은 사람, 즉 교사로서 능력 있는 사람으로 평가될 수 있다. 교사 한 명 한 명을 볼 때 그러한 평가를 받을 수 있다는 뜻이다. 물론 모든 사람이 B교사처럼 장점이 더 많고 단점이 적다면 좋겠지만 현실은 그렇지 않다. 어린이집에서 A교사도 반을 맡고 B교사도 반을 맡아 독립적으로 자기 반만 꾸려가는 상황을 가정한다면 교육의 질은 교사의 질을 능가하지 못한다는 말이 떠오르는 순간이다. A교사 반의 아이들은 어찌할 것인가? 그렇다고 B교사반 아이들은 행복하고 완전한 경험을 얻게 될 것인가? 그렇지 않다. 인간은 누구나 불완전한 존재이며 누구나 완벽할 수 없다. 정도의 차이일 뿐 B교사에게도 단점이 존재하고, A교사에게도 장점이 존재한다. A교사의 단점을 줄이고, B교사의 장점을 살릴 수 있는 가장 이상적인 방법이 협력이다. 이 두 교사가 각자의 반을 맡되 서로 협력한다면, A교사에게 부족한 8개의 단점과 B교사에게 부족한 2개의 단점이 서로 보완될 수 있다. 물론 협력한다고 모두 완벽한 10개의 장점을 갖게 되는 것은 아니다. 다만 본인 혼자만의 능력 한계를 뛰어넘어 더 완벽을 추구할 수 있는 상태에 이른다는 뜻이다. 여기에서 한 가지 더 생각할 점은 'B교사는 2개의 단점만 보완하면 되고 A교사는 8개의 단점을 보완해야 한다는 점에서 불평등하다고 생각되는가?'이다. 위의 예시에서는 이해를 돕기 위해 단순히 수량을 기준으로 예를 든 것이고, 질적인 측면을 고려한다면 A교사가 가지고 있는 단 2개의 장점이 더욱 중요하고 가치 있는 능력일 수 있다. 단순히 보여지는 것만으로 능력을 쉽게 판단할 것이 아니라 누구나에게 있을 수 있는 숨겨진 재능, 무수한 단점 속에 가려져 잘 모르는 장점을 찾아 서로 협력하면서 역할을 수행한다면 현재보다 더 나은 교육이 이루어질 것이다.

영유아의 전인적인 성장과 발달이라는 보육의 궁극적인 목표는 포괄적이고 심오한 것으로 어느 한 개인의 힘보다는 다양한 재능을 가진 여러 사람의 힘이 모였을 때 달성 가능성이 높다. 교사뿐만 아니라 원장・기사・영양사・간호사・조리사 등 보육교직원 모두 각자의 재능을 살려 협력한다면 영유아의 성장・발달에 큰 도움이 될 것이다. '한 아이를 키우려면 한 마을이 필요하다'는 말이 바로 이런 의미를 잘 표현한 것이다. 특히, 2020년 9월 1일부터 시행된 '어린이집 4차 표준보육과정'에 따르면 영유아, 교사, 부모 및 지역사회가 함께 만들어가는 보육과정을 지향하고 있다는 점에서 '협력'의 의미가 더욱 중요해졌다고 할 수 있겠다.

이상에서 이야기한 협력의 의미를 요약하면 다음과 같다.

- 교사는 끊임없이 자신의 능력 이상의 것을 추구하며 영유아에게 더 나은 경험, 좋은 경험을 할 수 있도록 노력해야 하는 존재이다. 그 이유는 보육의 궁극적인 목적이 '영유아의 바른 성장과 발달'이기 때문이다.
- 교사뿐만 아니라 사람은 누구나 가지고 있는 재능과 능력이 다르다. 각기 다른 재능을 가지고 자신의 능력범위 안에서만 영유아들을 보육한다면 '교육의 질은 교사의 질을 능가하지 못한다'는 말이 무섭게 다가오는 순간이 될 것이다.
- 누구나 가지고 있는 각각의 장점이 공동의 목표를 위해 조화롭게 어울린다면 혼자 했을 때보다 더 나은 교육이 이루어질 것이다. 서로의 장점이 결합하여 선을 이루려면 공동의 목표를 인식하고, 서로를 인정하는 것이 우선되어야 한다. 각기 다른 개인의 장점과 단점을 단순히 보여지는 것으로 평가하지 말고 숨겨져 있을지 모르는 그만의 장점, 능력을 찾아낼 수 있는 노력이 필요하다.

그러기 위해서는 긍정적인 시각이 필요하다.

- '보이는 대로 본다. 보고 싶은 대로 본다'는 말이 있다. 진정한 협력이 이루어지려면 교사 스스로 자신을 되돌아 볼 수 있는 지혜, 타인을 이해할 수 있는 넓은 마음, 협력을 위한 실제 기술 등을 갖추어야 한다.

> 내게 한 옳음이 있으면 남에게도 한 옳음이 있는 것을 인정해서 남의 의견이 나와 다르다고 해도 그를 미워하는 편협된 일을 아니하면 세상에는 화평이 있을 것이다. 우리나라에서는 예로부터 나와 다른 의견을 용납하는 아량이 없고 오직 저만 옳다 함으로 그 혹독한 당쟁이 생긴 것이다. 나도 잘못할 수 있는 동시에 남도 옳을 수 있는 것이든 내 뜻과 같지 않다 해서, 이를 斯文亂賊(사문난적)이라 하여 멸족까지 하고야 마는 것이 소위 士禍(사화)요, 당쟁이었으니 이 악습이 지금까지도 흐르고 있다. 그러므로 우리는 서로 사상의 자유, 언론의 자유를 인정하고 존중하여야 한다. 비록 의견이 다르다고 하더라도 우정과 존엄에는 변함이 없음이 문명국민의 본색일 것이다. 모난 돌이나 둥근 돌이나 다 쓰이는 장처가 있는 법이니, 하물며 다른 사람의 성격이 나와 같지 않다하여 나무랄 것이 아니다.
>
> – 島山(도산) 안창호 –

2. 보육교직원 협력의 특징 및 전략

협력이란 둘 이상의 사람이 모여 공동의 목표를 이루기 위해 실행하는 모든 노력이다. 이러한 협력이 잘 이루어지려면 다음과 같은 요소를 갖추어야 한다.

첫째, 협력이 효과적으로 이루어지려면 공동의 목표가 있어야 한다. 공동의 목표란 구성원이 모두 힘을 합해야 할 합당한 이유이다. 공동의 목표를 소유했을 때 구성원 모두 일하고자 하는 동기가 유발된다.

둘째, 공동의 목표를 이루기 위해 구성원 각자의 역할이 동등한 가치가 있다는 것을 인정해야 한다. 구성원 내에서 어느 한 구성원의 역할이 더 중요하고 가치 있으며 다른 구성원은 기여하는 바가 별로 없다고 인식한다면 진정한 협력이 이루어지기 어렵다. 구성원 각자의 역량은 다르지만 그 각각이 가치 있으며 꼭 필요한 것으로서 시간 투자 비율, 수행한 일의 양과 상관없이 각 구성원의 역할이 모여

큰일을 이루어 낼 수 있다는 열린 마음이 필요하다.

셋째, 각 구성원의 행동에 대한 책임, 협력결과에 대한 책임을 공유해야 한다. 협력해서 일이 성공하거나 그렇지 않거나 구성원 각자는 책임감을 갖고 결과를 수용해야 한다. 일이 잘되면 구성원 개인의 능력이고, 일이 잘 안되면 조직 전체의 탓으로 돌리거나 그 반대로 해석해서는 안 된다. 협력결과에 대한 책임은 구성원 모두에게 있다고 생각해야 한다.

넷째, 진정한 협력이 이루어지기 위해서는 구성원들 간의 신뢰가 가장 필수적이다. 공동의 목표 설정, 구성원 각자의 역할에 대한 가치 인정, 협력결과에 대한 책임 공유 등이 이루어지기 위해서는 구성원들 간에 신뢰가 필요하다. 서로를 믿지 않으면 함께 일을 시작할 수도 없고, 서로를 격려하며 가치를 인정하지도 않는다. 물론 일의 결과에 대해 책임을 공유하지도 않을 것이다. 따라서 협력을 하기 위해서는 구성원들 간의 믿음, 즉 신뢰를 기본으로 형성해야 한다.

이상에서 이야기한 협력의 특징을 요약하면 다음과 같다.

- 협력은 자발적으로 일어나 동기유발이 되어야 한다.
- 구성원 모두 공동의 목표를 가지고 있어야 한다.
- 구성원 각자의 역할이 동등한 가치를 가진다는 점을 인정해야 한다.
- 협력의 결과에 대한 책임을 구성원이 모두 공동으로 가져야 한다.
- 무엇보다 구성원들 간에 신뢰가 형성되어야 한다.

위와 같은 특징을 가진 협력을 구체적으로 잘 실천하기 위해 실행할 수 있는 전략을 살펴보면 다음과 같다. 구성원 모두 협력해야겠다는 인식을 공유하고 공동의 목표를 설정하여 서로 믿으면서 협력한다고 해도 협력을 실천하기 위한 구체적 기술이 없다면 어려운 일이 될 수 있다. 협력이 잘 이루어지기 위해서 필요한 기술로는 우선 의사소통 기술을 들 수 있다. 서로의 뜻과 의지가 모이려면 의사소통을 잘해야 한다. 의사소통은 사회적 기술이다. 좋은 뜻과 아이디어를 가지고 있어도 자신의 생각을 구성원들에게 적절한 방법으로 전달하지 못하거나 타인의 의도를 이해하지 못하면 협력은 어려워진다. 경청하는 자세, 생각과 의도를 효과적으로

전하는 기술, 의견이 일치하지 않을 때 조정하는 기술 등 실제적인 의사소통 기술을 익히는 것이 필요하다. 그러나 이러한 의사소통 기술은 단시간에 저절로 생기지 않는다. 혼자서 책으로 공부한다고 되는 것도 아니다. 의사소통이 필요한 이유를 명확히 알고 다른 구성원들과 정기적인 시간을 정해 놓고 모여 이야기 나누는 것과 같은 노력이 수반될 때 점차 발전할 수 있는 능력이다. 다만, 정기적인 모임시간에 모여 이야기만 나눈다면 의사소통 기술이 향상되지 않음을 명심해야 한다. 매번 모여서 전날 TV 프로나 다른 사람의 흉과 허물에 대해서만 이야기를 나누는 것은 도움이 안 된다. 구성원 모두의 다양한 의견이 제시되고, 무엇인가 결정을 내리거나 뜻을 모아야 하는 내용의 이야기 나누기가 의사소통 기술 향상에 도움이 된다. 수업시간에 있었던 문제상황, 영유아지도 시 발생된 고민거리, 부모와의 관계에서 겪는 갈등 등은 좋은 이야기 소재가 된다. 협력을 위한 두 번째 전략은 정기적인 모임구성 및 참여이다. 의사소통 기술 함양을 위해서도 좋지만 정기적으로 만나면 구성원들 간의 친밀감이 높아진다. 정기적으로 모임을 가지면 모임 자체가 이루어지기 위해 구성원들이 스케줄을 조정하면서, 팀 구성원을 선정하면서, 팀의 크기 등을 결정하면서 다양한 의사소통이 이루어질 수 있고, 지속적으로 만나면서 구성원들을 서로서로 알아가고 더 잘 이해하게 된다. 차 마시기, 점심 같이 먹기 등과 같은 정기적인 모임을 가지면서 대상을 점차 확대해 나가는 것도 도움이 된다. 여기에서 정기적인 모임의 의미 파악을 위해 '자세히 봐야 예쁘다. 오래보아야 사랑스럽다. 너도 그렇다'라는 나태주 님의 풀꽃이라는 시를 떠올리면 좋다. 정기적인 모임의 의미를 구성원끼리 더 잘 이해하기 위한 것으로 초점을 맞추는 것이 필요하다. 시간을 정해 놓고 자주 만나면서 구성원을 서로서로 자세히 보고, 오래 바라보면서 예쁘고 사랑스러운 무엇인가를 발견할 수 있도록 해야 도움이 된다. 마지막 전략으로 협력에 도움이 되는 실천사항들을 눈에 잘 보이는 곳에 적어 두고 매일 읽으면서 실천하고, 실천결과 등에 대해 감사일기를 써 보는 것이 도움이 된다. 생각만으로가 아닌 구체적인 실천을 통해 체득화하는 것이 중요하기 때문이다. 협력에 도움이 될 수 있는 구체적인 실천사항 목록의 예는 다음과 같다.

〈협력하는 태도를 위한 실천사항〉

빌 게이츠는 '작은 일부터 항상 진지하게 생각하고 난 후에 앞으로 나아가야 하고 단번에 이루려고 해서는 안 된다. 한 걸음 한 걸음 쌓이다 보면 어느 순간에는 이룰 수 있을 것이다'라고 하였다. 매일매일 하는 작은 실천으로 인생이 바뀔 수도 있다.

1. **뒷말을 하지 말 것**
   아무 의도 없이 내뱉은 말이라도 잘못 전해지면 소문의 주인공은 상처를 입는다.
2. **말할 때는 분별 있고 조리 있게 할 것**
   두서없이 말하는 횡설수설형은 말을 풀어 가는 논리력이 부족한 것이다.
3. **베풀고 생색내지 말 것**
   상대방이 난처해 할 정도로 도와준 것을 생색내서는 안 된다.
4. **고마움을 잊지 말 것**
   베푼 것은 금방 잊고 받은 것은 항상 기억해 두어야 한다.
5. **있는 그대로 말할 것**
   하지 못할 일이면 못하겠다고 솔직하게 말해야 한다.
6. **남의 비밀을 누설하지 말 것**
   아는 것은 누설하지 말고 모르는 것은 캐묻지 말자.
7. **겸손함을 배울 것**
   동료들이나 친구들 앞에서 자신의 실력이나 우월함을 과시해서는 안 된다.
8. **직설적인 화법은 삼갈 것**
   따뜻하고 완곡한 화술은 일을 성사시키는 윤활제 역할을 한다.
9. **베풀고 기쁨으로 삼는 윤리관을 갖출 것**
   도움이 필요한 이에게 주저하지 말고 손을 내밀어 그들에게 관심을 갖고 도움을 주자.
10. **이해심 많고 관용적인 태도를 기를 것**
    이해하고 포용하는 태도, 묵묵히 감싸 주는 어진 마음은 사람들을 당신에게 붙게 하는 자석과 같다.

출처: 빌 게이츠의 '청년들에게(성공을 만든 사람)'에서.

〈감사일기 쓰기〉

협력을 위해서는 서로 신뢰하고 긍정적인 마음을 갖는 것이 중요한데 이를 위해서는 감사일기 쓰기가 도움이 된다. 양경윤(2014)은 감사일기 쓰는 방법을 다음과 같이 소개하였다.

1. 한 줄이라도 매일 쓰기: 꾸준함이 효과를 가져옵니다.
2. 주변의 모든 일에 감사하기: 사소한 것에서 감사는 시작됩니다.
3. 무엇이 왜 감사한지 구체적으로 작성하기: 자세할수록 더 많은 감사가 생겨요.
4. 때문에가 아니라 덕분에로 쓰기: 부정문이 아니라 긍정문으로 써야 좋아요.
5. 현재 시제로 쓰기: 과거형이 아닌 현재형이 감사가 생활 속에 있음을 공감하게 해요.
6. 모든 문장은 '감사합니다'로 마무리하기: 무엇이든 마무리가 중요해요.

출처: 양경윤(2014). 한 줄의 기적, 감사일기. 샘앤파커스.

3. 보육교직원 협력의 방법: 공동체 속의 자기이해

보육교직원 협력의 의미와 중요성, 보육교직원 협력의 특징 및 전략에서 살펴봤듯이 어린이집에서 협력은 꼭 필요하다. 그렇다면 협력을 위한 노력은 누가 먼저 시도하는 것이 좋을까? '나는 초임교사이니까 경력교사가 하겠지', '나는 교사이므로 원장님이 하시겠지', '난 조용한 사람이니까 활발한 어떤 선생님이 하시겠지'와 같은 생각이 지배적인 조직이라면 협력은 이루어지기 어렵다. 지위・경력・성격을 뛰어넘어 협력의 중요성과 의미, 필요성을 이해하고 공감한다면 누구랄 것 없이 나서서 노력해야 한다. 다음에서는 협력을 위해 '나 자신'부터 되돌아보고 타인과 신뢰를 형성할 수 있도록 돕는 협력의 실천방법에 대해 살펴보고자 한다.

1) 자신 돌아보기의 의미

하루가 어떻게 지나가는지 모르겠더라고요. 눈 깜짝할 사이에 시간이 흘러가는 것 같고… 내가 지금 잘하고 있나? 이게 맞는 건가? 생각할 겨를도 없이 시간은 흘러가고… 그러다 어느 순간 '지금 뭐하고 있는 거지?'라는 생각에 깜짝깜짝 놀라기도 해요.

(G어린이집 5년차 교사, 개별면담자료)

어린이집 교사의 일상은 교사 스스로를 돌아볼 수 있는 시간적 여유가 부족하다. 그러나 교사로서의 진정한 성장과 발전을 위해서는 쉴 새 없이 변화하는 현장에서 잠시 걸음을 멈추고 어린이집 교사로서의 자신과 진솔하게 마주하는 시간이 꼭 필요하다. 요즘 힐링이라는 용어가 매체에 자주 등장한다. 힐링은 '심리적인 안정감을 주는 것, 또는 그것을 주는 능력을 가진 존재의 속성'이라는 뜻이다. 어린이집 교사뿐만 아니라 바쁜 현대인의 지친 일상 회복을 위해 힐링의 시간이 꼭 필요하다는 주장이 대세이다. 가끔은 여유를 갖고 나 자신에 대해 생각해 보면서 내 존재, 내 삶의 의미를 되새겨 보는 힐링의 시간을 갖는 것은 자신을 돌아보는 좋은 방법이다. Parker Palmer(2000)는 교육은 넓은 의미의 인간적 활동영역을 포함하며 자신과 타인, 세계와의 관계로까지 연결되는 것이라고 하였다. 즉, 자아를 통해 타인을 포용하고 나아가 세상의 변화에까지 기여할 수 있다는 것이다. 자신의 정체성 인식과 그를 통한 공동체성까지 연결된다. 따라서 교사는 자신의 내면을 겸손히 들여다보며 내적 공간을 만드는 일을 해야 한다. 교사뿐만 아니라 보육교직원들은 사람과의 관계에서 여러 가지 원인에 의해 어려움을 겪을 수 있는데 사람과의 관계에서 발생되는 갈등 때문에 자기 자신을 봐야할 때 다음과 같은 사항을 점검해 보는 것이 도움이 된다(박재화, 2012).

(1) 완벽주의 콤플렉스

완벽주의 콤플렉스(perfectionist complex)는 자신의 성취와 목표에 만족함이 없이 늘 불만족 상태에 머물러 있는 것으로 언제나 더 높고 만족스러운 결과를 기대하지만 이루지 못해 자신에 대해 죄의식을 갖게 만든다. 이러한 콤플렉스가 있는 사람은 상대방의 행동이나 표현에 만족하지 못해 대인관계에서 문제가 발생한다. 또한, 자신의 부정적인 감정을 상대방에게 그대로 전하면서 상대방에게 책임을 전가하는 경우가 많다. 이러한 감정은 공동체에 부정적 영향을 미칠 수 있다. 화합과 일치가 중요한 공동체에서 이러한 감정의 발생은 서로를 경쟁관계로 몰아가게 되고 공동체의 분열과 혼란까지 야기할 수 있다.

(2) 지나친 예민감

지나친 예민감(supersensitivity)은 자신에 대한 정체성을 잃어버린 채 타인의 행동에만 감정을 이입하는 경우로 상대방이 자신을 인정해 주면 평안하지만 그렇지 못하면 불안해하고 심한 우울을 경험하게 만들 수 있다. 지나친 예민감을 가진 사람은 자신의 상처받은 감정을 상대방에게 전혀 드러내지 않고 자신의 자아존중감이 상대방의 반응으로 결정되므로 자신의 감정을 드러내기를 극도로 두려워하고, 자신이 상처받은 것을 무마시키기 위해 타인에게 상처를 주게 된다.

(3) 두려움

실패에 대한 두려움(fear)으로 처음부터 도전을 해 보지 못하거나 도전을 못한 원인을 다른 것에 책임을 전가하기도 한다. 과거의 실패에 대한 원인을 환경과 타인에게 돌리는 경우가 많고 '만약 ~하지 않았더라면'이라고 생각하면서 부정적인 결론을 내리게 된다.

2) 자신 돌아보기의 단계

(1) 자신의 과거 돌아보기

바쁘게 살아오느라 잊고 있었을지도 모르는 자신에 대한 이해를 명확히 하는 것이 필요하다. 자신에 대한 정확한 이해를 위해서는 그동안의 삶에 대해 객관적이고 진실되게 회고·탐색하는 과정이 필요하다. 잠시라도 '멈춤'이라 외치고 다음과 같은 질문을 자기 자신에게 던지고 답해 보면서 자아찾기를 시작해 볼 수 있다.

- 보육교사인 내 삶에 영향을 미쳤던 것들은 무엇이 있었는가?
- 보육교사로서 나는 어떠한 목표를 가지고 지금까지 살아왔는가?
- 그 목표를 달성하기 위해 무엇을 했는가?
- 보육교사로서 내가 가진 장점과 단점은 무엇인가?
- 보육교사로서 내 삶에서 가장 가치롭다고 여기는 것은 무엇인가?

- 나의 삶은 진실한가? 양심에 꺼리는 것이 없는가?
- 보육교사로서 나를 가장 행복하게 했던 순간은 언제인가?
- 보육교사로서 내가 가장 힘들었던 순간도 있었는가?
- 힘들었던 순간을 어떻게 극복하였는가?
- 내 과거의 삶이 내 미래의 삶에게 주는 의미는 무엇인가?

(2) 자신의 현재 이해하기

자신의 과거를 돌아보면서 현재의 내 모습에 대해서도 수용해야 한다. 현재의 내 모습은 과거의 좋은 경험으로 인해 만족스러울 수도 있지만 그렇지 않을 수도 있다. 만족스럽든, 불만족스럽든 현재의 나를 인정하고 수용하는 것이 중요하다. 앞서 살펴본 대로 자기 스스로 콤플렉스를 가지고 있다면 대인관계에서 문제가 발생하고 자신의 내부에 있는 문제로 인해 발생한 갈등을 자각하고 개선하고자 하지 않으면 문제가 해결되기는 어렵다. 자신을 돌아보면서 상처받은 모습이 발견된다고 하더라도 외면하지 말고 인정하고 수용하면 된다. 인정하고 수용한다는 것은 곧 그것에 대해 책임진다는 의미이다. 인정과 수용이 이루어지지 않으면 책임이 없다는 뜻이고 그렇게 된다면 개선의 여지는 없어지는 것이다. 자신의 내면적 갈등을 스스로 해결하는 인정과 수용을 통해, 고민하는 데 사용될 에너지를 좀 더 긍정적이고 창조적인 일에 사용할 수 있게 된다.

- 보육교사로서 현재의 내 모습은 만족스러운가? 불만족스러운가?
- 나에게 존재하는 콤플렉스는 없는가?
- 만족의 원인(불만족의 원인)은 무엇인가?
- 만족스러운(불만족스러운) 나에게 해 주고 싶은 것은 무엇인가?
- 현재의 내 모습을 받아들이기 위해 가장 노력해야 하는 것은 무엇인가?

(3) 자신의 미래 공유하기

자기 자신의 과거와 현재를 되돌아보는 것은 타인과 그 결과를 나눌 때 의미가 있다. 자신의 과거, 현재 그리고 미래는 누군가와 함께 이루어 가는 것이고 그 안에서 자신의 존재 인식, 자신이 타인에게 미치는 영향, 타인에 의해 자신이 받은 영향, 자신과 타인의 관계 맺음의 의미 등을 탐구할 때 비로소 공동체 안에서의 자신에 대한 이해가 완성된다. David Seamands(1986)는 '환대'라는 용어를 사용하면서 자신중심에서 벗어나 상대방의 생각과 세계, 심지어 상대방의 갈등까지도 포용하고 주의 깊게 받아들이는 것이 중요하다고 하였다. 자신에 대한 이해가 결국은 환대로 이어져 자신의 공간에 타인이 들어올 수 있도록 할 때 공동체의 의미가 완성된다는 것이다.

- 나의 속마음을 함께 나눌 타인이 있는가?
- 나는 타인과 무엇을 나눌 수 있는가?
- 타인에게 열어 보이기 힘든 부분도 있는가? 어떻게 극복할 것인가?
- 보육교사로 일을 하면서 반드시 타인과 나누어야 한다고 생각하는 것은 무엇인가?
- 타인과 함께 나누면 좋은 점은 무엇인가?

3) 자기 돌아보기의 실천방법

미국질병관리센터에서 밝힌 바에 의하면 미국인 의료비의 80%가 스트레스와 관련이 있으며, 매년 5,000만 명 정도의 미국인이 신경정신과 장애를 보여 일상생활을 지속하는 데 매우 위험한 상황에 이르렀다고 한다. 미국뿐만 아니라 전 세계적으로 1억 2,000만 명 정도가 우울증에 시달리고 있다는 사실은 최근 우리의 마음과 정신에 대한 문제가 물리적・육체적 문제보다 중요해졌음을 의미한다. 그로 인해 정신적 만족을 줄 수 있는 문화, 마음의 평화를 도모하는 명상, 참선수행, 요가 등이 주요 산업으로 떠오르고 있다. 어떠한 형태로든 자신을 돌아보고, 자신의 삶에 대한 의미와 가치에 대해 공동체 안에서 고민하는 것은 매우 중요하고 필요한 일이다. David Seamands(1986)가 제시하는 구체적인 실천방법은 다음과 같다.

① 문제를 똑바로 직시하라

문제를 자신이 먼저 인정하고 다른 사람들에게도 알려라.

② 어떤 문제든지 자신에게 책임이 있다는 것을 인정하라

자신이 취한 행동에 대해서는 자신의 책임이 있는 것이고 본인이 그 책임을 인정하지 않을 경우 상처 난 감정의 힐링은 어렵다.

③ 힐링을 원하는지 스스로에게 솔직하게 물어보라

자신의 문제가 진정으로 해결되길 원하는지 먼저 자신에게 물어봐야 한다. 스스로 원하지 않는 것이라면 의미가 없다.

④ 문제와 관련되어 있는 모든 사람을 용서하라

책임을 스스로 지는 것과 상처 준 사람을 용서한다는 것은 동일한 행동이다.

⑤ 자기 자신을 용서하라

스스로를 용서하는 것을 주저하거나 다시 꺼내어 죄책감 속에 살지 마라.

⑥ 문제의 핵심이 무엇인지 또한 그것을 위해 무엇을 해야 하는지 고민하라

우리에게 정말로 문제가 되는 것이 무엇인지 그것을 해결하기 위해 무엇을 어떻게 해야 하는지 아는 것은 중요하다.

〈즐겁게 일하기 위한 노력들〉

1. 내가 주도적으로 일을 하는 게 아니라 일로 인해 내가 끌려 다니지 않도록 하려면 적어도 일주일에 한 가지 이상 일과 전혀 상관없는 약속을 하라.
2. 아이들이 행복하게 웃는 사진, 가족의 단란한 모습 등 행복함이 느껴질 수 있는 순간의 사진을 책상 위에 놓고 자주 봐라.
3. 남에게 실망을 주지 않기 위해 능력 밖의 문제를 만들지 말고 때로는 거절할 수 있는 용기를 가져라. – '이번 일은 죄송하지만 힘들겠어요.'

4. 근무시간 동안 시간을 얼마나 더 효율적으로 쓰고 있는지 자기 자신을 점검하며 더 열심히 하기보다는 더 현명하게 일해라. 오래 근무하는 것이 미덕이 아니라 짧은 시간에 효율적으로 일해서 원하는 목표를 이루는 것이 더욱 현명하다.
5. 모든 일을 다 완벽하게 해내려고 욕심내기보다 경중을 따져 잘할 수 있는 것에 집중 투자하고 그렇지 않은 것에는 만족지수를 조금 낮추어도 좋다.

- 메이커스런 -

〈인간관계를 맺을 때 지켜야 할 것들〉

1. **자기 자신을 잘 알아야 합니다**
   자신의 장단점을 잘 파악하여 대인관계에서 자신이 무엇을 어떻게 해야 할지 가늠할 수 있는 것이 필요합니다.

2. **타인을 이해해야 합니다**
   중요한 결정권자인 리더 또는 동료의 장점과 단점을 잘 알고 서로 도울 수 있는 실천적 방법을 모색해야 합니다.

3. **자신과 타인이 조화를 이룰 방법을 모색해야 합니다**
   사람마다 다른 생각·능력·태도를 가지고 있다는 것을 인정하고, 때로는 따르기도 하고 때로는 이끌기도 하면서 상황과 대상에 따라 다양한 역할 변화를 할 수 있도록 융통성을 지녀야 합니다.

4. **갈등을 크게 만들지 말아야 합니다**
   조직에서 구성원들 간에 큰 충돌이 발생하면 불필요한 나뉨과 저항이 생길 수 있습니다. 갈등이 생기더라도 크게 확대시키기보다는 공동체에 가장 필요하고 중요한 것이 무엇인지를 생각하고 화합해야 합니다.

5. **온유하고 겸손한 관계를 유지해야 합니다**
   공동체 내에서 10명의 친구를 사귀는 것보다 한 명의 적을 만들지 않는 것이 좋다는 말이 있습니다. 소수의 적대관계가 다수의 친밀한 관계보다 영향력이 클 수 있다는 뜻입니다. 항상 온유하고 겸손한 자세로 원만한 관계를 유지할 수 있도록 해야 합니다.

최근 기관 내 교직원들 간의 협력뿐만 아니라 기관들 간의 협력으로 확대하려는 시도가 이루어지고 있다. '서울형 공유어린이집'이 그 사례 중 하나인데, 도보 이용권에 있는 3~5개의 어린이집이 하나의 공동체를 구성하여 함께 운영하는 새로운 보육 모델을 말한다. 개별 어린이집이 하나의 공동체로 연계되어 함께 나누고 함께 성장하는 미래지향적 보육 모델로, 어린이집들 간 프로그램과 공간 등을 공유하며 보육의 질적 향상을 도모하고, 입소 대기를 공동 조정하면서 운영의 효율성을 높인다. 서울형 공유어린이집은 자발성, 협력, 영유아의 행복이라는 보육의 본질적 가치를 추구하는 것을 기반으로 공동 운영을 통한 효율화, 보육전문성 향상, 부모 참여 활성화, 지역네트워킹 강화를 주요 추진방향으로 하고 있다. 어린이집들 간의 공동체 형성과 협력을 통한 보육의 질적 향상을 도모하는 '서울형 공유어린이집'에 관한 자세한 사항은 서울시 육아종합지원센터 홈페이지(https://seoul.childcare.go.kr/ccef/community/data 서울형 공유어린이집 매뉴얼)에 소개되어 있다.

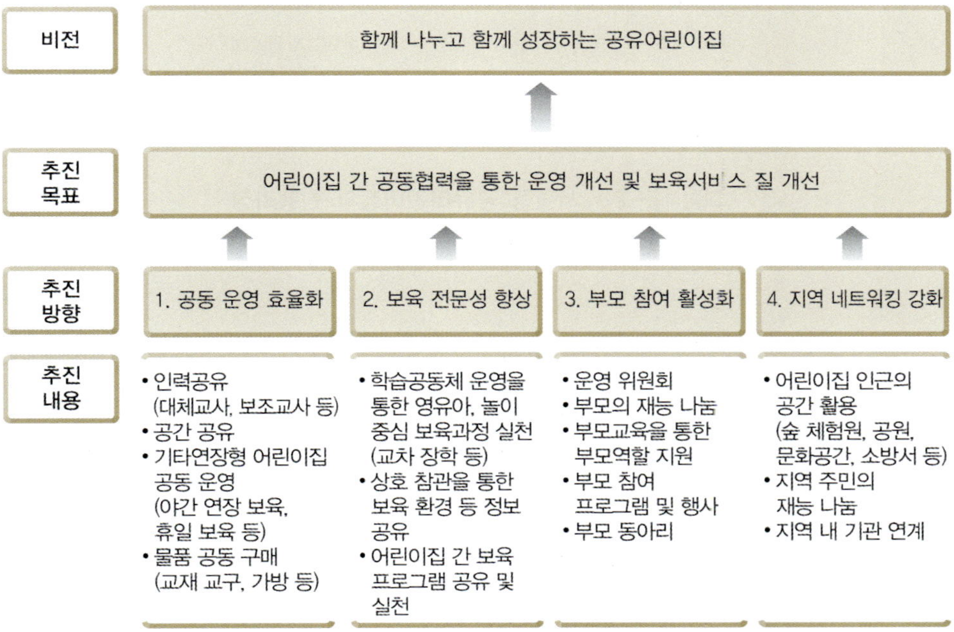

출처: 서울특별시 육아종합지원센터(2021). 서울형 공유어린이집 매뉴얼.

그림 11-1 서울형 공유어린이집의 기본 방향

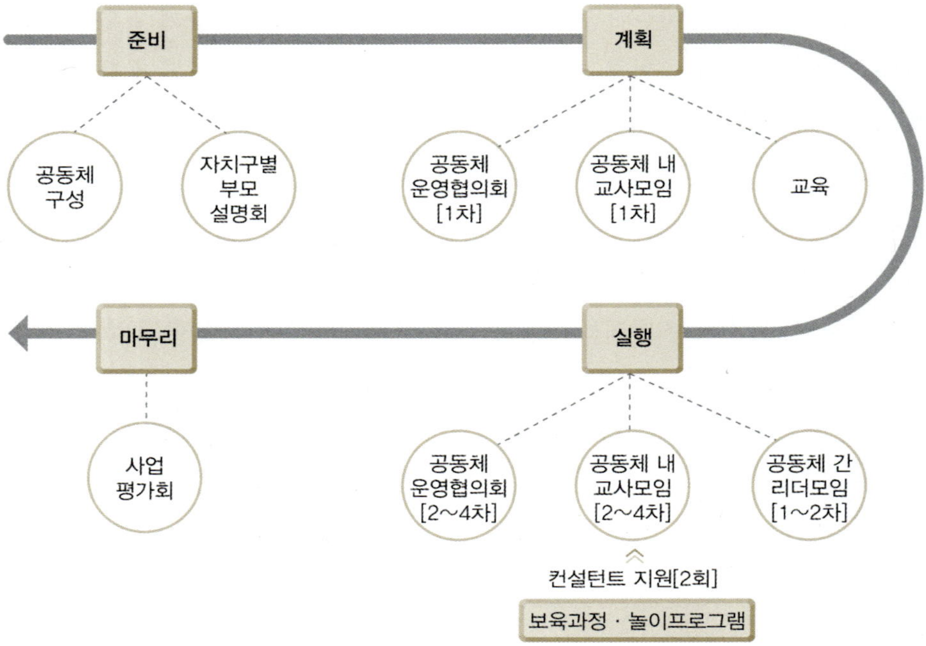

출처: 서울특별시 육아종합지원센터(2021). 서울형 공유어린이집 매뉴얼.

그림 11-2 서울형 공유어린이집의 진행과정

표 11-1 서울형 공유어린이집 실천계획서

서울형 공유어린이집 실천계획서

공동체명		참여 어린이집명	

공유프로그램 추진 계획		
구분	내용 ※ 세부 내용에 따라 칸 조절하여 작성 가능	시기
공동 운영	*신체 놀이 교구 공동 구매* *○○어린이집: 야간 연장어린이집 공동 운영*	*10월*
보육 전문성	*교사배움공동체 운영을 통한 영유아·놀이 중심 보육과정 실천하기*	*9월~11월*
부모 참여		
지역 네트워킹	*○○구식생활지원센터와 연계하여 건강한 먹거리 제공을 위한 식단 개선*	*9월~11월*
기타		

※ 공동체 내에서 실천하고자 하는 공유프로그램의 방향 및 내용 등에 대해 논의한 내용을 작성하시오.

출처: 서울특별시 육아종합지원센터(2021). 서울형 공유어린이집 매뉴얼.

표 11-2 서울형 공유어린이집 공동체 운영협의회 회의록

<table>
<tr><td>자치구</td><td colspan="2"></td><td>공동체명</td><td colspan="2"></td><td>모임 회차</td><td></td></tr>
<tr><td>모임 일시</td><td colspan="2"></td><td>모임 장소
(방법)</td><td colspan="4"></td></tr>
<tr><td colspan="8">참석자</td></tr>
<tr><td colspan="2">어린이집명:</td><td colspan="2">성명:</td><td colspan="2">어린이집명:</td><td colspan="2">성명:</td></tr>
<tr><td colspan="2">어린이집명:</td><td colspan="2">성명:</td><td colspan="2">어린이집명:</td><td colspan="2">성명:</td></tr>
<tr><td colspan="2">어린이집명:</td><td colspan="2">성명:</td><td colspan="2">어린이집명:</td><td colspan="2">성명:</td></tr>
<tr><td colspan="2">어린이집명:</td><td colspan="2">성명:</td><td colspan="2">어린이집명:</td><td colspan="2">성명:</td></tr>
<tr><td colspan="2">어린이집명:</td><td colspan="2">성명:</td><td colspan="2">어린이집명:</td><td colspan="2">성명:</td></tr>
<tr><td colspan="2">협의 내용</td><td colspan="6">※ 공동체 내 공유프로그램 방향 및 내용 등 협의한 내용을 작성하시오.</td></tr>
<tr><td colspan="2">다음 모임 계획
(일정 및 내용)</td><td colspan="6"></td></tr>
</table>

출처: 서울특별시 육아종합지원센터(2021). 서울형 공유어린이집 매뉴얼.

표 11-3 서울형 공유어린이집 공동체 내 교사모임 회의록

<table>
<tr><td colspan="2">자치구</td><td colspan="2"></td><td>공동체명</td><td colspan="2"></td><td>모임 회차</td><td></td></tr>
<tr><td colspan="2">모임 일시</td><td colspan="2"></td><td>모임 장소
(방법)</td><td colspan="4"></td></tr>
<tr><td colspan="9">참석자</td></tr>
<tr><td colspan="3">어린이집명:</td><td colspan="2">성명:</td><td colspan="2">어린이집명:</td><td colspan="2">성명:</td></tr>
<tr><td colspan="3">어린이집명:</td><td colspan="2">성명:</td><td colspan="2">어린이집명:</td><td colspan="2">성명:</td></tr>
<tr><td colspan="3">어린이집명:</td><td colspan="2">성명:</td><td colspan="2">어린이집명:</td><td colspan="2">성명:</td></tr>
<tr><td colspan="3">어린이집명:</td><td colspan="2">성명:</td><td colspan="2">어린이집명:</td><td colspan="2">성명:</td></tr>
<tr><td colspan="3">어린이집명:</td><td colspan="2">성명:</td><td colspan="2">어린이집명:</td><td colspan="2">성명:</td></tr>
<tr><td colspan="2">협의 내용</td><td colspan="7"></td></tr>
<tr><td rowspan="2">공동체
실천 과정
지원
※ 컨설팅
진행 시에만
작성</td><td>실천과정에서
경험하는
어려움</td><td colspan="7"></td></tr>
<tr><td>컨설팅
지원 내용</td><td colspan="7"></td></tr>
<tr><td colspan="2">다음 모임 계획
(일정 및 내용)</td><td colspan="7"></td></tr>
</table>

※ 회차별 진행 내용에 따라 작성되는 내용은 상이할 수 있음

출처: 서울특별시 육아종합지원센터(2021). 서울형 공유어린이집 매뉴얼.

표 11-4 서울형 공유어린이집 실천보고서

공동체명		진행시기		
참여어린이집				
참석자	**공유어린이집 나눔 및 성장 사례** ※ 실천 과정과 성장한 내용이 담기도록 작성			사진
공동 운영				
보육 전문성				
부모 참여				
지역 네트워킹				

출처: 서울특별시 육아종합지원센터(2021). 서울형 공유어린이집 매뉴얼.

Chapter

12

가정 및 지역사회와의 연계

Chapter 12 가정 및 지역사회와의 연계

1. 가정과의 연계

1) 가정 연계의 중요성

보육이라는 용어는 가정에서의 자녀양육을 사회화하였다는 의미로 영유아를 보살피며 기르는 일을 가정에서는 일반적으로 양육이라는 용어로 표현하지만 어린이집과 같은 기관에서는 보육이라고 표현한다. 일반적으로 영유아양육의 사회화가 보육으로 인식되는 것은 바로 이와 같은 이유이다. 영유아기는 성장・발달이 가장 왕성하고 전적으로 타인에게 의존해야 하는 시기이므로 주 양육자는 영유아의 기본적인 욕구 충족에 관심과 정성을 기울여야 한다. 가정에서 주 양육자가 일관되게 영유아를 양육할 수 있는 환경이라면 문제가 없지만, 영유아가 하루 중 일정 시간을 어린이집에서 생활해야 하는 경우라면 가정과 어린이집의 협력은 반드시 필요하다. 하루 중 일정 시간 어린이집에 머물 수밖에 없는 자녀의 보육상황에 대해 부모가 전혀 관여하지 않는다면 효과적인 보육이 이루어지기 어렵기 때문이다. 영유아가 경험하는 주 양육자와의 관계를 통해서 영유아는 앞으로의 인간관계 형성의 기반을 다지게 된다. 그러므로 부모나 교사가 가정과 어린이집에서 영유아에 대한 적절하고 안전한 보육환경을 동일하게 마련하는 일이 매우 중요하다. 건전한 보육은 가정에서 주 양육자가 자녀들에게 주고 싶어 하는 긍정적인 경험을 제공한다. 또한, 영유아가 느끼는 부모에 대한 애정도 강화시켜 주고 영유아의 발달을 원만하게 도울 수 있도록 부모를 지지해 준다. 이러한 측면에서 어린이집에서의 보육과 가정에서의 양육이 잘 연계될 때 영유아의 전인적 성장과 발전이라는 궁극의 성공적인 결과를 얻게 된다는 점은 자명하다. 부모와의 협력은 건전한 보육에 없어서는 안 될 중요한 요소이다.

부모가 맞벌이 등으로 인해 가정에서 자녀를 돌보기 어려울 경우 어린이집에서 교사가 부모를 대신하여 자녀를 돌보게 되는데 이러한 가정과 어린이집의 관계는 어린이집 교사가 부모역할의 연장선에 있다는 의미이다. 어린이집 교사는 제2의 부모라고 할 수 있다. 그러므로 가정과 어린이집은 영유아에 대한 공동의 목표를 가지고 서로 긴밀한 협력관계를 유지해야 하는 불가분의 관계에 있다. 영유아의 입장에서도 어린이집과 가정과의 협력은 매우 중요하다. 영유아의 생활은 가정이든 어린이집이든 단절 없이 계속되어야 한다. 아침식사가 가정에서 부실했다면 어린이집에서 보충되어야 하고, 어린이집에서 개별적인 상호작용이 부족했다면 가정에서 개별적인 놀이를 보완해야 한다. 가정과 어린이집에서 영유아의 생활을 일관되게 유지시켜 주는 것은 매우 중요하고, 이는 가정과 어린이집의 긴밀한 협력에 의해 가능해진다.

어린이집은 가정과 구별되는 전문성을 갖고 있다. 어린이집에서 교사는 가정의 부모를 대신해 영유아를 돌보는 것을 기본으로 수행하지만 그에 그치지 않고 일반 가정에서는 해결하기 어려운 육아문제를 어린이집 교사의 전문성으로 해결할 수 있다. 생물학적으로 부모의 지위를 획득했지만, 부모역할이라는 사회적 역할을 제대로 수행할 수 없는 부모가 점점 늘어가고 있는 요즘, 육아전문가로 양성된 어린이집 교사의 역량이 일반 가정에 미치는 영향은 더욱 크다. 특히, 현대사회의 가족형태가 매우 다양하게 변하면서 많은 부모는 양육에 있어서 다음과 같은 어려움을 겪고 있다.

양육 부담으로 인한 저출산으로 많은 부모가 자녀 한두 명만 키우게 됨으로써 자녀양육에 실패하지 않기 위해 내 아이만을 중심으로 사고하고, 또래 아이들과 비교하면서 더 앞서기 위해 노심초사하는 부모들이 늘고 있다. 또한, 조부모나 친척들을 통해서 자연스럽게 이루어졌던 양육에 대한 간접경험이 현저하게 줄어들면서 양육에 대한 기초정보뿐만 아니라 능숙한 양육자로 성장할 수 있는 기회마저 가지지 못하게 되었다. 더불어 바쁜 현대생활로 인해 양육과정에서 겪는 갈등이나 스트레스를 해소할 방법을 찾지 못해 부정적인 감정을 스스로 다스리지 못하는 경우 우울증으로까지 번지는 경우가 발생한다. 어린이집 교사는 부모들이 겪는 이와 같은 어려움들을 알고, 이해를 바탕으로 부모역할을 지원해 줄 수 있어야 한다. 즉, 어린이집과 가정 협력의 의미는 두 가지 차원으로 해석할 수 있다.

- 영유아의 전인적인 성장과 발달을 위해 가정과 어린이집에서 일관되게 보육하기 위해 서로 협력해야 한다.
- 어린이집은 육아전문기관으로서 가정의 육아기능을 지원・보완해야 하므로 서로 협력해야 한다.

가정과 어린이집의 협력을 통해 부모와 어린이집 교사가 공동의 목표를 세우고 실천해 나감으로써 영유아의 발달과 가정을 지원하는 질적 보육을 실천할 수 있다. 가정과 어린이집이 공동의 목표를 설정하고 협력할 수 있는 방법은 다음과 같다.

- 가정과 어린이집이 소통할 수 있는 구조를 만들고 끊임없이 의사소통한다. 의사소통 구조를 만든다는 것은 정기적・비정기적인 상담, 가정통신문, 전화 통화, 부모 소모임, 부모참여, 부모교육 등 다양한 형태로 부모와 교사가 만날 수 있는 기회를 마련해야 한다는 뜻이다.
- 보육과정이나 기관의 의사결정 과정에 가족의 참여를 최대한 보장할 수 있도록 체계(어린이집 운영위원회, 학부모 운영위원회 등)를 개발하고 갖추어야 한다.
- 어린이집과 가정에서의 보육의 일관성을 유지할 수 있도록 기관에서는 가정으로 정보를 제공하고, 부모교육, 상담 등을 통해 가정의 양육기능을 최대한 강화하도록 노력해야 한다.
- 영유아의 가족을 자원봉사자로 활용함으로써 보육 서비스의 질적 향상에 기여할 뿐만 아니라 가정은 영유아의 어린이집 생활에 대한 이해를 깊게 할 수 있다.
- 이상과 같은 기관과 가정의 협력을 연간계획으로 체계적으로 수립하여 실행했을 때 효과가 높다.

2) 가정 연계의 실제

어린이집과 가정이 서로 협력하기 위한 구체적인 실천방법은 다음과 같다. 물론 가정도 어린이집과 마찬가지로 노력해야 하지만 전문적인 역량을 갖춘 어린이집과 교사가 협력을 위해 좀 더 주도적으로 노력하는 것이 바람직하다. 다음은 어린이집과 교사가 실천할 수 있는 구체적인 협력방법이다.

(1) 부모를 먼저 이해하자

부모와 어린이집 교사는 영유아의 바른 성장과 목표를 공유하는 동반자이다. 부모가 피치 못할 사정으로 하루 중 일정 부분의 양육을 어린이집 교사에게 위임했다는 사실을 명심하고 부모와 영유아보육을 함께하는 입장에서 부모를 이해하려고 노력해야 한다. 부모의 의견을 잘 들어주고 스스로 문제를 해결할 수 있도록 도와야 한다.

- **우리 아이, 집에서는 그러지 않는데요?**

이러한 부모는 자녀의 잘못이나 문제를 인정하고 싶지 않거나 그와 반대로 자녀 양육에 전혀 자신이 없는 부모이다. 어쩌면 이러한 부모는 자녀와 자신을 동일시하고, 교사가 자신의 자녀를 미워한다고 생각할지도 모른다. 자녀의 성공과 실패가 자신의 양육 성공과 실패인 것으로 생각할 수도 있다. 교사는 이러한 부모를 대할 때 자기주장이 강하거나 고집이 세다고 생각하기보다 자신의 염려 때문에 반작용이 더 크게 나타나는 것이라 여기고 천천히 문제를 받아들일 수 있도록 하는 것이 좋다. 더 강하게 이야기하거나 서둘러 결론을 내리려는 접근보다는 자연스럽게 시간을 가지고 부모가 아이를 스스로 관찰할 수 있도록 기회를 제공하는 것이 필요하다. 단호하거나 비난하는 듯한 말투와 태도는 삼가고 구체적인 자료를 가지고 이야기하며, 평소 부모에게 아이의 전반적인 생활 모습을 잘 알려주고 잘한 행동에 대해 인정하고 칭찬하는 등의 의사소통을 자주 하는 것도 도움이 된다.

• **우리 아이 특별히 신경 써 주세요**

이러한 부모는 자신의 자녀에게 지나친 간섭과 집착을 하고 완벽한 부모가 되어야 한다는 강박관념을 갖고 있을 수 있다. 자녀양육에 관심과 열의가 많아 그렇다고 이해하고 대하는 것이 중요하다. 특히, 요즘은 한 자녀만 키우는 부모들이 많기 때문에 자녀의 성장이나 행동 패턴을 객관적으로 볼 수 있는 기회가 적은 경우가 많다. 친구들과 어울려 놀이하고 의사소통하는 모습 속에서 자신의 자녀에 대해 객관적인 정보를 얻을 수 있어야 하는데 그러한 기회조차 거의 없는 경우가 많기 때문에 부모는 내 아이만 보고, 내 아이만 특별하다는 자기중심적 사고를 하게 된다. 이때 교사는 부모에게 다른 친구들과 놀이하고 있는 자녀의 모습을 관찰할 수 있도록 부모에게 기회를 주는 것이 필요하다. 내 아이만을 볼 것이 아니라 비슷한 또래 아이들을 함께 보면서 자연스럽게 자녀의 모습을 파악해 볼 수 있도록 배려해야 할 것이다.

• **선생님과 친구처럼 지내면 안 될까요?**

사람마다 생각과 성격, 생김새가 다르듯 부모의 유형도 매우 다양하다. 따라서 부모마다 의사소통하는 방법이 다를 수 있는데 유독 시시콜콜한 이야기까지 쉴 새 없이 하는 부모를 만날 수 있다. '왜 이런 이야기까지 내게 하지? 친해지기 위해서? 나는 교사인가 아니면 부모의 친구인가?' 그 순간 교사는 여러 가지 생각이 들 수 있다. 이런 유형의 부모는 자신과 이야기 나눌 지인이 별로 없거나 누구에게든 이야기를 털어놓고 싶다는 불안감을 갖고 있는 경우일 수 있다. 이러한 불안감의 근원은 여러 가지 있지만 자신의 방법이 옳은지 그렇지 않은지 인정받고 싶은 것이 하나의 원인일 수 있다. 쉽지 않겠지만 불안한 부모의 마음을 널리 이해하고 중간중간 인정의 표시인 고개 끄덕임, 미소, 맞장구를 치면서 부모의 이야기를 경청하는 것이 좋다. 인정하는 몸짓을 하면 이야기가 더 길어질 것이 염려되지만 제대로 만족스러운 의사소통을 통해 부모가 스스로 자신감을 갖게 된다면 누군가의 인정을 갈구하는 일은 줄어들 것이다.

• **정말 바빠서 아이에게 신경을 못 썼어요. 선생님이 해 주세요**

'~ 때문에 그럴 수밖에 없었어요'와 같은 문제상황이 발생하면 이런 저런 핑계를 대는 부모가 있다. 한두 번도 아니고 이러한 일이 지속되면 신뢰를 갖기 어렵다. 그러나 핑계가 아니라 정말 직장이나 여러 가지 사정으로 인해 자녀에게 소홀히 하는 부모도 있다. 자녀에게 소홀한 부모는 자녀에게 열정과 관심이 지나친 부모만큼이나 상대하기 어려운 부모이다. 무관심하던 부모가 나중에 한꺼번에 불만을 토로하는 경우도 있다. 영유아와 관련해서 전화로라도 자주 대화를 시도하고 부모의 의사를 살펴야 하며 일주일에 2~3번 메모 등으로 의사소통을 하는 것도 도움이 된다. 자녀의 원생활에 대해 자주 알려 관심을 갖도록 유도하고, 부모의 넋두리나 하소연을 들어주는 것도 도움이 될 수 있다. 작은 것이라도 칭찬하고 인정하여 부모 스스로 자녀에게 관심을 갖도록 하는 것이 필요하다.

(2) 부모와 진솔한 의사소통을 하자

부모와 어린이집 교사가 관계를 긍정적으로 발전시키기 위해서는 반드시 의사소통 능력을 갖추어야 한다. 어린이집 교사는 전문성을 지녔다는 점에서 의사소통 기술 함양에 더욱 노력해야 하는 존재이다. 서로 존중하고 정을 나누면서 도울 때 서로 간에 신뢰감이 형성되면서 진정한 의미의 소통이 이루어진다. 그런데 사람의 성향에 따라 선호하는 의사소통 방식이 다를 수 있다. 어떤 부모는 전화상담을, 다른 부모는 면대면 상담을, 또는 편지 주고받기를 더 선호하는 부모도 있다. 상담·메모·전화 등 어린이집 교사가 부모와의 의사소통에 적합하다고 생각하는 방식으로 의사소통을 시도하는 것이 중요하다. 목소리의 톤이나 얼굴 표정, 몸짓이나 행동도 의사소통에 많은 영향을 미치지만 무엇보다 중요한 것은 의사소통의 목적이 부모나 어린이집 교사나 같다는 점(영유아의 성장과 발달을 돕기 위한 것)을 명심하고 솔직하게 의사소통하는 것이 필요하다.

Tip 부모 개별면담 관련 고려사항

- 모든 영유아의 부모와 연 2회 이상(학기당 1회 이상) 개별 면담을 실시하고 주요 내용을 기록하여야 한다.
- 개별 면담 실시 일시, 대상 및 면담자, 면담 내용에 대해 기록한다.
- 대면 면담이 원칙이나, 대면 면담이 어려운 경우 유선 상담으로 진행은 가능하다.
- 영유아의 적응 문제나 가족이 당면한 문제를 영유아 관찰, 개별면담 등을 통해 파악하고 있어야 한다.
- 보호자가 요청할 경우, 지역사회 내 전문기관에 대한 정보를 제공하여야 한다.

출처: 한국보육진흥원(2021). 어린이집 평가 매뉴얼.

상담은 어린이집 교사와 부모가 서로 대면하거나 전화 등으로 정보를 교환하고 영유아의 성장과 발달을 위해서 의논하는 대표적인 의사소통의 형태이다. 상담에는 여러 가지 유형이 있는데 크게는 연중 일정한 시기를 정해 정기적으로 실시하는 형식적 상담과 수시로 필요에 따라 이루어지는 비형식적 상담이 있다. 집단 크기에 따라 개인상담, 집단상담으로 나눌 수 있고, 구체적인 상담방법에 따라 면대면 상담, 전화상담 등으로 나누어진다. 형식적인 상담은 대체로 일 년에 2~3번 정도 이루어지며, 영유아의 등·하원이나 상담이 필요한 상황이 발생했을 때 수시로 비형식적인 상담이 이루어진다. 형식적 상담이나 비형식적 상담이 부모와 교사가 일대일 만남으로 이루어진다면 개인상담으로, 집단으로 이루어진다면 집단상담으로 구분할 수 있다. 개인상담의 가장 큰 장점은 교사와 부모가 일대일로 상호작용하기 때문에 비밀이 보장되고, 친밀감과 신뢰감을 가질 수 있으며 개별 맞춤형 상담이 이루어질 수 있다는 점이다. 10명 내외의 부모들과 교사가 함께하는 집단상담의 장점은 비슷한 또래의 자녀를 둔 부모들이 겪는 어려움들에 대해 허심탄회하게 이야기 나누며 교사뿐만 아니라 부모들 간에 상호작용이 활발하게 이루어지면서 공감하고 실제적인 문제에 대한 방법을 공유할 수 있다는 점이다. 어떠한 유형의 상담이든 영유아의 바른 성장과 발달이라는 공동의 목표를 가지고 서로를 이해하고 돕는 마음으로 이루어진다면 큰 효과를 볼 수 있다. 일반적인 상담의 진행과정은 다음과 같다.

① 상담 준비

상담 실시 전 최소 3~4주 전에는 가정통신문을 통해 상담일정을 각 가정에 알리고 정해진 일정에 참여 못하는 부모와 일정을 조정해야 한다. 상담시간은 상황에 따라 다양한데 보통 20분 정도 상담이 이루어지고 10분 정도 휴식하는 일정으로 이루어진다. 10분 정도의 휴식시간을 배정하는 이유는 상담이 이루어진 후 즉시 상담내용을 정리하는 시간도 가질 수 있고 상담이 지연되더라도 오래 기다리는 일이 없도록 조정하기 위해서이다. 정해진 상담시간을 어기는 부모가 발생하면 이후 상담일정에 차질이 빚어지므로 상담시간에 대해 사전에 충분히 공지하고 상담 당일 타이머를 준비해 상담시간을 준수할 수 있도록 돕는 것이 좋다. 상담 공간에 대한 준비도 필요하다. 청결은 기본이고, 영유아의 작품이나 활동결과물 등을 세심하게 배려하여 배치해야 하며 부모님들이 편안하게 느낄 수 있도록 테이블을 장식하거나 간단한 다과를 준비하면 좋다.

② 상담 진행

부모님을 대면하는 첫 순간부터 신경 써야 한다. 밝은 미소로 반갑게 맞이하는 태도가 중요하고, 가벼운 안부 인사나 그날 있었던 영유아에 대한 인상적인 면들을 이야기하면서 첫 대면을 하는 것이 좋다. 상담내용은 학기 초라면 영유아에 대한 정보가 부족한 상태이므로 교사가 말을 많이 하기보다는 부모로부터 영유아에 대한 이야기를 많이 듣도록 한다. 학기 말의 경우 그동안 영유아가 발전·향상된 부분을 중심으로 이야기하고, 부모님이 함께 지원해 주어야 할 부분에 대해 논의한다. 특히, 향상·발전된 부분에 대해서는 구체적인 자료를 가지고 이야기하는 것이 좋다. 영유아를 세심하게 관찰한 기록에 근거해서 진보된 사항, 유념해야 하는 사항을 중심으로 구체적으로 이야기하는 것이 도움이 된다. 예를 들어, "○○이(가) 참 잘해요"라는 막연한 표현이 아닌 "○○이(가) 학기 초보다 그리기를 많이 해요. 선을 힘 주어 그리고요. 그림 표현력이 점점 좋아지고 있습니다. 작품집에 미술작품 수도 늘었고요. 자신의 작품이 전시되는 것을 매우 좋아하고 친구들에게 자랑스럽게 소개하기도 한답니다."와 같이 어떤 점이 어떻게 나아졌는지 구체적으로 이야기하도록 한다.

상담내용은 영유아마다 강조점이 달라질 수 있는데 기본적으로는 기본생활습관이나 정서적인 부분의 내용을 다루고 부모들이 염려하는 부분, 예를 들면 나이가 많은 연령의 아이들일 경우 수 세기, 글씨 쓰기, 또래관계, 문제해결력 등 인지적인 측면이나 사회적인 발달에 대해 다루는 것도 좋다. 간혹 교사가 부모에게 전문성을 나타내고 싶어서 어려운 전문용어를 사용해 상담하는 경우가 있는데 그 효과는 높지 않다. 상담의 기본적인 목적이 영유아의 건강한 발달을 위해 교사와 부모가 의사소통을 하는 것이기 때문에 굳이 어려운 용어를 사용해 소통을 저해할 필요는 없다. 그 순간 교사는 전문가처럼 보일수도 있지만 부모가 내용을 잘 이해하지 못하거나 편안하게 이야기할 수 있는 분위기를 해치게 된다면 상담의 기본목적도 달성하지 못할 뿐만 아니라 앞으로의 상담에서도 원활한 의사소통을 기대하기 어렵다. 대화에 장벽이 생길 수 있기 때문이다. '무엇을 위한, 누구를 위한 상담인가?'를 늘 유념해야 한다. 부모와 교사의 감정 대립으로 인해 또는 주도권을 갖기 위한 기싸움으로 인해 원만한 상담이 이루어지지 않으면 영유아들에게는 매우 슬픈 일이다. 상담은 영유아를 위한 부모와 교사의 소통의 장임을 명심해야 한다.

형식적인 상담뿐만 아니라 등・하원 시, 전화상담 등 비형식적으로 상담이 이루어질 수 있는데 이때 밝고 적극적인 태도로 임하는 교사가 부모에게 신뢰를 줄 수 있다. 대부분의 부모는 교사에게 고마운 마음을 가지고 있으면서도 교사가 어려워서 하고 싶은 말을 못하는 경우가 있다. 그러므로 교사가 먼저 밝고 적극적으로 맞이하고 미소 지음으로써 부모가 자연스럽게 스스로 이야기를 꺼낼 수 있도록 하는 것이 필요하다. 등원할 때는 영유아들의 건강 확인, 기분이나 심리적인 상태, 특이사항 등에 대해 이야기 나눌 수 있고, 하원 시에는 하루 동안 있었던 일 중 영유아들에게 일어난 긍정적인 면에 대해 이야기하는 것이 좋다. 일과 중 영유아들끼리 다툰다거나 작은 상처라도 발생한 경우가 있다면 즉시 있는 그대로 이야기해야 한다. 작은 상처라고 대수롭지 않게 여기고 이야기하지 않았다가 신뢰가 무너지면서 나중에 더 큰 오해가 생길 수 있기 때문이다. 영유아 한 명 한 명을 소중히 대한다는 마음이 전해질 수 있도록 세심한 주의가 필요하고, 그 내용을 직접

대면하거나 전화·메모 등 적합한 방법으로 전하는 것이 중요하다. 다만 전화상담 시에는 직접 얼굴을 보고 대화하는 것이 아니므로 사용하는 어휘나 말의 억양을 좀 더 부드럽게 하도록 주의해야 한다. 또한, 전하고자 하는 내용을 미리 메모해 두었다가 요점을 명확히 전하는 것도 중요하다. 영유아가 아프거나 문제상황이 발생했을 경우, 영유아가 등원하지 않았을 경우에는 반드시 연락해야 한다. 부모는 사소한 일이라도 교사가 관심을 가지고 전화해 주었을 때 매우 고마워하고 교사를 더욱 신뢰한다는 점을 명심해야 한다.

③ 상담 정리

상담을 마치고 나면 상담내용을 그때그때 정리해 두는 것이 필요하다. 특히, 부모의 요구사항이나 관심을 가지고 봐야 할 부분을 기록해 두었다가 보육과정 운영 시 유념하고 관련 내용을 다음 상담 시 이야기하는 것이 필요하다. 뿐만 아니라 상담 시 요청받았던 사항에 대한 관찰이 이루어진 즉시 부모에게 그 내용을 알리면 세심하면서도 신뢰로운 교사로 부모에게 인정받을 수 있다. 면대면 상담내용에 대한 정리뿐만 아니라 전화상담, 메모 주고받기 등 부모와 의사소통하면서 나눈 정보에 대해 성실하게 기록해 두는 습관을 기르는 것이 필요하다.

부모 개별면담 양식의 예

일시	20OO. O. O.(O요일) 16:00~16:30	방법	☑ 방문 □ 전화
대상	어머니	면담자	담임교사 OOO
부모 의견	어린이집에 다니는 것을 좋아하며, 선생님이나 친구 얘기를 많이 함. 특히 친구 △△와 재미있게 놀았던 얘기와 싸웠다는 얘기를 자주 함. 학습보다는 친구들과 잘 어울리는 원만한 성격이 될 수 있었으면 함 어린 동생이 생기면서 동생을 예뻐하면서도 가끔씩 떼를 쓰거나 손가락 빠는 행동이 보여 걱정임. 퇴행행동에 대한 대처방법이 궁금함		
교사 의견	**[신체운동·건강]** 신체활동 전반에 관심을 보이기는 하나 대근육 신체활동에 다소 소극적인 편임. 사람이나 사물에 대한 민감성이 발달되어 있어 신체활동에 적극적으로 참여하기 전에 탐색을 하는 경향이 있음. 자신감 있게 신체활동에 참여해보도록 지원해주면 신체활동 참여가 보다 적극적으로 바뀔 수 있을 것으로 보임 **[의사소통]** 자신의 생각과 의견을 표현하려고 노력하며, 글자에 점차 관심을 많이 갖기 시작함. 가정에서도 학습지보다는 일상생활 주변에서 볼 수 있는 다양한 글자에 관심을 갖도록 환경인쇄물 등을 마련해주면 '읽기'와 '쓰기'에 대한 목표가 잘 달성될 수 있을 것으로 보임 **[사회관계]** 친구들과 잘 어울리는 편이며, 특히 △△와 자주 놀이하는 모습을 보임. 다만, 아직까지는 친구와의 협력이나 양보 등이 잘 이루어지지 않고 있어 또래와의 사회관계를 증진할 수 있는 기회를 자주 제공해 줄 계획임 **[예술경험]** 노래, 미술, 춤과 움직임 등 다양한 예술적 표현에 관심을 갖고 즐기는 편임 **[자연탐구]** 주변 사물과 자연환경 등에 대한 호기심이 많고, 수량 인식 등도 연령 수준에 맞게 잘 발달되어 있음 **[퇴행행동에 대한 대처방법 안내]** 동생이 생기면 자연스럽게 나타나는 퇴행행동에 대해 부모가 너무 민감하게 반응하는 모습을 보이는 대신, OO에 대한 관심과 스킨십을 포함한 애정 표현을 보다 자주 해주는 것이 바람직함을 안내함. OO가 동생을 예뻐하는 순간을 놓치지 말고 'OO가 동생을 예뻐하는 모습을 보니 너무 멋지다'라는 표현을 해주거나, OO만 따로 데리고 놀러가거나 맛있는 것을 먹으면서 OO를 사랑한다는 표현을 많이 해주도록 말씀드림		
총평	전반적으로 만 3세 유아의 발달 수준에 맞게 다양한 영역에 흥미와 관심을 보임. OO에 대한 주기적인 관찰을 통해 OO가 관심 있어 하는 것을 어린이집과 가정에서 함께 격려해주고, 친구와 협력할 수 있는 기회를 더 자주 제공해 줄 수 있도록 부모님께 말씀드림		

출처: 전북육아종합지원센터(2019). 어린이집 표준 운영 문서 서식.

연간 부모교육 및 부모참여프로그램 계획안의 예

구분	부모교육 및 부모참여프로그램	평가인증 통합지표 기준	열린어린이집 선정 기준
1분기 (3~5월)	• 제1차 운영위원회(운영위원 선출)	-	• 분기별 1회 (3월 필수)
	• 부모교육 및 부모참여프로그램 수요조사	-	• 연1회
	• 건강통신문(감염병 관련 정보 포함)	• 분기별 1회	-
	• 상반기 부모 개별면담	• 연 2회(상 · 하반기)	• 연 2회(상 · 하반기)
	• 부모교육: '자녀권리존중의 실천'	• 세 가지 방법(지면, 온라인, 집단모임 등)	• 연 2회
	• 부모참여프로그램	• 부모 소통방법으로 인정	• 분기별 1회
2분기 (6~8월)	• 제2차 운영위원회	-	• 분기별 1회
	• 건강통신문(감염병 관련 정보 포함)	• 분기별 1회	-
	• 반별 부모 간담회	• 부모 소통방법으로 인정	• 부모참여프로그램으로 인정
	• 부모참여프로그램	• 부모 소통방법으로 인정	• 분기별 1회
3분기 (9~11월)	• 제3차 운영위원회	-	• 분기별 1회
	• 건강통신문(감염병 관련 정보 포함)	• 분기별 1회	-
	• 하반기 부모 개별면담	• 연 2회(상 · 하반기)	• 연 2회(상 · 하반기)
	• 부모교육: '우리 아이 유형별 놀이방법'	• 세 가지 방법(지면, 온라인, 집단모임 등)	• 연 2회
	• 부모참여프로그램	• 부모 소통방법으로 인정	• 분기별 1회
4분기 (12~2월)	• 제4차 운영위원회	-	• 분기별 1회
	• 건강통신문(감염병 관련 정보 포함)	• 분기별 1회	-
	• 부모참여프로그램	• 부모 소통방법으로 인정	• 분기별 1회
	• 신입원아 부모오리엔테이션	• 연 1회(중간입소원아 포함)	• 연 1회(중간입소원아 포함)
	• 부모만족도 조사	• 연 1회(부모와의 소통방법으로 인정)	• 연 1회

출처: 전북육아종합지원센터(2019). 어린이집 표준 운영 문서 서식.

부모참여프로그램 계획 및 결과보고서의 예

부모참여프로그램 계획 및 결과보고서	담당	원장

활동명	아빠와 함께 하는 요리활동(20○○. 4월)		
일시	20○○. 4. 3.(수) 11:00~11:30	대상	□ 전체 부모 □ 반별 ☑ 개별
장소	○○반 보육실	참석자	총 17명(○○○아빠, △△△아빠, 유아 15명)
목적	1. 부모가 어린이집의 행사 및 보육활동에 다양한 방법으로 참여할 수 있는 기회를 제공하여 자녀의 어린이집 생활에 대한 이해를 도울 수 있음 2. 부모가 교사의 역할을 간접적으로 체험하면서 공동양육자의 역할이 중요함을 알게 하고, 다른 부모들과의 교류 기회를 제공할 수 있음		

예산	계획	600,000원(회당 100,000원, 총 6회)
	집행	요리활동 재료비 100,000원

구분		내용 및 방법	담당
계획	계획	【내용】 시기, 장소, 자료 준비, 안내방법, 환경구성, 다과, 업무담당 등 세부 내용 계획 【방법】 부모 대상 요구도 조사 및 보육교직원 회의 시 논의 후 결정	전체 보육 교직원
	안내	【내용】 부모참여프로그램의 목적, 참여했을 때의 이점, 참여 방법, 참여 독려 등의 내용을 포함한 가정통신문 내용 작성 【방법】 가정통신문 또는 홈페이지, SNS 등을 통한 안내	원장 또는 담당교사
	준비	【내용】 프로그램 진행 일정표 등을 기재한 간단한 자료, 참석자 명단, 환경구성, 프로그램 물품, 다과 등 준비 【방법】 프로그램에 참여 신청한 부모의 수를 확인하여 자료 복사, 물품 및 다과 구비	원장 및 담당교사
실행	안내	【내용】 현관 입구에서 프로그램 진행 장소까지 부모의 이동 경로 확인 【방법】 프로그램 진행 장소로 이동하여 참석자 명단에 서명하도록 안내	원장 또는 담당교사

<table>
<tr><td rowspan="2"></td><td>진행</td><td>【내용】 프로그램 안내, 부모 협조사항 안내, 평가설문지 또는 활동일지 작성 등 안내
【방법】 프로그램 진행
<table><tr><th>시간</th><th>내용</th></tr><tr><td>10:30~11:00</td><td>참석 여부 확인 및 참석자 명단 서명</td></tr><tr><td>11:00~11:30</td><td>프로그램 진행</td></tr><tr><td>11:30~12:00</td><td>프로그램 마무리, 평가설문지 또는 활동일지 작성 안내</td></tr></table></td><td>원장 또는 담당교사</td></tr>
<tr><td>정리</td><td>【내용】 프로그램 종료 후 물품 정리, 평가설문지 분석 또는 활동일지 내용 확인
【방법】 추후 활동에 재사용 가능한 물품 등을 정리하여 자료실 등에 보관, 평가설문지 분석 또는 활동일지 내용 확인하여 부모평가 및 자체 평가 내용 기재</td><td>원장 또는 담당교사</td></tr>
</table>

<table>
<tr><th colspan="2">구분</th><th>평가내용 및 개선사항</th></tr>
<tr><td rowspan="7">평가</td><td>부모 평가</td><td>【평가설문지 분석 결과】 총 5점 만점 중 4.75점
【기타 의견】 프로그램에 처음 참여하여 요리활동을 매끄럽게 진행하지 못한 것 같다는 부모의 소감에 대해 다음 번에 다시 한 번 참여해 주실 것을 요청드림</td></tr>
<tr><td rowspan="6">자체 평가</td><td>【시기의 적절성】 일시(평일 오전·오후, 저녁시간, 주말 등)의 적절성</td></tr>
<tr><td>【개선사항】 평일 낮에 프로그램을 실시할 경우 맞벌이 가정의 참여율이 저조하고, 평일 저녁에 실시하는 경우는 영유아를 동반하는 어려움이 있음. 부모참여프로그램의 내용이나 참여하고자 하는 부모의 개별적 상황을 고려하여 맞춤형 프로그램을 계획해 볼 필요가 있음</td></tr>
<tr><td>【부모의 참여도】 전체 부모 중 참여율 정도</td></tr>
<tr><td>【개선사항】 부모 총 ○○명 중 ○○명이 참여하여 ○○%의 참여율을 보임. 다양한 가족의 특성과 요구를 반영, 프로그램별로 시간을 다르게 하여 연간 최소 1회 이상 참여할 수 있도록 안내할 필요가 있음</td></tr>
<tr><td>【분위기】 전반적인 분위기, 산만함 정도 등</td></tr>
<tr><td>【개선사항】 부모가 어린이집에 드나들면서 처음에는 다소 산만하고 유아들이 민감하게 반응하기는 하였으나, 점차 익숙해지고 활기찬 분위기로 바뀌게 됨</td></tr>
</table>

		【자료의 적절성】 준비한 자료의 준비상태, 추가 자료의 필요성, 자료의 완성도 등
		【개선사항】 없음
		【기타 진행과정】 계획대로의 진행 여부, 업무분장, 환경구성, 다과 준비, 보육교직원 복장 상태, 예산 사용의 적절성 등
		【개선사항】 전반적으로 별 무리 없이 진행됨. 다만, 준비한 다과를 부모가 미리 드실 수 있도록 사전에 안내할 필요가 있음. 또한 프로그램 담당교사들은 각자 맡은 업무분장에 따라 사전에 리허설이나 모의연습 등을 해봄으로써 시행착오를 줄일 수 있도록 할 계획임
진행사진		

OO 어린이집

출처: 전북육아종합지원센터(2019). 어린이집 표준 운영 문서 서식.

(3) 다양한 참여활동을 통해 부모와 신뢰를 쌓자

가정과 어린이집의 연계가 잘 이루어지려면 신뢰를 형성하는 일이 우선되어야 한다. 신뢰를 형성하는 것은 단기간에 간단한 노력으로 이루어지는 것이 아니다. 원에서 실행되는 다양한 활동에 부모를 적극 참여시키면서 지속적으로 신뢰를 쌓고, 신뢰를 무너뜨리는 일이 없어야 한다. 부모가 개별상담, 부모 오리엔테이션, 연령별 간담회, 부모참여수업 등 여러 가지 활동에 참여할 수 있도록 함으로써 지속적으로 어린이집의 기본철학과 방침 등에 대해 이해하고 협조할 수 있도록 신뢰를 쌓는 것이 중요하다. Epstein(1986)은 협력적 관계 형성을 위한 여섯 가지 부모참여 유형을 다음과 같이 제안하고 있다.

Tip 부모참여와 교육을 위한 지침

- 부모에게 보육실 참관에 관한 구체적인 절차와 방법을 안내해야 한다.
- 부모가 자원봉사, 현장학습 동반, 급식 지원 등의 방법으로 어린이집 운영에 참여할 기회를 마련해야 한다.
- 부모교육의 내용으로 아동학대 예방 교육이 반드시 포함되어야 한다.
- 지면(가정통신문, 양육정보지, 양육안내편지, 리플릿, 소책자 등), 온라인 매체(홈페이지, 카페, 블로그 등), 집단 모임(소모임, 부모강연회, 워크숍 등) 중 두 가지 이상의 방법으로 부모교육을 실시하여야 한다.
  * 실시간 화상교육으로 진행된 경우도 집단 모임으로 인정 가능함

출처: 한국보육진흥원(2021). 어린이집 평가 매뉴얼.

① 부모역할하기

부모가 영유아에게 적합한 가정환경을 준비할 수 있도록, 교육기관이 영유아의 가정을 이해할 수 있도록 도움을 주고받는 것을 의미한다. 어린이집에서는 부모역할의 기술을 획득할 수 있도록 부모에게 도움을 줄 수 있다. 양육과 관련된 도서, 인터넷 사이트 정보, 연수자료 등을 가정과 공유함으로써 부모역할하기를 적극적으로 도울 수 있다. 어린이집에서 정기적으로 부모 만남의 장을 마련할 수도 있다. 정기적으로 날짜와 시간을 정해 만남을 갖도록 함으로써 부모들 각자의 양육

방식도 공유하고 외로움을 겪는 부모들에게 서로를 지지하고 격려할 수 있는 좋은 기회가 될 수 있다. 공동의 관심사를 가진 부모들이 모여 이야기 나눌 수 있는 장을 마련하는 것도 좋다.

② 의사소통하기

가정과 어린이집은 아이의 진보상황에 대해 서로 정보를 주고받아야 한다. 전화, 면대면 대화, 메모 등 다양한 방법으로 의사소통을 할 수 있다. 의사소통의 내용을 기록화하여 연계성을 가지고 지속적으로 이야기 나눈다면 영유아의 발달과 성장에 큰 도움이 된다.

Tip

가정과의 의사소통 방법의 예

- 어린이집에서는 다음의 의사소통 방법 중 최소 2가지 이상의 방법을 사용하여 가정과 소통하여야 한다.
  - 지면 : 가정통신문, 알림장, 소책자, 게시판 등
  - 전화 및 온라인 매체 : 문자메시지, SNS, 스마트 알림장, 홈페이지, 카페, 블로그 등
  - 수시면담 : 영유아의 특성이나 가정의 배경을 고려한 비정기적인 의사소통 등
  - 집단 모임 : 소모임, 행사 등
  - 부모만족도 조사 : 어린이집의 서비스 전반 및 운영에 대한 만족도 조사

출처: 한국보육진흥원(2021). 어린이집 평가 매뉴얼.

가정통신문(예시)

가정통신문

20 년
기간 : 3월 1주 (월 일 ~ 월 일)

학부모님께
따스한 봄을 맞이하여 인사드립니다.
우리 어린이집에서는 부모님들의 자녀 양육을 돕고자 가능한 시간을 서로 의논하여 어린이집을 개방하고 있습니다. 이를 통해 영유아가 어린이집에서 경험하는 하루일과를 지켜보거나 활동의 일부를 자녀와 함께 할 수 있도록 기회를 제공하고자 합니다. 자녀와 함께하는 보육경험은 자녀의 행동 및 어린이집을 이해하는 데 도움이 될 것입니다.

1) (월간 또는 주간) 보육계획안
2) 식단표 (매월 작성 및 공지)
3) 어린이집의 주요행사
4) 공지사항(예시)
   - 필수예방접종 및 건강검진 안내
   - 신체계측 실시방법 및 결과 통보방법
   - 부모면담 실시 안내
   - 아동권리 존중 안내(가정에서의 실천방안)
   - 식중독 예방 및 식품 알레르기 관련 안내
   - 감염병 발생 시 공지 및 대처방안 안내
   - 운영위원회 회의 개최 및 회의 내용 안내
   - 부모교육 자료
   - 계절 및 날씨 관련 안전수칙, 교직원 근무현황 등
   - 지역사회 관련 정보 및 행사
   - 기타

20 년 월 일
○ ○ 어린이집

Tip

- 부모에게 어린이집 생활과 보육활동 등의 내용을 포함하는 가정통신문을 작성하고, 정기적으로 제공하여 적극적인 협력 관계가 되도록 활용
- 보육계획안, 식단표, 어린이집 주요행사, 공지사항 등을 안내하며, 어린이집 상황에 따라 다양한 형태와 내용으로 작성하여 제공
- 공지사항 중 신체 계측 결과 안내는 신체 계측 여부만 안내하고 결과는 개별 통보함을 명시

출처: 한국보육진흥원(2019). 2019 평가인증문서 서식 양식.

알림장(예시)

알 림 장

20 년 월 일 요일					
가정에서			어린이집에서		
원아 상태	기분	좋음/ 보통/ 나쁨 (이유:)	원아 상태	기분	좋음/ 보통/ 나쁨 (이유:)
	건강	좋음/ 보통/ 나쁨 (이유:)		건강	좋음/ 보통/ 나쁨 (이유:)
	체온	열이 있음(℃)/ 없음		체온	열이 있음(℃)/ 없음
식사	저녁		식사	간식	
	간식			점심	
	아침			간식	
배변	저녁	안 했음 / 했음 (딱딱함 / 보통 / 설사)	배변	오전	안 했음 / 했음 (딱딱함 / 보통 / 설사)
	아침	안 했음 / 했음 (딱딱함 / 보통 / 설사)		오후	안 했음/ 했음 (딱딱함 / 보통 / 설사)
수면	시 분부터 시 분까지		수면	시 분부터 시 분까지 시 분부터 시 분까지	
투약 의뢰	약의 종류		투약 결과	약의 용량	
	약의 보관법				
	약의 용량			투약 시간	
	투약 시간/횟수			투약자 확인	(인)
	의뢰자	(인)			
전달 내용			전달 내용		

출처: 한국보육진흥원(2019). 2019 평가인증문서 서식 양식.

③ 자원봉사하기

자원봉사는 어린이집과 영유아들을 도울 수 있는 가족으로 조직한다. 어린이집 학부모가 보육과정에 참여하는 것은 의미 있는 일이다. 제과점을 운영하는 학부모가 있다면 빵 만드는 것에 대해 전문적인 이야기를 들을 수 있을 뿐만 아니라 함께 견학을 가거나 영유아들과 함께할 수 있는 활동을 위해 시간과 노력을 제공받을 수도 있다. 학부모가 자원봉사자로 참여하면 영유아들의 입장에서는 부모만큼 열과 성을 다해 참여해 주는 사람이 없다는 점에서 도움이 되고, 참여하는 부모의 입장에서는 어린이집에 대한 궁금증과 불안감을 해소할 수 있다는 점 등 일거양득이다.

④ 가정에서 학습하기

가정에서 이루어지는 학습이나 다양한 활동에 부모가 영유아들과 함께 참여할 수 있도록 하는 것이다. 예를 들어, 부모님과 함께 책 읽기, 미술활동 등을 할 수 있도록 자세한 방법을 어린이집에서 안내하는 것 등이 있다. 부모들 간의 재능 품앗이를 격려할 수도 있다. 재능이 각각 다른 부모들이 각자의 재능을 살려 영유아들의 활동을 전문적으로 지원할 수 있도록 연결해 주는 것이다.

⑤ 의사결정하기

어린이집의 의사결정 과정에 부모를 참여시키는 것이다. 어린이집 운영위원회에 학부모를 참여시키는 것 등이 이에 해당한다. 「영유아보육법」에서 40인 이상의 어린이집은 어린이집 운영위원회 설치·운영을 의무화하였다. 운영위원회의 구성에는 학부모 대표가 반드시 참여해야 한다. 어린이집 운영위원회뿐만 아니라 보육시간, 보육과정의 운영방법, 안전에 관한 사항 등 다양한 의사결정 사항에 부모가 참여할수록 어린이집에 대한 이해도가 높아지며 책임감도 커진다.

⑥ 지역사회와 협동하기

지역사회의 자원과 서비스를 활용하고 지역사회에 서비스를 제공하는 것이다. 소방서, 병원, 경찰서, 도서관 등 지역사회의 자원을 적극 활용하여 가정과 영유아를 지원하는 것이 해당된다.

2. 지역사회와의 연계

1) 지역사회 연계의 의미

영유아는 또래와의 관계에서뿐만 아니라 부모나 지역사회의 긍정적인 상(像)을 통해 존엄성과 자아존중감을 획득하게 된다. 이러한 영유아발달의 숨겨진 배경을 무시하거나 간과하면 영유아의 발달에 손상을 입히는 것이다. 즉, 영유아의 사회적 발달을 막고, 가정과의 유대는 약화시키며, 영유아와 어린이집의 괴리감을 가져오는 요인이 된다. 또한, 지역사회 내 여러 계층의 영유아들이 고루 섞여야 할 때에는 개별 영유아가 자신의 문화에 긍지를 갖고 그것을 다른 영유아들에게 보일 수 있어야 한다. 이러한 과정을 통해 다른 영유아와의 차이점을 올바르게 수용하고 인정하면서 집단 속의 한 개인으로서 조화롭게 남을 수 있다. 현대사회에서 자녀는 더 이상 부모의 소유물이 아니며, 자녀양육은 더 이상 가족의 책임만은 아니다. '모든 아이들이 우리들의 아이들이다'라는 주장은 영유아보육의 사회적 관심과 책임의 중요성을 의미한다. 지역사회와의 연계는 지역사회가 영유아보육의 책임을 공유하여 어린이집에서 영유아들에게 좀 더 양질의 서비스를 제공할 수 있도록 협력하고, 어린이집은 지역사회의 구성원으로서 지역사회 복지에 기여한다는 양측의 서비스가 통합된 것이다. 영유아보육에 대한 책임을 지역사회가 공유해야 하는 이유는 다음과 같다.

- 영유아는 가족환경으로부터 일차적인 영향을 받지만 동시에 지역사회의 경제·사회·문화적 환경으로부터 직접적인 영향을 받는다. 따라서 영유아와 지역사회는 별개의 존재가 아닌 밀접한 관계가 있다. 건전한 지역사회 환경 없이 건전한 영유아발달을 기대하기 힘들다.
- 영유아의 건전한 성장과 발달의 궁극적인 목적은 영유아가 자라서 이 사회에 책임 있는 구성원으로서 사회에 잘 적응하여 살아갈 수 있게 돕기 위함이다. 즉, 미래사회를 이끌어 갈 사회구성원의 성장과 발달을 돕는 일을 보육이라고 한다면 보육의 책임을 개인에게만 둘 것이 아니라 사회 전체가 관심을 갖고 있

어야 한다. 아이를 키우는 일이 더 이상 한 개인의 문제가 아니라 사회의 책임이라는 뜻이다.

지역사회와 어린이집의 협력은 영유아보육에 대한 책임을 지역사회와 어린이집이 공유한다는 의미이다. 이때 어린이집은 중요한 역할을 수행해야 한다. 어린이집은 지역사회 주민과 기관이 영유아보육에 대한 책임의식과 능력을 발휘할 수 있도록 기회를 제공하고, 지역사회가 그러한 책임의식을 갖고 활동을 실천할 수 있도록 분위기를 만드는 역할을 담당해야 한다. 지역사회와의 연계는 지역사회를 영유아보육의 협력자로 활용하고 참여시켜 보육의 질을 향상시키고, 어린이집의 자원을 활용하여 지역사회 복지를 위해 기여하는 것을 목적으로 한다. 어린이집과 지역사회와의 연계는 두 가지 차원에서 접근할 수 있다.

- 어린이집이 지역사회 구성원으로서 지역사회 복지와 문제해결에 참여하는 것이다. 어린이집은 지역특성에 따라 영아보육, 연장보육, 시간제 보육 등을 확대·실천하는 방법으로 지역의 보육문제 해결에 기여할 수 있다. 또한, 보육 서비스 이외에도 지역사회 육아상담, 정보 제공, 시설 개방 등의 서비스를 제공하여 지역사회 복지 증진에 기여할 수 있다.
- 지역사회 자원을 보육 서비스의 자원으로 활용하는 연계이다. 어린이집은 어린이집의 공적 성격을 강조하면서 지역사회의 자원을 개발·활용할 수 있다. 지역 경찰서, 도서관, 은행, 병원 등의 물적·인적 자원이 어린이집 보육활동에 적절히 연계되어 영유아에게 좀 더 풍성하고 의미 있는 경험이 이루어질 수 있도록 하는 것이다. 이를 통해 지역사회와의 유대감은 물론 보육 서비스의 질적 향상에도 기여할 수 있다.
  - 지역사회와 유기적 연계를 하기 위해 어린이집은 지역사회를 잘 이해하고 어린이집과 서비스 내용에 대해 알리는 지역사회 홍보활동을 해야 한다. 지역사회의 인적·물적 지원 목록을 주제별로 정리해 두면 도움이 된다.
  - 어린이집은 지역사회 자원을 개발하여 네트워크를 형성함으로써 지역사회 자원을 보육 서비스의 질적 향상을 위해 활용해야 한다.

- 어린이집은 지역사회 구성원의 하나로서 어린이집 교사는 지역사회 활동에 시민의식을 갖고 참여해야 한다.
- 어린이집 역시 지역사회의 중요한 복지 자원의 하나로 어린이집이 갖고 있는 인적·물적 자원을 활용하여 지역사회 복지 증진에 기여할 수 있도록 해야 한다.

2) 지역사회 연계방법

(1) 물적 자원 활용

지역사회에 존재하는 다양한 물적 자원을 활용하면 영유아에게 더욱 풍성하고 의미 있는 경험을 제공할 수 있다. 지역사회에 존재하는 물적 자원인 버스·지하철 등의 운송수단, 공원·병원·소방서·경찰서·도서관·우체국과 같은 공공시설, 박물관·상점 등과 같은 물적 자원을 적극 활용하여 보육과정의 질적 향상을 도모할 수 있다. 다양한 시설 견학을 통해서 추상적으로 막연히 아는 것이 아니라 현재 살고 있는 곳에 어떤 기관들이 있고 그곳에서 사람들이 무슨 일을 하는지 자신의 삶과 관련된 의미 있는 경험들을 하게 된다. 어린이집에서 하고 있는 활동과 연계시킬 수 있는 지역 자원은 매우 다양하다. 미용실, 자동차 정비소, 은행, 도서관, 제과점 등은 어린이집에서 진행되는 주제를 더욱 심화·확장시킬 수 있는 방법이다. 예를 들어, 어린이집에서 떡이라는 주제를 다루고 있다면 떡을 만드는 방법에 대해 교실 안에서 책과 교사의 설명으로 다루는 것보다 떡 방앗간 견학을 다녀오는 것이 훨씬 이로울 수 있다. 구체적이고 현장감 있는 경험을 통해 떡이라는 주제가 더욱 확장·심화될 수 있는 것이다. 더운 여름날 영유아들과 함께 어린이집 주변의 마트에서 아이스크림을 사 먹어 보는 경험도 매우 흥미롭다. 도서관을 방문해서 함께 책을 읽어 보고 도서관에서 지켜야 할 예절을 익히거나 지속적으로 방문하여 규칙적으로 책 읽는 습관을 기르는 것도 효과적이다. 지역사회에 있는 보건소나 병원과 연계하여 건강검진, 전염병 예방 등에 대한 실제적인 정보를 제공받을 수 있다. 은행에 정기적으로 방문하여 저금을 하는 습관을 길러 주는 것도 좋다. 또한, 높은 연령 반 영유아들의 경우 어린이집 주변 기관을 방문해 보면서 지도를 그려 볼 수 있다. 주변에 존재하는 기관들의 위치, 역할, 하는 일 등에 대해 알아보면서 더불어 사는 지역공동체의 의미를 나눌 수 있다. 물적 자원은 기관만이 있는 것이 아니라 각 기관에서 사용하지 않거나 남는 물건을 지원받을 수도 있다. 예를 들어, 화원에서 꽃다발을 만들고 남은 버려진 잎사귀들을 모았다가 어린이집에 기증함으로써 영유아들은 자연물로 미술활동을 즐겁게 할 수 있다. 또한, 공장에서 제품을 만들고 남은 자투리 조각(나무, 플라스틱, 종이 등)들을 기증받아 창의적 미술활동 교육자료로 유용하게 쓸 수도 있다. 어린이집이 속한 지역사회를 찬찬히 둘러보면 물적 자원을 나누어 줄 기관이 많다. 사전 조사를 통해 그러한 정보들을 수집하고 목록화해 두는 것이 유용하다. 지역사회에서 개최하는 행사나 문화 공연 등에 대한 정보를 파악했다가 참여하도록 하는 것도 도움이 된다.

(2) 인적 자원 활용

공공기관이나 지역 자원을 직접 방문하는 방법 외에도 지역사회 인사를 어린이집으로 초대하는 방법도 있다. 경찰관·소방관·의사·미용사·간호사·정비사 등 경험에서 우러나는 다양한 이야기를 들려줄 수 있는 인적 자원을 교실로 초청하여 이야기 나눈다면 영유아들은 더욱더 몰입하고 전문적인 이야기를 즐겁게 나눌 수 있다. 그런데 지역사회 전문가 초청을 원활히 진행하기 위해서는 평소 지역사회와의 관계를 원만히 맺어 두는 것이 필요하다. 물건을 구입할 일이 있다면 어린이집 근처 마트를 이용하거나 헤어 커트이나 펌도 근처 미용실을 이용하는 식으로 원의 교직원들이 평소 친분을 쌓아 둔 곳에서는 초청을 요청할 때 거절할 확률이 낮다. 또는 학부모 인적 자원을 활용하는 것도 유용하다. 학부모가 경찰관·소방관·의사 등의 직업을 가지고 있다면 영유아를 위한 활동에 적극 요청할 수 있다. 인적 자원 초청활동을 진행할 때는 우선 영유아들이 궁금하거나 묻고 싶은 점들을 생각해 질문 목록을 미리 만드는 것이 좋다. 맞이할 마음의 준비, 환경적 준비를 한 후 초청을 하고 이야기를 나누는 것이 효과적이다. 초청활동이 끝난 후에는 참여해 준 인사에게 감사편지를 쓴다. 인적 자원 활용에서는 지역사회 인사가 원을 방문해 도움을 주는 경우도 있지만 어린이집 인적 자원이 지역사회의 일원으로서 도움을 나누어 주는 경우도 있다. 어린이집 영유아가 지역사회의 인적 자원으로 지역사회의 다른 기관에 도움을 주는 것이다. 예를 들면, 어린이집 영유아들이 주변 환경 정리(청소)를 정기적으로 실시하면서 환경미화원과 우리 동네 깨끗이 하기 활동을 함께 진행할 수 있다. 또는 주민센터와 연계해 독거노인 방문의 날을 정해 어린이들이 혼자 사시는 할머니, 할아버지의 집을 방문해 소통하는 활동을 할 수 있다. 지역사회에 크고 작은 일들에 참여해 봉사활동하거나 모금활동에 참여하며 지역사회에 대한 관심과 애정을 키울 수 있다.

(3) 문화적 자원 활용

지역사회에서 주최하는 각종 행사, 문화 공연, 그림 그리기와 노래 부르기 등 각종 대회, 음악회, 전시회 등 지역사회의 문화적 자원을 통해 영유아들이 풍성한 체험을 할 수 있도록 연계할 수 있다(한국보육진흥원, 2011).

이상의 자원을 잘 활용하여 지역사회와 협력이 잘 이루어지도록 하기 위해서는 어린이집 교사가 다음과 같은 노력을 해야 한다.

첫째, 다양한 경로를 통해 지역사회에 존재하는 자원을 파악해야 한다.

둘째, 지역사회 자원과 긴밀한 상호관계를 형성해 서로에게 이익이 되는 점을 찾아 협력하도록 제안한다. 그 다음 어떤 방법으로 실행할 것인지 의견을 조율해야 한다.

셋째, 연계 활동의 목적을 분명히 하고 실제적인 활동을 실행해야 한다.

넷째, 연계 활동 후 평가단계로 도움을 준 지역사회 자원에 대해 보답하고 연계 활동의 효과, 장단점 등을 되짚어보아 다음 연계 활동 계획의 밑거름으로 삼아야 한다.

부모 및 지역사회와의 협력 계획안의 예

부모 및 지역사회와의 협력

1) 부모참여프로그램

☞ *(작성 Tip)* 프로그램 소개, 목적, 진행시기 소개, 연간부모교육 계획 등 기재

2) 운영위원회

☞ *(작성 Tip)* 운영방법, 내용, 회의개최 시기 등 소개

3) 지역사회기관과의 연계 및 프로그램

☞ *(작성 Tip)* 지역사회 자원을 이용한 활동, 지역사회의 협력 및 이용 가능한 기관에 대한 정보 등 기재

4) 지역사회의 아동발달 전문가 정보

대상	연계기관	전문가	내용
영유아	○○구 육아종합지원센터	상담원	영유아 보육에 관한 정보의 수집 보육정보지 발간 및 보육 관련 홍보
장애아	○○구 장애인복지관	치료사	부모교육 및 상담 물리치료, 언어치료 등
가족	사회복지관	사회복지사 상담원 치료사	가족 상담 기초생활지원서비스

출처: 한국보육진흥원(2019). 2019 평가인증문서 서식 양식.

Chapter

13

초임교사의 자세

01 초임교사에 대한 이해

02 초임교사에서 유능한 교사로 성장하기 위한 실천법

Chapter 13 초임교사의 자세

1. 초임교사에 대한 이해

초임교사의 시기는 앞으로 어떤 교사로 성장해 나갈 것인지를 좌우할 만큼 큰 영향력을 가지므로 교사생활에서 가장 중요하다. 교사로서의 정체성을 확립하고, 교사로서의 바른 태도와 의지를 다질 수도 있는 영향력이 있는 시기이기도 하다. Katz의 교사 발달단계에 의하면 교직 입문 첫해인 초임교사 시절은 생존기로서, 그 시절의 경험이 교사직을 계속하도록 할 수도 있고 그만두도록 할 수도 있어 의미 있으면서도 교사 인생에서 매우 민감한 시기임을 알 수 있다. 그렇다면 대부분의 교사들은 교직생활에 중대한 영향을 미치는 중요한 초임교사 시절을 어떻게 보내고 있는가? 그 중요성을 알고 존중받으며 의미 있게 잘 보내고 있을까? 기대와는 다르게 대부분의 초임교사들은 다양한 어려움에 직면하면서 갈등을 더 많이 겪고 있는 것으로 나타났다. 초임교사들이 겪는 어려움들을 살펴보면 다음과 같다(문은영, 신혜원, 2012; 서효린, 2019; 이은우, 2005; 채영문, 이성주, 2019).

1) 초임교사의 어려움

(1) 머리로 아는 것과 실천하는 것의 차이에서 오는 갈등

초임교사들은 학교에서 모의수업, 보육실습 등을 통해 제한적인 수업경험을 했기 때문에 영유아를 직접 상대해 본 경험이 부족하다. 또한, 학교에서 분절적으로 경험한 부분수업으로는 일과 진행을 해야 하는 담임교사의 역할을 수행하기에 부족함이 많다. 무엇보다 이론을 실제에 접목시켜야 하는데 이론과 실제의 차이를 좁히기에는 시간과 여력이 부족한 실정이다. 이론대로 움직여 주지 않는 영유아들 앞에서 초임교사는 상황에 맞는 융통성을 발휘하기 어렵다.

(2) 다양한 구성원과의 관계에서 경험하는 어려움

초임교사나 경력교사나 상관없이 어린이집 교사는 다양한 사람과 관계를 맺으며 지내야 한다. 영유아뿐만 아니라 그들의 부모, 동료교사, 기타 교직원, 지역사회 인사 등을 대해야 하는데 인간관계 역시 다양한 경험과 풍부한 방법이 축척되었을 때 원만해질 수 있다. 경험과 실천적 지식이 부족한 초임교사의 특성 때문에 부모상담에서 상처받고, 동료교사의 정직한 지도・조언에도 눈물을 흘릴 수 있다. 특히, 학부모가 초임교사를 대하는 태도에서 믿음과 신뢰를 받지 못하게 될 경우 초임교사는 더욱 좌절한다.

(3) 수행해야 할 다양한 역할에서 느끼는 어려움

어린이집 교사가 담당해야 할 일에는 무엇이 있을까? 초임교사로 근무하게 되면서는 교사 양성기관인 학교에서는 잘 알지 못했던 어린이집 교사의 다양한 역할의 실제를 경험하게 되고 수많은 역할에 대한 책임에 두려움을 느낄 수도 있다. 수업 이외에 어린이집 교사로서 해야 할 학부모 관리, 환경관리, 행사, 차량지도, 행정업무 처리 등 많은 역할을 초임 시기부터 모두 다 실시해야 하기 때문에 이에 따른 부담이 매우 크다. 조소영(2004)의 연구에서는 특히 초임교사들이 학기 초에 어려움을 많이 겪는다고 주장하며 그 구체적인 내용으로 과중한 업무, 대인관계, 원 운영, 교육활동, 개인 갈등으로 인한 어려움 등 다양한 원인을 짚고 있다. Veenman(1984)은 초임교사가 겪는 어려움의 종류만을 나열한 것이 아니라 어려움의 순위를 밝히면서 학급에서 학생지도가 가장 어렵다고 하였다. 이 외에도 이현경(2000)은 영유아의 주의집중, 영유아 통제, 적절한 교수자료의 선택, 교과지도 등에서 어려움을 느낀다고 하였고, 조운주, 최일선(2004)은 가시적 성과 위주의 교육과 유아 통제에서 가장 큰 어려움을 느낀다고 밝히고 있다. 이 외에도 많은 연구자가 영유아교육기관의 초임교사들이 여러 가지 어려움을 느낀다고 밝히고 있다. 여기에서 '초임교사의 어려움을 안다는 것은 무슨 의미가 있을까?'를 생각해 보아야 한다. 초임교사의 특성상 영유아지도, 인간관계, 업무수행 등에서 어려움 있다는 것을 안다는 의미는 초임교사는 그러한 존재이므로 어린이집 공동체에서 초임교사에 대한 배려를 고려해야 한다는 뜻도 되고, 다른 한편으로는 초임교사가 그러한 어려움을 겪는 것은 당연하므로 받아들이라는 것이 아니라 예상되는 어려움에 대처할 수 있는 능력을 초임교사 스스로 더 계발하라는 의미일 수 있다. 미리 알면 예방과 개선이 수월함은 자명한 일이다.

2) 초임교사의 자세

이상에서 살펴본 바와 같이 초임교사는 교사생활을 하는 과정에서 적지 않은 어려움을 겪게 된다. 그러한 어려움에 적극적으로 대처하고 미리 준비하는 자세가 어려운 상황을 극복하는 좋은 대안이 된다. 초임교사 자신의 적극적인 노력과 더불어 기관에서도 초임교사의 바른 성장과 발전을 위해 지원을 아끼지 않는다면 교사의 개인적인 성장뿐만 아니라 보육활동 전반에 걸쳐 긍정적인 효과가 나타난다. 초임교사가 전문적인 어린이집 교사로 성장·발전해 나가도록 돕기 위해서는 다음과 같은 자세를 갖는 것이 필요하다.

(1) 스스로에게 자신감 불어넣기

어린이집 교사의 특성과 발달단계를 알고 스스로의 역량과 한계를 이해하고, 앞으로 더 잘 해낼 수 있다는 자신감을 갖는 것이 무엇보다 우선되어야 한다. '내가 과연 해낼 수 있을까? 초임교사 시절은 어렵다던데, 어차피 초임교사니까 실수해도 괜찮아' 같은 부정적인 염려나 낮은 기대보다는 자신의 장점과 차별화된 능력을 찾아 그것을 기초로 앞으로 더 잘 해낼 것이고 변화할 것이라는 긍정적 기대를 하는 것이 필요하다. 주위에서 적절한 격려와 칭찬을 해 주는 것도 좋지만 초임교사 스스로도 자신에게 자신감을 불어넣어 줄 수 있는 이야기를 많이 하는 것이 좋다.

- 초임교사가 경력교사보다 나은 점도 있을 거야. 아이들을 향한 사랑과 열정만큼은 누구에게도 뒤지지 않아.
- 초임교사 시절이 어렵겠지만 그 과정을 거쳐야 경력교사가 되는 것이라면 즐거운 마음으로 도전해서 최대한 많은 경험을 해야겠다.
- 나는 비록 초임교사이지만 우리 반 아이들은 초임교사의 한계에 머물게 해서는 안 되겠지, 더 노력하고 준비해야겠다.

(2) 원만한 인간관계를 최우선에 두기

초임교사가 가장 어려워하는 부분 중의 하나가 인간관계이다. 그 이유는 직장이라는 특별한 상황에서 다양한 사람과 관계를 형성해야 하기 때문이다. 학교 다닐 때 친한 친구와 맺는 인간관계와는 다소 차이가 있는 관계이다. 따라서 자신이 일하게 될 어린이집의 구성원을 파악하고 그들과 어떻게 인간관계를 맺는 것이 좋은지 고민해야 한다. 이 역시 어린이집에서 원장이나 주임교사, 경력교사가 원만한 인간관계를 맺을 수 있도록 지원하고 이끌어 주면 좋지만 그렇지 못한 상황이라면 초임교사가 좀 더 적극적으로 노력해야 한다.

- 나와 성향이 가장 맞을 것 같은 교사, 담당 연령이 같은 교사 등 구체적이고 적극적으로 지원해 줄 교사를 찾는다.
- 해당 교사의 장점을 찾아 문자나 손편지 등으로 호감을 표현한다. 또는 함께 식사하는 자리를 가져서 친밀감을 높인다.
- 퇴근 후 또는 업무가 여유로운 시간에 대화를 시도한다.
- 초임교사로서의 심경·염려·갈등에 대해 솔직하게 이야기한다.
- 현재 도움이 필요한 부분 중 가장 시급하다고 판단되는 한 가지에 대해서 구체적으로 도움을 요청한다.
- 도움받은 것에 대해 감사인사를 한다.
- 선배의 도움으로 개선된 부분에 대해 해당 교사뿐만 아니라 어린이집 전체 회의 등에서 이야기하면서 협력의 분위기를 확산한다.

(3) 협력문화에 관심 가지기

어린이집에는 초임교사만 존재하는 것이 아니고 경력교사가 초임교사만을 위해 지원해 줄 수 있는 환경도 아니다. 각자 맡은 역할이 있고 각자 해내야 할 몫이 비슷하기 때문에 경력교사라고 해서 초임교사를 지지하고 배려하는 일이 편하고 쉽지만은 않다. 따라서 초임교사가 경력교사에게 의지하고 의존하는 관계에서 끝나지 말고 구성원 모두가 서로의 장점을 살려 지원하고 각자의 성장을 도울 수 있는 협력문화를 형성하는 것이 바람직하다. 문화라는 것은 함께 생활하는 구성원 스스로 창조해내는 것으로서 초임교사라고 기존에 형성되어 있는 경력교사의 문화를 그대로 이어 가기보다는 좀 더 긍정적이고 발전적인 방향으로 개선해 나가도록 노력해야 한다. 기존의 문화를 가장 객관적이고 새로운 시각으로 볼 수 있는 사람이 초임교사이다. 기존의 교사문화에서 좋은 것은 더욱 발전시키고 좋지 않은 것이 있다면 개선되도록 새로운 시각으로 문화를 해석하는 것이 필요하다.

- 초임교사이니 괜히 밉보이지 말고 선배교사들이 시키는 대로 기존의 것을 따르는 것이 신상에 편하다.
- 이미 형성되어 있는 문화적 특성을 어떻게 초임교사가 바꿀 수 있어?
- 내가 지금 우리 조직의 문화를 신경 쓸 때야? 내일 수업이 더 걱정이야.

이와 같은 생각을 할 수 있으나 이러한 생각에서 멈춘다면 초임교사의 생활이 더욱 힘들고 슬퍼질 수 있다.

- 초임교사가 가장 먼저 해야 할 일은 기존에 형성되어 있는 조직의 문화적 특성을 찾는 일이다.
- 발견한 문화적 특성에서 바람직한 것과 그렇지 않은 것 중 우선은 바람직한 문화적 특성(예 배려의 문화)에 집중해야 한다.
- 구성원이 모인 자리에서 바람직한 문화적 특성에 대해 칭찬한다. 막연한 칭찬이 아닌 바람직한 문화적 특성 때문에 초임교사로서 어떠한 도움을 받았는지 구체적으로 이야기한다.

- 좋은 문화적 특성이 어떻게 형성되었는지를 물으며 문화 형성의 메커니즘을 파악한다.
- 우리 기관에도 있으면 모든 교사에게 도움이 될 것 같은 바람직한 문화적 특성을 이유와 함께 추가로 제안한다(예 한 달에 한 번 함께 식사하며 친밀감 높이기, 단합의 의미에서 특정한 요일에 같은 색깔 옷 입고 오기, 생일을 맞이했을 때 손편지 선물하기 등).
- 이야기만 하지 말고 초임교사가 먼저 실천하는 모습을 보여 효과를 검증받는다.

(4) 매체를 활용한 공감과 소통능력 기르기

'인공지능의 지능화', '초연결사회', '인간과 기계의 협업구도로의 변화'로 특징지어지는 미래사회는 다양성이 존중되며, 지식습득보다는 '지식활용능력'이, 개인중심 수행능력보다는 '참여, 협력, 소통'이 보다 중요하게 인식되고 요구될 것이다. 인간과 기계가 협업하는 사회에서는 기계가 예측하지 못하는 새로운 문제를 발견해내는 '문제발견능력'이 요구될 것이다. 지금까지 아는 힘이 지식수준이었다면 미래사회에서는 전체를 '통찰'하고 타자를 보다 더 이해하는 '공감'능력이 있어야 할 것이다. 2019 코로나 감염병 발생 이후 세상은 큰 변화를 더 빨리 겪게 되었다. 사람들과의 만남이 대면으로만 이루어지지 않고 비대면이 더 익숙한 상황이 도래했을 뿐만 아니라 사람들 간의 만남보다 기계와의 만남을 더 선호하는 일도 발생하게 되었다. 영유아 보육에도 그러한 변화는 영향을 미쳐서 교육방법적인 측면에서 대면뿐만 아니라 비대면으로 소통하는 방식이 중요해지기도 하고, 교육용 로봇이 교사의 업무를 보조하기도 한다. 인간의 업무를 AI가 대체하는 시대에 기계가 대체할 수 없는, 교사가 해야 할 가장 중요한 일은 무엇일지를 고민해 보아야 할 시점이다. 인간만이 나눌 수 있는 정서적인 교류와 공감, 민감한 대처능력, 새로움을 만들어내는 창의력 등이 기계와 차별화되는 사람의 고유한 능력이 될 수 있다. 편리함만을 이유로 AI에게 모든 업무를 일임하는 것이 아니라 영유아를 향한 진심이 담긴 정서적 교류, 공감과 소통을 원활히 하기 위해 유용한 매체를 적절히 활용할 수 있는 창의적인 교사의 능력을 키우는 것이 필요하다.

위와 같은 내용은 초임교사의 자세와 의지에 강조를 둔 것으로 초임교사가 처한 상황과 형편에 따라 실행할 수도 있고 그렇지 않을 수도 있다. 가장 기본적인 것은 초임교사라고 너무 의기소침해 있기보다는 활기차고 적극적으로 조직에 적응하려는 노력을 시도해야 한다는 점이다. 초임교사의 노력과 별개로 기관에서는 초임교사의 특성을 잘 알고 좀 더 체계적으로 지원할 수 있는 계획을 세우고 실행하는 것이 필요하다. 기관에서 체계적으로 실시할 수 있는 초임교사 교육의 예는 〈표 13-1〉과 같다.

표 13-1 초임교사 교육의 예

구분	내용	방법	담당자	비고
1회	• 인간관계 맺기 – 교직원 소개 – 자기소개 – 동료 멘토링	• 모든 교직원이 한자리에 모여 자기소개를 하고 게임을 통해 친밀감을 형성함. 성향이 맞는 동료와의 매칭 멘토링	원장	
2회	• 어린이집 보육프로그램의 이해 – 보육목표 – 해당 학급 연령 특성 이해 – 원의 상황적 특성 이해	• 어린이집 보육프로그램의 목표 및 내용 숙지, 논의	원장	
3회	• 학급 운영을 위한 기본 준비 – 보육프로그램 계획 – 환경구성(교재·교구 선정) – 원아 적응프로그램 – 기본 교재·교구 및 서류관리	• 보육프로그램 계획의 적합성, 환경구성의 적절성, 학급 운영에 필요한 자료 보관 및 정리에 관한 지도	경력 교사	오리엔테이션 후 학급 운영에 필요한 것 지도
4회	• 부모상담 및 부모관리 – 부모상담 준비 – 부모상담 방법 – 상담내용 정리 및 기록	• 상담을 위한 관찰·기록 정리방법지도, 상담 시 유의사항 설명, 토론 및 질의응답	원장	
5회	• 건강 및 위생, 안전교육 및 사고 시 대처방법	• 교사가 지켜야 할 위생수칙, 영양교육, 안전교육, 사고 시 대처방법 토론 및 질의응답	영양사 조리사 위생사 원장	실제상황 발생 시 행동할 수 있도록 훈련실시

구분	내용	방법	담당자	비고
6회	• 하루 일과에 따른 교사의 역할 (교사의 자세, 태도 포함)	• 일과에 대한 반성적 사고 및 문제상황 토의	경력 교사	
7회	• 평가 및 기록 – 영유아 개별 관찰일지 기록 – 영유아 및 보육프로그램 평가	• 관찰 · 기록, 평가에 대한 실제 연습 및 토론, 질의응답	원장 경력 교사	

2. 초임교사에서 유능한 교사로 성장하기 위한 실천법

교사로 첫발을 내딛는 순간은 설렘과 기대도 크지만 두려움과 걱정도 공존하는 특별한 시간이다. 교사가 되기 위해서 누구나 겪어야 하는 이러한 특별한 순간은 앞으로 교사생활을 지속할 수 있을지를 가늠하고 교사가 되어 가는 과정에서 매우 중요한 단계이다. 누구나 처음은 낯설고 서툴러 시행착오를 많이 겪게 된다. 초임교사도 마찬가지로 인간관계, 반 운영, 행사 등 전반적인 면에서 많은 어려움을 겪는다. 처음이라 각오는 남다르지만 익숙하지 않은 데에서 오는 시행착오, 능숙하지 못함에서 발생되는 실수의 경험들이 유독 많이 발생해 교사로서의 자아존중감마저 무너질 수 있는 시기이다. 이런 초임교사 시절의 특징을 이해하고 가능한 시행착오와 실수를 줄이려는 노력을 미리 한다면 초임교사 시절을 잘 보내고 유능한 교사로 성장하는 데 도움이 된다.

'초임교사가 경력교사보다 더 나은 면이 있을까? 초임교사는 경력교사에 비해 서툴고 부족한 점만 존재하는 것일까?'를 비교하여 초임교사가 경력교사보다 조금이라도 나은 점이 있다면 '열정과 의지'이다. 처음 시작하는 일에 대한 기대는 기존에 그 일을 해왔던 사람보다는 강할 것이다. 따라서 초임교사는 영유아에 대한 사랑과 교사직에 대한 열정이 남다를 것이다. 잘하고자 하는 마음만큼은 누구 못지않게 강하다. 다만 실제 경험의 폭이 좁아 그 열정을 풀어내는 기술이 부족할 뿐이다. '진심은 통한다'라는 말이 있듯이 기술적으로는 다소 부족하더라도 영유아들을 사랑하고 열심히 하고자 하는 초임교사의 마음은 영유아들과 부모의 마음에 닿을 수 있다. 대부분의 부모는 자신의 자녀를 사랑으로 대하는 진심어린 교사를 신뢰하게 된다. 초임교사라고 주눅 들기보다는 영유아들을 사랑하는 마음과 잘하고자 하는 의지로 매 순간을 성실하게 임한다면 좋은 어린이집 교사로 성장하는 것은 어렵지 않다. 초임교사가 유능한 어린이집 교사로 성장하기 위해 구체적으로 실천할 수 있는 일은 다음과 같다.

1) 마음가짐 새롭게 하기

교사가 되고자 하는 동기, 어떤 교사가 되고 싶은지, 현재 나는 어떤 교사일지 등을 자신에게 질문하면서 어린이집 교사가 가져야 할 마음가짐을 되새겨 보는 것부터 시작하는 것이 좋다. 누구나 처음은 있기 마련이고 그 처음이 모여서 더욱 단련되고 성숙한 두 번째, 세 번째가 되므로 처음을 어떤 자세와 태도로 맞이하는 것이 좋을지 생각해 보아야 한다. 꼭 처음이 아니더라도 우리의 삶에서 어려움은 존재한다. 어려움에 직면했을 때 피할 것인가? 돌아갈 것인가? 직면하여 해결하며 나갈 것인가? 피하거나 돌아가는 것이 나쁘다기보다는 부딪혀 보면서 하나하나 차근차근 해결해 나가는 것이 내 삶을 내 것으로 만드는 데 더 도움이 될 것이다. 힘들고 어렵다고 미루어 두고 피하면 교사로서의 내 삶은 내 것이 되기 어렵다. 그것이 교사가 되어 가는 것, 나를 만들어 가는 것이다. 새롭게 다가올 일에 대해 두려움과 걱정보다는 기대와 설렘으로 즐겁게 다가갈 수 있도록 마음가짐을 새롭게 할 필요가 있다. 새로운 환경과 어려움은 자신을 단련하는 좋은 기회이므로 해낼 수 있다는 자신감을 스스로에게 부여할 필요가 있다.

- 어렵고 힘든 일일수록 보람은 크다.
- 내가 처한 환경이 바뀌기를 기대하기보다 환경을 바라보는 내 자신의 시각이 변화하면 문제는 줄어들 것이다.

〈교사로서의 모습 되돌아보기〉

교사로서 자신의 마음가짐을 되돌아보았다면 그 다음으로 용모와 태도를 살펴보아야 한다. 품위 있는 교사로서의 모습을 갖추고 있는지 자신이 사용하는 언어・복장・표정 등을 점검해 보자.

- 비속어나 은어를 사용하지는 않는가? 말의 속도가 지나치게 빠르지 않는가?
- 현란한 색상과 속살이 드러나는 옷을 선호하지 않는가?
- 치렁치렁한 긴 머리를 늘어뜨린 모습이 가장 아름다운 여성이라고 생각하지 않는가?
- 잘 손질된 긴 손톱에 다양한 색상의 매니큐어를 칠한 손만 매력적이라고 생각하는가?
- 크고 화려한 액세서리가 나의 존재감을 드러내는 최고의 수단이라고 여기는가?
- 구두의 굽 높이가 나의 자존심의 표현이라 믿고 높은 구두만 고집하는가?
- 스모키(smoky) 메이크업이 시크(chic)한 매력의 대표라고 생각해 매일 실천하는가?
- 진지하고 생각하는 모습을 위해 늘 무표정을 기본 표정으로 하지 않는가?
- 지나친 손동작이나 몸짓을 하지 않는가?

2) 초임교사다운 모습 만들기

(1) 표준어 사용, 적당한 말의 속도, 부드러운 억양을 사용하자

의식적으로 주의를 기울이지 않으면 자신의 말투와 속도가 어떤지 파악하기 어렵다. 대화를 자주 나누는 친구에게 어휘와 속도, 억양에 대해 조언을 구하면 좋다. 단, 솔직하게 답해 줄 수 있는 친구여야 한다. 그러므로 평소 친구와 대화할 때의 상황을 녹음하여 스스로 들어 보면 객관적으로 자신의 언어 사용습관을 파악하는 데 도움이 된다. 아나운서나 라디오 전문 DJ, 기상캐스터의 모습을 보면서 바른 어휘, 억양, 말의 속도를 연습해 보는 것도 좋다.

(2) 밝고, 부드러운 표정을 짓자

의도적으로 자세를 취하며 찍은 사진 말고 우연히 찍힌 스냅사진 속 자신의 모습을 찾아보자. 그것이 평소 자신의 표정일 수 있다. 심각하게 무뚝뚝한 표정이거나 무서운 표정이 지속적으로 나타난다면 표정을 바꾸려고 노력해 보자. 시간이 오래 걸리는 단점이 있지만 표정은 만들어질 수 있다. 교사가 되기로 마음먹은 그날부터 하루에 한 번씩 거울을 보며 가장 멋진 표정을 지어 보자. 아침이나 밤에 자기 전에도 좋다. 신경 쓰고 의식적으로 실천하면 내가 원하는 표정이 내 것이 될 것이다. 아침에 집을 나서기 전 가장 밝고 예쁜 표정을 지어 보며 오늘 하루 이런 표정을 많이 짓겠다는 다짐으로 출발해 보자. 또는 밤에 자기 전에 거울을 보며 가장 멋진 표정을 떠올려 보면서 아침에 깨었을 때 그러한 표정이기를 기도해 보자. 자는 동안 그러한 바람이 영향력을 발휘할 수도 있다.

사람은 슬퍼서 우는 것이 아니라 울기 때문에 슬퍼지며, 즐거워서 웃는 것이 아니라 웃기 때문에 즐거워진다. -James Ranke-

(3) 바른 자세를 만들자

요즘 스마트폰, 컴퓨터 등 전자매체의 과도한 사용으로 거북목, 구부정한 등, 처진 어깨 등 자세가 바르지 않는 사람이 늘고 있다. 자세도 표정만큼이나 타인에게 영향을 미치는 요인이다. 바른 자세는 자신감, 신체적 건강과 밀접하기 때문에 교사로서 바른 자세를 갖도록 노력하는 일은 중요하다. 전신 거울을 통해 자신의 모습을 점검해 보고 가벼운 근력운동, 체조를 통해서 바른 자세를 갖도록 노력해 보자.

(4) 적절한 용모를 갖추자

사람의 직업을 추측하는 첫 번째 기준은 용모이다. 따라서 단정하고 품위 있는 용모를 갖추는 것이 필요한데 어린이집 교사는 어린 영유아와 하루 종일 지내야 하기 때문에 품위만 고집하기 어렵다. 영유아들과 함께 활동해야 하므로 실용성도 함께 고려해야 한다. 기본적으로 옷차림은 활동하기 편하면서 단정해야 한다. 지나치게 짧고 속이 비치거나 치렁치렁한 옷은 영유아들과 하루 종일 생활하기 어렵다. 그렇다고 품위를 위해 정장차림만 하는 것도 힘들다. 무릎 정도 길이의 치마, 너무 몸에 꼭 끼지 않는 면바지, 많이 파이지 않은 블라우스, 지나치게 화려한 무늬가 없는 셔츠 등이 적절하다. 늘 같은 옷, 무릎이 튀어나온 바지, 매일 같은 앞치마, 짧은 치마 등은 바람직하지 않다. 변화를 주면서도 단정하고 깔끔해 보일 수 있도록 하여 교사의 옷차림이 영유아들에게 새로운 자극이며 매력으로 느껴질 수 있도록 해야 한다. 신발의 경우 바깥놀이에서 영유아들과 편하게 놀이할 수 있는 실외화(운동화)를 따로 구비해 두는 것이 좋다. 머리 모양은 긴 머리라도 상관없으나 활동에 지장이 없도록 단정하게 묶거나 머리핀을 꽂는다.

3) 근무시간 예절 지키기

여유 있는 출근으로 하루를 시작하는 것이 좋다. 적어도 출근 시간 10분 전에는 도착할 수 있도록 한다. 지각할 상황(사고, 교통 혼잡 등)이 발생한다면 즉시 원에 연락을 취해 상황을 알려야 한다. 출근 후 밝은 인사로 활기차게 시작해야 한다. 인사하는 것이 다소 쑥스러워 머뭇거리기보다 큰 목소리로 밝게 인사하는 것이 상대방을 기분 좋게 하고 상대에 대한 예의와 친절이 전해져 인간관계를 원만하게 만들어 준다. 무단결근은 하지 않는 것이 철칙이고, 휴가의 경우 전날 퇴근 시 반드시 원장님께 보고하고, 휴가를 마친 다음 날 동료교사나 원장님께 감사인사를 드린다. 휴가 신청은 보육업무에 방해되지 않도록 사전에 의논하고 조율하도록 한다. 지각 역시 하지 않는 것을 철칙으로 한다. 몸이 아파서 지각하는 경우가 발생하면 병원에 들러오느라 지각하는 것보다는 일단 정시에 출근해 보고하고 조퇴 후 병원에 가는 것이 더 좋다. 업무상 받게 되는 전화에도 예절이 있다. 전화를 받는 순간 어린이집의 대표가 된다는 생각으로 성심성의껏 전화 응대를 해야 한다. 상대방과 직접 마주 앉아 이야기하듯이 편안하고 부드럽게 대화하며 무엇보다 친절하게 응대해야 한다.

4) 원만한 인간관계 맺기

'인사(人事)가 만사(萬事)다'라는 말이 있다. 도모하는 일을 성취하려면 사람이 가장 중요하다는 뜻이다. 초임교사로서 원에 적응하면서 유능한 교사로 성장하기 위해서는 사람 사이의 관계 맺음을 잘하는 것이 중요하다. 원만한 인간관계를 맺기 위해서는 우선 긍정적인 마인드를 가져야 한다. 매사에 긍정적인 시각은 예절 · 표정 · 언어 등 생활의 모든 면에서 실천해야 할 것을 자연스럽고 적극적으로 행하게 한다. 부정적으로 보기 시작하는 그 순간 무엇이 되었든 실천력은 급격하게 떨어지게 된다. 그 다음은 자신보다는 타인을 먼저 생각하는 것이 필요하다. 남을 생각하는 마음은 자기희생이 따르지만 그러한 희생이 더 큰 보람과 결실로 되돌아올 것이라는 믿음을 갖는 것이 필요하다. 친절하고 따뜻한 마음으로 남을 먼저 생각하고 편안한 분위기를 만들려고 노력한다면 내가 아닌 '우리'라는 이미지가 형성되면서 자연스럽게 집단에 빨리 융화하게 된다. 집단에 빨리 융화할수록 소통이 잘 일어나고 서로 도움을 주고받을 수 있는 허심탄회한 관계를 맺기 쉽다. 더불어 성실한 태도와 약간의 유머가 있다면 원만한 인간관계 맺기에 더할 나위 없이 좋다. 시간이나 약속은 성실하게 지키고 신뢰를 쌓는 것이 필요하다. 그러나 너무 명확하고 정확한 인상만 준다면 융통성 없이 비추어질 수 있으므로 적절한 유머를 발휘해 편안하고 여유로운 분위기를 만드는 것도 도움이 된다. 선천적으로 유머감각이 없다고 실망할 필요는 없다. 유머가 어렵다면 '칭찬'을 활용해 보도록 하자. 그 순간 듣기에만 좋은 단순한 립 서비스(lip service)로서의 칭찬이 아니라 상대를 존중하고 상대의 장점을 보려고 노력해서 발견한 칭찬거리들을 언어로 표현하는 데 인색하지 말라는 것이다. 진심이 담긴 칭찬은 사람의 마음을 움직일 수 있다. 초임교사로 첫발을 내딛게 되는 순간 원의 모든 사람은 초임교사보다 윗사람이다. 아랫사람이 윗사람을 대하는 일이 가장 어려울 수 있으나 존경과 예의를 갖추면 어려운 일이 아니다. 윗사람이 자신을 관리하고 감시한다고 생각하지 말고 자신을 성장할 수 있도록 돕는 조력자, 멘토, 리더라고 생각해 존경과 감사의 마음을 갖는다면 예의 바른 행동을 하게 될 것이다. 초임교사에게 선배교사에 대한 존중은 가장 기본적인 태도이다.

〈인간관계를 잘 맺기 위해 생각해야 하는 4가지 요점〉

1. **당신도 나처럼 느끼는가?라고 묻기 전에 내가 당신처럼 느끼는가?라고 물어라**
   상대방의 감정에서부터 시작하여 공통점을 찾아보며 감정적 관계를 맺는 것이 인간관계 맺기에 도움이 된다.
2. **내가 보는 것을 당신도 보는가?라고 묻기 전에 당신이 보는 것을 나도 보고 있는가?라고 물어라**
   사람은 같은 시간 같은 장소에서 같은 것을 볼 수도 있고 그렇지 않을 수도 있다. 같은 것을 보는 것이 관계를 형성하는 데 도움이 된다.
3. **내가 아는 것을 당신도 아는가? 라고 묻기 전에 당신이 아는 것을 나도 알고 있는가?라고 물어라**
   남을 논리적으로 설득하려면 상대방의 생각과 마음을 잘 이해하는 것이 필요하고 이를 통해 원만한 관계 맺기가 가능해진다.
4. **내가 원하는 것을 당신은 알고 있는가?라고 묻기 전에 당신이 원하는 것을 나도 알고 있는가?라고 물어라**
   사람을 진정으로 이해하려면 그들이 원하는 것을 알아야 하고 머리뿐만 아니라 마음을 이해해야 한다.

출처: 존 맥스웰(2012). 사람 사귀는 법에 서툰 이들을 위한 인간관계 맺는 기술. 청림출판.

5) 업무에 충실하기

가장 먼저 출근해서 오늘 할 일을 점검하면서 주인의식을 가지고 하루를 시작하는 것이 좋다. ‘할 수 없는 일은 없다’는 마음으로 무엇이든 “예”라고 답하며 우선 시도해 보는 것이 좋고, 엉덩이가 가벼운 교사라는 평을 듣도록 민첩하게 실천에 옮기는 것이 좋다. 초임교사는 모르는 것이 많다. 모르는 것은 부끄러운 일이 아니다. 모르는 것에 대해 알아 가려고 노력하며 무엇이든 동료교사와 비교하여 자괴감에 빠지지 말고 메모를 습관화하여 실수를 최소화한다. 실수나 잘못이 발생했다면 즉시 실수를 인정하고 변명하지 않는다. 무엇보다 업무에 능숙해지기 위해 끊임없이 노력하는 자세를 갖는 것이 중요하다.

〈초임교사의 다짐〉

1. 교사 자신
   - 나는 전문적인 어린이집 교사임을 명심하자.
   - 어린이집 교사로서 자신감을 갖자.
   - 영유아의 모범이 되는 어린이집 교사다운 언행을 하자.
   - 어린이집 교사다운 매력적인 복장을 하자.
   - 어린이집 교사로서의 성장과 발전을 위해 시간을 투자하자.
   - 윤리적인 어린이집 교사로서의 책임을 다하자.
   - 누구에게나 초임교사의 시절은 있다. 극복하자.
2. 영유아와의 관계
   - 보육의 시작, 중심과 끝에는 영유아가 있음을 명심하자.
   - 영유아의 행동과 이야기에 귀 기울이자.
   - 영유아에 대해 편견을 갖지 말자.
   - 영유아의 정서적인 상태에 관심을 갖자.
   - 교사로서 영유아를 진심으로 존중하고 있는지 고민해 보자.
   - 영유아와의 원활한 소통방법을 찾기 위해 노력하자.
   - 영유아를 위한 교사로서의 책무에 게으르지 않는지 점검하자.
   - 영유아의 행복을 위해 노력하자.
   - 구체적인 칭찬으로 영유아에게 도움을 주자.
   - 너무 솔직한 영유아의 표현에 감정 상하지 말자.
   - 영유아의 안전은 언제 어디서나 주의 깊게 신경 쓰자.
   - 소외된 영유아가 없는지 늘 반성하자.
3. 부모와의 관계
   - 부모를 존중하자.
   - 부모의 입장이 되어 생각하고 이해하려고 노력하자.
   - 영유아의 성장과 발전에 대해 부모와 공동의 목표를 설정하자.
   - 부모와 자주 의사소통하며 신뢰관계를 형성하자.
   - 작은 오해라도 발생되면 즉시 해결하자.
   - 예민한 부모라고 피하지 말고 대화에 적극 참여하자.
   - 부모의 입장에서 작은 일(결석, 작은 부상 등)이라도 소홀히 하지 말고 즉시 진심을 다해 처리하자.
   - 부모와 관련된 개인정보는 비밀을 지키자.
4. 동료와의 관계
   - 동료를 신뢰하자.
   - 동료에게서 부정적인 점을 보기보다 긍정적인 면을 찾아보자. 동료의 장점을 찾아보자.
   - 개인만 생각하지 말고 공동체 속의 자신을 생각하자.
   - 경력교사에 대한 예의를 지키자.
   - 동료와 늘 나누는 태도를 갖자.
   - 험담과 비난보다는 힘이 되고 도움이 되는 긍정의 말을 하자.
   - 사소할지라도 도움받은 것에 대해 반드시 감사를 표현하자.
   - 문제상황을 숨기기보다 동료에게 솔직히 이야기하고 해결방안을 모색하자.

6) 정보 수집 및 매체 활용 습관 기르기

누구나 수많은 정보가 존재하는 세상에서 다양한 매체를 통해 소통하는 것이 익숙해진 시대에 교사로서 바른 교육철학을 가지고 옳은 방향으로 나아가기 위해서는 다양한 영역의 지식과 정보를 처리하고 활용할 수 있는 능력이 중요하다. 정보 수집을 계획하고, 탐색 및 검토를 한 후에 정리 및 활용하는 습관을 기르는 것이 도움이 될 것이다. 지금 필요한 정보가 무엇인가?를 잊지 말고 필요한 정보만을 수집해야 하며, 발견한 정보에 대해 정확한 정보인지, 최신의 정보인지, 믿을 만한 정보인지를 비판적으로 검토해야 한다. 그 후 수집된 정보는 효과적으로 분류하고 정리하여 수집한 목적에 맞게 재구성하여 활용할 수 있도록 만들어야 한다. 이 과정에서 단순한 정보 탐색이 아니라 필요한 정보를 선택하여 활용하고, 목적에 맞게 새로운 정보의 조합을 재구성해 낼 수 있는 능력 함양이 중요함을 명심해야 한다. 이러한 습관과 능력은 지속적인 실천을 통해 함양되는 것이며, 특히 초임교사는 심리적·시간적 여유가 부족한 경우가 많으므로 예비교사 시절부터 이러한 습관과 능력을 기르기 위한 지속적인 실천을 실행하는 것이 도움이 될 것이다.

부록

부록 1 보육교사 자격기준의 변천

시행 연도	규정법 조항	자격유형	조건
1982년	아동 복지법	보육사 1급	1. 대학(전문대학 포함) 또는 이와 동등 이상의 학교에서 보건사회부령이 정하는 사회복지에 관한 학과를 전공하여 졸업한 자 2. 대학(전문대학 포함) 또는 이와 동등 이상의 학교에서 제1호 이외의 학과를 전공하여 졸업하고 보건사회부장관이 실시하는 양성교육과정을 이수하였거나 자격검정시험에 합격한 자 3. 보육사 2급으로서 사회복지업무에 3년 이상 종사한 경력이 있고 소정의 보수교육을 이수한 자 4. 유치원 또는 초등학교 정교사로서 사회복지 보수교육을 이수한 자
		보육사 2급	1. 고등학교 또는 이와 동등 이상의 학교를 졸업한 자로서 보건사회부장관이 실시하는 소정의 양성교육과정을 이수한 자 2. 보육사 3급으로서 3년 이상의 사회복지업무에 종사한 경력이 있고 소정의 보수교육을 이수한 자 3. 유치원 또는 초등학교 준교사로서 사회복지에 관한 소정의 보수교육을 이수한 자
		보육사 3급	1. 고등학교 또는 이와 동등 이상의 학교를 졸업한 자 2. 보건사회부장관이 실시하는 자격검정시험에 합격한 자
1991년	영유아 보육법	보육교사 1급	1. 이전 법에 의한 1급 보육사는 '보육교사 1급'으로 전환
		보육교사 2급	1. 이전 법에 의한 2급 보육사와 3급 보육사는 '보육교사 2급'으로 전환. 단 이때 3급 보육사는 고등학교 또는 이와 동등 이상의 학교를 졸업한 자로서 이 규칙시행에 보건사회부장관이 교육훈련을 위탁하지 아니한 교육훈련시설에서 1991년 1월 13일까지 영유아보육에 관한 교육을 150시간 이상 받고, 이 규칙에 의한 보수교육과정을 마치는 자
2005년	개정 영유아 보육법	보육교사 1급	1. 보육교사 2급 자격을 취득한 후 3년 이상의 보육업무 경력과 승급교육을 받은 자 2. 보육교사 2급 자격과 석사학위를 취득한 자로서 1년 이상 보육업무 경력과 승급교육을 받은 자
		보육교사 2급	1. 전문대학교 또는 동등 이상의 학교에서 여성부령이 정하는 보육 관련 교과목(12과목 35학점-보육실습 포함)을 이수하고 졸업한 자 2. 보육교사 3급 자격자로 1년 이상의 보육업무에 종사한 경력이 있고 승급교육을 이수한 자
		보육교사 3급	1. 고등학교 또는 이와 동등 이상의 학교를 졸업한 자로서 보건복지부령이 정하는 교육훈련시설에서 소정의 교육과정을 수료한 자

출처: 백승선(2010).

부록 2 보육 관련 대면 교과목 및 학점(제12조 제1항 관련)

1. 보육 관련 대면 교과목과 학점

영역		교과목	이수과목 (학점)
가. 교사 인성		보육교사(인성)론, 아동권리와 복지	2과목 (6학점)
나. 보육지식과 기술	필수	보육학개론, 보육과정, 영유아 발달, 영유아 교수방법론, 놀이지도, 언어지도, 아동음악(또는 아동동작, 아동미술), 아동수학지도(또는 아동과학지도), 아동안전관리(또는 아동생활지도)	9과목 (27학점)
	선택	아동건강교육, 영유아 사회정서지도, 아동문학교육, 아동상담론, 장애아지도, 특수아동이해, 어린이집 운영관리, 영유아보육 프로그램 개발과 평가, 보육정책론, 정신건강론, 인간행동과 사회환경, 아동간호학, 아동영양학, 부모교육론, 가족복지론, 가족관계론, 지역사회복지론	4과목 (12학점) 이상
다. 보육 실무		아동관찰 및 행동연구, 보육실습	2과목 (6학점)

※ 비고

1. 교과목의 명칭이 서로 다르더라도 교과목의 내용이 비슷하면 같은 교과목으로 인정하고, 다목의 교과목 중 보육실습은 교과목 명칭과 관계없이 보육실습기관과 보육실습기간의 조건을 충족하면 보육실습으로 인정한다.
2. 각 교과목은 3학점을 기준으로 하되 최소 2학점이어야 한다.
3. 17과목 이상, 51학점 이상 이수하여야 한다.

2. 대면 교과목

영역	교과목
가. 교사 인성	보육교사(인성)론, 아동권리와 복지
나. 보육지식과 기술	놀이지도, 언어지도, 아동음악(또는 아동동작, 아동미술), 아동수학지도(또는 아동과학지도), 아동안전관리(또는 아동생활지도)
다. 보육 실무	아동관찰 및 행동연구, 보육실습

※ 비고

1. 대면 교과목은 8시간 이상 출석수업과 1회 이상 출석시험을 실시한다.
2. 다목의 교과목 중 보육실습에 관한 기준은 다음 각 목에 따른다.
   가. 보육실습은 이론수업과 보육현장실습으로 운영한다.
   나. 보육현장실습은 6주 이상 240시간 이상을 원칙으로 하되 2회에 나누어 실시할 수 있다.
   다. 보육교사의 자격을 취득하려는 사람이 보육실습을 신청하는 때에 법적으로 인가받은 정원 15명 이상으로 평가인증을 유지하는 어린이집 또는 교육과정과 방과후 과정을 운영하는 유치원에서 보육교사 1급 또는 유치원 정교사 1급 자격을 가진 사람이 보육실습을 지도하여야 한다. 이 경우 실습지도교사 1명당 보육실습생은 3명 이하로 한다.
   라. 보육실습은 평일 오전 9시부터 오후 7시 사이에 한 경우에만 인정하며, 보육실습시간은 하루 8시간을 초과할 수 없다.
   마. 보육실습의 평가는 보건복지부장관이 정하는 보육실습일지와 보육실습평가서에 근거하여 하되, 평가점수가 80점 이상인 경우에만 보육실습을 이수한 것으로 인정한다.

부록 3 보육교직원 관리대장 및 임면보고서식

서식 Ⅲ-5 보육교직원 관리대장

※ 보육교직원 임면을 보육통합시스템으로 보고하지 않고, 시·군·구에 직접 제출하는 경우 활용

○○○ 어린이집(☏)

관리번호	직종별	성명(한자)	주민등록번호	임용일	퇴임일	확인자 날인	비고

주) ① 관리번호에는 일련번호를 기재함.
② 직종별은 원장, 보육교사, 영양사, 취사부 등의 직책을 기재함.
③ 임용일은 어린이집에서 최초 임용한 날짜를 기재함.
④ 퇴임일은 어린이집에서 퇴임한 날짜를 기재함.
⑤ 확인자의 날인은 임용권자가 날인함.

서식 Ⅲ-6 보육교직원 임면보고서식

※ 보육교직원 임면을 보육통합시스템으로 보고하지 않고, 시·군·구에 직접 제출하는 경우 활용

○○○ 어린이집

문서번호 :
수 신 : ○○시·군·구청장
제 목 : 보육교직원 임면사항 보고

1. 영유아보육법 시행규칙 제11조 제1항의 규정에 따라 보육교직원 임면사항을 아래와 같이 보고 합니다.
2. 인적사항 등

연번	직종별	성명(한자)	생년월일	주소	등록 기준지[1)]	발령 일자	발령 사항	기록자(날인)	비고

주) ① 직종별란에는 원장, 보육교사 1,2,3급, 기타 교직원의 직위를 기재함.
② 주소란과 등록기준지란은 주소 및 구 본적지를 정확하게 기재하여야 함(예시 : ○○도 ○○군 ○○면 ○○리 ○○번지).
③ 발령일자란에는 채용일을 기재
④ 발령사항란에는 임용, 전출, 퇴직, 출산휴가, 육아휴직 등 신분 변동사항을 기재함.

○○○ 어린이집원장(직인)

1) 등록기준지는 구. 본적지를 의미함.

부록 4 경력(재직)증명서 양식

발급번호 제　　　호

경력(재직)증명서

<table>
<tr><td rowspan="3">인적사항</td><td rowspan="2">성 명</td><td>한글</td><td rowspan="2">주민등록번호</td><td rowspan="2"></td></tr>
<tr><td>한자</td></tr>
<tr><td>주 소</td><td colspan="3"></td></tr>
</table>

<table>
<tr><td rowspan="6">경력사항</td><td colspan="2">근무기간</td><td rowspan="2">직종별</td><td colspan="3">근무시설</td></tr>
<tr><td>부터</td><td>까지</td><td>시설명
(종별)</td><td>신고번호</td><td>주　소
(전화)</td></tr>
<tr><td></td><td></td><td></td><td></td><td></td><td></td></tr>
<tr><td></td><td></td><td></td><td></td><td></td><td></td></tr>
<tr><td></td><td></td><td></td><td></td><td></td><td></td></tr>
<tr><td></td><td></td><td></td><td></td><td></td><td></td></tr>
<tr><td colspan="3">근무연한</td><td colspan="4">년　　월　　일</td></tr>
<tr><td colspan="3">용　도</td><td colspan="4"></td></tr>
</table>

위와 같이 경력(재직)을 증명합니다.

년　　월　　일

특별자치도지사 · 시 · 군 · 구청의 장 직인

부록 5 보육실습생 신상기록카드 양식

보육실습생 신상카드

<table>
<tr><td rowspan="2">성 명</td><td>한 글</td><td>(여, 남)</td><td rowspan="4">(사 진)</td></tr>
<tr><td>한 자</td><td></td></tr>
<tr><td>생 년 월 일</td><td colspan="2"></td></tr>
<tr><td>소 속 대 학</td><td colspan="2"></td></tr>
<tr><td>주 소</td><td colspan="3"></td></tr>
<tr><td rowspan="3">학 력</td><td colspan="3"></td></tr>
<tr><td colspan="3"></td></tr>
<tr><td colspan="3"></td></tr>
<tr><td>보육 관련
이수 교과목</td><td colspan="3"></td></tr>
<tr><td colspan="2">보육 관련 경험
(예 : 캠프교사, 교회 내 유치부 활동 등)</td><td colspan="2"></td></tr>
<tr><td colspan="4">위의 사항이 틀림없음을 확인합니다.

년 월 일

본인 서명 (인)

○○○원장 귀하</td></tr>
</table>

부록 6 보육실습평가서

보 육 실 습 평 가 서

성 명 :
주민등록번호 :
보육실습기관명 :
보육실습기간 : 20 년 월 일 ~ 20 년 월 일

평가영역(배점)	평가항목		배점	점수
근무태도와 자질 (20점)	근무사항	출석, 결석, 지각, 조퇴 등	5	
	태도	성실성, 근면성, 친절, 적극성, 복장 및 용모, 예절	5	
	자질	영유아 존중, 책임감, 인성, 열의	5	
	관계 형성	실습지도교사와의 관계 동료실습생과의 관계	5	
보육활동 계획과 실행 (30점)	보육활동 계획	영역별, 반일(일일) 보육활동 계획의 적합성과 충실한 준비	15	
	보육활동 실행	영역별, 반일(일일) 보육활동의 효과적이고 적절한 실행 정도	15	
예비보육교사로서 역할수행 (30점)	영유아 행동 및 놀이 관찰, 보육환경 관찰		5	
	보육일과 진행 보조와 일상생활지도		10	
	영유아 상호작용과 놀이 참여		15	
보육실습일지 작성(10점)	구체적이고 충실한 보육실습일지 작성과 일일 자기평가 및 지도교사 평가 반영		10	
총평(10점)	실습기간 동안 예비보육교사로서 향상 정도		10	
총점			100	

20 년 월 일

보육실습 지도고사 : (인)
어린이집 원 장 : (인)

부록 7 보육실습확인서

보 육 실 습 확 인 서

1. 실습 이수자 기본사항

이 름	생년월일	양성교육기관명

2. 실습기관

<table>
<tr><td colspan="2">실습기관명</td><td></td><td>기관종류</td><td></td></tr>
<tr><td colspan="2">실습기관 인가 정원</td><td></td><td>최초인가일</td><td>년 월 일</td></tr>
<tr><td rowspan="2">구분</td><td>평가제</td><td></td><td>평가 등급
(평가 주기 시작일)</td><td>년 월 일</td></tr>
<tr><td>평가인증제</td><td></td><td>인증유효기간</td><td>년 월 일~ 년 월 일</td></tr>
<tr><td colspan="2">주소</td><td></td><td>연락처</td><td></td></tr>
</table>

* 어린이집은 운영형태(가정, 민간, 직장, 국공립 등) 기재, 유치원은 방과후과정 운영 여부 기재

3. 실습 지도교사

이 름	자격 종류	자격번호

* 실습 지도교사는 동일 실습기간 내, 보육실습생을 3명 이내로 지도하였습니까? (예 □/ 아니오 □)

4. 실습 기간

실습기간	년 월 일 ~ 년 월 일(주간)
실습시간	총 시간(매주 월요일 ~ 금요일까지, 오전 시 ~ 오후 시)

위 사람은 영유아보육법시행규칙 제12조제1항에 따른 보육실습 기준을 준수하여 보육실습을 충실히 이수하였음을 확인합니다.

년 월 일

어린이집의 원장 (서명 또는 인)

학과장 (서명 또는 인)

○ '13. 3. 1. 이후 어린이집에서 보육실습을 이수하는 경우, 「어린이집지원시스템」을 통하여 보육실습 내용 등록 및 제출

○ 보육실습 내용 시스템 미등록자는 첨부서류(① 실습기관 인가증 사본 ② 보육실습 지도교사 자격증 사본) 제출 필수

※ 영유아보육법 제48조에 따라 거짓이나 그 밖의 부정한 방법으로 자격증을 취득한 경우, 보육교직원 자격이 취소될 수 있습니다.

부록 8 보육교사 3급 취득 교과목

[별표 5]

교육훈련시설의 교육과정(제12조 제2항 관련)

영역	교과목(학점)	이수과목(학점)
가. 교사 인성	보육교사(인성)론(3학점), 아동권리와 복지(3학점)	2과목 (6학점)
나. 보육지식과 기술	보육학개론(3학점), 보육과정(3학점), 영유아 발달 및 지도(3학점), 아동생활지도(3학점), 영유아 문제행동지도 및 상담(3학점), 특수아동 이해와 지도(3학점), 놀이지도(3학점), 언어지도(3학점), 아동음악과 동작(3학점), 아동미술지도(3학점), 아동수학지도·아동과학지도(3학점), 영유아 교수방법론(3학점), 교재교구개발(3학점), 부모교육(3학점), 영유아 건강지도(2학점), 영유아 영양지도(2학점), 아동안전관리(3학점), 어린이집 운영관리(3학점)	18과목 (52학점)
다. 보육 실무	아동관찰 및 실습(3학점), 보육실습(4학점)	2과목 (7학점)

※ 비고

1. 각 교과목당 평가점수가 70점 이상인 경우에만 이수한 것으로 인정한다.
2. 학점당 시간은 15시간을 기준으로 한다.
3. 보육실습은 별표 4 비고 제2호에 따른 보육실습에 관한 기준을 준용한다.
4. 22과목 이상, 65학점 이상 이수하여야 한다.

부록 9 특수교육 및 재활 관련 기본 교과목 및 학점

기본 교과목	특수교육학개론, (특수아) 통합교육, 개별화 교육계획, 언어치료학 개론, 장애영유아교수방법론, 특수아(장애아)부모교육론, 특수아 행동지도, 정신지체아교육, 청각장애아교육, 정서장애아교육, 학습장애아 교육, 지체부자유아교육, 언어발달장애, 자폐장애교육, 특수아상담 및 가족지원, 특수교육 측정 및 평가, 시각장애아교육, 장애아동보육론, 감각장애아교육, 특수교구교재제작, 장애아보육실습, 장애아보육교사론, 발달지체 영유아조기개입
학점	8과목(24학점) 이상

부록 10 어린이집 문서 관리

1. 운영관리 관련 서류

번호	문서명	작성 주기	번호	문서명	작성 주기
1	상·하위반편성신청서	필요시	20	어린이집 폐쇄회로 텔레비전 미설치(미운영) 동의서	필요시
2	이용신청자 명부	필요시	21	어린이집 CCTV 미설치(미운영) 신고서	필요시
3	생활기록부(영아)	입소 후 상시	22	어린이집 네트워크 카메라 설치(운영) 동의서	필요시
4	생활기록부(유아)	입소 후 상시	23	CCTV 영상물 요청서(열람, 존재확인)	필요시
5	출석부	운영일	24	CCTV 영상자료 열람 등 요청에 대한 결정통지서	필요시
6	응급처치동의서	입소	25	정정삭제청구서	필요시
7	귀가동의서	입소	26	정정(삭제)조치결과통지서	필요시
8	응급처치 및 귀가동의서	입소	27	CCTV 영상정보 관리대장	수시
9	운영위원회 구성 명단	매년	28	CCTV 영상물파일 삭제파기 관리대장	수시
10	운영위원회 회의록	분기별 1회 이상	29	CCTV 설치안내판	설치시
11	특별활동프로그램 실시 동의(요청)서	특별 활동시	30	보조기억매체(전산장비 포함)반·출입 대장	필요시
12	어린이집 참관신청서	필요시	31	개인정보목적외 이용·제공대장	필요시
13	어린이집 운영안내서	년 1회	32	개인정보파일 파기관리대장	필요시
14	운영일지	매일	33	가정통신문	
15	시간연장보육 이용 신청서	필요시	34	알림장	
16	아동별 월 시간연장 보육 실적 확인서	매월	35	입소신청서	입소시
17	24시간 어린이집 이용 신청서	필요시	36	문서발송대장	발송시
18	특수어린이집지정 신청서 (24시간) (시·도지사 지정)	필요시	37	문서접수대장	접수시
19	특수어린이집지정 신청서 (시간연장, 휴일보육) (특별자치도지사·시장·군수·구청장 지정)	필요시	38	비품·교재교구관리·도서대장도서 목록표	

2. 건강 · 영양 · 안전 관리 관련 서류

번호	문서명	작성주기	번호	문서명	작성주기
39	어린이집 통합 안전점검표(일별) 실내외 시설, 급식, 차량일지	매일	45	비상시 대처방안(예시)	상시 게시
40	어린이집 통합 안전점검표(월별)	월 1회	46	식단표	매주 (매월)
41	영유아 사고보고서	필요시	47	보존식 기록표	
42	어린이집 감염병 발생현황 보고서 (휴원을 요하는 전염병, 양호업무 및 투약일지)	주 1회	48	보육실 일일점검표	
43	차량안전수칙	차량 내 상시 게시	49	보육실 환경점검표	
44	소방교육, 교통안전, 재난대피, 약물오남용		50	안전사고보고서, 안전사고일지	

3. 보육교직원 관리 관련 서류

번호	문서명	작성주기	번호	문서명	작성주기
51	보육교직원 임면보고서식	임면시	60	보육실습생 신상카드	필요시
52	근로계약서	임면시	61	보수교육 교과목 수강면제 신청서	필요시
53	인사기록카드	임면시	62	보육실습확인서	필요시
54	보육교직원 관리대장	임면시	63	보육실습평가서	필요시
55	보육교직원 근무상황부	수시	64	보육교직원 결격사유 조회의뢰서	임면시
56	회의록	정기	65	교육교직원 출근부	매일
57	경력(재직)증명서	필요시	66	업무분장표	
58	교사연수계획안, 교사연수보고서		67	대체교사출근부	매일
59	종사자보수교육일지		68	개인별휴가대장	필요시

4. 보육과정 운영 관련서류

번호	문서명	작성주기	번호	문서명	작성주기
69	연간보육계획안	매년	74	일일 보육일지	운영일
70	월간보육계획안(영아반)	매월	75	개별화 보육계획안(장애아보육 IEP)	학기
71	월간보육계획안(유아반)	매월	76	개별화 보육일지(장애아보육)	운영일
72	주간보육계획안(영아반)	매주	77	영유아 관찰기록	주기적
73	주간보육계획안(유아반)	매주	78	보육평가표	

5. 회계 및 사무관리 관련 서류

번호	문서명	작성주기	번호	문서명	작성주기
79	세입예산서	매년	90	재산대장	재산취득시
80	세출예산서	매년	91	비품관리대장	구매시
81	추가경정세입예산서	필요시	92	봉급대장	매월
82	추가경정세출예산서	필요시	93	보육료대장	매월
83	과목전용조서	필요시	94	수입결의서	수입 발생시
84	세입세출 결산 총괄 설명	매년 결산시	95	지출결의서	지출발생시
85	세입결산서	매년	96	반납결의서	반납 발생시
86	세출결산서	매년	97	예비비사용조서	필요시
87	위임장(수입 및 지출사무의 관리)	대리인 필요시	98	정부보조금명세서	보조금 수령시
88	현금출납부(시설용)	수입 및 지출 발생시	99	보육료수납영수증	필요시
89	총계정원장(시설용)	수입 및 지출 발생시			

참고문헌

강문숙(2015). 보육교사의 직무 경험에 대한 질적 연구－조직문화를 중심으로－. **교육혁신연구, 25**(3), 67－88.

강문숙, 황해익(2008). 보육교사의 직무에 대한 인식조사. **유아교육학논집, 17**(2), 1－23.

강선보, 박의수, 김귀성, 송순재, 정윤경, 김영래, 고미숙(2008). **인성교육**. 양서원.

강이슬, 김민경(2011). 영아보육교사의 교수효능감과 직무 스트레스에 관한 연구. **한국보육지원학회지, 7**(4), 325－352.

고연경, 장석경, 이정아(2013). 예비유아교사의 효능감과 인성 및 행복감 간의 관계 연구. **복지상담교육연구, 2**(1), 19－34.

곽승주, 이명순, 오경숙(2016). **보육과정**. 정민사.

곽윤숙(2013). 보육교사의 직업적 성격에 따른 전문성 논의. **직업교육연구, 32**(5), 95－114.

곽정인, 나귀옥(2015). 아동의 권리를 존중하는 유아교사의 역할 탐구 : 참여권을 중심으로. **학습자 중심 교과교육연구, 15**(11), 1001－1026.

권경숙(2007). 영아사회화 과정에서 어머니의 역할에 대한 문화 기술적 연구. 성신여자대학교 대학원 박사학위논문.

권수현(2014). Rasch모형을 통한 유치원 교사의 회복 탄력성 척도 개발. 이화여자대학교 대학원 박사학위논문.

권수현, 이승연(2010). 유치원 교사의 회복 탄력성 분석. **한국교원교육연구, 27**(2), 137－157.

권정윤(2010). 유아교사의 정서지능과 정서노동 및 직무스트레스와의 관계. **유아교육연구, 30**(6), 269-290.

권해진(2013). 현장에서 요구되는 보육교사의 자질에 대한 시설장의 소회. **한국영유아보육학, 77**(1), 151－178.

김경희, 문혁준, 김선영, 김신영, 김지은, 김혜금, 서소정, 안선희, 안효진, 이희경(2016). **보육학개론**. 창지사.

김남숙, 조운주(2012). 어린이집 교사의 수업 분석을 통한 자기장학 경험에 대한 이해. **육아정책연구, 6**(2), 54－76.

김리진, 홍연애(2013). 보육교사의 자아탄력성, 심리적 안녕감, 직무 스트레스가 전문성 인식에 미치는 영향. **육아정책연구**, 7(2), 263－282.

김민정(2007). 유아교사 및 예비 유아교사의 자아개념 및 교사효능감과의 관계. 대구대학교 대학원 석사학위논문.

김보들맘, 신혜영(2000). 어린이집 교사의 직무 스트레스에 관한 탐색적 연구. **유아교육연구**, 20(3), 253－277

김선희(2008). 집단 활동에서 교사와 영아의 상호작용. 배재대학교 대학원 박사학위논문.

김영옥(2014). **유아 인성교육의 이론과 실제**. 공동체.

김은설, 김길숙, 이민경(2015). **영유아교사 인성평가도구 개발 및 교육 강화방안**. 육아정책연구소.

김은설, 박수연(2010). **보육시설장·교사 윤리강령 개발연구**. 한국보육시설연합회, 육아정책연구소.

김은영, 장혜진, 조혜주(2013). **영유아 교사 복지 실태와 개선방안**. 육아정책연구소.

김은주(2010). 어린이집 만 5세반 보육교사의 일과의 의미 분석. **아동교육**, 19(1), 37－51.

김의석, 김성원, 권성민(2013). 유치원 원장의 서번트 리더십이 조직효과성에 미치는 영향－팔로워십을 매개로－. **열린유아교육연구**, 18(6), 333－351.

김이경, 유수정, 김미정(2009). 교사의 근무시간 내외 직무부담 비교 분석 연구. **교육행정학연구**, 27(4), 88－108.

김정림, 조혜진(2012). 어린이집 교사가 지각한 원장의 감성리더십과 조직문화가 직무만족도에 미치는 영향. **한국보육지원학회지**, 8(1), 65－83.

김정신(2004). 명상을 통한 유아교사교육의 가능성 모색. **유아교육학논집**, 8(1), 51－73.

김지연(2015). 보육교사의 내러티브에 기초한 행복한 어린이집 탐구. 동의대학교 교육대학원 석사학위논문.

김지현(2007). 교사·학부모가 선호하는 유아교사의 자질에 관한 연구. 아주대학교 교육대학원 석사학위논문.

김진숙(2010). 보육교사가 인식하는 영유아 권리 존중 보육의 의미와 실행수준. 숙명여자대학교 대학원 박사학위논문.

김현재(1998). 홀리스틱 교육에서 명상의 접근 방안. **홀리스틱교육연구**, 2(1), 27－48.

김현주(2000). 철학자로서의 교사: 교사 전문성의 재개념화. **교육철학**, 42, 109－133.

김현진, 신은수(2008). 보육교사의 전문성 발달 수준에 대한 연구－교사의 개인적 변인(연령, 학력 및 전공, 자격유형, 과거 직업유형)을 중심으로－**한국교원교육연구**, 25(3), 239－259.

김혜경(2012). 보육교사 적성검사 도구 개발. 경희대학교 대학원 박사학위논문.

김흥규, 이만표(2009). 한국인의 직업관, 그 사회심리학적 함의와 직업 교육적 시사. **산업교육연구**, 19, 65－89.

나석희, 이현진(2012). 어린이집 교사들이 보육경험과정에서 겪는 인간관계의 어려움과 해결방안. **유아교육학논집**, 16(1), 69－94.

나혜선, 진명희(2020). 영아놀이지원을 위한 원내 컨설팅에 대한 교사의 경험과 변화. **영유아교육이론과 실천**, 5(3), 105-132.

남미경(2014). 산·학·관 협력 어린이집 컨설팅 장학의 실행과정 및 효과 분석. **생태유아교육연구**, 13(3), 101－121.

노종희(1996). 학교 행정가의 변혁지향적 리더십의 진단 및 육성방안 연구. **교육행정학 연구**, 14(3), 256－286.

도명애(2009). 유아교육교사의 직무 스트레스 및 대처방식. 대구대학교 대학원 박사학위논문.

도미향, 변미희, 이미숙, 윤지영, 서지영(2016). **최신 보육학개론**. 신정.

도산안창호 온라인 기념관(www.ahnchangho.or.kr/)

문월순, 곽승주(2018). 영아교사의 자질에 대한 교사-어머니의 기대인식 분석. **아동교육**, 27(3), 263－287.

문은영, 신혜원(2012). 보육시설 초임교사 입문교육의 운영형태에 따른 초임교사 교직적응. **열린부모교육연구**, 4(2), 67-92.

박경진(2015). 보육교사의 보육현장 핵심 역량 인식과 전문성 신장을 위한 요구조사. 덕성여자대학교 교육대학원 석사학위논문.

박선해, 김미정(2013). **보육교사론**. 공동체.

박재화(2012). 교회학교 교사의 정체성 회복을 위한 힐링의 패러다임. 장로회신학대학교 석사학위논문.

박찬옥, 이영미(2007). 멘토링(mentoring)을 통한 2세 영아교사 보육프로그램 수행 과정 탐색. **유아교육연구**, 27(4), 79－103.

박혜훈(2009). 예비유아교사의 영아교사에 대한 이미지 연구. 한국교원대학교 대학원 석사학위논문.

배애란(2009). 보육시설 선택에 있어서 학부모의 선호도 분석 : 마산·창원지역을 중심으로. 가야대학교 대학원 석사학위논문.

백은주, 조부경(2004). 유치원 교사의 전문성 발달 수준 자기 평가 도구개발. **유아교육연구**, 24(4), 95－117.

변경애(2008). 유아교사의 바람직한 자질에 대한 유치원 교사와 학부모의 인식 비교. 경희대학교 대학원 석사학위논문.

보건복지부(2020). 제4차 어린이집 표준보육과정.

보건복지부(2021). 2021년도 보육사업 안내.

보건복지부, 노동부, 여성부(2002). 보육사업활성화방안.

서경화(2013). 영아교사로서의 삶에 대한 교사 인식 연구. 대구가톨릭대학교 대학원 석사학위논문.

서문희, 이미화, 구미진(2006). **보육시설종사자 직무 및 근로환경실태 분석**. 여성가족부.

서숙기(2014). 영아반 보육교사의 자질에 대한 어린이집 원장의 기대와 평가. 한국성서대학교 보육대학원 석사학위논문.

서영숙, 박진옥, 서혜전(2014). 보육교직원. **한국보육지원학회지, 10**(4), 5－28.

서우석, 류희수, 여태철(2008). **수업 컨설팅 이렇게 하라**. 학지사.

서울시 육아종합지원센터 홈페이지(https://seoul.childcare.go.kr/ccef/community/data 서울형 공유어린이집 매뉴얼)

서현, 송선화(2010). 유아교사가 지각한 원장의 감성리더십과 조직효과성과의 관계. **유아교육연구, 30**(4), 145－169.

서효린(2019). 국공립어린이집 초임교사의 적응과정에 관한 질적연구. **학습자중심교과교육연구, 19**(6), 721-737.

성은숙(2008). 영아교사의 역할에 관한 어머니와 교사의 인식 연구. 한국성서대학교 대학원 석사학위논문.

성현숙(2013). 국공립 및 직장 어린이집 교사의 전문성 인식과 직무만족도 간의 관계. 연세대학교 교육대학원 석사학위논문.

소예은(2016). 유치원 만 3세 학급을 담당하고 있는 교사가 느끼는 보람 및 어려움. 이화여자대학교 대학원 석사학위논문.

손순복(2007). **효율적인 학급운영을 위한 인관간계 맺기 : 학부모와 상호신뢰를 쌓는 교사 되기**. 한국유아교육협회.

손흥숙(2015). 보육교사 전문성 담론의 개념적 쟁점. **교육학연구, 53**(1), 195－211.

송선화(2012). 보육교사의 직무스트레스가 직무만족에 미치는 영향. **한국유아교육·보육행정연구, 16**(1), 133－151.

수춘리(SuChunLi)(2005). **성공을 만든 사람 빌게이츠의 청소년에게**. 플러스북스.

신득렬(2002). 교직을 위한 윤리연구. **교육철학, 20**, 101－116.

신혜영(2004). 어린이집 교사의 직무 스트레스와 효능감이 교사행동의 질에 미치는 영향. 연세대학교 대학원 아동가족학과 박사학위논문.

신혜원, 민성혜, 김의향, 신윤승(2016). **보육교사론**. 양서원.

신희이(2011). 영아교사의 전문성 발달에 영향을 미치는 변인에 관한 연구－영아교사의 민감성, 교직헌신을 중심으로－가톨릭대학교 대학원 박사학위논문.

신희정, 문혁준(2013). 영아보육교사의 정서지능과 어린이집 조직문화가 역할수행에 미치는 영향. **한국보육지원학회지, 9**(3), 291－308.

심영희(2012). 영아교사와 유아교사 역할수행에 관한 보육교사의 인식 차이. 계명대학교 유아교육대학원 석사학위논문.

심영희, 성소영(2013). 영아교사와 유아교사 역할수행에 관한 보육교사의 인식 차이. **아동교육 22**(2), 121－138.

안나래, 김희수, 안선희(2015). 보육교사의 직무 스트레스와 이직의도의 관계에서 교직 선택동기의 조절효과. **한국가정관리학회지, 33**(3), 87－102.

안선희, 김지은(2010). 영아보육교사의 자질 및 역할과 전문성에 관한 심층사례연구. **대한가정학회지, 48**(3), 87－97.

양경윤(2014). **한 줄의 기적, 감사일기**. 샘앤파커스.

양승희, 염순교(2007). 보육교사 직무만족도와 보육시설 근무환경과의 관계 분석. **한국보육학회지, 7**(4), 45－67.

양옥승(2002). 유치원 교사 양성체제와 유아교육의 전문성 신장. **한국교원교육연구, 19**(1), 25－43.

양옥승(2004). 보살핌의 텍스트로서 유아교육과정의 이해. **유아교육연구, 24**(4), 247－262.

연희정, 송주은, 김은주(2014). 유아교사 전문성 개념에 대한 탐색: 양성과정 내 관련 교과목 교재 및 교사 인터뷰를 중심으로. **유아교육학논집, 18**(4), 75-93.

염지숙, 강정원(2015). 영유아교사의 위상 : 현황과 과제. **유아교육학논집, 19**(6), 5－30.

염지숙, 이명순, 조형숙, 김현주(2018). **유아교사론(제4판)**. 정민사.

염지숙, 이명순, 조형숙, 김현주(2022). **유아교사론(제5판)**. 정민사.

염지숙, 홍춘희(2006). 부모와의 관계형성에서 초임유아교사가 겪는 경험에 관한 연구. **한국교원교육연구, 23**(2), 407－434.

오인예(2016). 영유아생활지도에서 보육교사가 갖는 보람과 어려움. 중앙대학교 교육대학원 석사학위논문.

오채선(2012). 어린이집 초임원장의 내러티브 : 리더십 형성하기. **유아교육학논집, 16**(6), 435－461.

오채선, 염지숙(2016). 영아보육교사 전문성 담론 형성을 위한 비판적 고찰. **열린유아교육연구, 21**(1), 319－341.

오한나, 임승렬(2012). 맞춤형 수업장학을 통한 영아보육교사 전문성 인식 및 교수 실제의 변화 연구. **육아정책연구, 6**(1), 67－94.

유경애, 김일민(2013). 교직윤리교육이 예비유아교사의 교직윤리 인식에 미치는 영향. **윤리교육연구, 31**, 283-303.

유영옥(2009). 유아미술교육에서 유치원교사들의 동료장학에 대한 탐색. **아동교육, 18**(3), 135－150.

유주연, 이승연(2015). 영아교사들이 경험하는 전문적 정체성의 혼란과 극복의 힘. **한국교원교육연구, 32**(2), 257－288.

유희정(2015). 유아반 교사가 영아반 담임을 하면서 느끼는 어려움과 긍정적 변화에 대한 이야기. **한국유아교육, 보육복지연구, 19**(1), 159－187.

윤민아(2019). 유아교사의 놀이중심교육과정 실천에 대한 어려움과 현장지원요구. **유아교육연구, 38**(3), 5-30.

윤운성(2001). 에니어그램 성격유형검사의 개발과 타당화. **교육심리연구, 15**(3), pp.131－161.

윤운성(2003). **한국형 에니어그램 검사의 해석과 활용**. 서울: 한국에니어그램교육연구소.

윤지영(2015). 보육교사의 직무 스트레스와 분노 표현방식과의 관계에서 마음 챙김의 조절효과. 숙명여자대학교 교육대학원 석사학위논문.

윤혜미, 노필순(2013). 보육교사의 직무 스트레스, 경력 몰입, 소진과 이직의도 간 관계. **한국아동복지학, 43**, 157－184.

이가형, 정선아(2015). '돌봄'의 관점에서 유아교사의 삶의 특성. **한국교원교육연구, 32**(4), 307－326.

이경미(2016). 어린이집 저경력 교사가 경험하는 영유아의 상호작용의 어려움. 중앙대학교 교육대학원 석사학위논문.

이경순, 노진형(2013). 유아교육기관 원장의 변혁적 리더십이 교사효능감과 직무만족에 미치는 영향. **육아지원연구, 8**(1), 269－284.

이경열, 박영신(2015). 보육교사의 마음 챙김, 행복감 및 영유아 권리존중 보육실행 간의 관계. **어린이문학교육연구, 16**(4), 487－506.

이병록(2011). 보육교사의 인간관계가 직무만족에 미치는 영향. **한국사회복지행정학, 13**(2), 1－21.

이서영, 양성은(2018). 이미지 분석을 통한 "좋은 보육교사"의 역할과 자질에 대한 연구. **가정관리학회지, 36**(2), 73－84.

이수정(2008). 보육교사의 직업 선택 동기, 전문성 인식 및 역할수행에 대한 연구. 남서울대학교 대학원 석사학위논문.

이순애, 성소영(2012). 보육교사의 배경변인과 근무환경에 따른 직무만족도. **아동교육, 21**(3), 267－284.

이순형, 권기남, 김진욱, 민미희, 김정민, 김은영, 이성옥, 정현심, 심도현, 안혜령(2013). **보육교사론**. 양서원.

이승연(1994). 유아교사 발달단계에 기초한 유치원 교사의 관심사 분석. 이화여자대학교 대학원 석사학위논문.

이옥희, 박성은, 송나리(2021). 만 2세 다정반의 놀이 중심 보육과정 실천에 대한 실행연구. **유아교육연구, 41**(2), 165-202.

이완희, 박찬옥(2005). 2세 영아반 초임 교사의 정체성 형성 과정. **유아교육학논집, 9**(3), 5-30.

이유희(2012). 멘토링에 참여한 만 3세 사랑반 교사의 경험과 변화 : 프로젝트 접근법을 중심으로. 성신여자대학교 석사학위논문.

이윤경(1999). 유아교사의 직무만족도와 갈등관리유형과의 관계. **한국교육학회 KRF 연구결과논문**, 1－6.

이은상 외(2013). **보육교사론**. 공동체.

이은우(2005). 초임교사 모임을 통한 유치원 교사들의 교직생활 이야기. 한국교원대학교 대학원 석사학위논문.

이은화, 배소연, 조부경(1995). **유아교사론**. 양서원.

이지영(2000). 유치원 초임교사의 지원요구. 이화여자대학교 대학원 석사학위논문.

이진옥, 이대균(2016). 어린이집 만 1세 영아반 교사의 요구에 따른 닞춤형 수업컨설팅 실행과정과 결과. **열린유아교육연구**, **21**(1), 241－273.

이태하, 임흥순(2009). **현대인의 직업과 윤리**. 민지사.

이현경(2000). 유치원 초임교사가 교직 수행시 직면하는 어려움에 관한 연구; 수도권 사립유치원을 중심으로. **열린유아교육연구**, **5**(2), 185－204

이효정, 김정주(2007). 돌봄에 대한 보육교사의 인식 및 실천의 의미. **유아교육학논집, 11**(4), 291－316.

임승렬(2002). 유아교사의 교직윤리의식에 관한 연구. **한국교원연구**, **19**(1), 157－173.

임재택, 임숙희, 최미현, 김정신, 조희주, 최애경(2003). **선생님! 우리도 명상할 수 있어요**. 양서원.

임현주(2010). 어린이집 교사의 장학경험과 그 의미. 배재대학교 대학원 석사학위논문.

장연주(2015). 유치원 교사의 수업에 대한 반성적 대화경험. 한국교원대학교 대학원 석사학위논문.

전가일, 김호현, 우현경, 이세라피나(2017). **영유아교사론**. 신정.

전북육아종합지원센터.(2019). 어린이집 표준 운영 문서 서식.

전재선(2013). 예비유아교사 인성교육 프로그램 모형 개발. **한국보육학회지, 13**(4), 305-327.

정덕희(2014). 보육교사가 어린이집에서 경험하는 인간관계의 양상. **아동교육, 23**(1), 321－343.

정옥분, 김경은, 김미진, 노성향, 박연정, 엄세진, 임정하, 정순화(2015). **보육교사론**. 학지사.

정윤경(2015). 인성교육 활성화를 위한 교사의 인성교육. **교육의 이론과 실천, 20**(1). 77－104.

정효정, 장영인, 김현진(2016). 보육교직원의 인식과 욕구를 통해 본 교사중심 보육컨설팅 운영 방안. **한국영유아보육학, 101**, 245－274.

조성연, 백은주, 김혜금, 권연희, 정지나(2011). 한국형 보육교사 직무만족척도(K－CTJSS) 표준화를 위한 타당화 연구. **한국가정관리학회지, 29**(2), 1－12.

조소영(2004). 유아교육기관 초임교사의 학기 초 어려움에 관한 연구. 경남대학교 교육대학원 석사학위논문.

조운주, 최일선(2004). 사립 유아교육기관 초임교사들의 갈등 및 안정에 대한 이해. **유아교육연구, 24**(1), 71－93.

조정기(1999). 교사의 전문성과 교직과정 개선안 연구. **제주대학교 논문집, 47**, 283－302.

조형숙(2009). 유아교사의 교직윤리 관련 딜레마에 나타난 갈등요인. **유아교육학논집, 13**(2). 243－276.

조형숙, 김우진, 박성혜(2010). 사립 유치원 교사의 교직생활 보람에 관한 연구. **어린이 미디어 연구, 9**(3), 91-117.

조형숙, 박은주(2009). 유치원 교사가 경험한 윤리적 딜레마 분석. **유아교육학논집, 29**(3). 73－101.

조형숙, 박은주, 류혜숙(2008). 예비유아교사의 교직윤리 인식에 관한 연구. **미래유아교육학회지, 15**(1), 301－325.

존 맥스웰(2012). **사람사귀는 법에 서툰 이들을 위한 인간관계 맺는 기술**. 청림출판.

진동섭(2003). **학교 컨설팅: 교육개혁의 새로운 접근방법**. 학지사.

진동섭, 김도기(2005). 컨설팅 장학의 개념 탐색. **교육행정연구, 23**(1), 1－25.

진병춘(2000). 교사 윤리로서의 배려의 가치. 전남대학교 교육대학원 석사학위논문.

채영문, 이성주(2019). 초임영유아교사의 교직생활 어려움과 지원요구. **학습자중심교과교육연구, 19**(18), 1051-1071.

채진영, 권혜진(2012). 영유아교사의 성격유형에 따른 직무만족도와 스트레스 대처방식의 차이. **한국보육지원학회지, 8**(3), 5－23.

채화영, 이기영(2005). 직장인의 시간관리행동과 시간관리만족도 연구. **가족자원경영학회지, 9**(3), 31－43.

최명희(2016). **교사다움-영유아교사를 위한 인생 지침서**. 공동체.

최영혜(2014). 영아반 교사와 유아반 교사의 직무만족도 비교. 울산대학교 교육대학원 석사학위논문.

최일선, 조운주(2007). 포트폴리오에 나타난 자기반성 의미 : 전문대학 유아교육실습생의 경험을 중심으로. **교육과학연구, 38**(2), 103－122.

최지윤(2013). 공감을 중심으로 한 프로젝트형 인성교육 방안연구. 한국외국어대학교 교육대학원 석사학위논문.

최효정, 석은조(2013). 보육교사의 회복탄력성과 직무만족에 관한 연구. **한국영유아보육학, 75**, 93－115.

통계청(2017). 한국표준직업분류 총괄서.

표미숙(2014). 보육교사와 어린이집의 관점에서 바라본 좋은 어린이집의 의미. 계명대학교 대학원 박사학위논문.

하수경(2015). 사립유치원 경력교사가 교직생활에서 경험하는 어려움과 지원요구. 성신여자대학교 교육대학원 석사학위논문.

한국보육진흥원(2011). 신규원장 직무교육 자료집.

한국보육진흥원(2016). 평가인증 3차 지표.

한국보육진흥원(2019). 2019 평가인증문서 서식 양식.

한국보육진흥원(2021). 어린이집 평가 매뉴얼.

한국유아교육학회(편)(2008). **유아보육학사전**. 한국사전연구사.

한수란, 황해익(2006). 유아교사의 반성적 사고 경험을 통한 반성적 사고 수준의 변화. **생태유아교육, 5**(1), 83－104.

한유미, 오경숙(2010). 영아반 교사의 스트레스에 관한 연구. **열린유아교육연구, 15**(1), 291－309.

홍재호(2003). **교육사회학**. 공주대학교출판부.

황해익, 김미진, 탁정화(2012). 직장보육시설 보육교사의 직무스트레스 연구. **열린유아교육연구, 17**(1), 313－355.

황해익, 서정현, 송연숙, 이경화, 최혜진(2012). **유아교육개론**. 공동체.

Armstrong, W. S.(1988). *Moral dilemmas. Basil Blackwell.* N.Y. 1－3.

Arroyo, A. A., & Sugawara, A. I.(1983). *A scale of student teaching concerns for use with early childhood education trainees*(Oregon State University). ERIC Document No. ED 265 927.

Brown, W. K., & Ryan, M. R.(2003). The benefits of being present : Mindfulness and it's role in psychological well - being. *Journal of Personality and Social Psychology, 84*(4), 822－836.

Burke, P. J., Christensen, J. C., Fessler, R., McDonnell, J. H., & Price, J. R.(1984). *The teacher career cycle : Moral development and research report. Association.* Washington, D.C.(ERIC Document Reproduction Service No. ED 289 - 846).

Clandinin, D. J., & Connelly, F. M.(1995). *Teachers' professional knowledge landscapes.* NY: Teachers College Press.

Connelly, F. M., & Clandinin, D. J.(1988). *Teacher as curriculum Planners: Narratives of experience.* New York: Teachers Collage Press.

Deal, T. E., & Kenndey, A. A.(1999). *The new corporate cultures*. Homewood, IL : Dow Jones - Irwin.

Dewey, J.(1933). *How we think : A restatement of the relations of reflective thinking to the educative process.* Lesington, MA : D.C. Heath.

Dianiels, K.(1996). Why aren't managers concerned about occupational stress?. *Work and Stress, 10*, 352－356.

Douville-Waston, L., Watson, M. A., & Wilson, L. C.(2003). *Infant's and toddler: Curriculum and teaching*(5th ed.). NY: Delmar Learning.

Elbaz, F.(1981). The teacher's "practical knowledge": Report of a case study. *Curriculum Inquiry, 11*(1), 43－70.

Epstein, J. L.(1986). Parent's reacions to teacher practices of parent involvement. *The Elementary School Journal, 86*(3), 277－294.

Fuller, F. F.(1969). Concerns of teachers: A developmental conceptualization. *American Educational Research Journal, 6*, 207－226.

Fuller, F. F., & Bown, O. H.(1975). Becoming a teacher. In K. Ryan(Ed.), *Teacher education: The seventy-fourth yearbook of the national society for the study of education*. Chicago: University of Chicago Press.

Galvez - Martin, M., Bowman, C., & Morrison, M.(1998). An exploratory study the level of reflection attained by preservice teachers. *Mid - Western Educational Researcher, 11*(2), 9 – 18.

Gilligan, C.(1994). **다른 목소리로 : 심리이론과 여성발달**[*In a Different Voice*]. 허란주 역. 동녘(원전은 1982년 출판).

Goldstein, L. S.(2001). **사랑으로 가르치기**[*Teaching with love : A feminist approach to early childhood education*]. 염지숙 역. 창지사(원전은 1997년 출판).

Goleman, D., Boyarzis, R., & McKee, A.(2003). **감성의 리더십**[*Primal leadership : Realizing of the emotional intelligence*]. Boston : Harvard Business School Press. 장석훈 역. 청림출판(원전은 2002년 출판).

Gonzalez-Mena, J., & Eyer, D. W.(1993). *Infants, toddlers and caregivers*. Mountain View, CA: Mayfield Press.

Hellriegel, D., Solcum, Jr. J. W., & Woodman, R. W.(1998). *Organizational behavior*. Cincinnati, OH : South - Western College Pub.

Jex, S. M., & Britt, T. W.(2014). *Organizational psychology : A scientist - practitioner approach*(3rd Ed.). Hoboken : NJ, John Wiley & Sons, Inc

Kabat – Zinn, J.(1994). *Wherever you go, there you are : Mindfulness meditation in everyday life*. New York : Hyperion.

Katz, L. G.(1970). Teaching in preschools: Roles and goals. *Children, 17*(2), 42 - 48.

Katz, L. G.(1972). Developmental stages of preschool teachers. *The Elementary School Journal, 73*(1), 50 – 54.

Katz, L. G.(1985). Research currents: Teachers as learners. *Language Arts, 62*(7), 778 – 782.

Kirby, A. F.(1977). An analysis of the effect of instuction on college student time management. Unpublished doctoral dissertation. University of Florida.

Koki, S.(2002). The role of teacher mentoring in educational reform. (ERIC Document Reproduction Service No ED 420647)

Linda., E., & Linda, R.(2004). **자연에서 배우는 행복의 기술**[*The book of nurturing*]. 문채원 역. 흐름출판(원전은 2003년 출판).

Maslach, C., & Jackson, S. E.(1981). *Malady Burnout inventory*. Palo Alto, CA : Consulting Psychologists Press.

NAEYC(2005). NAEYC code of ethical conduct and Statement of Commitment.

Young Children. Revised April 2005.

Noddings, N.(1992). *The Challenge to Care in schools : an Alternation Approach to Education*. New York : Teachers College press.

Noddings, N., & Nelson, L. J.(2002). **배려교육론**[*The challenge to care in schools*]. 추병완, 박병춘, 황인표 역. 다른 우리(원전은 1992년 출판).

Ott, D. J., Zeichner, K. M., & Price, G.(1990). Research horizons and the quest for a knowledge base in early childhood teacher education. In B. Spodek. & O. N. Saracho(Eds.), *Early childhood teacher preparation*. New York: Teacher College Press.

Palmer, P. J.(1998). *The courage to teach*. Jossey-Bass Inc., Publishers.

Palmer, P. J.(2000). **가르침과 배움의 영성**[*To Know as We Are Know*]. 한국기독학생회출판부(원전은 1995년 출판).

Rasanen, R.(2000). *Ethics, education and teacher education.* Acta Universitatis Ouluensis B 39. Oulu : University Press.

Rockel, J.(2014). Critical professional issues in labour force development for teachers with children up to two years of age : a New Zealand perspective. *Early Childhood Development and Care, 184*(2), 161−176.

Rosenholtz, S. J., & Simpson, C.(1990). Workplace conditions and the rise and fall of teacher's commitment. *Sociology of Education, 63*(4), 241−257.

Ruddick, S.(2002). **모성적 사유**[*Maternal thinking*]. 이혜정 역. 철학과 현실사(원전은 1995년 출판).

Saracho, O. N., & Spodek, B.(1993). Professionalism and the preparation of early childhood education practitioners. *Early Childhood Development and Care, 89*, 1−17.

Schein, E. H.(2004). *Organizational culture and leadership.* San Francisco : Services NO. ED 303 074.

Schoeberlein, D., & Sheth, S.(2014). **마음 챙김 교수법으로 행복 가르치기: 교사와 학생 모두가 행복해지기 위한 마음 챙김 실천서**[*Mindful teaching and teaching mindfulness: A Guide for Anyone Who Teaches Anything. Somerville, MA: Wisdom Publications*]. 고형일, 강영신, 정과주 공역. 학지사(원전은 2009년 출판).

Schön, D. A.(1983). *The reflective practitioner: How professionals think in action*. New

York: Basic Books.

Seamands, D. A.(1986). 상한 감정의 치유[*Healing for Damaged Emotions*]. 송헌복 역. 두란노서원.

Smoot, B.(2011). 가르친다는 것은[*Conversation with great teachers*]. 노상미 역. 이매진(원전 1994년 출판).

Strong, M., & Baron, W.(2004). An analysis of mentoring conversations with beginning teachers: suggestions and responses. *Teaching and Teacher Education*, *20*(1), 47－57.

Test, J. E.(2006). Infant and tollder teachers as transmitters of culture. *International Journal of Early Childhood, 38*(1), 47－63.

Tsai, C. T.(1990). A survey study of Chinese kindergarten teacher concerns. Unpublished Doctoral Dissertation, University of Illinois.

Urban, M.(2008). Dealing with uncertainty : Challenges and possibilities for the early childhood profession. *European Early Childhood Education and Research Journal, 16*(2), 135－152.

van Manen, M.(1977). Linking ways of knowing with ways of being practical. *Curriculum Inquiry, 6*, 205－228.

van Manen, M.(1991). *The tact of teaching. The meaning of pedagogical thoughtfulness*. New York: State of University of New York Press.

Veeman, S.(1984). Perceived problems of beginning teachers. *Review of Educational Research*, *54*(2), 143-178.

찾아보기

저자 약력

◀ **이명순**

중앙대학교 문학박사(유아교육 전공)

현) 백석예술대학교 유아교육과 교수

저서: 보육과정(공저), 영아발달(공저) 외 다수

◀ **염지숙**

캐나다 앨버타대학교 철학박사(유아교육 전공)

현) 건국대학교 유아교육과 교수

저서: 유아교사론(공저), 유아교육과정(공저) 외 다수

◀ **조형숙**

미국 펜실베이니아주립대학교 철학박사(유아교육 전공)

현) 중앙대학교 유아교육학과 교수

저서: 유아교사론(공저), 유아과학교육(공저) 외 다수

◀ **김현주**

중앙대학교 문학박사(유아교육 전공)

현) 대림대학교 유아교육과 교수

저서: 유아교육론(공저), 유아교사를 위한 논리창의교육(공저) 외 다수

[제2판]

인성에 기초한 **보육교사론**

1판 1쇄 발행 2016년 12월 30일
1판 4쇄 발행 2020년 1월 30일
2판 1쇄 발행 2022년 2월 10일
2판 4쇄 발행 2026년 2월 28일

저 자 이명순, 염지숙, 조형숙, 김현주
발 행 인 회장 박철용 · 대표 박세원
발 행 처 정민사
출 판 등 록 1979년 1월 22일 No. 406-2004-000130호
주 소 경기도 파주시 직지길 522 파주출판도시
전 화 031-955-8030
팩 스 031-955-8025
홈 페 이 지 http://www.jmpub.co.kr
이 메 일 yswgroup@naver.com

I S B N 978-89-5809-938-3
정 가 **19,000원**